中央编译局文库出版工作领导小组（编委会）

主　　任：贾高建
副 主 任：俞可平　魏海生　陈和平　柴方国　杨金海
委　　员：崔友平　沈红文　杨雪冬　季正聚　陈家刚
　　　　　赖海榕　郗卫东　张文成　刘明清

中央编译局文库出版工作领导小组办公室

主　　任：薛晓源
成　　员：徐向梅　苗永姝

中央编译出版社文库编辑中心编辑小组

刘明清　薛晓源　谭　洁　董　巍　贾宇琰
冯　章　曲建文　苗永姝　邓　彤　盛菊艳
李媛媛　薛迎春　董　妍

马克思主义研究资料

第24卷

主　编　杨金海
副主编　冯　雷（常务）　薛晓源

马克思主义综论 II

本卷主编　林进平

《马克思主义研究资料》顾问委员会

贾高建　俞可平　宋书声　殷叙彝　詹汝琮　张钟朴

李洙泗　冯文光　赵家祥　严书翰　梁树发　郭建宁

《马克思主义研究资料》编辑委员会

主　编：杨金海

副主编：冯　雷（常务）　薛晓源

编　委　（按姓名拼音排序）

陈喜贵　冯　章　黄晓武　江　洋　李百玲　李义天

李媛媛　林进平　刘仁胜　刘　英　刘元琪　吕增奎

马　瑞　苗永姝　彭萍萍　盛菊艳　史清竹　武锡申

姚　颖　苑　洁　郑　锦　郑天喆　周艳辉

参加本卷编辑出版工作的有

盛菊艳　苗永姝　薛晓源

总　序

呈献给读者的这套《马克思主义研究资料》丛书，旨在服务于我国正在实施的马克思主义理论研究和建设工程，积极吸收和借鉴国外马克思主义研究成果，对改革开放以来中央编译局编译的有关国外学者研究马克思主义的成果，以及少量相关的国内学者的研究成果整理出版，为我国马克思主义研究提供基础性的参考资料。本丛书计划出版37卷，三年内陆续完成编辑和出版工作。

编译国外学者关于马克思主义的研究成果，并对相关问题展开深入探讨，是马克思主义经典著作编译研究的基础性工作。中央编译局作为马克思主义经典著作编译研究的专门机构，历来十分重视这项工作。20世纪50年代以来，特别是改革开放以来，中央编译局的同志们编译了大量国外学者关于马克思主义的研究文献，也发表了不少自己的相关研究成果。这些成果曾经在中央编译局编辑的《马列著作编译资料》、《马列主义研究资料》、《马克思主义与现实》等刊物公开发表，或在内部刊物《马克思恩格斯研究》、《列宁研究》等刊载。这些成果对于推进马克思主义经典著作的编译和研究工作发挥了重要作用，时至今日，一些学者仍然把它们当做研究马克思主义的珍贵资料。

然而，随着近年来中央实施马克思主义理论研究和建设工程的深入推进以及马克思主义学科建设的快速发展，这些研究资料的留存情况已经远远不能适应形势发展的需要了。《马列著作编译资料》和《马列主义研究资料》早已停止出版，很多人难以找到原有资料；《马克思恩格斯研究》等内部刊物刊载的文章没有公开面世，也难以为人们广泛使用；而新编译的文献资料又很零散。因而，希望中央编译局提供马克思主义研究资料的呼声越来越高。

为了继承前辈的事业，适应学界的需要，尽可能全面系统地收集整理中央编译局近几十年来编译的国外学者关于马克思主义的研究成果以及相关的国内学者的研究成果，中央编译局专门成立了《马克思主义研究资料》丛书课题组，并对该项工作提供了基金资助。课题组不仅在局内组织力量进行工作，而且争取到社会力量的支持。经过课题组同仁两年多努力，已经形成一批编辑成果，还将继续补充、完善并陆续推出。这套《马克思主义研究资料》丛书就是这些成果的集中体现。

本丛书力求体现如下四个特点，这也是丛书编辑工作所力求遵循的四条原则：第一，保证文献性。本丛书主要收集改革开放以来中央编译局刊物发表的有关马克思主义理论编译和研究方面的成果，这些刊物包括公开出版的《马列著作编译资料》、《马列主义研究资料》、《马克思主义与现实》、《当代世界与社会主义》、《经济社会体制比较》、《国外理论动态》等，也包括内部刊物《马克思恩格斯研究》、《列宁研究》、《斯大林研究》、《马克思恩格斯列宁斯大林研究》等；少量收集其他杂志发表的中央编译局学者编译或撰写的有关文章；个别收集与中央编译局长期合作的其他学者的相关文章；对所收商榷性文章涉及的其他学者的成果，也作为附文收入，以示对相关学者的尊重，也便于读者在阅读正文时参考。收集整理这些学术成果的目的主要是为学界研究马克思主义提供参考资料，同时帮助人们了解马克思主义研究的历史进程和思想脉络。因此，本丛书所收文献力求保持其历史原貌，包括其中的人名、地名、术语、引文等，都不作改动，以便读者进行文献考证之用，只对个别错漏文字等进行校正，对于文中可能产生歧义的地方，以"本丛书编者注"的方式加以说明。其中读者特别应当留意的是译名、术语的不统一问题，例如关于《马克思恩格斯全集》历史考证版，就有多种表达方式：原文版、国际版和MEGA版，其中，往往又以"老"、"新"、"MEGA¹"、"MEGA²"、"MEGA1"、"MEGA2"等来区分历史考证版第1版和第2版。第二，突出编译性。本丛书所收文献中，以国外学者的成果为主，包括国外学者关于马克思主义经典作家的著作、思想、生平事业，乃至书信往来、工作生活等方面的研究文献，凡比较有资料价值的，均在收集之列。如上所述，国内学者的相关考证性成果，包括经典著作翻译、版本、传播、重要术语考据等文献，凡具有资料价值的，也一并收入，但这部分内容所占比例较小。第三，力求系统性。上述几十年来形成的这些编译研究资料繁茂芜杂，十分零散，使用起来很不方便，编辑整理就更为困难。为把这些宝贵文献整理面世，使之更好地发挥作用，编辑人员下了很大功夫。在收集整理中，我们力图分门别类，尽可能将同类资料按照一定逻辑顺序编排，使之呈现一定的系统性，以便读者全面掌握有关资料。第四，力争权威性。本丛书力争选编国内外在相关研究领域具有一定权威性的专家学者的具有代表性和影响力的文献。为保证文献的权威性和准确性，我们对文献的引文进行了校订，特别是对有关马克思主义经典著作的引文进行了原版原文核对，并对注释尽可能地作了规范化处理，以便读者更准确地了解引文及其出处。

基于上述考虑，本丛书的编排体系大体分四个部分。第一部分是经典著作研究，包括关于《共产党宣言》、《资本论》等手稿、创作、版本、传播诸方面的研究文献；第二部分是基本理论研究，包括哲学、政治经济学、科学社会主义以及政治学、法学等方面的研究文献；第三部分是版本和传播、编译以及生平事业研究；第四部分是国外马克思主义研究。每一部分包括若干卷。每一卷都有本卷编辑说明，对本卷编辑的思路、内容和有关技术问题作简要交代。各卷内容按照逻辑顺序进行编排，在此基础上再按照时间顺序编排。各卷内容一般要作分类，并加分类标题，以便读者阅读研究。

需要说明的是，由于本丛书是整理编辑已有的文献，而且主要限于整理编辑中央编译局学者编译和研究的部分成果，这就决定了本丛书不可避免地存在一些缺憾。一是这些文献中有的观点不一定正确。选编这些文献并不意味着编者赞同其中的观点，我们的目的仅仅在于为人们研究马克思主义提供参考资料，其中正确的思想成果可以作为我们研究借鉴的思想资源，而错误的观点可以作为我们研究批评的对象。例如，对有关马恩对立论的观点，我们是不赞成的，但为了让研究者了解、研究和批评这种观点，也收入了相关文章。所以，谨请读者在使用这些文献时注意辨别是非。二是这些文献存在质量参差不齐的情况。由于这些文章的作者、译者水平不同，写作时间、背景、针对的问题、产生的影响以及发表的刊物等不同，其质量也就有一定差别。例如，有的概念和译文在今天看来不一定科学、准确，有的文献曾经很有价值而在今天看来最多只有学术史的价值。在选编过程中，我们尽量收入那些分量较重、影响较大的文献，但为了比较全面地反映学术史的原貌并提供尽可能详细的研究参考资料，也收入了一些篇幅较短、影响不大但有一定资料或史料价值的文献。另外，有少量比较重要的文献，由于作者或译者不同意收入，也不得不忍痛割爱。三是这些文献的系统性、规范性不太强。尽管我们努力按照上述编辑原则工作，对这些文献进行了分类整理，力求全面系统地提供给读者相关方面的文献资料，但由于这些资料十分繁杂，彼此之间的关联性不强，有的方面资料较多，有的较少，且发表的刊物、时间等不同，体例也很不统一，整理起来难度极大，加之各位编者的研究角度不同，水平各异，所以，每一卷书的结构、篇章、内容、观点等都不尽相同，其规范程度也不尽一致。对本丛书存在的以上不足或缺憾，谨请读者鉴谅；对其中可能存在的疏漏和错误之处，谨请读者批评指正。

本丛书在编写和出版过程中，得到了各个方面的大力支持。中央编译局对此项工作高度重视，始终给予鼎力支持。国家出版基金将本丛书列入2013年度资助项目。中央编译出版社为本丛书申报国家出版基金项目并最终立项，以及为丛书出版做了大量工作。本丛书所收文献的译者、作者和出版者，凡已联系上的，均给予我们大力支持，同意使用这些文献；对尚未联系上的，我们将尽力联系，也请相关同仁主动联系我们。丛书顾问委员会的专家对丛书的编写工作给予热情指导，编委会成员和课题组同仁为丛书的编写付出了辛勤劳动。在此一并致以衷心的谢意！

《马克思主义研究资料》

编辑委员会

2013年12月10日

编辑说明

本卷共收录论述马克思、恩格斯、列宁的文章 30 篇，由三部分组成。

第一部分收录了论述马克思的 7 篇文章，内容涉及对马克思及其思想的认识，以及对其理论地位和在当今时代意义的探讨等；第二部分收录了论述恩格斯的 16 篇文章，内容涉及对恩格斯及其理论贡献的认识，特别是恩格斯对马克思主义的贡献的认识等；第三部分收录了论述列宁的 7 篇文章，内容涉及列宁对马克思、恩格斯思想的继承和发展以及俄国学者对列宁的理解与评价等问题。

为保持文献性，本丛书的注释尽量保持原貌，不作改动；但对原注释有错误或有遗漏的，我们尽可能查阅了有关文献，作了必要的规范和完善；对有些查找不到的，保留原来的内容和格式。

目 录

马克思在思想史上的地位

　　〔日〕水田洋 …………………………………… 1

重新发现马克思

　　〔意〕马塞洛·马斯托 …………………………… 12

马克思的回归

　　〔美〕约翰·卡西迪 ……………………………… 29

关于对马克思的解释的若干教条的思考

　　〔俄〕维·维戈茨基 ……………………………… 39

马克思是一个费希特主义者吗？

　　〔美〕汤姆·洛克莫尔 …………………………… 61

马克思与韦伯：资本主义批判

　　〔法〕米歇尔·洛威 ……………………………… 78

马克思在21世纪

　　——《卡尔·马克思》第二版序言

　　〔美〕艾伦·W.伍德 ……………………………… 91

* * *

恩格斯是马克思主义的创始人（摘译）

　　〔法〕M.吕贝尔 ………………………………… 110

恩格斯对马克思学说的贡献

　　〔俄〕格奥尔基·巴加图里亚 ………………… 121

恩格斯的主要贡献

　　〔英〕戴·麦克莱伦 …………………………… 135

恩格斯是精通马克思主义科学的百科全书式的学者

　　〔苏〕博·米·凯德洛夫 ……………………… 151

恩格斯和第二国际的马克思主义

　　〔英〕阿·卡林尼柯斯 ………………………… 184

恩格斯的军事思想和美国的反伊战运动

　　〔美〕阿尔伯特·萨吉斯 ……………………… 192

法国学者在恩格斯研究中关注的几个问题 ………… 199

保卫恩格斯

　　〔美〕乔治·诺瓦克 …………………………… 210

修正主义和恩格斯的哲学遗产

　　〔苏〕М.Б.萨维契 …………………………… 236

恩格斯和辩证唯物主义的新批判者们

　　〔苏〕泰·伊·奥伊泽尔曼 …………………… 255

关于西方学者对恩格斯的批评

    杜章智……………………………………………………… 280

关于恩格斯的讨论

    〔西德〕卡尔·巴列斯特雷姆 ………………………… 295

论马克思和恩格斯之间所谓的差异

    〔美〕约翰·斯坦利　恩斯特·齐默曼 ……………… 304

马克思与恩格斯的比较

    ——莱文的《可悲的骗局：马克思反对恩格斯》一书的

      主要观点摘编 ………………………………………… 339

马克思和恩格斯思想上的一致性

    〔美〕J.D.亨勒 ………………………………………… 371

马克思和恩格斯是欧洲中心论者吗？

    〔美〕奥古斯特·尼姆兹 ……………………………… 391

＊　　＊　　＊

法共中央机关刊物《共产主义手册》载文批评否定列宁的思潮 ……… 413

列宁和恩格斯的遗著

    〔苏〕Н.Ю.科尔平斯基 ………………………………… 418

回到列宁：却脱离马克思恩格斯？

    〔美〕奥古斯特·H.尼姆兹 …………………………… 443

俄罗斯目前关于列宁的争论 ·· 464

"三个列宁"与"另一种社会主义" ·································· 469

俄学者评"三个列宁"的说法 ·· 478

列宁与20世纪 ··· 484

马克思在思想史上的地位[*]

〔日〕水田洋

引 言

自从文明开始以来,人们就一直从事着为把自己从某种制度中解放出来,并用一种新的制度去取而代之的斗争。在近代,这种运动开始于把人们从封建主义的枷锁下解放出来的文艺复兴和宗教改革。正如马基雅弗利在《君主论》一书中所证明的那样,在这个世界上,文艺复兴时期的人除了他自己的财富和能力(包括暴力和欺诈)外,是不能找到任何东西来保证自己为争取生存和幸福的努力获得成功的。他是一个脱离社会和道德组织的孤独的个人,不论这种组织是封建主义的,还是资本主义的。他不能在旧社会的废墟上找到通向新社会的道路。另一方面,正如马克斯·韦伯所概括的那样,宗教改革时期的人企图重新发现通往旧的上帝的道路,然而却通过他的信教誓言和感召的新概念达到了一个新的社会。

---

[*] 本文选自《马克思恩格斯研究》1994年总第17期。作者是日本名古屋大学教授,1976—1983年任思想史学会会长。

在马克思和恩格斯诞生和受过教育的德国北部信路德教的各邦里，诸侯的君主专制篡夺了新社会的地位。在1848年以前，德国知识分子曾三次奋起反抗这种篡夺。第一次反抗被称为"狂飙突进"运动，第二次叫作"浪漫主义"运动，第三次叫作"青年德意志"运动。所有这些反抗都试图通过使人类感情或感受从统治阶级的理性中摆脱出来，从而把个人从君主制的统治下解放出来。

在英国，哲学家们成功地建立了一个新的社会，在这个社会里，他们的情感（包括自爱）是同他们运用理智来计算利益、设计生活相一致的，正如我们从托马斯·霍布斯到亚当·斯密的思想发展过程中所能看到的那样。然而，纵使有这种成功（或者更确切地说是这种成功的不可避免的结果），英国是第一个看到工业革命的黑暗面的国家，浪漫主义对这种黑暗面也是持反对态度的。在英国和德国，也许在所有经过上述阶段的国家，浪漫主义是解放个人的努力遭受挫折的产物，而这种挫折又是由启蒙运动（以及资产阶级革命）的理想和工业革命的现实之间的矛盾所造成的。

许多浪漫主义者由于对新的资本主义社会现实感到失望，由于再也看不到能使他们理想的解放了的个人得以立足的社会，便在英格兰西北部湖泊地区的农村公社中、昔日的或现在的天主教会中、或梅特涅的封建反动国家中寻找庇护所。然而，一些浪漫主义者发现，使他们失望的是资本主义生产和分配制度的非人化作用。那些和资本主义社会现实相对抗的浪漫主义者变成了一批新的社会批判者。青年恩格斯在写作《英国工人阶级状况》和其他早期著作时，正是从卡莱尔对"现金交易关系"的批判中学到了不少东西。恩格斯在"青年德意志"的领导人谷兹科夫的个人影响下，在不来梅开始了他早期的文学生涯。与此同时，马克思在波恩学习时得到浪漫主义派的重要代表人物奥古斯特·施勒格尔的指导，在柏林学习时，得到"青年德意志"的另一领导人，圣西门主义者爱德华·甘斯的指导。虽然施勒格尔因年事已高而影响不大，但甘斯的影响却远非无足轻重，特别是当甘斯对哥丁根城的七教授表示深切的同情，而六百名大学生（也许包括马克思）组织起一只火炬队伍来表示对甘斯的支持的时候。

我不打算把马克思和恩格斯说成是浪漫主义者或"青年德意志"分子。我想要说的是，马克思和恩格斯主要是通过浪漫主义者继承了个人解放的启蒙运动的观念，并且超越了使浪漫主义受挫的那些弱点而发展了这种观念。能够使马克思和恩格斯克服这种挫折并超越浪漫主义弱点的，就是他们关于工人阶级或无产阶级的新思想，以及与此相应的对资产阶级解放的阶级特征的发现。

马克思的哲学发展

列宁在他的《卡尔·马克思》一文中认为，马克思是十九世纪人类三个最先进国家中三种主要思潮的继承人，即德国古典哲学、英国古典政治经济学以及同法国一般革命学说相连的法国社会主义。马克思分别从这三个来源中继承了黑格尔的历史哲学、李嘉图对资本主义社会的分析和无产阶级通过暴力获得自我解放的思想。

黑格尔从伽伏翻译的费格森的《市民社会的历史》一书中吸取了"市民社会"的思想。黑格尔把他的市民社会规定为一个利己的制度，因此也是一个其矛盾将由国家克服的制度。通过把市民社会当作人类历史一个必需的但又是否定的阶段，黑格尔留下了"市民社会"这个传统的术语，并且为马克思的"资产阶级社会"这一术语开辟了道路。黑格尔有对市民社会的否定观念这一事实，反映了他当时生活所在的普鲁士社会或德国社会的落后状况。在那里，黑格尔看不到亚当·斯密所概括的市民社会的现实——一种在等价交换基础上利己的个人和平共存的制度。黑格尔在经济学方面的知识似乎仅限于詹姆斯·斯图亚特爵士的思想，后者认为，一个自由的和商业的社会（也就是市民社会）如果没有无所不知的政治家的控制是不能继续存在下去的。黑格尔思想中的无所不知的政治家就是普鲁士专制君主所豢养的文职人员，简言之，黑格尔和斯图亚特都看到了在不发达的"市民社会"中存在的矛盾和混乱，所以他们试图利用反动的政治力量来克服这些困难。不像马克思，他们不能通过分析社会的内在结构来找到克服这些矛盾的途径。

李嘉图的经济学分析了充分发展了的具有三个阶级的结构的、资本主义社会。虽然他相信资本主义社会永恒的存在，但是他的分析迫使他认识到利润率下降的趋势、阶级的对立以及技术和失业的关系。李嘉图的经济学在马尔萨斯的人口规律的佐证下，断言工人阶级永远从事艰苦劳动并陷于贫困，而毫无希望从整体上消灭这个社会制度。这样，黑格尔看到了克服资本主义社会的必然性而未看到资本主义社会的内在结构，李嘉图则看到了资本主义社会的内在结构以至矛盾而未看到出路。

法国大革命使许多农民和手工业者变成了独立的商品生产者。与英格兰相比，他们之间的相对迅速的阶级分化过程产生了社会的抗议和无政府主义者的反抗。那些反抗对劳动的社会和技术分工制度了解甚少，极力争取农民和手工业者的独立，寻求无政府主义的乌托邦。在这些人中有傅立叶、蒲鲁东、巴贝夫、邦那罗蒂和布朗基。这些思想家们有一个共同的看法，即正在沦落或已经沦落为无产者的下层独立商品生产者要自己解放自己。上面提到的巴贝夫、邦那罗蒂和布朗基从法国大革命中继承了剧烈的社会变革的思想。可是，他们既没有像李嘉图那样对资本主义社会进行分析,也没有像黑格尔那种关于从资本主义社会进展到国家的历史必然性的思想。在他们看来,在资本主义社会内部存在着一个无产阶级,它的不满情绪正逐渐达到爆炸的顶点。少数职业革命家能够把这种不满情绪加热到燃点。

马克思把这三个理论来源融合到他自己的社会主义体系中去的途径是不难发现的。马克思从李嘉图的经济学中吸取了对资本主义社会结构的科学分析,而没有把这个社会当作人类社会的永恒的制度;他从黑格尔哲学中吸取了关于具有内在矛盾的资产阶级社会将被克服的思想,这不是通过倒退到普鲁士国家那里去,而是通过前进到革命的社会主义社会来实现。无产阶级自我解放的思想得自法国社会主义者。但是,如果没有李嘉图的经济学和黑格尔的哲学,那么马克思就不会发现无产阶级作为资本主义社会的掘墓人的历史作用,李嘉图的经济学和黑格尔的哲学使马克思知道了无产阶级形成的历史必然性和所有社会发展阶段的暂时性的特征。此外,马克思还从他的先驱者那里吸取了另外一些重要思想。我将把我的论述限于以下两个似乎对马克思很典型的思想上面。第一是异化的思想,这是他一方面从像卢梭、狄德罗、费格森和亚当·斯密这样的启蒙运动思想家那里,另一方面从黑格尔的辩证逻辑与历史哲学那里继承来的。第二是作为虚假意识的意识形态的思想,这似乎是从培根和霍布斯那里继承来的。在上述两种情形下,马克思都没有满足于模仿他的先驱者的思想,而是把这些思想加以改造并放到他自己的阶级斗争概念框框里。

我们在卢梭和狄德罗那里发现的人的异化和解放的思想,同上面提到的浪漫主义者的观点有紧密联系。黑格尔在这方面的思想很著名,无需在这里用几行字来说明。但是,马克思同亚当·费格森和亚当·斯密的关系却需要作一些说明。斯密在《国富论》第一篇中对分工促进文明社会生产力的发展作了高度评价。但是，斯密在强调通过分工和市场竞争来解放人类、努力提高生活水平的必然性后，又在该书最后一篇中指出："分工进步，依劳动为生的大部分职业……就局限于少数极单纯的操作……可是人类大部分智力的养成，必由于其日常职业……这一来，他自然要失掉努力的习惯，而变成最愚钝最无知的人。"① 虽然斯密对作为唯一的补救措施的公共教育的作用抱有相当乐观的态度，但这几乎是对文明社会（即资本主义社会）中的异化的阶级特征所作的最初说明。由于马克思没有看到斯密十八世纪六十年代早期的"格拉斯哥演讲集"的学生笔记，他不可避免地认为斯密是从1767年出版的费格森的《市民社会的历史》中得知这一思想的。然而，费格森并没有指出工人阶级或劳苦穷人受到分工的严重的影响，而只是看到了分工对商业国家的一般作用。

马克思对异化和分工思想的发展远远超出了斯密。异化不仅包括由技术分工所引起的无产阶级的异化，而且还包括由私有制、就业竞争和资本主义剥削所引起的无产阶级的异化。而分工包括脑力劳动与体力劳动的区分以及统治者与被统治者的区分。消灭分工和阶级统治，是马克思和恩格斯的甚至包括《德意志意识形态》在内的早期著作中就包含有的共产主义社会的特征。但是他们的共产主义社会要建立在资本主义社会高度发展的生产力基础上，资本主义社会通过分工产生和训练出作为它自身的掘墓人的无产阶级。所以，在共产主义社会中，工人中的分工的消除只有在他们可以随意支配的（闲暇的）时间中，作为高度发展的生产力的结果才能实现。（顺便提一下，这并不能保证消灭统治者

---

① 参见亚当·斯密：《国民财富的性质和原因的研究》（下卷），商务印书馆1974年版，第338—339页。

与被统治者之间的分工。）毛泽东的"文化大革命"没有对生产力的发展给予应有的重视就试图消灭分工，是一种幼稚的尝试。

当马克思注意到脑力劳动者与体力劳动者之间的分工，并指出所有占统治地位的思想都是统治阶级的思想时，他看到了任何统治阶级的利益都不可避免地会导致歪曲人类的知识。这就是他为什么写《政治经济学批判》的原因之一。通过研究对意识形态的歪曲篡改，他发现：从文艺复兴到法国大革命的人类解放思想只不过是表达了把资本主义的活动从封建压迫下解放出来，并消灭一种阶级统治的形式而用另一个阶级统治形式取而代之的思想。

按照马克思的观点，不是资产阶级而是新兴的工业无产阶级代表了人类和人类解放。因为无产阶级是人类历史上最后一个阶级，所有的阶级斗争、阶级意识和阶级偏见都将以它而告终，所以马克思不认为在他批判了资产阶级的阶级偏见后，有可能存在无产阶级的阶级偏见。大致说来，马克思所认为的无产阶级，继承了我们可以在启蒙思想家那里找到的人类（即资产阶级）的所有作用和特性，加上同社会阶级有关的一切东西。马克思的无产阶级和启蒙思想家的资产阶级都同样被理想化和抽象化了。当马克思在阶级斗争的历史背景中考虑这两个阶级时，它们都是十分生动的、具体的。但当他单独地考察其中一方（特别是无产阶级）时，画面就变得抽象了。

他的有关阶级意识和意识形态歪曲的思想使他认识到，人类知识依照人们所属的阶级具有相对性，但他并没有看到在那些属于同一个阶级的人们中存在着相对性或个性，也没有看到那些个人的态度融汇于单一的阶级意识中的方式。新康德主义认识论的相对主义和匈牙利革命由于落后而遭受的挫折，使卢卡奇重新考虑阶级意识的问题。列宁大约也在这个时候考虑了类似的问题。

总之，马克思从启蒙思想家那里继承了有关人类的思想，并且把它吸收到自己关于无产阶级的思想中去。在这个意义上，他是西方启蒙思想的继承者。

马克思的同时代人

我在这里至少要提到下述几位马克思的同时代人：国家社会主义者斐迪南·拉萨尔，无政府主义者比埃尔·约瑟夫·蒲鲁东和米哈伊尔·巴枯宁，进化论者查理·达尔文以及自由主义和实证主义者约翰·斯图亚特·穆勒。马克思晚年受到俄国民粹派的影响也是值得注意的。

尽管马克思一方面同拉萨尔，另一方面同无政府主义者进行了激烈的论战，但是马克思还是受到他们的影响并从他们那里了解了许多东西。从拉萨尔那里，马克思了解到在资本主义国家结构中政治组织和工人运动的必要性；同时他反对拉萨尔同当局特别是同以俾斯麦为首的反动阶层相联系。拉萨尔企图利用包括俾斯麦在内的德国容克地主的强烈反资产阶级情绪，以促进有利于工人阶级的立法和法规的制订。诚然，马克思在第一国际时期坚持集中主义，反对巴枯宁的分散主义。但是马克思关于共产主义社会"将是这样一个联合体，在那里，每个人的自由发展是一切人的自由发展的条件"①的思想，似乎证实了无政府主义对他的影响。也许值得提一下，梁赞诺夫在他对《共产党宣言》所作的注释中写道："'自由的人民国家'这一用语……对宣传的目的有暂时的价值……但并不是十分科学和精确的"，这也许是因为它带有拉萨尔的痕迹。

----

① 《马克思恩格斯选集》第1版第1卷第273页。

有一个大家知道的传闻,说马克思曾想把《资本论》献给达尔文。达尔文的《物种起源》于1859年出版,而马克思的《政治经济学批判》和穆勒的《论自由》也在同一年问世。虽然这些有代表性的著作同时出版,但是马克思同这两人的关系丝毫不像发生过什么相互影响。达尔文和穆勒都不知道马克思和他的著作。恩格斯曾经提到达尔文给马克思写过一封信,但后来经过仔细考查证明这一事实不能成立。① 当马克思和穆勒在英国参加支持巴黎公社的运动时,他们两人有过一次见面的机会,但是没有关于他们会见的证据。达尔文的进化论对马克思的意义首先是对马克思的阶级斗争理论给予了强有力的生物学上的支持。马克思写道,达尔文的生存竞争思想是把霍布斯关于一切人反对一切人的战争这一思想移入生物世界的翻版。恩格斯曾把马克思的历史概念同达尔文的进化概念加以比较,这就为曾经受过生物学教育的考茨墓的进化社会主义理论铺平了道路。这种从强调斗争变到强调进化的背景,是十九世纪后半叶实证主义在西欧思想界占据了统治地位。

除了马克思对穆勒的经济学理论的批判外,在他们的民主概念中有一处引人注意的巧合。由于担心在民主政治中的多数人统治意味着粗俗的大众的统治,穆勒提出了一种知识分子一人多票的选举办法。在穆勒和其他批评大众民主的人看到消极图景的地方,马克思却看到了一幅积极的图景。在马克思看来,民主政治中的多数人统治意味着无产阶级对资产阶级的统治,民主只是达到无产阶级政治统治的一个手段,它本身并不是社会主义运动的目的。就民主一词的含义而言,无论是马克思还是恩格斯都没有超出这一点。

---

① 关于达尔文给马克思写信一事,此处说得不确切,本刊1984年第4辑(总第34辑)曾作过详细介绍。——原编者注

当然，当他们讨论到政治和经济的异化时，他们并没有忽略这一点。在他们的著作中有许多关于社会主义或共产主义社会中的实质民主的看法，但他们并没有把它们发展成诸如工人自治这样的体系。他们的异化思想是富有成果的，但是果实被留给后代去培育和采摘。

这里有一点需要提到的，是马克思对原始社会或东方社会的态度。在他的一本早期著作中，他注意到一种存在于他的故乡特利尔城附近的前资本主义社会。后来他又提到英国资本主义的渗入使印度的崇高事物遭到毁灭。马克思在他生命的最后几年，在致维拉·查苏里奇的一封信中和在《共产党宣言》俄文版前言中写道，他的资本主义发展理论并不适用于俄国，在俄国，不需要通过资本主义就能在原始的农村公社上建立共产主义的基础。

作为西方启蒙思想的继承人，马克思坚持认为社会主义是克服异化并使人的能力获得全面发展的唯一道路。在这里，他像大多数启蒙思想家一样，用个人的独立自主来理解人类的解放。但是，如果他的共产主义社会同原始社会具有上述这样紧密的联系，那么他同浪漫主义者的关系就更密切了。人们可以说，马克思和恩格斯只是从他们推动欧洲社会主义革命的战略观点出发支持了俄国的原始公社及其拥护者。但是，原始社会的问题肯定还没有解决，尽管几乎所有的社会主义社会都在努力寻求它的答案。

马克思、列宁和卢卡奇

列宁在《俄国资本主义的发展》中写道，资本主义的发展在俄国是现实的和必然的，因而马克思的理论在俄国是适用的。据说这段话是在从民粹主义到马克思主义的发展中最重要的贡献。然而几年以后，列宁在《怎么办?》中写道,在已经牢固地建立起议会和其他民主会议的西欧资本主义条件下,并不需要一个具有军事纪律的地下革命党,而在沙皇政权的残暴压迫下,这样的党却是必要的。

因此,列宁承认俄国的落后,不得不通过强调下层农民的革命性质来加强俄国无产阶级的革命少数。即使这样,列宁在二十世纪初说道,如果没有西方无产阶级的支持,俄国的无产阶级和农民是不能完成革命的。当他于1917年4月8日离开日内瓦赴俄国时,他仍然持这样的观点。然而,革命爆发了并继续进行了下去。当工人控制工厂管理的阶段到来时,列宁认识到工人严重缺乏责任感。在沙皇暴政的统治下,有着原始农村公社的不发达的俄国,没有造就出具有现代西方社会人们所特有的那种责任感的个人。1923年,列宁在临逝世前曾口授:如果他能从真正的资产阶级文化做起,那么他将很高兴。

在这同一年,卢卡奇出版了他的《历史和阶级意识》。在这本书中,他几乎陷入一种对无产阶级阶级意识的盲目崇拜,他把这种阶级意识一方面作为对匈牙利革命运动落后的抗衡,另一方面又作为克服资产阶级文化颓废的手段。他强调指出,无产阶级的阶级意识是意识的真正的形式,它适于取代作为虚假的意识或虚假的意识形态的资产阶级的阶级意识。虽然卢卡奇在阶级意识这一点上比马克思论述得清楚,但是他没有弄清楚个人和阶级意识之间的关系。这样,带有半亚细亚的文化落后性的年轻社会主义社会就从列宁传给了斯大林,而斯大林没有在西方资产阶级社会生活的经历,或者说对个人的独立性没有任何概念。

(原载 A. 健英和 A. J. 马特伊科编
《马克思和马克思主义》1984年纽约版)

(郝立新、荣剑 译)

重新发现马克思[*]

〔意〕马塞洛·马斯托

英刊《国际社会史评论》2007年第12月号刊登了意大利学者马塞洛·马斯托题为《重新发现马克思》的文章。作者提出,近年来,对马克思的兴趣广泛回潮。这次重新回潮最重要的例证之一便是《马克思恩格斯全集》历史考证版(MEGA2版)的恢复编辑。从新的文献学所得到的收获,展示出马克思许多不同于其追随者或其对手所描绘的特点。马克思的追随者对其不完整作品的体系化,在传播时对其著作的歪曲,以及出于政治目的而机械地运用他的理论,这些都使马克思成为了一个被误解的作者。面对资本主义社会的危机和深刻矛盾,1989年以后马克思被世界过于轻率地撇开,然而他的思想与理解和变革当代社会密切相关,现在应该是重新审视他的时候了。文章主要内容如下。

导　言

很少有人能如马克思般震撼世界。他的逝世几乎被人们忽视,随之而来的是在极短的时间内声名远播,历史上很少有人能与之相比。他的

---

[*] 本文选自《国外理论动态》2009年第4期。

名字迅速出现在底特律和芝加哥工人的口中,也出现在加尔各答的第一批印度社会主义者中间。他的肖像成为十月革命后莫斯科布尔什维克代表大会的背景。从欧洲到上海,所有工人运动的政治组织和联盟的纲领和章程都以他的思想为指导。

马克思的理论不可逆转地改变了哲学、历史学和经济学。尽管他的学说对于20世纪相当多一部分人来说,已经成为占统治地位的意识形态和国家学说,其著作也流传甚广,但是直到今天,他的著作仍然没有完整而科学的版本。作为人类最伟大的思想家,这种命运偏偏降临于他。

造成这种特殊情况的主要原因在于马克思作品的未完成性特征。只有1848年至1862年间他在报纸上撰写的文章是例外,它们大多是为当时世界上最有影响力的报纸之一——《纽约每日论坛报》!所写的文章,除此之外,他公开出版的著作与仅仅部分完成的著作数量同他令人震惊的研究范围比起来显得寥寥无几。在1881年,马克思的晚年,当被考茨基问及其著作完整版本的可能性时,马克思回答道:"首先需要完成它们。"

马克思留下的手稿远多于公开出版的著作。与通常所认为马克思的作品是片断的、偶尔自相矛盾的观点相反,这些表象正是其独特特征——"未完成"的证据。极其严格的方法与苛刻的自我批判,都使得对于马克思来说,要完成已开始的著作几乎是不可能的;困窘的生活,疾病缠身,这些终生折磨着他;经年不变的对知识不可压抑的激情伴随他一生,又促使他不断开始新的研究;最终,他在晚年意识到把历史的复杂性局限到一种理论方案之中的困难,使得"未完成"成为他的忠实伙伴以及对于他全部智力产品和生命的诅咒。除了一小部分外,他庞大的工作计划并没有完成。他不停歇的智力工作以著作上的失败而告终。然而，尽管如此，这些作品毫不缺少天赋，也并非内容不丰富，相反，它们有着非凡的知识内涵。不过，无论是马克思未发表遗作的片断性状况，还是他对后来兴起的社会教条的内在厌恶，都使他未完成的著作难以继续。

马克思恩格斯著作漫长的出版历程

1897年，当安东尼奥·拉布里奥拉被问及对马克思恩格斯著作的了解以及："马克思恩格斯的著作……被作者们自己的……密友和信徒之外的其他人阅读过吗？"他的回答是相当明确的："阅读科学社会主义创始人的全部著作似乎直到现在仍是创始人的特权"；历史唯物主义"按照无限模糊、令人误解的奇异的改造，奇怪的伪装和站不住脚的方式被宣传"。事实上，正如后来被历史文献学研究所证实的那样，认为马克思恩格斯的著作全部被阅读过只不过是圣徒传般的神话。相反，他们的很多文本甚至在其母语中也很少、很难找到。这位意大利学者提出的复活"马克思恩格斯全部著作的完整考证版"的目标无疑非常必要。对拉布里奥拉来说，要做的既不是编辑文选，也不是起草一份"遗嘱"一样的东西。而"马克思恩格斯这两位科学社会主义创始人的全部政治和科学活动、全部文学创作，即便是偶然的，也需要受读者的处置……因为他们对想要阅读这些著作的人直言不讳"。他的愿望提出一百多年后，这一计划仍然没有实现。

撇开这些流行的文献学评估不谈，拉布里奥拉提出了一些与其所处的时代相比令人惊讶的富有远见的其他理论特征。他认为，马克思恩格斯所有未完成的作品都是"不断开始的科学和政治学片断"。为避免在"不存在和不应该存在的地方"寻找，或"为了随时随地都能解释历史的公认法则",它们只有置于其产生的时代和历史背景中,才能被完全理解。另一方面,那些"没有把这些思想和知识作为进程中的工作来理解"的人们,或"需要思想偶像的教条主义者和自以为是的人,那些永远有效的经典体系的发明者,那些手册和百科全书式的编纂者,都徒劳无功地在马克思主义中寻找其实从未提供给过任何人的东西":概括说来,即对历史问题的准确解答。

完成这种大而全的遗嘱的自然执行人除了德国社会民主党——未发表遗作的持有者外还有其他人选吗?其成员最具有语言学和理论资格。不过,社会民主党内的政治冲突不仅阻挠了马克思未出版著作的出版,还引起了其手稿的散失,放弃了版本系统化的建议。令人无法置信的是,德国政党没有作任何鉴定,就用可以想象到的最大限度的忽视来对待他们的文学遗产。没有一位理论家能列出两位创始人知识财产的清单。也没有人致力于收集广泛而分散的通信,尽管事实上很明显,这是澄清其思想的一个非常有用的资源,若不然也是他们作品的一个延续。

全集的首次出版,即MEGA版(第一版),在20世纪20年代才开始,发起人是莫斯科马克思恩格斯研究院院长梁赞诺夫。但这一任务由于国际工人运动的展开而被搁置下来,这些情况对于马克思恩格斯著作的出版来说弊大于利。苏联斯大林主义的大一统也影响了学者们致力于这一工程,德国纳粹主义的出现则导致了早期出版的中断。这就是从那位还有部分著作没有被开发的作者中汲取灵感的一成不变的意识形态的矛盾产物。肯定马克思主义并把它具体化为凌驾于文本之上的教条主义文集,要理解马克思思想的形成和演变,就有必要阅读这些文本。事实上,MEGA版中出现的早期著作,只有1927年出版的《黑格尔法哲学批判》、1932年出版的《1844年经济学哲学手稿》和《德意志意识形态》。而像《资本论》第二、三卷那样分别出版，再作为完整的著作出现，这种选择后来被证明是导致无数错误阐释的根源。随后出版了《资本论》一些重要的准备材料：1933年《资本论》第六章关于"直接生产过程的结果"的草稿，以及1939—1941年间的《政治经济学批判大纲》，印数决定了非常有限的发行。此外，像下列这些未出版的作品，当它们没有因为避免侵犯占统治地位的意识形态正统而隐藏起来时，最好的假设就是适应政治需要而具有解释性功能，使之预先适合预定的解释，而不会引起对马克思著作严格全面的重新评价。

"全集"的第一个俄文版是1928—1947年间在苏联完成的《马克思恩格斯全集》。尽管叫作"全集"，但它只包括一部分著作，由28卷（33册）组成，这是两位作者当时在数量上最完整的全集。随后，1955—1960年出现了第二版全集，共39卷（42册）。从1956年到1968年，在德意志民主共和国，在德国统一社会党中央委员会的发起下，马克思恩格斯著作（MEW）出版了41卷（43册）。然而，这一版仍然很不完善，被介绍和注释降低了分量，沿循苏联版本的模式，以马克思列宁主义意识形态为指导。

MEGA2版即第2版方案重新出现于20世纪60年代，计划忠实再现两位作者经过广泛考证的全部作品。然而，始于1975年的这些出版物，由于1989年事件再次中断。1990年，为了继续完成这一版，国际社会史研究所和特里尔马克思故居成立了国际马克思恩格斯基金会（IMES）。经过一段艰难的重组阶段，确定了新的编辑原则，由柏林科学院出版社取代了狄茨出版社，在1998年开始出版通常所说的MEGA2版。

MEGA2：重新发现被误解的作者

与那些预言马克思终将被遗忘的预测相反，近些年马克思重新获得了国际学者们的重视，其思想价值被许多人再度肯定，他的著作也从欧洲、美国、日本图书馆的书架上拭去灰尘。这一重新发现最有代表性的例子便是 MEGA2 版的编纂还在继续进行。这项工程拥有来自众多参与国的不同学科的学者，整个工程分为四个相互衔接的部分：第一部分包括除《资本论》外的全部著作、文章和手稿；第二部分包括《资本论》以及从 1857 年开始的准备研究；第三部分则专注于信件；第四部分包括摘要、笔记和注释。在全部计划出版的 114 卷中，已经出版了 53 卷（有 13 卷是在 1998 年重新恢复之后出版），每一卷包括两本：正卷和副卷，副卷包含索引和许多附加的注释。这一工作非常重要，我们要考虑到马克思手稿的主要部分、他的卷帙浩繁的通信，以及对他来说习惯性地在阅读过程中做的堆积如山的摘录、评注，这些都从未出版过。

MEGA2 版的编辑在这四个部分都取得了重要进展。在第一部分——"著作、文章和手稿"部分，研究工作随着新的两卷的出版而得以恢复。第一卷是"1855 年 1 月至 12 月，马克思恩格斯的著作、文章和手稿"，其中包括两位作者 1855 年为《纽约每日论坛报》和布雷斯劳的《新奥得报》所撰写的 200 余篇文章和草稿。除了目前已知的与政治学和欧洲外交有关的著述、对国际经济危机和克里米亚战争反思的文章外，有研究表明可能比先前又增加了 21 篇文本，它们并没有由于在美国报刊上匿名发表而被排除在外。第二卷为"1886 年 10 月—1891 年 2 月，恩格斯的著作、文章和手稿"，它们也是恩格斯晚年的部分著作。在本卷中文章和笔记交替出现。其中包括没有（曾编辑过第一版的）

伯恩斯坦参与的"论暴力在历史上的作用"手稿，与工人运动组织的通信，以及已经出版的著作和文章的再版序言。在后者中，尤其是关注于沙皇统治下俄国的外交政策、发表于《新时代》上但随即被斯大林于1934年禁止的俄国这两个世纪对外政治史，以及与考茨基合著的"法律家社会主义"，个别部分的出处第一次被重新修订。

此外，MEGA2对最早的大量马恩年鉴也很感兴趣，由MES出版的新系列，全部集中于《德意志意识形态》。本书预计占MEGA2版的五分之一，包括马克思和恩格斯"I. 费尔巴哈"和"II. 圣·布鲁诺"两个手稿在内。在"老鼠牙齿的批判"下幸存的七个手稿被收集成独立的文本并按时间排序。从这一版可以很明显地推论出其著作的不一致性。因此，科学研究有了新的明确的理由，要可靠地探究马克思的理论细节。《德意志意识形态》直到现在仍被认为是对马克思唯物主义概念的完整阐释，如今被还原为最初的片断状态。

对MEGA2第二部分"《资本论》及其手稿"的研究，近年来集中于《资本论》的第二和第三卷上。"卡·马克思，资本论，政治经济学批判第二册，弗·恩格斯1884/1885年编辑定稿"卷，包括恩格斯以马克思1865—1881年间所撰写的不同规模的七部手稿为基础而编辑的第二卷。事实上恩格斯从马克思那里收集到了第二册的许多不同版本，但是并没有迹象显示是为了挑出一个来出版。相反，他发现材料：

"使用的是马克思写摘要时惯用的语句：不讲究文体，有随便的、往往是粗鲁而诙谐的措辞和用语，夹杂英法两种文字的术语，常常出现整句甚至整页的英文。这是按照作者当时头脑中发挥的思想的原样写下来的。有些部分作了详细的论述，而另一些同样重要的部分只是作了一些提示。用作例解的事实材料搜集了，可是几乎没有分类，更谈不上加工整理了。在有些章的

结尾,由于急于要转入下一章,往往只写下几个不连贯的句子,表示这里的阐述还不完全。"(《马克思恩格斯全集》24：3)

因此恩格斯有必要对手稿进行编辑加工。近年来在文献学上最大的收获便是:恩格斯对这篇文本的加工总共约有五千字,这一数量远远超过了原来的假设。修改之处包括增加或删除了一些地方,修改了文章的结构,给某些段落加上标题,置换了一些概念,把马克思的某些简洁表达重新细化,把其他语种的词汇翻译过来。在这项工作完成后,文本才交付印刷。因而,这一卷就容许我们推测马克思手稿的遴选、组织和修改过程,可以肯定的是,在恩格斯作了最有意义的修订的地方,反而是他最能够表达对马克思手稿的忠实性的地方,需要再强调一遍,这事实上并不代表他的研究工作的终止。

已出版的《资本论》第三卷——"卡尔·马克思,政治经济学批判,第三卷"是惟一一卷马克思没有完成的著作,甚至没有最终定稿,需要更多复杂的编辑加工。在"序言"中,恩格斯强调:

"第三卷只有一个初稿,而且极不完全。每一篇的开端通常都相当细心地撰写过,甚至文字多半也经过推敲。但是越往下,文稿就越是带有草稿性质,越不完全,越是离开本题谈论那些在研究过程中出现的、其最终位置尚待以后安排的枝节问题,句子也由于是按照当时产生的思想写下来的,就越长,越复杂。"(《马克思恩格斯全集》25：4)

为此,恩格斯做了大量编辑工作,他在1885年至1894年间呕心沥血,把一个临时性的、充满了"用原始状态记录"(《马克思恩格斯全集》25：7)的思想和只有初步注释的文本加工为一部完整的作品,自此产生了一个具有结论的系统的经济理论。

这一点从"卡·马克思和弗·恩格斯，资本论第三卷，手稿和编辑稿"卷中充分体现出来。它包括马克思写于1871—1882年间的与《资本论》第三卷有关的最后六部手稿。其中最重要的一部是1875年写作的"剩余价值率和利润率关系的数学处理"，以及恩格斯在编辑过程中增加的文稿，后者准确地反映了形成出版版本的过程。可以进一步肯定的是，这部正在编辑的著作的优点即是，卷中51篇文本中的45篇都是首次出版。现在即将完成的第二部分，将会最终对马克思留下的原始材料进行可靠的考证，以及评估恩格斯编辑工作的价值和局限。

MEGA2的第三部分——通信部分，包括了马克思和恩格斯毕生的信件，既有他们之间的通信，也有他们与他们接触的其他人的大量通信。

在通信部分中，信件的数量是非常庞大的。现在已经找到的马克思和恩格斯信件有4000多封（其中2500多封是他们之间的通信），也有其他人写给他们的10000多封信，其中大部分在MEGA2之前从未出版过。此外，另外6000多封信的存在也有强有力的证据，尽管它们未曾保存下来。新版的第四卷还在编辑中，这一卷可以使我们通过这些信件来重读马克思知识传记中的重要阶段。这些收集在"卡·马克思和弗·恩格斯1858年1月—1859年8月通信"中的信件背景是1857年经济危机，它重新点燃了1848年欧洲革命失败而导致的十年低潮后，马克思期望革命运动好转的希望。这一期望使他重新振作起来，继续从事智力生产，也促使他描绘了"在暴风雨来临之前"他的经济理论的基本框架。虽然他满怀期待，然而希望又一次破灭了。也是在这段时间，马克思写作了《政治经济学批判大纲》的最后草稿，并决定以单行本分册的形式出版。这些文章首次于1859年出版，题为《政治经济学批判》。

就马克思个人而言，这一阶段以"根深蒂固的穷困"为标志："未必有人会在这样缺货币的情况下来写关于'货币'的文章！"(《马克思恩格斯全集》29：370—371)。马克思为保证朝不保夕的生活所作的努力，并没有阻止他完成他的"经济学"，并宣布："我必须不惜任何代价走向自己的目标，不允许资产阶级社会把我变成制造金钱的机器。"(《马克思恩格斯全集》29：550—551)然而，第二本书并没有能够问世，下一部出版的政治经济学著作不得不等到1867年，即《资本论》第一卷交付印刷之时。

"卡·马克思，弗·恩格斯1859年9月—1860年5月通信"以及"卡·马克思，弗·恩格斯1860年6月—1861年12月通信"卷，包括与福格特先生有关复杂的出版业务的通信，以及他与马克思之间的激烈争论。1859年，卡尔·福格特指控马克思对他实施阴谋，说他是一个以勒索为生的团伙头目，并参与了1848年革命。因此，为了维护自己的名誉，马克思感到有必要进行自我辩护。这种辩护也通过与好战人士频繁的书信往来的方式发生，他们与马克思在1848年期间以及之后都有政治联系，目的是为了从他们那里得到关于福格特的所有可能的文件。这一辩论的结果是200多页的论战性著作：《福格特先生》。驳斥福格特的指控占用了马克思一整年的时间，迫使他的经济学研究完全中断。尽管马克思曾希望能引起轰动，但是德国出版界对他的书根本没有给予任何关注。这段时间生活也没有什么改善。紧接着是资本的本质这一令人头疼的问题，同时还总是出现健康问题；后者是由前者引起的。有一段时间他不得不暂时停止工作，进行"惟一能使心灵保持必要安宁"的数学研究，这是他一生中最有智力热情的事情之一。1861年初，由于患肝炎，他的身体状况再度恶化。对阅读的渴望，令他又一次在文化中避难："为了排遣我因各方面不安定的情况而引起的恶劣情绪，我正在阅读修昔的底斯的著作。这些古代人至少总还是令人感到新鲜。"(《马克思恩格斯全集》30：601—602）不管怎样，在1861年8月，他还是重新开始了勤奋的工作。到1863年6月，他共完成了23个四开笔记本，共1472页，其中包括剩余价值理论。其中第一批五个笔记是关于货币转化为资本的，它们被忽视了100多年，直到1973年才用俄文出版，1976年用原语种出版。

"卡·马克思，弗·恩格斯1864年10月—1865年12月通信"卷的主题是马克思在国际工人协会中的政治活动，该协会于1864年9月28日在伦敦成立。这些信件证实了马克思在这一组织初始阶段的一些活动，期间他迅速担任了领导职务，试图把这些公务整合起来，这也是16年后他在其著作中关注的首要问题。在这些问题中有争议的有：工会组织的功能问题，马克思强调其重要性，同时也反对拉萨尔提出的由普鲁士政府建立合作社的方案；与欧文主义者约翰·韦斯顿的争论，这些文件收集在1898年作者逝世后出版的《价值、价格与利润》中。此外还有对于美国内战的思考；恩格斯撰写的小册子《普鲁士军事问题和德国工人政党》。

这部历史考证版的创新之处也在第四部分"摘要、笔记和注释"中得到了明显体现，其中包括马克思所做的大量摘要和研究笔记，这是他庞大工作的一个重要证据。从大学时代起，马克思便养成了做读书笔记的习惯，这一习惯伴随终生，并且在他做笔记的地方通常意味着深入的思考。马克思的遗稿包括约200部笔记摘要。这些对于了解和理解他的理论起源和组成部分是至关重要的，尽管他没能如愿以偿地发展他的理论。这些保存下来的摘要，涵盖了从1838年到1882年漫长的时间跨度，是用八种语言写成的——德语、古希腊语、拉丁语、法语、英语、意大利语、西班牙语和俄语，被视为最广泛的跨学科综合。它们是从哲学、艺术、宗教、政治学、法学、文学、历史、政治经济学、国际关系、科技、数学、生理学、地质学、矿物学、农艺学、人种学、化学和物理学等文本中摘录出来的，也来自报纸、期刊杂志、议会报告、统计表、报告和政府机关出版物——其中最著名的便是"蓝皮书"，尤其是工厂的检验员报告，其中包含着对他的研究来说最重要的调查研究。这些巨大的知识宝库，大部分仍然没有出版，它们是马克思批判理论的建筑工地。MEGA2 版的第四部分计划出版 32 卷，将会首次使用它们。

最近已经出版了四卷："卡·马克思 1844 年夏—1847 年初的摘要和笔记"包括八个摘要笔记本，是马克思在 1844 年夏至 1845 年 12 月间辑录的。前两个是他在居留巴黎期间，于《1844 年经济学哲学手稿》之后完成的。其他六个笔记次年写于布鲁塞尔，他从巴黎遭到驱逐之后迁到了那里，中间在 7 月和 8 月去了英国。这些笔记是马克思开始研究政治经济学，第一次形成详尽的经济理论的过程线索。这一点可以从斯托尔希（Storch）和罗西（Rossi）政治经济学手册摘要中明确体现出来，以及从布阿吉尔贝尔（Bo isguillebert）、罗德戴尔（Lauderdale）、西斯蒙第（Sismondi）著作所做的摘抄，从拜比吉（Babbage）和尤尔（Ure）那里摘录的机器和制造技术也与此有关。把这些笔记与这时期的作品——出版的未出版的——对照起来看，这些书籍无疑对他的思想发展有很明显的影响。这些笔记与对它们成熟的历史性重构一起，显示出了在这段工作密集期马克思批判思想的轨迹和复杂性。另外，这部文本中也包括那篇著名的《关于费尔巴哈的提纲》。

"卡·马克思，弗·恩格斯 1853 年 9 月—1855 年 1 月的摘要和笔记"41 卷包括 9 个广泛摘录的笔记本，原本是马克思在 1854 年辑录的。与这些笔记同时，马克思在《纽约每日论坛报》上发表了一系列重要文章：1853 年 10 月至 12 月的《巴麦尊》，1854 年 7 月至 12 月的

《革命的西班牙》,而关于克里米亚战争的文章——几乎全部为恩格斯撰写——直到1856年才完成。其中的四个笔记是对外交史的评注,主要是从历史学家法曼(Famin)和弗兰西斯(Francis)、律师、德国外交官冯·马尔滕斯(von Martens)、保守党政治家乌尔卡尔特(Urquhart)的文章中,也有从"与地中海东部事件的有关通信",以及"英国议会议事录的辩论记录文件"中摘录的。其余五部是从夏多勃里昂(Chateaubriand)、西班牙作家霍韦利亚诺斯(Jovellanos)、西班牙将军圣米格尔(San Miguel)、他的同胞马尔利安尼(Marliani)以及许多其他作者的著作中摘录的。对西班牙的关注,体现了马克思致力于集中研究西班牙的社会政治历史和文化。此外,对《历史构成的分析与八月蒂埃里的进步》所做的笔记也引发了他的兴趣。所有这些笔记都是非常重要的,因为它们展示了马克思所使用的材料,让我们可以了解到他使用这些作品写作文章的路径。最后,本卷还包括恩格斯所作的一系列军事史摘录。

马克思在自然科学方面最大的兴趣几乎不为人所知,它出现在"卡·马克思—弗·恩格斯,自然科学摘录和笔记,1877年中至1883年初"卷中。这一卷包括1877—1883年间的有机、无机化学笔记,这让我们发现了他的工作的更深层面。这一点甚为重要,因为这些研究有助于质疑大量传记中描述的虚假传奇,它们把马克思描绘为一位在他生命的最后十年放弃了自己的研究工作,并对自己的智力好奇心感到十分满意的作者。已出版的笔记包括化学部分,是对化学家迈尔、罗斯科、肖莱马的著作所做的摘录,以及物理学、生理学和地质科学笔记,它们见证了19世纪后25年重大科学发展的繁荣,这与马克思一直有意于使自己见多识广有关。这些研究构成了研究马克思研究领域的一小部分,因为它们与《资本论》的工作并不直接相关,考虑到兴趣的原因,它们提出了未能回答的问题。为充实这一卷,也有一些恩格斯在同一时期所作的与此类似的相关摘录。如果说马克思的手稿,在印刷前就知道会有数次沉浮的话,那么马克思和恩格斯的著作则遭受了更糟糕的命运。恩格斯逝世后,两人的藏书中附有有趣的标注和下划线的著作被人忽略了,有一部分散失,只是后来才被重新修订和颇为费力地编目。"卡·马克思—弗·恩格斯,卡·马克思和弗·恩格斯藏书"卷实际上是75年研究的成果,共由2100卷,1450部著作索引组成——其中三分之二属于马克思和恩格斯——包括带有评注的卷中的所有注释。这是一部超前的出版物,当MEGA2完成之时它才会完整,因为现在还没有完整的著作索引(已经复原著作的总数是3200卷,2100部),包括830部40000多页带有标注的文本,还有在书页边所作的评论也要出版。就像那些同马克思有密切接触的人所说的那样,马克思并不认为书籍是奢侈品,而是工作的工具。他粗暴地对待它们,在书页上折角、画线。谈到书籍时,马克思说:"它们是我的奴隶,它们应当按照我的要求为我服务。"另一方面,他又非常热爱它们,沉浸其中不能自拔,到了把他自己定义为"我只不过是一架机器,注定要吞食这些书籍,然后以改变了的形式把它们抛进历史的垃圾堆"。(《马克思恩格斯全集》32:533)他的某些读物——人们仍然要记住他的藏书只是他在伦敦大英博物馆数十年不知疲倦工作的一小部分——以及他与此相关的评注,构成了重新展开对他的研究非常宝贵的资源。这也有助于驳斥对马克思列宁主义作虚假的圣徒传记式(hag iograph ical)的阐释,后者经常把他的思想描绘为突然的灵光乍现,而不是事实上的来自于对前辈和同时代人理论的深思熟虑。

最后,人们理应追问:从新的历史考证版中浮现了何种崭新的马克思?当然了,会是一个不同于众多追随者和反对者长期以来所接受的马克思。由于马克思著作曲折的传播历程，缺少一个完整的版本，加之其著作本来不完整，还有其追随者的拙劣著作和带有偏见的阅读，以及理解他的无数次失败，都是引发这一矛盾的重要原因：卡尔·马克思是一位被误解的作者，是一位严重的受害者，应该反复重申他不被了解。不同于东欧国家，在许多广场上都把马克思的雕像塑造为冷酷无情的轮廓，寓意他用权威式的确定感指引了未来之路，在今天的人们看来，他是一位大部分著作仍然没有完成，直到逝世仍然致力于此的作者，更进一步的研究将会证明其作品的有效性。

从对马克思著作的重新发现中重新浮现出了许多富有疑问的多种形态的思想，看来对于马克思的研究仍然有很长的路要走。

马克思这条"死狗"

由于理论上的冲突或是政治事件，对马克思著作的兴趣从未一致过，并且从一开始，就经历了毫无争议的衰落期。从"马克思主义的危机"到第二国际的解散，从讨论剩余价值理论的局限到苏共悲剧，对马克思理论的批评似乎已经远远超出其概念的范围。尽管如此，却也始终存在着一种"回到马克思"的呼声。有新的需要要求持续关注他的思想发展轨迹，从政治经济学批判到异化理论或是政治辩论的优秀作品，一直都对他的追随者和反对者们存在着不可抗拒的吸引力。不过，到上世纪末，在异口同声地宣布了马克思的消失之后，突然之间，马克思又在历史舞台上重新出现。

马克思从过去作为令人厌恶的权威的马克思列宁主义链条中解放出来，他无疑是独立的，他的著作被重新划归于新的知识领域并被全世界重读。其珍贵理论遗产的充分展现再次具有了可能性，它们从自以为是的所有者中，从被束缚的应用模式中解脱出来。然而，如果马克思没有被视为20世纪灰色的"真正的社会主义"的斯芬克斯，就会同样被误认为其理论和政治遗产仅限于历史，而与如今的矛盾冲突无关，把他的思想限定为僵化的经典，与今天没有任何关系，或者仅限于理论社会主义。

对马克思兴趣的回归远远超出了学术界把他作为重要的文献学研究的范围，而致力于揭示出对于大量阐释者来说，他的理论的多样性。重新发现马克思是以他对现实具有持续的解释力为基础：他对理解现实和改变现实具有不可或缺的作用。

面对横亘于前的资本主义社会危机和深刻矛盾，有一种思想回潮质疑1989年之后马克思被迅速地弃如敝履。因而，雅克·德里达的断言，即"不去阅读且反复阅读和讨论马克思，将永远都是一个错误"，几年前看来这似乎只是孤立的挑衅，但现在已经获得越来越多的支持。从20世纪90年代末以来，报纸、期刊、电视和广播不断地把马克思作为与我们时代最相关的思想家来讨论。1998年，在《共产党宣言》发表150周年之际，世界各地出版了许多新版本，它不仅是历史上最富有知识性的政治文本，也是对资本主义发展趋势最有预见性的著作。此外，在许多国家已经消失了15年的研究马克思的著作的出现，是新的研究复兴和初步繁荣的标志，出现了诸如以《今天为什么要阅读马克思?》等为题的不同语种的大量著作。学术期刊上也有一种类似的舆论，公开讨论马克思和形形色色的马克思主义，正如现在的国际会议、大学课程和研讨会聚焦于这位作者一样。最后，即使羞于承认，并经常混淆了形式——从拉美到欧洲，以及替代的全球化运动，对马克思的新需求还是在政治谈判中体现了出来。

今天马克思还留下了什么；他的思想如何有助于人为自由而奋斗；

他的著作的哪些部分最能激发对当今时代的批评；人们如何才能"超越马克思，与马克思同行"，这些都是远没有达成一致的问题。如果我们肯定马克思会在当代复兴，那么这种复兴一定是与过去断裂，过去的特点是单一的正统，一直支配并限制了对这个哲学家的解释。尽管有明显的局限和陷于合并的危险，但是以多面马克思为特征的时代还是来临了，事实上，在教条主义时代之后，它也不可能以其他方式发生。回应这些问题的任务因此责无旁贷地落于新一代的学者和政治活动家的理论研究和实践上。

  在马克思诸多不可或缺的遗产中，至少有两种一定要提及。一是对资本主义生产方式的批判。这位分析性的、敏锐的、不知疲惫的研究者认识到并分析了资本主义在全球范围内的发展，认为资本主义社会优于历史上其他社会。这位思想家拒绝把资本主义和财产私有制设定为人性本质的永恒模式，他对那些想要实现替代新自由主义经济、社会和政治组织的人们提出了至关重要的建议。要给予密切关注的另一方面便是，马克思是社会主义理论家：他批判当时拉萨尔和洛贝尔图斯宣传的国家社会主义思想；他把社会主义理解为生产关系的可能转变，而不是对大量社会问题无关痛痒的缓和。如果没有马克思，我们将会被宣告患上严重的失语症，促进人类解放仍然需要他。他的"幽灵"一定会在全世界游荡，并且长久地震撼人类。

（李百玲 译）

马克思的回归

〔美〕约翰·卡西迪

在许多方面,马克思的遗产被共产主义的失败掩盖住了。而共产主义并不是他关注的中心,事实上,他极少论述社会主义社会应该如何运作,他写下的有关国家消亡等的著作并不是很有用——列宁及其同志们在夺取政权后很快就发现了这一点。马克思是研究资本主义的学者,这是他理应得到的一种评价。他在维多利亚时期看到的许多矛盾后来得到了改良主义政府的解决,但它们又如同突变的病毒一样,以新的形式出现了。他写下了关于全球化、不平等、政治腐败、垄断化、技术进步、高雅文化(high culture)的衰落、现代生存的萎靡不振的性质等的动人段落,现在经济学家们又碰到这些问题,他们有时并没有意识到自己正步入马克思的后尘。

一

与许多思想家一样,马克思在二三十岁时殚精竭虑思考其新思想,而后又用几十年的时间发展年青时形成的思想。他在《德意志意

---

* 本文选自《马克思主义与现实》1998 年第 5 期。

识形态》(1846)中提出的基本见解,最近被詹姆斯·卡维尔再次提出。卡维尔说:"它是枯燥乏味的经济。"对于这一理论,马克思自己的术语是"唯物主义历史观",它现在已被广为接受。当保守党人争论福利国家因窒息了私人企业而注定要灭亡时,或者说苏联的解体是因为它跟不上资本主义的效率时,他们使用的正是马克思的经济是人类发展的推动力的观点。的确,正如荣获诺贝尔奖的经济学家约翰·希克斯爵士在1969年所指出的,就历史理论而言,卡尔·马克思仍在这一领域拥有极多的阵地。希克斯写道,不同凡响的是"《资本论》面世100年后……其他作品似乎都不该再出现了"。

马克思不是一个粗糙的简化论者,但他确实相信社会组织生产的方式最终决定了人们的态度和信仰。例如,资本主义使人类自身屈从于贪婪的本性。"钱是一切事物的普遍价值,是一种独立的东西。因此它剥夺了整个世界——人类世界和自然界——本身的价值。"他25岁时写道,"钱是从人异化出来的人的劳动和存在的本质;这个外在本质却统治了人,人却向它膜拜。"这样的语言可能有些激烈,但情况有什么变化吗?杂志架上挤满了诸如《金钱》、《财富》之类标题的杂志;打开电视机就很难避开金融建议;沃伦·巴菲特、乔治·索罗斯之流的成功投机商经常被杂志炒得沸沸扬扬。

马克思同样预见到许多好莱坞影片所代表的金钱驱使下大众文化的贬值。在《〈政治经济学批判〉导言》(1857)中,他认为一个社会所生产的艺术的性质是当时物质状况的一种反映。荷马和维吉尔反映了一种幼稚的、神话的自然观,这在机车、铁道和电报时代是经不起考验的。"在罗伯茨公司面前,武尔坎又在哪里?在避雷针面前,丘比特又在哪里?在动产信用公司面前,海尔梅斯又在哪里?"马克思问道,

"在印刷所广场旁边,法玛还成什么?"(《马克思恩格斯选集》中文第2版第2卷第28—29页,以下引文只注卷次和页码。)

二

《共产党宣言》是马克思与弗里德里希·恩格斯共同撰写的。这本书对资本主义即将灭亡的错误预言掩盖了一个将经久不衰的知识成就:马克思在"宣言"中对资本主义如何运转的阐述。与许多同仁不同,他从不低估自由市场的力量。"资产阶级在它的不到一百年的统治中所创造的生产力,比过去一切世代创造的全部生产力还要多,还要大。"(第2卷第277页)他写道,"它创造了完全不同于埃及金字塔、罗马水道和哥特式教堂的奇迹;它完成了完全不同于民族大迁徙和十字军征讨的远征。"(第1卷第275页)而且,由于始终存在的对新市场的需求"驱使资产阶级奔走于全球各地",这一前所未有的生产刺激——在其他方面通常被称为产业革命——并没有被局限在任何一个国家。马克思说,资产阶级在其所到之处破坏传统的行为方式。"古老的民族工业被消灭了,并且每天都还在被消灭。"他写道,"它们被新的工业排挤掉了,新的工业的建立已经成为一切文明民族的生命攸关的问题。"不单是本地的商人受苦遭殃,整个文化被不断发展的现代化和全球一体化搁到一边。"各民族的精神产品成了公共财产",他指出,"民族的片面性和局限性日益成为不可能,于是由许多民族和地方的文学形成了一种世界的文学。"(第1卷第276页)

"全球化"是20世纪末每一个人都在谈论的时髦词语,但150年前马克思就预见到它的许多后果。现在,资本主义正把世界变成一个独一无二的市场,欧洲、亚洲和美洲的民族国家正日益发展成为这一市场内相互竞争的贸易集团。约翰·格里沙姆的小说被翻译成多种文字,澳大利亚的青少年戴上了芝加哥公牛队的帽子,几乎每一个商人都操着一口英语——金钱的全球语言。偶尔有一些战斗团体——法国农民、英国矿工、美国汽车工人——为其传统利益挑起战火,但其努力总是显得徒劳无功。没有什么能阻挡住资本主义所代表的永恒革命。"生产的不断变革,一切社会状况不停的动荡,永远的不安定和变动,这就是资产阶级时代不同于过去一切时代的地方。"马克思写道,"一切固定的东西都烟消云散了,一切神圣的东西都被亵渎了。人们终于不得不用冷静的眼光来看他们的生活地位、他们的相互关系。"(第1卷第275页)

全球化开始成为下个世纪最大的政治问题。理查德·格普哈特已经在用"公平贸易"的纲领来竞选总统,民粹主义和排外的政党正在俄罗斯、法国以及其他许多国家出现。据世界银行最近的一项研究,俄罗斯、中国、印度、印度尼西亚和巴西都将在今后的25年中成为重要的工业力量,这只会给其他发达国家增加竞争压力。即便那些传统上是全球化最主要的捍卫者(理由是它使更多的人受益)的经济学家,现在也在重新考虑它的影响。当代的经济学家倾向于使用比马克思更为枯燥乏味的语言,但他们的中心思想是相同的。"商品、服务和资本市场的国际一体化正在迫使社会改变它们的传统习俗,而反过来,这些社会的各个组成部分正在掀起一场战斗。"哈佛大学的一个经济学家达尼·罗德里克在他1997年初出版的一本名为《全球化是否已走得太远》的开创性著作中这样写道。罗德里克指出,童工、公司避税和工厂倒闭都是全球化的特征。他没有直接提到马克思——引用他的著作对于一个名牌大学的经济学家的职业前途是不利的,但他断定不接受全球化的挑战可能导致"社会瓦解"。

三

1848—1867年，马克思在伦敦流亡期间出版了许多经济学著作，以《资本论》而告结束。他说，这本书的目的是揭示"现代社会的经济运动规律"（第2卷第101页）。

从某个方面讲，马克思的努力失败了。他的经济学以劳动是一切价值的源泉的假设为基础，其数学模型被内部的前后矛盾弄得四分五裂。现代经济学家使用的许多概念，如供求曲线、生产函数、博弈论，在19世纪60年代还未形成。由哈佛大学教授N.格雷戈里·曼科夫编写的一本新教科书《经济学原理》，在800多页中只有一次提到过马克思，而且还是轻蔑地提到。

曼科夫引述了19世纪末20世纪初的经济学家艾尔弗雷德·马歇尔的话，说经济学是"研究日常生活事务中的人的学问"，它回答诸如"为什么在纽约那么难找到公寓？""为什么旅行者如在周末晚上逗留，航空公司收取往返机票的价格要便宜？""为什么金·凯利主演的影片得到那么高的报酬？"等问题。马克思给我们的一个重要教益是资本主义倾向于垄断（他观察到了那时还模糊不清的现象），需要强有力的管理。这一问题后来经过特迪·罗斯福和富兰克林·德兰诺·罗斯福改革得到了控制，但最近十年来在娱乐、医药、防务和金融服务等各种各样的部门里又发生了一场前所未有的合并浪潮。同时，预算削减和保守的法院裁决削弱了如联邦贸易委员会那样的政府管理机构的效率。除非这些趋势得到扭转，否则最终的结果将是更多的合并，更高的价格，消费者更少的选择。

马克思作为一个经济学家的首要贡献是在经济增长研究中把企业家

和赢利动机放到了重要的位置。对于阅读商业报刊的外行而言，这或许看起来显而易见；但对于专业的经济学家却并不如此。在曼科夫教授讲授的那种新古典经济学中，消费者是人们关注的中心，而企业仅仅是把原料和劳动转变成人们希望购买的商品的"黑箱"。在由这种理论建构出来的世界里，经济以由劳动力的扩充和技术进步的速度所决定的步伐增长，它们仿佛是天赐之物，不受市场力量的支配。

马克思的经济增长观更为隐晦复杂。在他的模型里，资本家四面受敌，不停地遭受到竞争对手努力进入其市场、抢走其利润的压力。考虑到这种压力，企业不得不通过投资于节约劳动力的机器、强迫其雇员更努力地工作、开拓新产品来降低成本。马克思称之为"积累"的这一过程，是资本主义比以往的社会制度具有更大的生产力的主要原因。在封建时代，贵族消费掉农民创造的经济"剩余"；但在工业社会，资本家被迫把其雇员创造的剩余价值用于投资，否则就有被对手扫地出门的危险。

马克思死后，这种经济增长观大部分被经济学教授们遗忘了，但在本世纪40年代，它被奥地利前财政大臣、后来成为哈佛大学教授的约瑟夫·熊彼特重新起用。他把这种观点称为"创造性的破坏"。近年来，熊彼特的工作得到了一群杰出的喜爱数学的理论家的肯定，他们包括斯坦福大学的保罗·罗默和伦敦大学的菲利普·阿吉翁。在这一自称为内生增长理论的领域进行研究的经济学家常常不把马克思当作他们的精神前辈（这样做会遭到嗤笑），但他们的模型在本质上是马克思主义的，因为其主要目的是说明技术进步怎样从竞争过程中产生，而不是像新古典模式那样凭空而来。

马克思对自由企业的看法同样与当代许多商人的观点一致，而这些商人宁可挨揍也不愿被当作马克思主义者。例如在80年代，刚愎自用而又备受尊敬的通用汽车公司总裁小杰克·韦尔奇改组公司，关闭许多工厂并解雇了数万名工人。他这样做的原因对于马克思的任何一个读者都不会感到陌生。1989年韦尔奇在股东会议上说道："我们所目睹的件件事情向我们汹涌奔来，使骚动混乱的80年代看起来仿佛在海边度过的10年。在我们前面的每一个大市场里都充满了你死我活的生存竞争，对于失败的公司和国家并没有安慰奖。"

四

1883年，马克思逝世。在他的葬礼上，恩格斯以马克思想必会喜欢的方式称赞他，断言："正像达尔文发现有机世界的发展规律一样，马克思发现了人类历史的发展规律。"（第3卷第776页）这并不十分正确，但也不是完全错误的。资本主义当然没有被共产主义取代；同样肯定的是，它也没有以马克思所目睹的类似狄更斯笔下描述的那种形式生存下来。在马克思死后的一个世纪里，工业化国家的政府推行了许多旨在提高工人生活水平的改革：劳动法，最低工资立法，福利救济，公共住房，公共卫生体制，遗产税，累进所得税，等等。在马克思的时代，这些改良措施会被贴上"社会主义"的标签；他确实在《共产党宣言》中提出了许多这样的改革措施，没有这些改革，很难想象资本主义还会继续存在。

只是在刚刚过去的20年里，社会民主主义才遭到了以"经济效率"为名的系统攻击。正如马克思所预见到的，右翼的强烈反对导致了不平等的急剧扩大。1980—1996年，这个国家（美国）最富裕的5%的家庭在家庭总收入中所占的比例从15.3%上升到20.3%；而最贫困的60%的家庭在家庭总收入中所占的比例则从34.2%下降到30%。这些变化代表了一个前所未有的从穷人到富人的财富再分配——每一个百分点的变化代表了约 380 亿美元。

马克思认为一个社会最基本的分界线位于那些拥有用于生产商品的机器和工厂的人（"资产阶级"）和唯一可用来交换的资产是其劳动力的人（"无产阶级"）之间。这种划分太过于呆板——它并没有把自雇者、公共部门的雇员、在其雇主的公司拥有股份的工人考虑在内，但毫无疑问，在过去 20 年间最大的赢家显然是那些控制了生产资料的人——总经理和大股东。1978 年，一个典型的在大公司工作的总经理获得的收入约为一个典型的工人的 60 倍；在 1995 年，他的收入是后者的 170 倍。股东的收入也同样惊人，这使不平等更加扩大。据纽约大学经济学教授爱德华·沃尔夫所说，这个国家金融总资产的一半被人口中最富有的 1% 所拥有，金融总资产的 3/4 被最富有的 10% 的人所拥有。联邦储备委员会的一项调查表明，美国每 10 个家庭中有 6 个不拥有任何股票，而大多数确实拥有股票的家庭，其所有的股票的价值都不超过 2000 美元。

这些数字表明马克思最有争议的观点——贫困化理论——可能在东山再起。正如许多批评家指出的，他并不认为在资本主义制度下，工资永远也不会提高；但他确实说过利润的增加将比工资的提高迅速，因而在长时期里，工人与资本家相比将变得更为贫困，这恰恰是最近 20 年所发生的事情。1979 年，公司部门收入的 16% 是利润和利息；今天，这一数字是 21%。

未来的一个关键问题是资本能否保持住它在近期的收益，它的答案将决定飙升着的证券市场和其他许多市场的命运。联合包裹服务公司（the United Parcel Service）的罢工和最低工资的提高都表明工人正在收复一些失地，但他们讨价还价的能力是有限的，因为许多公司能够轻而易举地迁移到劳动力便宜的国家。就马克思来说,立场站在哪一方毫无疑问,他在《雇佣劳动与资本》中指出:"资本家老爷们是不会缺少可供剥削的新鲜血肉的,他们让死人们去埋葬自己的尸体。"(第1卷第361页)

五

或许是由于经济运转良好的缘故,现在已经很少有人读马克思的著作。但即使在情况最好的时候,他也能给予我们许多教益,比如提高工人的生活水平取决于维持低失业率这一事实——许多正统经济学家直到最近还否认这一点。马克思认为,工资由于努力向雇主开出低价的失业工人"常备军"的存在而被压低。他说,减少失业大军的人数,工资将会上升,这恰好与去年发生的情况一模一样。自1996年中期以来,失业率平均约为5%,这是它在25年间的最低水平;通货膨胀调整的中间工资提高了1.4%,这是近10年来首次较大的提高。

可能马克思作出的最永恒的贡献是他关于资本主义社会的权力由谁掌握的讨论。这是那些偏爱消费者选择的经济学家几十年来忽视的课题,但他们中的一些人最近回到了马克思的主张,即人们被迫做出选择的环境往往正如他们的选择同样重要(譬如遭抢劫的人得到的选择是交出钱或者是被刺伤)。例如在哈佛大学,奥利弗·哈特已经研究出公司如何按照股东、经理和工人之间的权力斗争来运作的理论。其他经济学家则审慎地考察政治权力的行使。另一位哈佛大学教授埃尔赫南·赫尔普曼和普林斯顿大学的吉恩·格罗斯曼建构了一个正式的模型(formal model),用来阐明在敌对商业院外活动人士的压力下,政府被迫实行破坏性贸易政策的方式。

马克思当然乐意宣布政客们只为向他们掏钱的公司老板说话。他在《共产党宣言》中写道:"现代的国家政权不过是管理整个资产阶级的共同事务的委员会罢了。"(第1卷第274页)后来他又单独挑出了美国政客,说他们从乔治·华盛顿起就始终"屈从"于"资本家的生产"。看到总统允许声名狼藉的商人进入白宫,以此作为竞选捐助的回报,他根本不会感到震惊。不管他有什么错误,他确实是一个通晓我们的经济制度的人。只要资本主义继续存在,他的作品就值得拜读。

(原载美国《纽约客》1997年10月号)

(童建挺 编译)

关于对马克思的解释的若干教条的思考*

〔俄〕维·维戈茨基

本文首先研究马克思主义中以及后来马克思列宁主义中对马克思的社会主义构想的解释。① 马克思的政治经济学作为马克思列宁主义的组成部分被当作社会经济体系的意识形态的基础。这种体系不久前不论在苏联还是在一系列其他国家包括东欧都占统治地位。科学地分析马克思列宁主义中马克思关于社会主义看法的教条化现象,在我看来,对历史地解决和说明那些与当前的社会状况和社会经济状况相联系的问题,也具有具体的实际的意义。

教条之一:马克思的理论遗产是统一的

大家知道,社会主义构想的发展中的马克思阶段的特点首先是由哲学和经济学的论证来说明的。就一般形式而言,这是指制定唯物史观和

---

* 本文选自《马克思恩格斯研究》1993年总第15期。

原题注:作者是原苏共中央马列主义研究院马恩室的研究人员、经济学博士,现在俄罗斯现代史文献保存和研究中心的 MEGA 小组工作。——译者注

① 在进行这种分析时,《马克思恩格斯全集》历史考证版,首先是第2部分的各卷(《资本论》和准备著述)能提供帮助。

剩余价值理论，在这二者的基础上一系列反映马克思社会主义构想的全部基本线条的思想得到了表述。在这方面特别重要的是对马克思研究过程的具体分析，因为这个过程对理论以及对其后来的传播起着重要的影响。

由于在1843—1848年进行了紧张的哲学、经济学和历史的研究，马克思与恩格斯一起制定了唯物史观，与此同时马克思把它用来分析当时的资产阶级社会。结果产生了对社会进行共产主义改造的构想，它的一般特征第一次在《1844年经济学哲学手稿》、《德意志意识形态》（1845—1846年）、《哲学的贫困》（1847年）和《共产党宣言》中得到了阐述。列宁以及在他以前的恩格斯，已经把这一构想称作科学的假设①，不过它还有待于经济上的实现，不仅需要得到证实，而且需要得到修正和进一步发展。只有达到这一点，假说才会转化为科学的理论。唯物史观指出了在这方面要走的道路，即"对市民社会的解剖应该到政治经济学中去寻找"②，之后是经济研究的道路，首先是分析"现代社会的经济运动规律"③。

马克思在50、60和70年代全力投入这方面的研究。最重要的成果，其中也涉及对社会进行共产主义改造的构想，表现在那些年的经济学手稿中，首先是《资本论》的三个准备稿本，即1857—1858年、1861—1863年和1863—1865年稿本中。马克思只发表了其中的一部分，也就是《政治经济学批判。第一分册》（1859年）和《资本论》第1卷（1867年版和1872年的第2版以及1872—1875年的法文版）。恩格

---

① 参看《列宁全集》第2版第1卷第109页。
② 《马克思恩格斯选集》第1版第2卷第82页。
③ 《马克思恩格斯全集》第1版第23卷第11页。

斯继续了出版工作，既有第 1 卷的新版本（1553 年、1557 年、1590年），《资本论》第 2 卷（1555 年）和第 3 卷（1594 年），也有 1575 年已写就的《哥达纲领批判》（1891 年）。

可见，马克思没有能完全制定自己的经济理论，而在运用这一理论来修正自己的历史过程的构想以及共产主义构想方面就做得更少了。很明显的是，马克思通过《资本论》的写作否定了一系列有关这两种构想的根本性论述。所以 40 年代著作中的结论和 50—70 年代著作中的结论有重大差别。由此就像马克思的批评者所指出的那样，产生了马克思论述中的矛盾。这是由于马克思观点中世界观的方面，即哲学共产主义的、意识形态的方面早于经济理论的制定。根据这个理由必须明确地把马克思和恩格斯的早期作品和后来的作品区别开来，即使人们在后来的著作中还可以找到早期观点的"残余"。（这种情况可以从理论论述的表述和由此得出的方法论结论之间时间上的间隔中得到说明。）可以颇有把握地说，马克思理论上的成熟是在 50 年代末才**开始的**，即表现在1857—1858 年手稿中。在这个手稿中制定的剩余价值理论，是**社会主义构想**不同于 40 年代的重要的新东西。

教条之二：马克思的理论是完整的

对马克思经济研究的方法论作一番分析，就可以消除在考察他的理论时遇到的一系列不清楚之处。

首先必须明确地懂得，马克思是在非常抽象的程度上来阐述自己的理论的。经济理论和由此得出的社会主义构想，是在具体上升到抽象的过程中来表述的，而相反的过程，即一种科学理论在抽象到具体的运动进程中的建立，只是开了一个头：只对资本主义社会的经济结构描述了轮廓，虽然这是对这个结构的描述迈出了重要的第一步。

按照马克思1857年至1859年制定的"六册计划"，这一结构表现如下：1. 资本，2. 土地所有制，3. 雇佣劳动，4. 国家，5. 对外贸易，6. 世界市场。关于资本的第一册又分为四部分：1. 资本一般，2. 资本的竞争，3. 信用，4. 股份资本。① 因此，重要的是，马克思从1863年开始写作的《资本论》四卷（上面已经提到，其中他本人只出版第1卷）应当包含在关于"资本一般"② 那一部分的范围内，也就是说，在第一册的第一部分范围内！

这不是说，在马克思遗留下的经济学的手稿、摘录、笔记中没有关于第一册其余部分和所有其余五册的材料。这份篇幅巨大的资料是马克思在具体上升到抽象的过程中所收集并部分地作了研究的。没有这一资料，"六册计划"是无法制定的。对这一资料作出分析，就能以一定方式恢复马克思的意图，即作出19世纪中叶资产阶级经济学的模型。

由于作了这样的分析，③ 可以得出结论，必须把这一抽象的经济理论大大加以具体化，换句话说，必须把这一理论在抽象上升到具体的运动过程中加以进一步的发展。在马克思的理论中扎下根的并能表达社会发展趋势的"抽象力"，④ 在当前也能起一定的作用。事实是，这样一种理论不是每天能创造出来的，它只有在一种完全崭新的理论在另一种

---

① 参看《马克思恩格斯全集》第1版第13卷第7页；第29卷第531页。
② 参看《马克思恩格斯全集》第1版第30卷第636页。
③ 参看A.M.科甘《卡尔·马克思的创作活动。1857—1859年经济研究计划和〈资本论〉》1983年莫斯科版；哈雷马丁·路德大学的学者在参加《马克思恩格斯全集》历史考证版的工作时，在沃尔弗冈·扬教授的领导下进行一个恢复"六册计划"的很大的尝试（参看《马克思恩格斯研究文集》第20辑1986年哈雷版）。
④ 参看《马克思恩格斯全集》第1版第23卷第8页。

思想体系的基础上制定出来时，才会"死亡"。在这个意义上可以说，不能从建立在与马克思完全**相反**的原理基础上的"现实社会主义"崩溃中得出马克思构想崩溃的结论。下面将说明这一点。

按照"六册计划"从第一册到第六册的过渡，在方法论上应当叙述理论从抽象到具体的运动，这样也才能同时把社会主义构想具体化。所以，马克思的社会主义—共产主义的模式是一种抽象的模式，它至多能反映出一个未来社会最一般的基本特征。但上述模式的抽象性并不否认由理论上的论证（包括经济上的论证）的水平所决定的**科学**性。当然这里涉及的是科学**假说**，它们必须加以不断发展并与社会实践相比较。马克思关于未来社会的预言是对资本主义发展的根本性趋势的分析中得出的。

教条之三：资本主义生产已经过时

马克思在《资本论》和准备著述对资本主义生产方式的分析中所表述的一系列规律性，与人们强加于他的解释有很大的区别，或者片面地被说成是他的思想。同时可以说，马克思所得出的资本主义发展的趋势在目前也起着作用。下面指出几点。

马克思分析的重要成果之一，是关于资本主义由于自己的内在矛盾具有**自我发展**的巨大的内在能力这个结论。① 这个结论可以用经济危机和革命前景之间的联系的例子来说明。

---

① 在这方面只要回想一下，苏联经济学家曾经很长时间等待资本主义体系的崩溃（完全是在马克思40年代所说的意义上）。要么是由于周期性的经济危机，要么是"资本主义的普遍经济危机"。

在 40 年代，马克思认为，经济危机是除工人阶级相对贫困化和绝对贫困化以外，证明资本主义（已经在那个时期）无力进一步发展生产力的最重要因素，由此不可避免地会出现革命形势。① 然而光是 1848—1849 年民主革命失败后的经济发展，就动摇了马克思和恩格斯的观点②：他们开始重新考虑世界市场由于加利福尼亚和澳大利亚金矿的发现的扩大。但是只是在详细研究 1857 年经济危机（它没有引起被迫切等待的革命③）的一切联系以及在 60 年代作了进一步研究之后，马克思发现了危机在经济发展中的**刺激**作用。由此表明，生产过剩危机的根本特点在于其周期性，后者是以固定资本的更新为基础的。因此，没有"永久的危机"。④ 这里涉及的是"资产阶级经济一切矛盾的现实综合和强制平衡"⑤。危机"同时不断驱使资本主义生产突破自己的界限，迫使资本主义生产迅速地达到——就生产力的发展来说——它在自己的界限内只能非常缓慢地达到的水平。"⑥

在我看来，马克思用这个具体的例子证明资本主义生产方式原则上具有为自己的内在矛盾找到最佳的"运动的形式"⑦，从而辩证地加以

---

① 参看《马克思恩格斯选集》第 1 版第 1 卷第 256—257 页。

② 参看《马克思恩格斯全集》第 1 版第 28 卷第 113 页。

③ 当马克思 1857 年末在危机的激烈阶段开始制定自己的理论时，曾希望在革命开始前完成这一理论（参看《马克思恩格斯全集》第 1 版第 29 卷第 219 页；也可参看克劳斯·迪特·布洛克、罗尔夫·海克尔：《卡尔·马克思〈关于 1857 年危机的笔记本〉》，载于《马克思恩格斯事业研究。马克思恩格斯研究论丛》新续编，第 89—102 页，1991 年汉堡版）。

④ 参看《马克思恩格斯全集》第 1 版第 26 卷（Ⅱ）第 567 页。

⑤ 《马克思恩格斯全集》第 1 版第 26 卷（Ⅱ）第 582 页。

⑥ 《马克思恩格斯全集》第 1 版第 26 卷（Ⅱ）第 130 页。

⑦ 《马克思恩格斯全集》第 1 版第 20 卷第 122 页。

克服的能力。这样,危机是革命的必要条件的看法就改变了。马克思1879年4月10日给尼·弗·丹尼尔逊的信也证明了这一点:马克思在70年代已经不把危机的爆发同革命形势联系在一起,但仍把危机看成是重要的研究对象。他不急于完成《资本论》第2卷的工作。因为他想研究1873年开始的世界经济危机的一切现象。①

马克思得出的导致生产力、生产关系和上层建筑社会化的趋势,也说明了资本主义生产方式的发展能力。这一研究过程在1857—1858年的手稿中已经反映出来,在以后的时间内继续进行着。

在这一手稿中,生产关系(经济基础)在**任何**一个生产方式的范围内的发展的规律,以一般的形式表述出来:马克思写道,基础的最高发展"是达到这样一点,这时基础本身取得的形式使它能和**生产力的最高发展**,因而也和个人的最丰富的发展相一致。一旦达到这一点,进一步的发展就表现为衰落,而新的发展则在新的基础上开始"②。

这一普遍规律在应用于资本主义的生产方式时,反映出上述的社会化趋势,也就是生产力和个人的最佳的发展。③ 正是这种社会化过程造成资本主义形态的生命力。马克思在说明唯物史观时强调了这一论点的意义:"无论哪一个社会形态,在它们所能容纳的全部生产力发挥出来以前,是决不会灭亡的……"④ 顺便指出,现代资本主义在科技革命的范围内大大地发展了生产力,基于这种社会化过程,它在历史上的"生存权利"决没有丧失掉。

---

① 参看《马克思恩格斯全集》第1版第34卷第345页。
② 《马克思恩格斯全集》第1版第46卷(下)第35页。
③ 这一全面发展的要求是工人能够改变就业岗位、劳动力能够全面调动这种状况在资本主义制度下增强的结果。
④ 《马克思恩格斯选集》第1版第2卷第83页。

马克思的上述说明同时也表明，对资本主义生产方式的规律性的探求，也就有可能对未来社会的经济过程作出预言。在这方面很清楚的是，这个过程的根本特征在于生产力的发展同时是"个人的最丰富的发展"，或者说，个人的全面发展。

马克思关于未来社会经济的预言具有科学性。这些预言是建立在对现实的资本主义生产方式进行研究的基础上的，在这种生产方式内部，在历史发展的进程中，那些对"无阶级社会"① 来说必要的未来社会要素**逐渐地**形成起来。

马克思把社会化过程看成是"长期的痛苦的历史发展"，这种发展是由于出现质上新的生产力、生产关系和政治上层建筑而实现的，并表现为"自然产物"②。就纯经济的意义说，资本主义生产方式对社会形态发展的进步"贡献"表现于下述因素：普遍认识到"剩余劳动，作为超过一定需要量的劳动，必须始终存在"③，同时把保证社会财富的不变水平的必要劳动减少到最低限度；普遍的勤劳；用生产过程的自动化来代替直接劳动；使再生产过程具有科学性质，使科学转化为一种"**直接的生产力**"④。

这些因素的总和说明了**节约时间**这个普遍规律的特征，这个规律也是马克思在这一手稿中表述的，它在未来社会的经济中仍将起调节者的作用。⑤ 这个规律反映出价值规律的物质内容，并能消除一个明显的误解，似乎马克思关于未来社会的经济的论述是自相矛盾的：他预言在未

---

① 《马克思恩格斯全集》第 1 版第 46 卷（上）第 106 页。
② 《马克思恩格斯全集》第 1 版第 23 卷第 97 页。
③ 《马克思恩格斯全集》第 1 版第 25 卷第 925 页。
④ 《马克思恩格斯全集》第 1 版第 46 卷（下）第 219—220 页。
⑤ 《马克思恩格斯全集》第 1 版第 46 卷（上）第 120 页。

来社会里价值关系又消失又存在。① 其实马克思是始终一贯的：他在否定资本主义制度下价值关系的社会特点的同时，得出了价值关系的物质内容在未来社会中将保持下来的结论。马克思认为，社会特点的变化在向共产主义过渡时反映在社会生产目的的变化中：剩余价值为个人的自由的、全面的（艺术的、科学的等等）发展所代替，作为社会财富的标准的，不是劳动时间，而是自由时间。②

教条之四：工人阶级的经济斗争只具有从属的性质

在现实的资本主义生产过程中，生产力、生产关系和上层建筑的社会化是怎样进行的？由于在50—70年代对工人运动发展所作的分析，马克思证明，工人运动的经济斗争起着重要的作用，特别对提高工资和缩短工作日是如此。为了得出这个结论，必须克服马克思在40年代以来自己所持的一系列错误观点。这首先涉及资本主义制度下工人阶级贫困化问题以及对工人阶级的经济斗争起从属作用的评价。

这种改变评价的理论表现是马克思对那种似乎会在工人和资本家之间的竞争斗争中出现的"最低限度工资"的观点的批判。在1861—1863年的手稿中，马克思第一次分析了商品价值，其中也包括劳动力商品的价值的二重性质，得出了劳动力价值的身体上的极限和社会最佳值之间的原则区别。前者由为保持劳动力绝对必要的生产资料决定，后者使劳动力在社会发展的具体历史阶段正常发挥作用。与导致工人阶级

---

① 参看《马克思恩格斯选集》第1版第3卷第11页；《马克思恩格斯全集》第1版第25卷第963页。

② 参看《马克思恩格斯全集》第1版第46卷（下）第221—225页。

贫困化的"最低限度工资"不同,马克思把力求达到社会最佳值的工资称为"**平均工资**"①。只有**经济**斗争才会导致工人力求达到称作最佳值的那种局面。(这里所说的一切都涉及既能力求达到身体上的极限又能力求达到社会最佳值的工作日的持续时间。)

马克思研究了在英国由工人阶级开创的在法律上限制工作日以及工联为提高工资所进行的斗争的过程,并得出结论:从资产阶级社会的生产关系内部成长起来并对这一社会的政治上层建筑起积极作用的工人运动,把自觉的和有计划的构成的要素引入生产过程,并在这个意义上表现为资本主义生产方式社会化的因素。工人运动使工人能实现自己的理论的(和经济的)权利,即以工资形式争得劳动力价值的社会最佳值的等价物。这样决定的工资在调节资本主义生产的价值关系的范围内实现着,甚至在劳动力价值由于劳动生产率提高而增加的那种场合也是如此。

在以往苏联经济著作中有一种根深蒂固的看法,认为按照马克思的理论,这种增加会导致劳动力价值的降低,并由此使工人所消费的生活资料价值的降低。马克思肯定过这一趋势。② 不过,他的分析也发现了一种起相反作用的趋势,后者是建立在一切商品(包括劳动力)的**个别**价值和**社会**价值之间关系变化的基础之上的。鉴于这个问题对资本主义生产方式的社会化过程具有重要的意义,我们要作进一步的论述。

马克思考察了这样一种情况:"已经提高的劳动生产率在本生产部门尚未普遍做到,因此资本家是这样出售的,似乎生产他的产品所需要

---

① 《马克思恩格斯全集》第1版第47卷第41页。
② 参看《马克思恩格斯全集》第1版第23卷第355—356页。

的劳动时间比实际需要的更多。"① 举例来说，如果必要劳动时间（劳动力价值的等价物）等于 10 小时，剩余劳动时间（剩余价值的等价物）等于 2 小时，那么当个别劳动生产率提高资时，必要劳动时间就缩短为 $10 \times \frac{3}{4} = 7\frac{1}{2}$ 小时，而剩余劳动时间就由 2 小时降低为 $2 \times \frac{3}{4} = 1\frac{1}{2}$ 小时。结果在剩余价值率（剩余劳动和必要劳动之比）不变即仍为 20% 的情况下，工作日就能由 12 小时缩短为 $7\frac{1}{2} + 1\frac{1}{2} = 9$ 小时。但资本家仍力图保持原来的工作日长度，因为社会的（例如在一切生产部门现有的）劳动生产率不可能一下子提高，而只有在提高了的个别的劳动生产率得到普遍（或至少广泛）推广的时候才能提高。所以，必要劳动和剩余劳动之间的比率改变得有利于资本家，现在他攫取的不是 2 小时，也不是 $1\frac{1}{2}$ 小时剩余劳动，而是 $1\frac{1}{2} + 3 = 4\frac{1}{2}$ 小时，这就是说，他支付的只是 $7\frac{1}{2}$ 劳动小时的报酬，因此他把剥削率由 20% 提高到 60%。

　　工人阶级只有通过反抗才能争得权利来索取下述二者之间一份差额：一是工人阶级生产的商品的暂时没有改变的社会价值，另一是由于这个企业或一系列企业中劳动生产率的增长而降低了的个别价值。马克思指出，在经济上决定这一权利的是，随着个别劳动生产率的提高，在该企业就业的劳动力的个别价值也提高了，因为在这里劳动在一个时间单位内比平均社会劳动创造出更多的价值，因此比后者表现为更高水平的劳动②。马克思还提到提高劳动力价值的具体条件。这种价值"只有

---

① 《马克思恩格斯全集》第 1 版第 47 卷第 271 页。
② 参看《马克思恩格斯全集》第 1 版第 47 卷第 359—360、372 页。

在资本主义生产方式的发展要求劳动能力有［更高水平］的教育，在更复杂的劳动使这一劳动能力的更高的**个人发展**成为必要，以致创造这种劳动能力所需要的价值（劳动）量增加的情况下，才能提高"①。

在我看来，上述材料清楚地证明，按照马克思的看法，在资本主义生产方式的范围内，在工资上实现的劳动力价值和工人的劳动生产率之间**在理论上**存在着直接的依赖关系。然而之所以说是在理论上，是因为只有工人阶级为提高工资和缩短工作日进行坚持不懈的斗争，才能使这种可能性得到完全的或部分的**实际**的实现。

可见，马克思表明，在资本主义生产方式的条件下，在这种方式中起支配作用的生产关系范围内，不仅在理论上存在着实现**按劳动的数量和质量分配这个原则**的可能性，而且这个原则在实际中也能被实现（至于是完全实现还是部分实现，那是另一个问题），即使这一实现是以由这种生产方式时社会特点所引起的尖锐矛盾的形式表现出来的。我们看到，像马克思在《哥达纲领批判》中所阐述的按劳分配原则这种马克思社会主义模型中的基本要素，可以从对资本主义生产方式的运行机制的研究中，从对社会化过程的分析中得出来。可以断言，这适用于这里所说模型中既决定马克思预言的科学性质又**决定其历史地决定的性质的所有要素**。

教条之五：资本主义社会中劳动群众的贫困化

在第一国际的《成立宣言》（1864年1月）中，马克思谈到**合作工厂**中的工人，认为除**法律上限制工作日**以外合作工厂也是"劳动的政治

---

① 《马克思恩格斯全集》第1版第48卷第472页。

经济学"对"资本的政治经济学"取得的一个很大的胜利。① 合作工厂在上述文件被说成"社会预见指导社会生产。"② 马克思认为,这个模型还在资本主义范围内的部分实现,**首先**是工厂立法这一社会预见的要素的成就,**其次**是合作生产的发展,在这种生产中,劳动表现为"联合劳动"——资产阶级生产方式社会化的一个重要现象。

马克思根据统计材料强调指出,限制工作日"对于改善英国工人阶级的体力、道德和智力的状况,产生了非常有利的影响"③。在这方面他还提到1859年英国工厂视察员的报告,其中工人运动,工人阶级的经济斗争被看成未来社会的重要前提:"它〈工厂法〉使工人成了自己时间的主人,这就赋予工人一种道义力量,使他们也许有可能掌握政治权力。"④ 我们看到,在马克思的未来社会模型中社会生产的目的——个人的自由时间——在资本主义制度下,在资本主义社会化的过程中至少已经部分地解决了。马克思在其对英国合作制的分析中引用了大量事实材料,其中例如有英国周报《观察者》的文章(1866年)中所概括的材料。在这篇文章中肯定说:"工人组合可以有成效地管理商店、工厂以及几乎一切工业形式,这些实验大大改善了工人本身的状况,但是(!)它们却没有给资本家留下明显的位置。"⑤ 文章还说,在曼彻斯特金属丝加工公司实行资本家和工人合伙经营以后,"第一个结果便是材料的浪费突然减少,因为工人理解到,他们没有理由比对待资本家的财产还更厉害地浪费自己的财产,而除了黄账以外,材料的浪费大概是工

---

① 参看《马克思恩格斯全集》第1版第16卷第11、12页。
② 参看《马克思恩格斯全集》第1版第16卷第11、12页。
③ 《马克思恩格斯全集》第1版第47卷第408页。
④ 《马克思恩格斯全集》第1版第23卷第335页。
⑤ 《马克思恩格斯全集》第1版第23卷第368页。

厂亏损的最大原因了"①。

合作工厂在实践中实现了"**联合劳动**",后者是"带着兴奋愉快心情自愿进行"的②,它写雇佣劳动相比是社会劳动更高级的形式。从这一实践出发,马克思关于未来社会合作制的预言,"在联合体的条件下",是建立在下述基础上的:工人自己结合在这些生产关系中,**属于他们**的东西,是他们在劳动过程中共同形成的东西,是他们真正的统一体。③

我们看到,按照马克思的看法,在资本主义生产方式下,按劳分配的原则不仅能够在数量上,在劳动力价值的社会最佳值方面得到实现,而且能够在质的方面得到实现:劳动的新质能得到实现,劳动与工人的异化能被扬弃,而这首先是由于工人在合作联合体中作为生产资料实际**所有者**出现。在我看来,正是在这个意义上马克思预言了在未来社会中重新实行个人所有制,但这是建立"在资本主义时代的成就的基础上,**在自由劳动者的协作的基础上**和他们对土地及靠劳动本身生产的生产资料的公有制上"的④。

马克思在研究资本主义现实和制定经济理论之后,合乎逻辑地进一步限制了工人阶级**贫困化**的概念。在 60 年代他在这方面谈的大多是工人作为雇佣工人的地位的**永恒化**以及以工人创造的剩余产品为生的社会集团的增加,换句话说,是说明工人阶级状况的质的方面。马克思肯定

---

① 《马克思恩格斯全集》第 1 版第 23 卷第 368 页。应当指出,这里清楚地表现出生产资料实际所有制的根本性质。

② 参看《马克思恩格斯全集》第 1 版第 16 卷第 12 页。

③ 参看《马克思恩格斯全集》第 1 版第 47 卷第 298—300 页。

④ 参看《资本论》第 1 卷德文第 1 版,经济科学出版社版,第 731 页。因此,这里指的是在普遍占有生产资料的范围内建立每个生产者的个人所有制。

说,"**不管工人的报酬高低如何,工人的状况随着资本的积累而恶化**,"同时指出,"这个规律在实现中也会由于各种各样的情况而有所变化。"① 在这里可再次提到"六册计划"在以后的各册里,例如在关于雇佣劳动第三册里,资本主义积累这个普遍规律的变化将加以叙述。

在马克思看来,工人与再生产过程相异化,在越来越大的程度上成为说明工人在资产阶级生产体系中的状况的主要因素,对合作劳动的分析就取得越来越大的意义,因为合作劳动这一现象能够扬弃这种异化,从而是社会化的一个重要因素。

教条之六:社会主义是从夺取政权开始的

马克思由于对社会化过程作了研究,就广泛地认识到从一种经济社会形态到另一种形态的革命过渡的本质是在旧制度范围内新质要素的不断积累。"正像各种不同的地质层系相继更迭一样,在各种不同的经济的社会形态的形成上,不应该相信各个时期是突然出现的,相互截然分开的。"他接着写道:"起作用的普遍**规律在于:**后一个〔生产〕形式的物质可能性……都是在前一个形式的范围内创造出来的。……随着一旦已经发生的、表现为工艺革命的生产力革命,还实现着生产关系的革命。"② 换句话说,根据马克思的意见,社会主义生产方式,以及向这一生产方式的过渡和它的真正发展,也像其他生产方式一样,服从于辩证法的普遍规律,而不是与它们相对立的。生产力和生产关系中的革命,其中也包括从建立在以前生产基础上的经济发展到建立在自身物质

---

① 《资本论》第 1 卷德文第 1 版,经济科学出版社版,第 619、618 页。
② 《马克思恩格斯全集》第 1 版第 47 卷第 472—473 页。

基础上的发展的过渡，是在"旧"制度范围内进行的①，并通过减轻"分娩的痛苦"②的政治、法律等的变革而结束。后来列宁经过仔细思考于1923年发表的《论俄国革命》中得出结论：为了建设社会主义社会，生产力和文化的这样一种水平，在像俄国这样一个国家的特殊条件下，在社会主义革命后也是能够达到的，他进而说，**第一**，这个结论不能代替马克思表述的世界历史的一般规律性，**第二**，这里涉及的不是向社会主义的直接过渡，而是向"创造发展文明的根本前提"③的过渡。按照列宁的看法，新经济政策应支持这种过渡。后来这一作为**例外**表述的命题，在所谓的马克思列宁主义内部变成了教条，变成了社会主义革命的"一般规律性"。

所以，一定的物质的（生产力和生产关系）和精神的（政治的、法律的、理论的、意识形态的）要素的成熟是向"新的"生产方式过渡的前提，同时是任何革命过程的必要条件。革命只能在它由整个经济发展决定的情况下，才作为历史过程的创造性要素发生。这样，社会能在不否定过程的"自然历史"性质的情况下通过政治革命促使废除过时的社会形式。

教条之七：社会主义与商品生产是不相容的

《哥达纲领批判》在表达关于未来社会的预言的著作中占有重要的

---

① 在我看来根本问题在于：在旧的生产关系制度内，技术革命是否可能，或在旧制度彻底改变以前，生产力是否"注定"要停滞。
② 参看《马克思恩格斯全集》第1版第23卷第11、819页。
③ 《列宁全集》第2版第43卷第37页。

地位。这一著作第一次使共产主义社会的构想大大地具体化了：对共产主义的**两个阶段**作了区分。①

社会主义②与共产主义高级阶段相比，在社会成熟的程度较不发达，其特征首先是劳动在这里还表现为手段，而不是表现为生活的第一需要，这就是说，它是**经济上强制的**劳动。由此在客观上就产生了生产者和社会之间以及生产者相互之间的劳动活动进行严格**等价**交换的必要性，"每一个生产者，在作了各项扣除之后，从社会方面正好领回他所给予社会的一切"。同时马克思强调这样一种必要性，即不是像在资本主义下那样**在平均数上**遵循等价交换，而是在每个个别场合遵循等价交换。③ 在共产主义第一阶段，劳动的经济上受制约的性质意味着：由社会生产中的直接劳动创造的任何产品，不是简单地由一个生产者**交给**另一个生产者，或简单地一个生产者从另一个生产者**取得**的。如果这样，就会容许生产者占有这个产品，而不必为此进行直接劳动的等价交换。

劳动活动等价交换的直接结果是**按劳分配的原则**。这样就必须强调（马克思也是如此）这一原则对生产过程、劳动本身和劳动活动在这一过程中交换来说具有派生的、第二位的性质。"庸俗的社会主义仿效资产阶级经济学家（一部分民主派又仿效庸俗社会主义）把分配看成并解释成一种不依赖于生产方式的东西，从而把社会主义描写为主要是在分配问题上兜圈子。"④

---

① 必须指出，第一阶段的发现曾是未来社会说明中的一个空想，但这一发现只有在有了上述说明以后，才能作出，在此以前在资本主义和共产主义之间存在着空白。

② 参看《马克思恩格斯选集》第 1 版第 3 卷第 11 页。

③ 参看《马克思恩格斯选集》第 1 版第 3 卷第 11 页。

④ 参看《马克思恩格斯选集》第 1 版第 3 卷第 13 页。

保证劳动活动的严格的等价交换，就可能建立这样一种"生产组织"，在这种组织中，正如恩格斯所说，"任何个人都不能把自己在生产劳动……中所应参加的部分推到别人身上。"① 然而，这种危险在共产主义的第一阶段是很现实的。真正创造性劳动在"总体工人"② 劳动中所占的部分是很小的，因为这种劳动以"自然科学在工艺上的应用"为前提，而这种应用又是科学大大地转化为一种**"直接的生产力"**③ 的结果。

　　马克思的出发点是，不论是经济上受制约的、直接的劳动，还是真正创造性的劳动，在社会主义下都表现为客观的必要性。同时，这种生产方式在客观上旨在使第一种类型为第二种类型即进一步完善了等价交换的条件的质上更有效的类型所代替。换句话说，这个过程旨在使劳动从维持生命的必要目的转化为生活的第一需要。当马克思所依据的是对他那个时候的社会的生产力发展的物质特征的分析时，他对这个主要以经济过渡到共产主义社会的发展的高级阶段为内容的过程作了详细的预言。④ 按照这个预言，社会主义经济中商品生产的物质特点——这里"通行的是生产等价物的交换中也通行的同一原则，即一种形式的一定量的劳动可以和另一种形式的同量劳动相交换"⑤，——表现为生产关系的必要要素，在这种关系下将解决两个任务：一、通过劳动活动的严

---

① 参看《马克思恩格斯选集》第 1 版第 3 卷第 333 页。

② 《马克思恩格斯全集》第 1 版第 23 卷第 556 页。

③ 参看《马克思恩格斯全集》第 1 版第 46 卷（下）第 212、219—220、217—219 页。

④ 参看《马克思恩格斯全集》第 1 版第 46 卷（下）第 212、219—220、217—219 页。

⑤ 《马克思恩格斯选集》第 1 版第 3 卷第 11 页。

格的等价交换从而按劳分配原则，在经济上监督社会生产中直接劳动在所要求的范围内的实现；二、通过节约时间和降低直接劳动的支出，刺激效率更高的创造性劳动在"总体劳动者的"总劳动量中的份额的提高。正是这种建立在科技进步、生产过程机械化和自动化的基础上并具有高效智力部分的劳动，保证不断地扩大**社会**的生产费用和**个别**的生产费用之间的差额，这就是说，劳动效率的不断增长同时刺激创造性劳动份额的提高。必须补充说明的是，任何商品生产都要解决这两个任务。

马克思的出发点是，在未来，随着向共产主义高级阶段的过渡，直接劳动将缩减到最低限度，事实上将不是"财富的巨大源泉"，① 而是真正创造性的劳动将成为占支配地位的劳动并从而成为生活的第一需要。构成商品生产的是四个物质因素：一、作为生产发展的特征的所耗费的社会必要劳动时间；二、劳动在各个生产部门之间按比例的分配；三、作为社会生产客观规律的劳动时间的节约；四、劳动活动的等价交换，它也反映在按劳分配中；——其中前三个要素将保留下来。

教条之八：社会主义和资本主义是对立的

现在我们转到马克思的经济理论**传播**这个复杂问题上来，人们断言，在这一理论的历史上，这一理论的主要内容经历了根本的变化，这一变化的特征是用"马克思主义"和"马克思列宁主义"这类概念来表示的。我们在这里不进一步分析这些变化的原因（这要求进行专门的研究），而只限于两个具体的例子：恩格斯对未来社会商品生产的命运的说明和关于马克思经济理论的观点（其中也包括未来社会的构想的观

---

① 《马克思恩格斯全集》第 1 版第 46 卷（下）第 218 页。

点），它们在我国20年代末的经济讨论过程中是怎样表现出来的。

恩格斯在《反杜林论》中写道："社会一旦占有生产资料并且以直接社会化的形式把它们应用于生产，每一个人的劳动，无论其特殊用途是如何的不同，从一开始就成为直接的社会劳动。那时，一件产品中所包含的社会劳动量，可以不必首先采用迂回的途径来加以确定……人们可以非常简单地处理这一切，而不需要著名的'价值'插手其间。"①

在马克思主义的文献中，关于社会主义与商品生产是原则上**不相容**的这个观点，就是以这段话（以及类似的话）为依据的。但是上面已经提到，这个观点是与马克思的观点②相差甚远，特别是与马克思关于在未来社会的第一阶段商品生产的全部物质内容和在第二阶段它的很大一部分物质内容将保留下来的结论相差甚远。

作者不必把马克思和恩格斯对立起来，就深信，在每一个具体场合，必须验证人们研究的是谁的论述，是马克思自己阐述的思想，还是恩格斯对马克思的解释或原本就是恩格斯的观点。马克思和恩格斯之间的差别在很大范围内也表现在对经济研究的**理论**和**方法**上。就《马克思恩格斯全集》历史考证版发表的《资本论》第2卷和第3卷的全部手稿来说，我们看到，恩格斯出版的卷次确实是"两人的著作"③，它们无论在形式上，还是在内容上都与马克思原来所写的有区别。问题不在于恩格斯"逊于"马克思。恩格斯是"另一个人"，因此我们不是与马克思本人打交道，而是已经与对他的理论的某种解释打交道。

---

① 《马克思恩格斯选集》第1版第3卷第348页。

② 这与马克思显然已经熟悉《反杜林论》的手稿无关。叙述的通俗性质（只要提一下这本书首先是在社会民主党报刊上发表就行了），使理论变得肤浅了。

③ 《列宁全集》第2版第2卷第10页。

最后我们谈一下20年代的经济讨论。这次讨论在某种程度上准备了马克思的社会主义构想的教条化（首先在方法论的意义上）的下一阶段。为此我们选择鲁宾的《马克思价值理论概要》一书（它无疑是这一时期**最好的**理论著作之一）作为例子。此外，它还详细地提供了关于马克思理论中这一问题的讨论的概况，即收入了《给批判者的答复》一文。

鲁宾突出了政治经济学两个方面，一是政治经济学被归结为**资本主义商品经济**；另一是归结为研究**生产关系**（虽然是在与生产力共同起作用来研究的）。这样，生产力这一生产关系的物质载体被排除在考察之外。马克思的方法论却不同，它的出发点是，政治经济学研究的对象是生产方式，生产力和生产关系之间的矛盾归根到底表现为社会发展的动力。鲁宾所作的这种限制导致把社会主义当作资本主义简单的**对立面**这种见解。它不是把社会主义看作辩证地**扬弃**前一种生产方式的结果，资本主义过渡到一种新质的结果，而是把这种过渡片面地只是解释成**消灭**旧的东西的否定过程。这样描述的发展使政治经济学**浅薄化**了，使它与实际的经济过程相脱离了，最终导致教条化和意识形态化。

鲁宾把社会主义社会说成是"受调节的经济"的社会，它自觉地建立生产关系。这样，鲁宾就完全忽视了《哥达纲领批判》中关于社会主义劳动在经济上受制约的性质、关于劳动活动的等价交换是这种性质的结果这一根本结论，而这个结论是把社会主义看成客观上与资本主义相邻接的两个阶段的。相反地，他表述了关于社会主义中生产力和生产关系似乎经常相适合的教条。

在鲁宾的著作中，社会主义被看作十月革命的现成的结果，而不是看作它的产生的长期过程。从本质上说，社会主义的特征不是被强调为未来社会的第一阶段。只是应当说明，甚至人们在接受商品生产与社主义不相容这种说法的场合，根本的错误，正如第一阶段的过渡性质被忽视一样，在于把社会主义和过渡时期事实上等同起来。

因此，关于我国的 20 年代是马克思主义的"黄金时期"这种奇谈，没有经受住与现实状况的甚至表面上的对照。其实这一时期是**马克思主义进化**的合乎规律的过程——一个教条化和意识形态化的过程——的继续。本文阐述了这些发展的一些原因，即马克思理论是不完整的，他的理论遗产只有一部分得到发表，40 年代"左倾激进的"著作和 60—80 年代"改良主义的"经济著作具有内在矛盾，等等。恢复马克思真正观点的整个完整性的任务越来越具有现实意义。

（原载《马克思恩格斯研究论丛》新续编 1993 年汉堡版）

（马兵 译）

马克思是一个费希特主义者吗？*

〔美〕汤姆·洛克莫尔

我们仍然处于理解马克思的立场，因而也是评定他的特殊贡献的过程中。透过作者本人的著作去解读作者是比透过有关他著作的二手资料来理解作者更好的做法。但是由于各种各样的原因，许多年来，马克思主义者们、非马克思主义者们以及反马克思主义者们主要是通过马克思主义来解读马克思。

在马克思主义者对马克思所做的解读中，黑格尔起着重要的但又不确定的作用。在西方，至少是从恩格斯提出马克思主义之后，人们普遍把黑格尔看作是对马克思产生重大影响的人物。但是在东方情况却不是这样，例如在中国，人们只不过是现在才开始重视黑格尔对于阐述马克思立场所起的作用。

西方马克思主义始终坚持马克思批判黑格尔的关键特征。依照这种方法，在反抗黑格尔的过程中，马克思批判了黑格尔哲学并最终离开了哲学。这一前提假设就是，马克思与哲学的关系可以通过他与黑格尔的关系来充分描述，因为人们认为，德国古典哲学是在黑格尔的思想体系

---

* 本文选自《马克思主义与现实》2010年第4期。作者Tom Rockmore系美国杜肯大学特聘教授。本文由作者授权在本刊首发。

中达到顶点并最后终结的。当然，黑格尔从来没有提出过这样的主张，但是在他死后不久，青年黑格尔派哲学家很快地提出了这样的观点。

即使不能通过黑格尔的思想来阐述德国古典哲学的所有方面，但是很明显黑格尔仍然是一个有着核心地位的哲学人物。可是如果全部德国古典哲学不能被还原为黑格尔的立场，那么在清楚阐述马克思的立场时考虑与马克思相关的其他哲学家是重要的。我将把关注点放在他与费希特的关系上，在马克思主义的论辩中鲜有人提起费希特，但是我认为费希特对于清楚地阐述马克思的立场，因而也对评定马克思的贡献至关重要。本研究得出的结论之一是要表明，在批判黑格尔的过程中，马克思不是离开了哲学，而是事实上做出了至关重要的哲学贡献。

费尔巴哈和马克思主义者对马克思的理解

如果证明费希特事实上影响了马克思，那么势必将修正马克思主义者对于马克思与德国哲学之间关系的看法。自恩格斯以来，马克思主义主要是通过黑格尔和费尔巴哈来描述马克思与哲学之间的关系，按照马克思主义的说法，马克思拒斥了黑格尔，并且根据推测，是费尔巴哈使得这种拒斥成为可能。

马克思的立场建立在对黑格尔唯心主义的批判之上。唯心主义所呈现出的是一套扭曲的、因而也是虚假的观点，它是基于现实世界的颠倒观念，这一现实世界是通过资产阶级思想的透镜所观察到的。马克思后来借助于费尔巴哈从唯心主义的束缚中解放出来。唯心主义和唯物主义是不可调和的对立面。所有形式的唯心主义都是虚假的，但至少一种形式的唯物主义是真实的。费尔巴哈提供了唯物主义者对黑格尔、因而也是对唯心主义的一个决定性的批判。马克思追随费尔巴哈的指引，摆脱了唯心主义者的庸俗话语，到达了唯物主义。他的辩证法给人们提供了理解同时代社会的唯一正确的方法。

为了保持本文在合理的限度范围之内，让我把这个复杂的论点分述为如下四个一连串分散的命题：（1）马克思的立场建立在对黑格尔唯心主义的批判之上。（2）唯心主义和唯物主义是不可调和的对立面，其中一个正确，另一个则错误。（3）马克思追随着费尔巴哈的指引，更准确地说是，马克思追随着费尔巴哈对黑格尔唯心主义的决定性批判，放弃了唯心主义，转向了唯物主义。（4）在放弃唯心主义转向唯物主义的过程中，马克思超越了哲学。

人们通常认为这些论断是正确的，但事实上每一个都是错误的。我这里使用"错误"一词的意思是说它是不准确的、有偏见的，或者说是令人误解的。人们普遍认为马克思的立场根源于黑格尔的唯心主义。我们今天不应该否认马克思与黑格尔和黑格尔哲学之间的关联。显而易见，黑格尔影响了马克思，马克思在十几岁的时候就开始阅读黑格尔的著作，在还只有二十五六岁的时候就在其早期作品中批判黑格尔，在《资本论》中，马克思继续使用黑格尔的关键范畴。尽管马克思本人是青年黑格尔学派哲学家，或者说是黑格尔左派哲学家，但是他也批判其他的青年黑格尔派哲学家。

但是审视那种错误地将马克思的立场仅仅理解为是通过批判黑格尔唯心主义而形成的观点，如果这种观点意味着，人们只要从黑格尔出发就能够充分地解释或者理解马克思，那么这种观点从一开始就是似是而非的。或许正如恩格斯所说的那样：马克思的立场形成于对黑格尔《法哲学》的理解。但是这使得马克思超越了他对黑格尔的理解限度，开始关注经济和政治领域，并且在哲学领域他也开始关注那些他认为可以补充甚至纠正黑格尔的思想家。

第二个命题涉及唯心主义和唯物主义之间的关系。绝大多数的研究者把唯物主义（或者说现实主义）与唯心主义看作是不可调和的，并且认为同时信奉二者将会陷入自相矛盾之中。认为唯心主义与唯物主义或者说与现实主义不能在同一立场上相结合，这种观点与马克思主义者和分析哲学的批评家们以不同的方式拒斥唯心主义有共同之处。

我在康德哲学、因而也是在德国唯心主义哲学的背景下详细地考察了"唯心主义"[1]。有不同类型的唯心主义与唯物主义认为无论对于唯心主义或唯物主义来说，都存在着单一的、共同的戒律，这种观点是令人怀疑的，它们的非典型特征体现为家族相似，而不是具有共同的本质。G. E. 摩尔在一篇著名的论文中很有说服力地表明：所有类型的唯心主义都致力于否认外部世界的存在。[2] 然而，这里有一个明显的错误：他没有指认过一个犯了这种错误的唯心主义者，并且也没有任何人曾经被这样指认过。更进一步地说就是，人们通常断言的、这种假定的唯心主义与唯物主义之间的不相容从来没有为人们所确认。

仔细看来，唯心主义和唯物主义似乎是可以相容的，这两种学说之间的关系漫长而复杂。"唯心主义者"这一哲学术语似乎是由莱布尼茨所发明的。在回应贝尔时，莱布尼茨反对"伊壁鸠鲁和霍布斯这些人认为灵魂是物质的"观点，他提出自己的观点："无论伟大的唯物主义者伊壁鸠鲁和伟大的唯心主义者柏拉图假设善是什么，在这里都可以结合

---

[1] Tom Rockmore, *Kant and Idealism*, New Haven: Yale Universitypress, 2007.

[2] "The Refutation of Idealism," in G. E. Moore, *Philosophical Studies*, London: Routledge and Keganpaul, 1922, 1958.

起来。"① 莱布尼茨对这一术语的使用，表明唯心主义和唯物主义尽管不同，但是可以在单一的立场上结合起来。正如费希特后来所表明的那样，他提出可以同时信奉唯心主义和唯物主义（或者说现实主义）。②

人们通常推测马克思是在费尔巴哈的影响下克服并放弃了唯心主义而转向了唯物主义。作为黑格尔的反对者，费尔巴哈在各种各样的著作中批评黑格尔，最明显的体现就是在他所著的《未来哲学原理》一书中。③ 然而就像马克思立场的名称清楚表明的那样，说他克服了唯心主义而转向了超哲学的唯物主义，这一点不是实情。此外，声称费尔巴哈——一位哲学领域中的次要人物，"战胜"了黑格尔——一位哲学领域中的真正巨人，是言过其实的。他至多只能被看作是从某些方面超越了黑格尔的人。

第四，即使马克思是一个唯物主义者，也不能就此说他已经超越了哲学。从德谟克利特、留基伯和伊壁鸠鲁这些古代的唯物主义者先驱开始，发展至今，有过无数的哲学唯物主义者。即使马克思赞成费尔巴哈反对黑格尔，也不能就此说他以这种方式超越了哲学。

---

① G. W. Leibniz, *Philosophische Schriften*, edited by C. I. Gerhardt, Berlin: Weidmann, 1875 – 1890, IV, pp. 559 – 560.

② "First Introduction to the Science of Knowledge", in J. G. Fichte, *The Science of Knowledge*, edited and translated by Peter Heath and John Lachs, Cambridge: Cambridge University Press, 1982, pp. 3 – 28.

③ Ludwig Feuerbach, *Principles of the Philosophy of the Future*, Indianapolis: Hackett, 1986.

谢林与马克思主义

众所周知,在马克思超越哲学时费尔巴哈起到了至关重要的作用这一观点并不是由马克思而是由恩格斯明确表述的,恩格斯是第一个马克思主义者,他首先提出了对马克思的这种解读。恩格斯是在结合来自谢林的思想和他自己的关于费尔巴哈的观点的基础上创立了马克思主义,这一点并不怎么为人们所了解。①

恩格斯没有受过大学教育,是一个自学成才者,他只有一些粗浅的哲学背景。1841年,恩格斯参加了一个短期的谢林研究班,这段研究经历对于他创立马克思主义有着决定性的影响。与他同班的另一个学生是克尔凯郭尔。

在黑格尔死后不久举行的慕尼黑讲演中,谢林尖锐地批评黑格尔的立场是否定哲学的立场,并提出了他自己构想的实证哲学(positive philosophy),这后来变成了他的启示理论(theory of revelation)。恩格斯和克尔凯郭尔后来都清楚地阐明了不同版本的谢林对于黑格尔的不满,那就是,黑格尔没能理解具体的存在。在马克思主义那里,这变成了理论与实际或者说实践之间的差异。

恩格斯发展了谢林所阐述的关于否定哲学和实证哲学之间的差别,并用它取代了人们所熟悉的唯物主义与唯心主义之间的差别。恩格斯修正了谢林对于黑格尔所做的批判,指出唯心主义从根本上来说是抽象

---

① 关于马克思主义与谢林的关系,参见:Manfred Frank, *Der unendliche Mangel an Sein. Schellings Hegelkritik und die Anfänge der Marxschen Dialektik*, Frankfurt a. M. :Suhrkamp,1975.

的，它没有能够抓住真实的社会背景。只有唯物主义抓住了它，唯物主义不同于唯心主义，它是具体的。

可是马克思主义与马克思本人的立场相距甚远，它是一个哲学的大杂烩，是通过借用不同的资源拼凑而成的粗糙的然而又高度令人误解的西方哲学传统观点，这一西方哲学传统观点建立在对德国唯心主义过分简单化的说明的基础之上。在恩格斯所写的小册子《路德维希·费尔巴哈和德国古典哲学的终结》中可以找到这一理论的最有影响力的表述。① 在此书和其他著作中，马克思主义由被简单化了的三部分所构成，那就是：黑格尔与他之前的哲学之间的关系，哲学与哲学问题之间的关系，以及马克思与哲学和哲学问题之间的关系。依照这种观点，哲学是在黑格尔那里达到了顶点并走向了终结的。

黑格尔从来没有提出过这样的主张。与此相反，他指出，所有的观点，包括他本人的观点，都属于哲学史的范畴。康德提出了哲学在批判哲学那里达到了终结这一令他声名狼藉的论断，但是没有任何哲学理论能够使哲学传统走向终结。早期的理论不是被忽视就是为后来的理论所驳斥，而后来的理论则又不断使讨论超越任何既定的观点。

恩格斯概括了谢林关于黑格尔所假设的否定哲学与哲学的观点。在恩格斯看来，哲学一般而言不足以回答、解决或者以别的方式处理它的问题、关注点或者困难。理性必须适应，或适合于它的对象。恩格斯的这种基本的洞察回溯到了早期的希腊传统，至少是回溯到了巴门尼德。谬误之路是直线的，而真理之路是环状的，巴门尼德在区分两者的时候

---

① Friedrich Engels, *Ludwig Feuerbach and the End of Classical German Philosophy*, edited by C. P. Dutt, New York: International Publishers, 1941.

指出，知识的工具必须适应于它试图了解的对象。这一观点后来被多次重述，例如在康德的哥白尼革命中，康德哥白尼革命的中心论点就是：在某种意义上人只能够认识他所建构的某物。恩格斯认为哲学不足以充分地解决它自身的问题，尽管这些问题是真实的。只有马克思主义解决了这些问题，因为马克思主义超越了哲学。

恩格斯无论据的简单论断迅速地变成了马克思主义者的信条，几乎达到了与宗教信仰同等的地位。为了让人们认可，这种信条既不需要经过论证又不需要经过证明，并且这种信条也不能够为通常的争论所驳斥。恩格斯没有证明任何主张，他也没有寻找任何借口为他的主张作注解，他的主张仅仅是断言。

卢卡奇与黑格尔派的马克思主义

按照恩格斯对马克思的解读，费尔巴哈使得马克思离开哲学而转向哲学之外的科学立场，以便回答、解决或者说克服哲学的难点、问题和关注点。正像阿尔都塞所强调的那样，这种观点意在说明马克思离开了仰赖于单个或者多个个体行为的这一德国唯心主义的方法，转而依赖于科学，也即科学规律。阿尔都塞提出了马克思通过所谓的认识论断裂而转向"科学"理论的观点，既然它不再是哲学，它也就不再依赖于主体性。可是正相反，当我们细读马克思的原著时，我们发现，他的立场依赖于对主体观念的反思，这种主体观念并没有被弃置，而是依赖于德国唯心主义，尤其是费希特的思想。

恩格斯对马克思与黑格尔和德国唯心主义之间关系的过分简单化的、没有论证的叙述，在卢卡奇那里转化为复杂的、经过严密论证的较有说服力的叙述。卢卡奇与卡尔·柯尔施①同时使用了黑格尔派的马克思主义这一提法。不同于恩格斯，也不同于包括柯尔施在内的大多数的马克思研究者，卢卡奇对德国古典哲学有着深刻的理解。在转向马克思主义之前，卢卡奇早期曾致力于康德哲学的审美理论研究。他的黑格尔派的马克思主义的特殊形式有两个特征：第一，像柯尔施、也像其他的黑格尔派的马克思主义者一样，他抵制对于马克思与黑格尔之间关系的过分简单化的二元解读，主张更为丰富的多维解读。第二，不同于柯尔施、也不同于其他的黑格尔派的马克思主义者，卢卡奇指出了费希特对于理解马克思立场的重要性。

卢卡奇关于黑格尔派的马克思主义的最重要的论述出现在他发表于1923年的《历史与阶级意识》一书中②，同年，柯尔施发表了他的重要研究著作《马克思主义与哲学》。卢卡奇采用马克思主义的、并混有康德和新康德主义元素的对马克思的解读方式，将马克思的理论理解为一种商品分析。在卢卡奇看来，只有马克思主义的政治经济学能够理解发达工业社会的经济结构。

他对这一观点的康德式论证由两个基本点组成：第一，非马克思主义的政治经济学不能够认识它的对象，即现实的社会结构。所谓的资产阶级的政治经济学仅限于理解虚假的现象，本质上是非理性的。第二，马克思主义的政治经济学通过马克思的商品分析理论把握了真正的现象，因而它本质上是理性的。这是认识社会现实的唯一方法。正像卢卡奇在一个具有强烈的马克思主义信仰的作品（指《历史与阶级意

---

① Karl Korsch, *Marxism and Philosophy*, London: New Left Books, 1972.

② Georg Lukács, *History and Class Consciousness*, translated by Rodney Livingstone, Cambridge: MIT Press, 1971.

识》——译者注）中所断言的那样，马克思的商品分析理论能够解决任何难题和所有问题。①

卢卡奇对恩格斯的态度是既肯定又否定的。说他的态度是肯定的，是因为他补充了支撑恩格斯的过分简单化的论断的论据，重申马克思主义是建立在哲学基础之上的。说他的态度是否定的，是因为他尖锐地批评了恩格斯在哲学方面的不充分，例如恩格斯对"自在之物"这一康德哲学核心概念的过分简单化的理解。② 恩格斯仅仅是声称哲学在黑格尔那里达到了顶点并得以终结，却没有能够解决它的问题。卢卡奇则通过指出德国古典哲学在主体层面上存在着一个特定的缺陷，从而支持了恩格斯的这一主张。按照卢卡奇的陈述，这一缺陷是由马克思纠正的。

卢卡奇举出黑格尔著作中众所周知的三个理由来说明黑格尔没能提供一个充分的主体概念：第一，理性与历史的关系仅仅是偶然的，因为理性实际上并不能把握历史。这是人们熟悉的马克思主义者的观点，即黑格尔开始于一个抽象的、理论性的境遇，完全没有抓住社会和历史的境况。第二，黑格尔认为历史有一个终结，这一终结将发生在普鲁士国家。在此背景下，卢卡奇反复重申这种主张：在黑格尔后期的思想中，他放弃了年轻时的革命理想并表现出反动的政治姿态。第三，他指责黑格尔在《哲学全书》中，以一种抽象的、冥想的讨论方式，仅仅通过从逻辑经过自然再到精神这样一种转换过程的逻辑分析，将历史与其起

---

① Georg Lukács, *History and Class Consciousness*, translated by Rodney Livingstone, Cambridge: MIT Press, 1971, p. 83.

② Georg Lukács, *History and Class Consciousness*, translated by Rodney Livingstone, Cambridge: MIT Press, 1971, pp. 131 – 133.

源分离开来。这一结果是绝对观念似乎创造了历史。这是卢卡奇从来没有放弃过的、清楚明白的断言,它构成了卢卡奇在《社会存在本体论》中批判黑格尔的基础,即黑格尔哲学是泛逻辑主义的。①

在卢卡奇看来,德国唯心主义传统的关注点在于通过它的方法指出超越这些局限的道路。正确的道路应该回归到马克思早期所发现的真正的历史主体观念。通过作为真正的历史方法的辩证法,我们看到了真正的历史进程在无产阶级那里获得了主体/客体的统一。卢卡奇说:"这个进程至少是在方法上指出超越这些局限的途径,即作为真正的历史方法的辩证法,被这个阶级所把握,这一阶级能够通过自身的生活经验发现主客体的统一,'我们'作为行为的主体,即无产阶级。"②

主张用无产阶级的立场来解决由自在之物所带来的问题的办法,实际上,是对青年黑格尔派观点的清晰重申,即哲学在黑格尔的思想中被终结。换句话说,由马克思发现并由马克思主义继续的无产阶级理论,提供了解决德国古典哲学遗留下来而没有解决的问题的办法。卢卡奇在最后的分析中指出:哲学没有在黑格尔的体系中终结,而是在马克思主义改造绝对唯心主义的过程中得到补充并且达到终点,马克思主义完美地延续了哲学。

我们能够总结如下:在卢卡奇看来,马克思关键性的转变体现在他早期作品中对主体性的再思考。据此,卢卡奇将注意力转向费希特。费希特的能动性概念的重要性在于对理论与实践、主体性与客体性之间的关系提供了一个抽象的解决方案,对此概念卢卡奇持批判接受的态度。

---

① Georg Lukács, *Zur Ontologie des gesellschaftlichen Seins*, edited by Frank Benseler, Lukács-Werke, Neuwied: Luchterhand Verlag, Bd. 14, 1984.

② Lukács, *History and Class Consciousness*, pp. 148 – 149.

卢卡奇附和着其他人对费希特的批评，认为费希特没能理解人类能动性的真正本性，而仅仅把它理解为精神能动性。

费希特的主体概念完全是能动的，从来也不是被动的，它对于解决康德哲学问题作出的贡献具有重大意义。康德使理论依赖于实践，因为不能通过理论分析解决的问题，在实践中依然能够得到解决。费希特超越了康德，正确地指出主客体在能动性中的统一。卢卡奇指出在反思主体和客体在能动中的统一性时①，费希特揭示了既有的存在（given）可以理解为主体/客体相统一的结果。在卢卡奇看来，费希特观点的重要性在于他对主客体统一的论证表达得相当清楚，依照其论证，费希特将这种主客体的统一定位于精神能动，但事实上这种主客体的统一是由无产阶级的行动来实现的。

费希特与马克思的主体观念

康德认为"人是什么"的问题是一个最重要的主题。在《纯粹理性批判》一书中的"将知识的一般条件从心理因素中分离出来的先验的演绎"一节中，康德提出了他的主体观点。尽管他通过行为的类型说明了经验的类型，但是他仍然没有能够清楚地阐述统一的主体理论。在康德之后，费希特阐明了以主体能动性为基础的统一的主体理论。在黑格尔之后，包括费尔巴哈和马克思在内的许多青年黑格尔派哲学家，为了进一步发展主体性而转向了费希特。②

---

① Lukács, *History and Class Consciousness*, p. 123.

② Auguste Cornu, *Karl Marx et Friedrich Engels*, Paris：presses universitaires de France, 1955 – 1970, 2 vols., II, p. 294.

马克思熟知费希特的立场，在其全部职业生涯中马克思一直对费希特充满兴趣。这清楚地表现在其早期作品特别是《巴黎手稿》（1844）中。在第三手稿"对黑格尔的辩证法和整个哲学的批判"这一著名章节中，马克思反对费希特和黑格尔的主体观。他认为通过自我意识来思考人类，与将意识的对象还原为纯粹的精神创造物一样是错误的。在著作中，马克思使用了费希特的术语来反驳费希特："当现实的、肉体的……人……设定为异己的对象时，设定并不是主体……对象性的存在物进行对象性活动……它所以只创造或设定对象……并不是它在设定这一行动中从自己的'纯粹的活动'转而创造对象，而是它的对象性的产物仅仅证实了它的对象性活动，证实了它的活动是对象性的自然存在物的活动。"①

我们看到马克思这里强调的是外在世界的客观性，这一点与费希特相反，人们普遍地但错误地认为费希特相信现实完全是思想的产物。马克思进一步强调，如果人类个体不是单独地通过精神的活动而创造，那么他们也不能通过他们精神的能力来理解。

值得注意的是，马克思这里极力主张的观点多么类似于费希特自己的人类主体观念，推测起来，这一观点在很大程度上是反黑格尔的，并且可能也是反费希特的。为了说明这一点，相当详尽地引用相关的段落是有帮助的。马克思说："人直接地是自然存在物。人作为自然存在物，而且作为有生命的自然存在物，一方面具有自然力、生命力，是能动的自然存在物；这些力量作为天赋和才能、作为欲望存在于人身上；另一方面，人作为自然的、肉体的、感性的、对象性的存在物，同动植物一

---

① 《马克思恩格斯全集》第2版第3卷第324页。

样，是受动的、受制约的和受限制的存在物，就是说，他的欲望的对象是作为不依赖于他的对象而存在于他之外的；但是，这些对象是他的需要的对象；是表现和确证他的本质力量所不可缺少的、重要的对象。说人是肉体的、有自然力的、有生命的、现实的、感性的、对象性的存在物，这就等于说，人有现实的、感性的对象作为自己本质的即自己生命表现的对象；或者说，人只有凭借现实的、感性的对象才能表现自己的生命》。"人作为对象性的、感性的存在物，是一个受动的存在物；因为它感到自己是受动的，所以是一个有激情的存在物。激情、热情是人强烈追求自己的对象的本质力量。"①

据我所知，在马克思多卷本的著作中没有任何其他个别的段落能够（像这个段落一样）提供马克思对于人类个体理解的更为详细的陈述。此外，这一段落之所以令人着迷，是因为马克思对于有限人类的理解与费希特观点之间显著的相似性。用费希特的话说，人类可以被描述为自然的、拥有驾驭力的，因为它的有限而受难的、因为意识到自己的有限性而充满激情的（存在物），这反映了马克思理解费希特的理论和费希特有限人类的特定概念。尽管马克思的全面立场不同于费希特，但是很明显，马克思认可了费希特论述人类个体观念的主线，即人类个体被看作是一个受周围社会环境制约的自然存在，并能够在改造周围的社会环境中认识到自己与他人的关系。

---

① 《马克思恩格斯全集》第2版第3卷第324、326页。

结论：马克思是一个费希特主义者吗？

在文章的开始，我提出了马克思与费希特之间的关系问题。对这一问题的回答有赖于如何理解费希特主义者，这在费希特所处的时代就已经是一个具有争议性的问题。青年谢林和青年黑格尔一度都是费希特主义者，尽管费希特立刻拒绝了谢林作为他的弟子，并且黑格尔也迅速超越了这一早期阶段。如果成为费希特主义者意味着接受费希特立场的主线，那么无论是马克思还是任何其他人都从来不是一个费希特主义者。甚至可以毋庸置疑地说，费希特本人也从来不是一个费希特主义者，因为在近16个版本的知识论中，他不停地变换立场，他从来也没有提供令人满意的陈述。反过来说，如果成为一个费希特主义者意味着接受一个或者多个费希特的核心观念，那么在一个重要的意义上讲，马克思显而易见是一个费希特主义者，这突出的体现在他关于有限的人类从本质上来说是能动的观念。

在现代哲学的开端，笛卡尔提出了两种人类主体观，即广为人知的、"正式的"观众理论，和鲜为人知的、但更令人感兴趣的具有争议性的演员理论，这一理论蕴含在对笛卡尔《方法论》这本书的著名段落"在世界上演的所有喜剧中试图成为一个观众而不是一个演员"这句话的注释之中。①

所谓主体的观众理论一直为人们所熟知。可总体上说来，在笛卡尔

---

① *The Philosophical Works of Descartes*, vol. 2, translated by Elizabeth Haldane and G. R. T. Ross, New York: Cambridge University Press, 1970, p.99.

之后最引人注意的主体观念是不同形式的、在很大程度上没有被界定的演员观念,借助于这些观念,不同的思想家试图去了解知识、道德以及通过有限人类的能动活动的棱镜所折射的社会环境。

马克思属于这一发展路径,起初他反对康德那完全理论化的主体以及在黑格尔那里主体的明显缺位,这一缺位最初是通过费希特的主体观念来克服的,费希特的主体观念一直是主动的而非被动的,但是主体的能动性又为主体自我建构的社会环境所制约。当然,马克思不是费希特,尽管在某些方面他们非常相似。在费希特之后,马克思以一个费希特主义者的方式,对现代工业社会中由工作、也可以说是由劳动所界定的主体性进行了反思。通过有限人类的自我生产,马克思解读了资本主义、共产主义和社会主义(社会)。在资本主义社会中,人们通过劳动满足自己的生存需要,在将来的社会形态中,劳动可能超越了满足有限人类的现实需要,通过劳动,人们是为了发展自己的人的潜能,这种劳动,我们称之为自由的人类活动。

马克思的全部立场是试图以人类能动性理论为基础,在现代工业社会中规划人类自由的现实条件。这种通过人类的能动性理解人类的方法是由费希特在批判康德的时候所形成的,马克思批判黑格尔的时候借用并改造了这一方法。

马克思的观点不能被还原为其前辈的观点,然而,这一观点类似于并且很明显还吸收了前辈的观点,在此基础之上,马克思提出了在人类能动活动中把握有限人类的存在和所有诸多社会形态的方法。在西方传统中,这一方法至少可以追溯到亚里士多德,亚里士多德在《尼各马可伦理学》中提出了能动(activity)的生活理论。但是19世纪中期,当青年黑格尔派哲学家反抗黑格尔时,影响他们的最为接近这个方法的版本就是费希特的立场。就这一方面而言，马克思的人类观念起源于费希特。在这一意义上，并且也可能是在其他的意义上，我认为马克思确实是一个费希特主义者。

（张梅 译）

马克思与韦伯：资本主义批判[*]

〔法〕米歇尔·洛威

美刊《新政治学》2007年冬季号刊登了西方马克思主义理论的著名学者迈克尔·洛威题为《马克思与韦伯：资本主义批判》的文章。文章指出，马克思和韦伯对资本主义的分析与其共同拥有的批判立场是分不开的，但是二者又存在不同，例如，马克思从社会主义革命那里看到了战胜资本主义的可能性，而在韦伯那里，资本主义似乎是一种不可避免的生产和管理模式。文章内容如下。

一

毋庸置疑，尽管马克思和韦伯对当代资本主义的理解有分歧，但仍然有许多共同点：他们都把资本主义看成是这样一个制度——在其中，个人被抽象所支配（马克思），非个人的和似物性的（thing-like）关系取代了人与人之间的依赖关系，资本积累绝大部分是非理性的，其本身成为了目的。

他们对资本主义的分析与一种批判的立场是分不开的，这种立场在

---

[*] 本文选自《国外理论动态》2008年第8期。

马克思那里很清晰，而在韦伯那里却更模棱两可。但是，其批评的内容以及导致其批评的触发点存在极大不同。首先，马克思将战胜资本主义的可能性压在了社会主义革命这一赌注上，而韦伯更确切地说是一个宿命论者和听天由命的观察者，他是在研究一种对于他而言似乎是不可避免的生产和管理模式。

反资本主义的批判是始终贯穿于马克思的研究的一个主要力场（force-fielid），赋予了其研究一致性。但这并没有阻碍其研究存在某种演变：《共产党宣言》（1848）坚持认为资产阶级在历史上发挥了进步作用，而《资本论》（1867）却更倾向于谴责资本主义制度的可耻行为。通常所说的一个"伦理的"青年马克思和一个"科学的"成熟的马克思之间的对立是无法阐明这一发展的。

马克思的反资本主义是建立在某些价值或某些标准之上的，一般包含如下内容。

（1）普遍的伦理价值：自由、平等、正义、自我实现。这些不同人类价值的联合构成了一个统一的整体，可以称其为革命的人道主义（revolutionary humanism），它作为批判资本主义制度的一个主要指导原则而发挥作用。

反对资本主义丑恶的道德上的愤慨在《资本论》所有章节中都表现明显：它是赋予这部著作如此令人印象深刻的批判力量的一个重要因素。正如吕西安·戈德曼（Lucien Goldman）所说，马克思并没有"混淆"价值判断和事实判断，而是发展了一种辩证的分析，在其中，解释、理解和评价是严格地密不可分的。

（2）作为这一制度的受害者和潜在掘墓人的无产阶级的立场。正如马克思在《资本论》序言中明确指出的：这一阶级的立场是他对资产阶级政治经济学批判的根源。像"正义"这样的各种价值正是从这种社会性的观点出发而得到了重新解释：它们的具体内涵因不同阶级的立场和利益而存在不同。

（3）一种获得解放的未来的可能性，一种后资本主义社会的可能性，一种共产主义乌托邦的可能性。它基于这样一种假设——或者根据吕西安·戈德曼的观点，基于这样一个赌注，即所有生产者将实现自由联合，这意味着资本主义的否定性要素将在资本主义的各种罪恶中形成。

（4）在过去，一个更平等的或者更民主的社会和文化形式被资本主义的"进步"所破坏。这一关于浪漫主义起源的观点作为例子出现在马克思和恩格斯关于原始共产主义社会的所有著作中。这是一种公有制社会的生活方式，没有商品，没有国家或私有财产，也没有对妇女的父权压迫。

这些价值观的存在并不意味着马克思持有康德式的观点，即他反对对现有事实持一种先验的观念：马克思的批判是以反抗资本主义的现实社会力量——工人阶级的名义发展形成的，也是在由生产力的发展所形成的潜力与资本主义生产关系带来的局限性之间所产生的矛盾的名义下发展形成的，就此而言，他的批判是内在固有的。

马克思反资本主义的批判围绕五个基本问题展开：剥削的不公正、异化造成的自由的丧失、金钱式的（商业式的）量化（quantification）、非理性和现代的野蛮主义。让我们对这些问题进行简单考察，重点是那些鲜为人知的部分。

（1）剥削的不公正。独立于这种或那种经济政策的资本主义制度是以剥削工人的无偿剩余劳动为基础的，"剩余价值"是所有租金和利润的源泉。这一社会不公正的极端表现就是对儿童的剥削、低于基本生活费用的工资、不人道的劳动时间以及无产阶级悲惨的生活条件。但是，无论工人在这一或那一历史时期的条件如何，这一制度自身是内在不公正的，因为它是寄生的和剥削直接生产者的劳动力的。这一论断在《资本论》中占据中心位置，对于马克思主义工人运动的形成具有本质意义。

（2）异化、物化和商品拜物教导致的自由的丧失。在资本主义的生产模式中，个人——特别是劳动者——是受自己所生产的产品支配的，即产品成为自主的偶像并挣脱了劳动者的控制。马克思的早期著作对这一问题进行了集中讨论，但《资本论》中关于商品拜物教的著名章节也对此进行了讨论。

在马克思对异化的分析中占据核心的是这样一种观念，即资本主义是一种幻想破灭的"宗教"，商品代替了神性：工人在劳动中耗费的力量越多，他亲自创造出来反对自身的、异己的对象世界的力量就越强大，他的本身、他的内部世界就越贫困。宗教方面的情况也是如此。人奉献给上帝的越多，他留给自身的就越少。拜物教这一概念本身就指向了宗教，指向了偶像崇拜的原始形式，因而包含了所有宗教现象的基本原则。

诸如雨果·阿萨曼（Hugo Assmann）、弗兰兹·辛克拉曼（Franz Hinkkelammert）和恩里克·杜塞尔（Enrique Dussel）这样的解放神学论者在他们谴责市场崇拜（market idolatry）时，大量引用了马克思反对资本主义异化和商品拜物教的著作，这绝非偶然。

（3）社会生活的金钱式的量化。由交换价值、利润积累和资本积累所控制的资本主义制度往往会消融和破坏所有关于质的价值：使用价值、伦理价值、人类关系、人的情感。占有取代了生命，惟一剩下的只有金钱支付（根据卡莱尔有名的说法就是金钱关系，马克思继承了这一说法）和"利己主义打算的冰水"（《共产党宣言》）。

现在，反对量化和拜金主义（另一个由卡莱尔所使用的术语）的斗争是浪漫主义的核心之一。与浪漫主义对现代资本主义文明的批判一样，马克思相信，资本主义在这一方面引起了社会关系的严重恶化以及一种与前资本主义社会相比而言的伦理上的退步。

最终，历史进入这样一个时代，所有原本不可让与的人类价值都变成了交换和交易的对象，并可能被让与。在这一历史时期，每一件以前可以被转让但绝不能被交换，能被给予但绝不能被出卖，能被占有但绝不能被购买的东西，如美德、爱、观念、科学、良心等等，现在都变成可买卖的。这是一个普遍败坏、整体唯利是图的时代；或者用政治经济学的术语来说，在这个时代，一切东西，无论是精神上的还是物质上的东西，都获得了一种金钱上的价值，并可能被带到市场评估出一个合适的价格。

金钱的力量是资本主义量化的最冷酷的说法：它扭曲了所有"人类和自然的本质"，其手段就是使它们屈服于金钱的衡量标准；金钱的数量越来越变成人类惟一的和强有力的所有物；同时，它将所有的生命存在降低为它的抽象存在，它将处于变动中的自身降低为量化的存在。

（4）这一制度的非理性的本质。生产过剩这一动摇资本主义制度的周期性危机暴露了该制度的不合理性——《宣言》中使用的术语是"荒唐"：一方面是"生活资料太多"，另一方面是绝大部分人口缺乏最低的生活用度。当然，这一整体上的不合理性与单个工厂在生产管理层面上具体的和局部的合理性并不矛盾。

（5）现代野蛮主义。在某种程度上，资本主义是历史进步的载体，特别是通过生产力的几何级数的增长而为新社会创造了物质条件，这个新社会是一个自由和团结的世界。但与此同时，就这种制度"使得每一次经济上的进步都成为公共灾难"而言，它也是一种社会退步力量。考虑到诸如济贫法或者济贫院——那些"工人的巴士底狱"等这些资本主义最邪恶的表现,马克思在1847年写下了以下令人惊讶的和预言性的一段话,它似乎宣告法兰克福学派的诞生:野蛮主义重新显现,但是这次它是在文明自身内部形成的,是这一文明整体的一部分。这是麻风病式的野蛮主义,是作为文明的麻风病患者的野蛮主义。

所有这些批评都内在地联系在一起:它们互相指涉,互相预示,它们在一种全球性的反对资本主义的视野中联合在一起,这是作为共产主义思想家的马克思与众不同的特征之一。

在其他两个问题——它们是今天最时髦的话题——方面,马克思反资本主义的批评更模棱两可或不充分。

(6) 资本主义的殖民主义和/或帝国主义的扩张,对殖民地人民的残暴和野蛮的统治,使他们被迫屈服于资本主义生产和资本积累的需要。就这一点而言,人们在马克思那里可以看到某种演变:如果在《宣言》中,他似乎还把"农业"或"野蛮"民族向资本主义文明屈服作为进步来称赞,那么他关于英国的印度殖民地的著作考虑到了西方统治的阴暗面——但是仍然被看成是不可避免的罪恶。

只有在《资本论》中,特别是在有关资本原始积累的那一章中,人们才看到对殖民扩张的可怕作出的真正激进的批评:土著居民的屈服或灭绝、征服战争、奴隶贸易。马克思引用 M. W. 霍维特(M. W. Howitt)的话说,这些"令人恐怖的野蛮行为和暴行在人类历史的任何时期和任何种族中都是从未有过的,无论多么野蛮、残忍、无情和无耻"。它们不是简单地被描述为历史进步的代价,而是被明确地谴责为一种"恶行"。

(7) 资本主义文明的扩张使对自然的统治变成可能,《宣言》为此而欢欣鼓舞。只是到了后来,特别是在《资本论》中,资本主义生产方式的扩张对自然环境的破坏才被考虑到。

资本主义农业的每一次进步不仅仅是剥削工人的方式的进步，也是掠夺土地的方式的进步；每一次生产力方面的短暂进步也是生产力基础遭到长期破坏的进步。因而不仅仅资本主义生产在发展……而且与此同时，它耗竭了产生所有财富的两个源泉：土地和劳动者。

人们能够在这里看到一种关于进步的真正辩证主义观点的表达——进步这一单词在反讽意义上的使用方式也表明了这一点——这可以是一种系统的生态学思想的起点，但并没有被马克思所发展。

二

韦伯的方式与马克思大不相同。他对资本主义的态度是非常含糊和矛盾的。我们可以说，韦伯因其资产阶级的身份和知识分子的地位而处于分裂状态，作为资产阶级，他是完全支持德国的资本主义及其帝国权力的；而作为知识分子，他对浪漫主义作出的反资本主义的文明批判（Zivilisationskritik）的观点很敏感（这些观点在20世纪初对德国的学术主流极有影响）。从这种观点出发，可以将他与另外一种分裂（如果不是精神分裂症的话）——德国的资产阶级和知识分子的分裂——进行对比：普鲁士人和犹太人，资产阶级企业家和对机器文明的尖锐批评者。

韦伯拒绝任何社会主义的观念，在有些时候，他在捍卫资本主义时毫不犹豫地使用了一些抱歉性的观点。这一点在他的《新教伦理和资本主义精神》一书的描述中非常明显。他将资本主义的起源描述为新教徒的工作伦理（work ethic）的结果，即艰苦的劳动、有组织的经济活动、节俭的生活和储蓄的再投资的结合：这一描述非常接近资产阶级理想化的自我形象。他常常似乎倾向于听天由命地接受资产阶级文明,这种接受虽然不是心悦诚服的,但是也是不可避免的。然而,在某些对20世纪的思想产生了重要影响的关键性叙述中,他大肆批评了资本主义合理性中的自相矛盾之处,这种批评是富有洞察力的、悲观的和激进的。根据社会学家德雷克·塞耶(Derek Sayer)的看法:"在某种程度上,他的对资本主义的批判,作为一种生活的否定力量,比马克思更尖锐。"这一评价有夸大之嫌,但韦伯的某些观点确实触及了现代工业文明/资本主义文明的根基。

很显然,韦伯所提出的这些问题与马克思的那些问题十分不同。韦伯忽视了剥削,他对经济危机不感兴趣,对无产阶级的斗争缺乏同情,对殖民扩张也没有提出质疑。然而,受浪漫主义或尼采式的文明悲观主义的影响,他觉察到了程式化的现代理性的要求(官僚机构和私人企业是这一要求的具体体现)与行为主体的自主性要求之间的深刻矛盾。韦伯使自己远离启蒙的理性主义传统,他对现代理性的矛盾和局限性很敏感,这种现代理性自身体现在资本主义经济和政府管理中:它具有程式化和工具性的特征,它具有追求效果的倾向,而这种倾向导致了现代性对解放的渴望的倒转。对算计和效率不计代价的追求会导致官僚化和人类活动的物化。在很大程度上,对现代性危机的这种诊断被法兰克福学派的第一代(阿多诺、霍克海默、马尔库塞)继承了下来。

在韦伯的对现代性悲观的、听天由命的评价中,最引人注目的是它否定了各种关于进步的幻想,这些幻想在20世纪初是如此强有力地影响着欧洲人的思想观念。例如,下面是他在1919年最后一次公开谈话中所说的:"正在等待我们的并不是夏季盛开的鲜花,而是极地的黑夜、寒冷、阴暗和狂暴。"这种悲观主义与对资本主义自身的本质和它的合理性/现代化的机制持有的批评性观点是分不开的。

人们可以在韦伯对资本主义制度的实质本身的批判中区分出两个方面——它们之间是密切联系的。

（1）手段和目的的倒置。就资本主义精神来看（富兰克林·本杰明是该精神的一个理想的代表人物），去赚钱，去赚取越来越多的钱（马克思会说是资本积累）是生活的首善（supreme good）和最终目的。

对财富的追逐完全剥夺了所有快乐的方面，当然这是享乐主义意义上的快乐。从而，这种追求完全被理解为目的自身了——以致它看起来完全脱离了事情的正常轨道，而根本是反理性的，至少从单个个人的"幸福"和"利益"的角度看是这样。这时，人们都习惯于把获取作为生活的目标：获取不再被看成是实现满足生活真实需要这一目标的一种手段。那些拥有自然天性的人把这种情形看成是对自然状态完全无意义的逆转。然而，这种逆转无疑构成了（现代）资本主义的指导原则，如同对这种新形势的不理解构成了所有那些仍然未被（现代）资本主义触角所触及的人们的特征。

以目的为导向的现代理性——韦伯的形式理性，或者法兰克福学派所说的工具理性——的最高表达形式是资本主义经济，从"生活的真实需要"或者从人类幸福来看，它将自身揭示为"完全的非理性"或"绝对的无意义"。韦伯在《新教伦理》中多次返回到这一问题上，总是坚持资本主义积累逻辑的非理性——这是他的重点所在：对于那些将交易视为"对生活必不可少的"人们而言，资本主义精神和经济传统主义之间的比较"使得这种非理性显而易见，从个人幸福的角度看，从安排生活方式的角度看：人们活着是为了交易而不是相反"。

当然，韦伯相信，这种"荒谬的"和"非理性的"制度有它自身强大的合理性：韦伯的评论只不过显示了资本主义精神所存在的一个重要鸿沟。很显然，在这里存在两种冲突的理性形式：一是工具理性，纯粹形式化的和工具化的,在资本主义制度下,它的惟一目的是为生产而生产,为积累而积累,为金钱而金钱;另一个,更真实,与前资本主义自然条件相应,指诸如这样一些价值(价值理性):人的幸福,他们需要的满足。

这种突出其非理性一面的关于资本主义的定义和马克思的观点具有密切关系。目的(即人类)对于手段(即企业、金钱、商品)的屈从这一观点与马克思的异化概念非常相近。韦伯非常清楚这种相似性,他在1918年关于社会主义的会议中提到了这一点:"所有这些(资本的与人无关的职能)就是社会主义所定义的'物对人的支配',这意味着手段支配了目的(必需品的满足)。"附带说一句,这也解释了为什么卢卡奇在《历史和阶级意识》(1923)一书中的物化理论是建立在马克思和韦伯这两者基础之上的。

(2)对一个整体上强大的机制的屈服,被其自身所创造的制度所监禁。这一问题是和前一问题紧密相连的,但是它强调了自由的丧失,个体自主性的衰落。关于这一批判的最常被引证的论述出现在《新教伦理》的最后几章,毫无疑问,这是韦伯著作中最著名和最有影响力的章节——这也是他允许自己做出其所谓的"价值和信念判断"的少数几个地方之一。

首先,带着听天由命的怀旧之情,韦伯认为现代资本主义精神的胜利要求"放弃人类那种浮士德式的多维性(multi-dimensionality)"。对歌德而言,承认资本主义时代的到来意味着告别了一个充满完整的和美好的人性的时代,这对韦伯而言也是一样的。

另一方面,资本主义理性创造了一个越来越压抑和受束缚的环境:"清教徒曾经渴望成为具有职业感召(vocationl calling)的人,现在我们被强制成为这样的人。"现代资本主义的经济秩序,加上其机械的和机器制造的技术条件,"决定了所有在其中出生的人的生活方式,不仅仅是那些直接赚钱谋生的人"。韦伯把这种束缚比作某种监狱,或者是"铁笼",在其中,理性生产的制度包围了具体个人:"根据巴克斯特(一个清教徒传教士)的说法,对物质利益的追逐应该由道德高尚的人来承担,像'一件随时可以脱掉的轻外套'。然而,命运却在这件外套外面铸造了一个铁笼(Sthahlhartes Gehäuse)。"

这一说法后来变得很有名。它打动人心的不仅仅是其悲剧式的屈从,还有其批判性的方面。对于"Sthahlhartes Gehäuse"有几种不同的解释和翻译:一些人将它译成"保护性外套",而另一些人将它译成"外壳"和"牢房"。

韦伯很有可能是从英国清教徒诗人班杨(Bunyan)那里借用来了"绝望的铁笼"这一象征。无论如何,在《新教伦理》中,它似乎是在把资本主义经济的物化结构描述为一种坚硬的囚牢——严密、冰冷和无情。韦伯的悲观主义使他害怕所有的价值和理想将走向终结,害怕在现代资本主义的庇护下,会出现一种"机械的僵化的东西,这种东西被一种强迫的自以为是的感觉所掩饰"。他预感到这种物化过程将从经济领域扩展到社会生活的所有领域:政治、法律、文化。

在法兰克福学派之前,卡尔·洛维特(Karl Löwith)在他1932年富有才华的关于韦伯和马克思的文章中,已经领会了韦伯对资本主义的批判中具有的"理性辩证法",以及韦伯和马克思的密切关系:

"这种独特的不合理性是在理性化过程中形成的,就手段和目的之间的联系而言,同时也就这一关系的逆转而言,韦伯也是这样认为的,因为对他而言这种联系是理性概念和自由概念的基础。作为目的的手段使得其自身成为独立的,因而丧失了它们原来的'意义'或意图,换句话说,它们失去了指向人及其需要的原初意图的合理性。这种颠倒是整个现代资本主义文明的标志。现代资本主义文明的制度安排、机制和活动都是如此'被合理化',以至于与过去人性在这些制度安排、机制和活动中建立起自身不同,现在正是它们像'铁笼'一般包围和决定了人性。这些机制最初是从人类行为中产生的,现在人类行为必须反过来适应它自身的创造物,而这些创造物已经脱离了创造者的控制。"

"韦伯自己断言,真正的文化问题——从合理性走向不合理性——即存在于此,他和马克思在对这一问题的界定上是相同的,但关于它的评价则看法不同。这种自相矛盾的倒置——用西美尔(Simmel)的术语来说,即'文化的悲剧'——变得最为显而易见的情况是,它正好出现在其内在意图是为了获得具体合理性这种类型的活动中,即它正好出现在从经济方面看是合理的活动中。在合理化过程中,意图完全合理的行为不可逆转地转变为自身的反面,这一转变的过程及其原因正好在这种倒置中变得极其明显。"

三

不像马克思,韦伯所没有理解的是交换价值对人类活动的支配。稳定物价的机制与内在于商品交换中的自主行为导致了社会关系的货币主义化。这位来自于海德堡的社会学家没有想到用对生产的民主化控制来代替价格自我稳定的异化逻辑这种可能性。

韦伯和马克思都共同认为资本主义制度具有本质的不合理性——这与其形式上的合理性和部分合理性并不矛盾。为了理解这种不合理性,两人都提到了宗教。

就韦伯而言,必须要解释的是这种非理性主义的根源,这种"自然状况的逆转",而他所提出的解释提到了某种宗教性表述的决定性影响:

新教伦理。

而对于马克思，资本主义的起源并不和任何宗教伦理相关，而是和抢劫、屠杀和剥削的残忍过程相关，他用"资本的原始积累"这一术语来描述这一过程。然而，他也提及宗教在解释资本主义的"颠倒"逻辑中起了重要的作用。这不是韦伯所说的因果联系，而是结构上的密切关系：非理性是作为异化过程的资本主义生产模式的内在的、普遍的和本质的特征，正因为如此，它和宗教异化有着结构上的相似：在两种情形中，人类都被他们自己的产品所控制——分别是资本（金钱、商品）和上帝。

通过考察韦伯主义和马克思主义对资本主义批判在某些方面的密切关系，并以一种原初的方法把它们结合起来，卢卡奇由此构建了物化理论，阿多诺和霍克海默提出了对工具理性的批判——这是20世纪西方马克思主义理论中两种最重要的和最激进的理论创新。

（云南师范大学马克思主义研究中心 译）

马克思在 21 世纪

——《卡尔·马克思》第二版序言*

〔美〕艾伦·W. 伍德

自 20 世纪 80 年代以来，苏联及东欧国家垮台了。在资本主义世界，那些自称为马克思主义的政党大大地被削弱，有的甚至完全丧失了政治力量。后现代主义看来已经取代马克思主义，成为不满现状的知识分子的时髦姿态。即使那些早年可能被认为是熟悉和尊敬马克思的思想的人，现在也只是简单地重复着那些陈旧的、令人无法理解的、拒绝的口号。如果说甚至对马克思的思想进行学院式的研究也广受鄙视，那可能并不夸张。

我对马克思的立场所抱的同情是毫不掩饰的，这正像我对资本主义的厌恶一样——不仅厌恶马克思时代的资本主义，而且也厌恶我所处的时代的资本主义。但是本书并没有明确地打算将马克思的哲学同后来意义上的"马克思主义"联系起来，或者同 20 世纪晚期的社会和政治现实联系起来，或者去谈论马克思的理论是否适用于最近的而不是马克思所知的资本主义的问题。相反，本书的目的是从哲学立场上来解释马克

---

* 本文选自《马克思主义与现实》2005 年第 6 期。本文编译自美国斯坦福大学哲学教授艾伦·W. 伍德为他的著作《卡尔·马克思》（罗特利奇出版社 2004 年第 2 版）所作的序言。

思的观点,并主要驳斥那些对马克思的哲学观点所抱的通行的误解。正如我在结语里所说的,我的主要目的是让人们——无论是同情马克思还是不同情马克思——不再针对马克思的观点提错误的问题,不再认为那些错误地说出来的赞成或者反对马克思的众多话语同他们对马克思的评价有关(其实无关)。

阅读和误读马克思

本书的读者首先应当明白,马克思并不是一位特别令人难懂或者文字晦涩的著作家。如果读者还不了解这一点的话,那么他们体验这一点的最好方式,就是暂时放下这本书,而去读一些马克思的作品。如果马克思的著作既抽象又充满哲学味道,像亚里士多德、康德、黑格尔或者甚至休谟的著作那样,那么它们就不会吸引那些政治狂热分子和只讲求实际的人了。马克思的著作立场鲜明,激情四溢,有的地方极其——甚至无礼地、令人生厌地——具有论战性。马克思的某些早期著作可能读起来比较困难,因为它们很简练,是个轮廓,不是为发表而写的。《资本论》开头论述价值问题的几章很抽象,相对比较难读。但这几章并不是这部著作的典型风格。像马克思关于历史或者经济学的大多数著作一样,其典型风格是生机勃勃、机敏、睿智,既喜欢批判思考,又喜欢经验求证。作为一个经济学家,马克思从亚当·斯密那里学到很多东西,他们的作品有一个共同点,即经常出现讽刺,或者就在字面上,或者掩藏在字里行间。但是在马克思那里毫无斯密那种考验耐心的、18世纪式的冗长啰嗦。我们在马克思那里发现的这种细微差别很有可能被忽视,这并不是因为它们表现得不明显(在斯密那里就是这样),而是因为它们被马克思的理论主张或者马克思那爆炸性的义愤掩盖了。

《路易·波拿巴的雾月十八日》的叙述闪现出颇具锋芒的智慧。总之，这部著作的思想力量、勇气和诚实很吸引人，这是马克思力图理解和接受那些显然向他的全部世界观发出挑战的一系列政治事件时表现出来的。马克思是这样一位著作家，他总是不断地同各种事实和理论作斗争。用一种教条主义的态度来阅读马克思，把他的著作当作某种圣经，那就会错过他最好的方面，即令人吃惊的坦率，这种坦率由他的思想方式和他迫使读者（特别是那些尚未皈依他的学说的读者）所处的思想状态表现出来。这就是为什么马克思应当受到每一个拥有哲学心灵的人爱戴的原因。那些还没有以能够让他们快乐地享受到马克思的著作中的这些美德的方式阅读马克思的人，是很应当以这种方式去阅读的。

马克思倡导联合并增强国际工人阶级运动。他认为，该运动的历史使命是推翻资本主义，代之以更高阶段的、更为人道的社会形式。他希望他的著作能够赋予该运动以理论洞察力并使它变得更加强大。但是马克思也常常强调，这一运动尚处于形成时期，它还需要大大加强对它自身、对资本主义和对它的历史使命的认识，它必须随着历史环境的变化而改变和发展。他一贯敦促该运动推行最不留情面的自我批评；他声明，从它自己的错误中学习是工人阶级完成其解放全人类这一历史使命的唯一希望。马克思本人从未将工人阶级运动同冠以他的名字的某种"主义"等同起来。对于使用这一名词的某些人，马克思评论道："我只知道我自己不是马克思主义者。"①

当工人阶级政党的分裂使得到哪里可以找到工人阶级运动这一问题变得不确定时，甚至使得马克思所论述的这一运动的存在本身也出现疑问时，那些狂热的信徒把教条地遵循马克思的文本（或者这个那个对文

---

① 《马克思恩格斯选集》第 2 版第 4 卷第 691 页。

本的"正统"解读）的每一个字当作真正坚持该运动。心灵麻木地全身心投入被认为是无产阶级团结的试金石，质疑马克思所写的真理被等同于对运动的背叛。这样，马克思主义就丧失了科学的批判精神和随着变化的环境而改变的能力，而马克思认为这两者是不能缺少的。自封的"马克思主义"变成了对宗教思维方式的拙劣模仿，而马克思总是认为对宗教思维方式的批判是一切社会批判的前提。即使在自视为坚持马克思主义的专制政权之外，也有人在阅读马克思时习惯于抱定这种假设：马克思著作中所说的一切都必定会被证明完全正确、毫无谬误。正如在圣经考据中一样，这种对应当如何解读文本所作的限制，将某些最卑鄙的虚伪思想的形式提升为基本的注经原则。

马克思主义的批评者长期以来就强调指出了上述问题，但是现存秩序的辩护士则以一种更加虚伪的方式来阅读马克思。因为，如果在阅读一个文本时首先假定它的基本观点是错误的，那么同在阅读时假定文本所说的是正确的这一方式相比，前一种方式更加容易出现不诚实的解释。在政治思想史上有这样一种写作方式，它的主要目标是判别所考察的文本或者思想家是否同所有的好人所遵循的原则或态度相一致。马克思只是以这种方式被系统误读的重要的社会思想家之一，但是同其他人比起来，也许这种误读方式在马克思的身上表现得更为丑陋。

马克思鼓励人们把哲学信条看作阶级利益的表现。这有时使得他、并且经常使得他的追随者，在解释哲学家的理论主张时更多地是从那些被认为信仰这些理论主张的人的实际的（如果说通常是偶然的）行为出发，而不是从这些主张说了什么或者能够从这些主张中推论出什么出发。无论这种解释哲学信条的方式有可能提供什么样的深刻见解，它显然很容易导致各种不负责任的滥用。那些敌视马克思的人毫不犹豫地用这种滥用来对付马克思,尽管他们也许不会用它来对付其他思想家。

马克思还将他的学说看作一场历史运动的实践的一部分。并且既然实践是检验这些学说正确与否的最后标准,在马克思看来,他愿意(甚至是渴望)将自己的学说提交给历史去审判,因为他显然坚信他所支持的运动必将胜利,因此也必将得到历史的证明。在这个意义上,马克思接受了黑格尔从席勒那里引用来的名言:"世界历史就是世界法庭。"也许我们只能指望敌视马克思的学说、敌视宣称以这些学说为基础的运动的那些人至少在下面这一点上采用这种思维方式:他们以此来庆祝他们对马克思和对那些声称以马克思的名义行动的人的胜利。马克思关于他所支持的运动必然胜利的信念常常使得那些敌视他的、(至少在他们头脑清醒的时候)实际上根本不相信历史具有必然性的读者还是兴高采烈地把冠以马克思的名字的运动的失败归结为必然性。马克思的学说有可能赞同这种说法(特别是当这些学说遭到恶意误读时),但这种情形显然并不能对这种说法构成学理上的辩护。

总之,读哲学史上的任何文本都是一个学习该文本所谈论的问题的机会——无论这些问题是它们当时就含有的,还是现在可能含有的。我们向一个文本学习时,既通过思想上的同情领会作者的深刻见解,也通过批判的评论揭露作者的错误。以正直的思想来阅读文本意味着在这两个同时发生的行为上都坚持正确的态度。一旦过分的同情、憎恶或者外部的压力使得你去做相反的事情——也许都带有误导的目标,或者尊崇一位作者,或者惩罚一位作者——那么结果只能是你自己惩罚自己,因为你根本就不能从文本里看到你本来可以看到的东西。

马克思对资本主义的矛盾态度

马克思对资本主义所持的最深层的态度，同卢梭、康德和费希特对文明状况所持的态度如出一辙———一种深刻的矛盾态度。无论卢梭对文明的未来的看法多么阴暗，他总是把文明状况看作我们能在其中发展我们的能力、运用理性管理我们的生活、实现美德、实现符合道德的自由这一尊严的唯一状况。那些阅读卢梭的人如果仅仅认为卢梭在否定他身边的文明，那么这样的读者就不仅错过了卢梭学说的本质内容，而且错过了那些将他和启蒙运动的传统联系起来的极其重要的内容，这种传统是会接受卢梭的学说的。

如果我们忽视了马克思对资产阶级在建立资本主义社会秩序时所取得的令人敬畏的成就的赞扬，那么我们也同样错过了马克思的学说中的一个关键部分。《共产党宣言》的第一章首先是一部称颂这些成就的赞歌，马克思认为，没有这些成就，任何高一级阶段的社会的可能性都是不可想象的。资产阶级推翻了以前的一切社会关系，对这些社会关系进行革命，它创造的生产力同以前存在过的全部文明相比，不仅在数量上大得多，而且在本质上是全新的，具有更高级的特征。资产阶级创造了世界范围的贸易网络，从而创造了世界文化，赋予所有的社会关系以普遍的、世界性的特征。资产阶级对一切以前的社会形式进行革命，它消除了一切传统的思维方式，融化了一切固定的事物，亵渎了一切神圣的东西，使得人们有可能而且必须冷静地看待他们的真实状况以及他们与同类的真实关系。①

---

① 《马克思恩格斯选集》第 2 版第 1 卷第 274—277 页。

对卢梭来说，文明为我们所做的首先是赋予我们看清文明的邪恶的能力。同样，对马克思来说，也许资本主义的最伟大功绩就是它将我们置于这样一种境地，使得我们能够清楚地理解阶级社会实际上有多么荒谬可怕，多么难以忍受。因为只有这种认识才使得我们能够紧紧把握资本主义创造的物质条件。"所以人类始终只提出自己能够解决的任务，因为只要仔细考察就可以发现，任务本身，只有在解决它的物质条件已经存在或者至少是在生成过程中的时候，才会产生。"①

对马克思来说，只要资本主义能够继续发展生产力，它就将继续是占统治地位的社会形式。如果说出同一个真理的黑暗的一面，那就是说，只要资本主义发展生产力的能力继续存在，人类就将注定要遭受同资本主义不可分离的压迫和异化。马克思乐观地坚信，资本主义没有这种能力，资本主义的周期性危机和内部的不合理性意味着它的统治时期就要结束了，我们已经能够预见到它的终结。然而，假如马克思在最后一点上错了，那么随之而来的结论也只能是说，同马克思的设想相比，人类注定要在资本主义的掌心里经历更长时间的奴役和不幸。② 企图过早地终结资本主义注定要失败，至少从短期来说是这样。黑格尔认为人类的解放近在眼前，他在这一点上也许是错了；同卢梭的早期追随者例如康德和费希特设想的时间相比，我们不得不在其中生活的社会的存在时间确凿无疑延长了。然而，假如认为这种偶然性驳倒了马克思关于资本主义社会的理论，那就大错特错了；假如

---

① 《马克思恩格斯选集》第 2 版第 2 卷第 33 页。
② 关于这种可能性，关于我们应当如何认识资本主义，关于我们在这种背景下应当如何看待东欧社会主义的垮台，参见 Meghnad Desai, *Marx's Revenge: The Resurgence of Capitalism and the Death of Statist Socialism* (London: Verso, 2002)。

以为这种情况为资本主义提供了某种辩护，使得它能够驳斥如下控诉——同世人所知的一切社会制度相比，资本主义本质上是一种更加赤裸裸的、程度更大的不人道、不自由的制度，异化、压迫和剥削的制度——，那当然也是错误的。

马克思与苏联解体

从20世纪晚期的历史事件尤其是苏联及其东欧国家——这些东欧国家名义上是按照马克思及其某些追随者（特别是列宁以及列宁的继任者）的信条建立的——的崩溃出发，我们该怎样重新评价马克思的历史哲学呢？在我们的文化里，我的意思是说在西方资本主义文化特别是在美国文化里，这个问题既可以从它的字面意义来问，也可以从它的隐喻意义来问。从隐喻的意义来问，就是说人们可以问一些其他的问题，这些问题其实与马克思的历史理论无关，甚至与马克思的所说和所思毫无关系。对于处在我们的文化中的人们来说，隐喻意义的问题比字面意义的问题反而更加具有直接的意义。

我们还是从字面意义的问题开始吧。最直接的问题可能应当是这样的：20世纪社会主义尝试的失败是否证明了马克思的历史理论不正确？通常，这个说法——马克思自己的理论已经直接被那些名义上的社会主义社会所发生的事情推翻了——初听起来没有什么道理，因为马克思的理论主要是围绕资本主义展开的。马克思对19世纪零星的空想社会主义试验并不是很感兴趣，而且他的历史理论也同它们无关。马克思倡导社会主义，但是很少谈社会主义，这里明显的原因是，在马克思的有生之年，社会主义只存在于人们的头脑中，而没有存在于现实的世界里。马克思的理论主要是关于资本主义的，而不是关于社会主义的。

我们可以提一个更为具体的字面意义的问题：马克思对于俄国社会主义的前景是怎样考虑的？他会断定社会主义在俄国取得胜利吗？尽管在马克思撰写有关论著的时候，俄国的资本主义经济并不发达，但马克思的确鼓励俄国的革命者在那里创建一个社会主义社会，他认为这样一来，俄国就可以避免其他国家在资本主义工业化过程中经历的灾难性的动荡。但是马克思认为俄国的社会主义革命应当与西欧资本主义国家的社会主义革命同时爆发。G. A. 科亨曾指出，如果马克思看到俄国爆发革命时的实际状况，他应当不会指望俄国社会主义革命取得胜利。[1] 马克思鼓动在俄国搞社会主义革命，并期望革命成功，但条件只能是西欧也爆发社会主义革命并支持俄国的革命。科亨认为，马克思的历史唯物主义其实意味着相对落后国家爆发的社会主义革命会失败，而不是成功。在我看来，科亨的结论是：20世纪晚期俄国发生的事件并没有证明马克思的任何判断或者他可能作出的任何判断是错误的。相反，正如科亨指出的，如果俄国在其他国家没有发生社会主义革命的情况下以一种吸引人的形式建成了社会主义，那么这对于俄罗斯帝国的居民来说当然是一件大好事，对整个人类社会来说更是一件大好事，但是它就证明马克思的理论是不正确的。

另一个不大具体但仍然是字面意义的问题是：20世纪东欧发生的事件是否证明马克思的唯物主义历史观整体上不正确？马克思的唯物主义理论将人类历史划分为若干阶段，每一阶段都以物质生活的一定的生产方式为特征。从根本上来说，每一种生产方式都是由其所处的社会生产力发展的历史阶段决定的。这些生产力被用来说明一整套社会生产关

---

[1] G. A. Cohen, *Karl Marx's Theory of History: A Defense*, expanded edition (Princeton, N. J.: Princeton University Press, 2000), pp. 389 – 396.

系，生产关系则包括人们在生产进程中的不同角色，人们对生产条件、生产过程和生产成果所拥有的不同权力。于是，生产关系就将人类划分为利益互相冲突的阶级。按照马克思的理论，历史的动力根本上在于这些阶级利益的斗争，以及这些阶级利益与不断发展的生产力相一致的程度。唯物主义理论将社会的政治斗争、法律斗争，还有哲学斗争和宗教斗争，都理解为阶级利益之间的斗争的表现形式。

现在的问题是：苏联帝国的崩溃在多大程度上证明了这种历史理论，或者说证明这种历史理论不正确？在我看来，苏联的崩溃不能回答这两个问题的任何一个。冷战结束的方式既不能证明马克思历史唯物主义的基本论点的正确，也不能证明它的错误。尽管对于人类历史按照经济发展的程度划分为若干阶段的思想可能存在争议，但是许多根本不想把自己视为马克思主义者的人还是接受了它。很多面对马克思主义避之唯恐不及的人实际上也指出，摧垮苏联制度的，正是20世纪人类经济能力的发展。[1] 无论这些说法正确与否，它们对苏联的失败所作的解释从根本上来说都是马克思式的、历史唯物主义的。

诚然，马克思对现代社会及其将要经历的变革所作的大胆、自信（有时可能比较含糊）的判断，其中有很多在今天看来似乎是错了。他声称资本主义将被工人阶级运动推翻，在资本主义社会之上将建立起共产主义社会。那些认为苏联的解体驳倒了马克思主义的人可能会想，正是因为这些论断落空了，所以马克思主义被驳倒了。但是可以从几个不同的方面来说明，这种观点是极为短视的。首先，如果要专门拿苏联解

---

[1] 例如有人正确地指出，20世纪晚期信息技术的发展造成了苏联经济的致命紊乱。参见 Scott Shane, *Dismantling Utopia: How Information Made the Soviet Union Unviable* (Chicago: I. R. Dee, 1994)。

体来证明马克思的历史判断是错误的,你就必须接受苏联在冷战时期的大量宣传。你必须认为,共产主义的希望和工人阶级运动的希望完全取决于东欧及苏联的成败。然而,从20世纪将近3/4个世纪的历史来看,所有有眼光的人都会看到,如果要在苏联建成一个配得上共产主义或者社会主义的名称的社会制度,那么它至少还要经历一场其激烈程度不亚于1917年革命的革命。正如半个多世纪以来一样,建立真正的、合意的、可以取代资本主义的制度的理性希望,本来应当放在西欧国家发生民主的社会革命的可能性上,马克思本人就期望这些国家爆发这样的革命。在这些国家,一直以来,直到现在,资本主义都占主导地位。如果说马克思满怀希望地作出的推翻资本主义的判断被20世纪的事件所驳倒,那么这些事件是在苏联之外发生的,而且比1990年早得多。对马克思的判断提出挑战的,不是苏联的垮台,而是资本主义的适应能力,这种适应能力使资本主义能够破坏20世纪的社会主义试验。

其次,更为重要的是,除开资本主义即将灭亡的判断,马克思的资本主义理论还有更多值得注意的内容。其中基础的、本质的是:对资本主义经济的动力作出阶级分析,将这一经济分析作为总体上理解现代社会的关键。马克思的分析将阶级理解为一种关系,特别是一种剥削关系。一般说来,社会剥削可以理解为这样一种关系,在这种关系中,剥削者利用被剥削者的不利地位来实现自己的目的。马克思是这样理解资本主义剥削中的这一不利地位的:那些握有生产资料的人同那些只能依靠向生产资料所有者出卖劳动力为生的人相比,掌握着决定性的谈判优势。马克思指出,理解现代市场制度,不能只对经济行为人之间为了满足各自的效用需求而进行自愿交换作形式分析,而应当从对抗阶级之间的权力关系的动力出发。正统的新古典学派经济理论认为,就市场的根本机制来说,财富和权力的不平等是偶然的。根据这种理论,资本主义的根本就保存在市场中,通过市场,私有财产是这样分配的,这种分配使得所有的人都或多或少平等地分担了雇佣劳动和生产资料所有权。然而对马克思来说,资本主义的根本矛盾在于剥削阶级和被剥削阶级之间的对抗。资本主义市场制度作为一种历史现实,没有阶级压迫就不可能存在下去。关于平等主义的市场制度的幻想很可能存在于卫道士理论家和改革家的头脑里,但这种制度在现实中是不存在的。从对现代资本主义的这种理解出发,马克思制定了关于资本积累、贸易周期以及现代社会经济生活其他许多重要方面的理论。他还指出了政治、宗教和其他社会现象中的阶级对抗。其中的某些分析现在看来过时了或意义不大了,但是其他的分析显然不是这样,即使对它们还存在争论。

总的来看,马克思在《资本论》中阐发的理论,对今天的社会现实仍然具有重大意义,如果考虑到这是产生于一个半世纪以前的理论,我们就不能要求更多了。围绕苏联解体而发生的各种事件并没有在多大程度上改变这一点,这仅仅是因为马克思写得更多的、写得更为集中的,是关于资本主义的理论,而不是关于共产主义或者他希望解释为共产主义尝试的现象(例如1871年短命的巴黎公社)的理论。马克思从来没有描绘过或者预言过任何类似于20世纪在东欧存在过的制度。这些制度从来没有消灭过商品生产,或者消灭社会的阶级结构;它们声称的由工人阶级实行的民主统治,一直是一种令人伤心的——或者说可笑的、令人不快的——明显的赝品。这些在无情的国家资本主义推行快速工业化的过程中、在缺乏公民权利或代议制传统的国家中所进行的实验失败了,它们未能抵挡更为强大的西方帝国的进攻,这与其说直接关涉到马克思关于资本主义的学说是对是错的问题,还不如说是在有效控制下就社会主义原则的可行性所作的社会试验。

苏联解体作为一种隐喻

当我们谈到苏联解体被视为对马克思关于资本主义垮台的判断的最终的、决定性的否定时,我们就已经抛开字面意义的问题,而进入隐喻意义的问题了。与我们假定已经作出回答的问题有关的是:目前存在的资本主义是否应当或者说是否能够被推翻或者予以根本的转变?宣称马克思被历史所驳倒,其实是用一种隐喻的方式,以一种历史终结论的洋洋自得的心态,拒绝全球正义运动的这一口号:"另一个世界是可能的。"在这个口号的位置上,我们看到了另一个口号:"别无选择。"

用隐喻的方式这样做是必要的,因为如果直接提出这个现实的问题,那么那些人希望的否定回答是否确切就太成问题了。资本主义会成为永恒存在的经济的社会形态吗?(历史真的终结了吗?)要想肯定地断言"是的",无疑需要更多的解释,比任何头脑清醒的人宣称知道的要更多。另一个世界是可能的吗?当然是可能的。我们都知道这一点。这显然就是为什么全球正义运动选择这句话作为口号的原因:揭露那些宣称全球资本主义必然胜利的鼠目寸光的人,他们简直狂妄到荒唐的地步。从来就没有"别无选择"——当然,对那些不希望如此的人来说不是这样。问题只是历史条件需要多长时间才能为人类提供某种选择,以及最终会出现哪些选择。马克思说资本主义最终会灭亡,应当总是这样来理解:这是马克思从他的更为基本的论题——人类事务中没有任何东西是永恒的或不可改变的——出发作的推论。如果说人类事务中有什么东西是确定的,那就是这一条:没有任何事物是永恒的。现存的社会形式总会被历史进程超越。"生产力的增长、社会关系的破坏、观念的形成都是不断运动的,只有运动的抽象即'不死的死'才是停滞不动的。"①

但是难道苏联的失败没有证明社会主义是一种空洞的梦想吗?一种永远不能以对于理智的人来说是稳定、可行和吸引人的方式来实现的某种东西?这种梦想被认为是马克思主义的本质,就是这种梦想被认为死了,最终名誉扫地了。但是人类的梦想,只要代表的是大多数人的长期的、合理的利益,就永远不会死。这些梦想迟早会回来,像凤凰一样从历史的灰烬中再生。如果这些梦想的基本思想具有足够的说服力,如果它们代表的人类利益足够强大,那么就永远也不能认为它们被最终扼杀了、打倒了。那些认为社会主义已经最终被打倒的人肯定没有看到社会主义思想所包含的重大的人类利益,没有看到社会主义诉求中的牢固的基础。这样的短视行为只能说是固执己见。

第一次世界大战后,协约国试图从根本上对欧洲的民族国家进行重组,建立一个将给该地区带来稳定持久的和平的国际秩序。很明显,几年以后它们没有成功。过了不到20年,欧洲经历了另一场可怕的战争,这大概也可以用历史终结论来证明,欧洲联盟的目标是没有希望的、错误的。但是半个世纪以后,这种和平秩序在欧洲成为现实。

一种宏伟的历史目标在一个时代的失败,并不必然证明它不会在另一个时代最终取得成功。20世纪俄国和东欧是在不利的条件下、在遭到强大的国际性反对的情况下建设社会主义的,尽管它们的尝试失败了,但这并不意味着社会主义不能在以后、在比较有利的环境下取得胜利。

---

① 《马克思恩格斯选集》第2版第1卷第142页。

独特的美国隐喻

在美国，对于同马克思是否被历史最终驳倒这一论题相关的一切问题，存在着另一种更为靠不住的、更为过分的隐喻式的理解。20世纪早期，美国的进步运动试图通过国家调控来稳定美国的资本主义。该运动的某些措施也试图运用国家权力来维护工人阶级的利益，而并不仅仅只代表有产阶级和剥削阶级的利益。新政和随后直到60年代推行的自由民主政策是进步党人的目标的继续。然而，20世纪下半期，美国社会试图制止进步党潮流，甚至试图收回20世纪早期所取得的非常人道的成果。

资本主义的必胜论用隐喻的方式宣称马克思被打倒了，为这场反对进步党的运动推波助澜。一切物品，无论它具有多么强的公共性——电力、甚至水——都被私有化了。任何一种国家行为，如果它的目标是限制富人对穷人的权力，哪怕仅仅是为了稳定资本主义经济而采取的最温和的国家调控措施，通常都会遭到这样的叫嚣的反对："如果这些措施有用，那么卡尔·马克思就是对的，苏联也就不会在冷战中败北了。"这种说法当然是十足的愚蠢，因为马克思并没有倡导20世纪的进步党及其自由主义追随者所追求的那种温和的社会改革。但是因为在指出不受约束的、掠夺成性的资本主义缺陷的所有人当中，马克思是最具影响力的一位，于是在我们这个无知而顽固的国家里，下面这种做法就在言词上具有很大的效力：将他的名字同任何促进不属于有产阶层和管理阶层的人的利益的做法联系起来，甚至是将他的名字同为了维持马克思想要推翻的那种制度的长期稳定和合法地位而对资本主义经济进行调控的做法联系起来。

马克思主义和现实世界

马克思从下面的历史事件中深受启发：在现代欧洲，建立在世袭秩序或等级基础之上的贵族社会被资产阶级革命废除。他认为，社会正处在类似的革命的边缘，通过这场革命，经济的阶级压迫也将同样被废除。那些拒绝马克思的观点的人总是处于下面的两极上：或者认为马克思寻求的变革已经为现代资本主义社会所实现；或者认为马克思的思想永远不会实现，因为它是一种难以企及的理想或幻想，是想把某种关于天国的宗教观念搬到人间。然而任何头脑清醒的人都不会认为马克思的希望已经在今天的资本主义社会中实现了。而那些将马克思的共产主义当作某种形式的宗教幻想的人，一定是抱有下面两种想法：或者认为今天的秩序已经接近完美，任何企图进一步改善的想法无异于宗教幻想；或者认为作为资本主义特性的社会不平等和社会压迫是人类生活的根深蒂固的、不可消除的特征，因此希望它们被废除就是可笑的、不现实的。如果我们直接地把这些想法表述出来，那么头一种想法表现出来的对现实的盲目无知和第二种想法表现出来的应予斥责的悲观厌世都太过明显，因此有必要间接地把它们表述为我们应从马克思主义最终失败论中得出的喻义。

马克思从未想过，资本主义阶级剥削的终结会终结所有的人类苦难或不满。它不会把人类变成天使，也不会改变构成人类状况的基本事实。我们的状况总是这样的：荒谬，焦虑，抱有愚蠢的希望，不断进行拼争，并且终有一死。谁要是像马克思一样拒绝宗教观念，谁就不会有其他的奢望。但是对于一种社会制度来说，它没有必要扩大这种荒谬。人类的确拥有可以把残酷命运的概率降到最低点的集体力量，不应当在一种无人性的社会制度中对这种命运顶礼膜拜并任其繁衍,从而实际上标榜了人类的最可怕的缺陷:贪婪,对他人冷漠,骄傲自满,自我欺骗。就像废除奴隶制或者农奴制一样,废除资本主义制度也只是消除了一种制度性的、在全社会造成人类苦难的和人们之间互相敌对的状况的根源。

在 20 世纪最后 25 年的时间,与其说马克思被驳倒了,还不如说马克思得到了证实。仅就这一点便可说明:在大约 50 年内贫富差距逐渐缩小之后,从 1970 年前后开始,贫富差距又开始扩大,至今仍在扩大——甚至当今政治上占支配地位的大国都在采取强制措施加速度扩大这种差距。政治权力的分配也不如以前平等,这既是因为我们的名义上的民主政府被公司盗贼集团窃取了,也因为超民主、超政治的权力不断增长,所谓的多国公司对国家握有政治霸权,它们的行动超越了任何形式的民主政治控制的束缚。

那些使人贪婪、自私的人性上的同一类弱点,也使人短视、轻率,容易陷入非理性的恐惧和作出不理智的冒险。因此,资本主义的卫道士常常宣称的资本主义同人性中最坏的方面和谐相容这一事实,并不必然支持他们的资本主义战无不胜或资本主义别无替代的结论。因为人性还有另外一面:人们有时候是正派的、理性的,并不总是贪婪和短视。一旦足够数量的人拥有改善他们的生活状况的足够强大的理性,他们有时候最终是可以成功的。在 21 世纪初,资本主义以马克思描述的 19 世纪中叶的同样方式剥削和压迫世界上大多数人。越来越多的人现在比过去更加有充分的理由来寻求人类一起生活和一起劳动的更好的方式。这就是另一个世界之所以可能的根本原因。

更为严重的是,资本主义的必胜论把我们的世界改造成这个样子,以至于它比起 20 世纪的资本主义世界来更像马克思描述的残酷世界,因为20世纪资本主义面对社会主义的威胁,有时还对自身作一些改良。那些鼓吹资本主义与民主浑然同一的人对资本主义内部阻碍在政治领域内实现民主的势力视而不见,他们现在甚至企图破坏乃至摧毁资本主义社会已经取得的那点儿程度极低的民主。大众交流的工具在更高程度上集中到极少数人手里,这些人的主要利益,除了赚取利润,就是建立一个对他们攫取利润毫无限制的政治世界。多国公司在一套旨在促进"自由贸易"的国际条约的支持下越来越无所顾忌,它们甚至连最徒具形式的民主机构所施加的限制也置之不理。

冷战时期双方的宣传很强调这一点:如果对方赢得最后的胜利,那么结果将是人类历史性的大灾难。西方赢得了冷战,主要是因为他们的这个论点最终——以很好的理由——几乎为人们普遍接受。然而,现在的现实似乎证明,东方在他们的论点上可能也是正确的,尽管迄今只有少得可怕的人意识到这一点。因为,我们现在看到的是这样一种世界资本主义制度,它得到无所约束的美国军事力量的支持,企图在全世界将资本的霸权强加给劳动者,甚至要夺走那些从资本主义压迫中得到相关利益的极少数特权国家的人民的自由。这些特权国家为首的是美国,这个国家现在受着一个越来越专横的政权的统治,它蔑视世界舆论,蔑视绝大多数世界公民的基本利益和他们作为人类应有的权利,这个政权的官员是通过司法舞弊被任命的,而不是选举产生的。然而在美国,选举程序本身,包括公共信息的传播在内,长期以来已经被代表公司和富人利益的宣传所败坏,因此,就算是抓住这最后的希望,也几乎不会产生什么效果。形式上的代议政府制度不再代表民主,它就像说资本主义的工资谈判代表平等双方的自由交易一样。

人们只有大致像马克思那样来思考这个世界并发起一场世界范围的运动,当前人类事务中的下降趋势才有可能被逆转。至于这个运动是不是称自己为"马克思主义的",那并没有关系(马克思本人从未想过工人阶级运动要像商号一样用他的名字)。就当前的情况来看,任何以此为取向的运动如果教条地将自己与过去的某些自封的"马克思主义的"集团等同起来,那它立即就具有致命的弱点。但是如果要增加这样一种运动的机会,就需要有更多的人去重新熟悉马克思的著作,并且同情地和批判地阅读它们,以澄清那些热心者和诬蔑者附加的许多错误理解。因此,有充分的理由在21世纪初再版《卡尔·马克思》这样的书。

(徐洋 编译)

恩格斯是马克思主义的创始人(摘译)*

〔法〕M.吕贝尔

"至于说到《宣言》中所提出的那些原则的最终胜利,马克思把希望完全寄托于共同行动和共同讨论必然要产生的工人阶级的精神的发展。"

弗·恩格斯:《共产党宣言》1890年德文版序言

一

马克思主义不是马克思的思想方式的独特产物,而是由恩格斯的脑袋构想出来的。如果说"马克思主义"这个名词包含有一种理论上可以理解的内容的话,那么责任不在马克思,而在恩格斯。而且,如果说理解马克思的问题仍然是当今世界上迫切关心的事情,那么它大部分涉及恩格斯只是部分地解决了或者完全没有解决的那些问题。如果这些问题许可有答案的话,我们只有直接回到马克思那里去才能找到这种答

---

* 本文选自《马列主义研究资料》1986年第1—2辑合刊。作者是法国著名马克思学家,《马列主义研究资料》1982年第5辑对他有过详细介绍。本文是他在1970年5月提交给在乌培河谷为纪念恩格斯诞辰一百五十周年而召开的学术讨论会的论文。

案。这不是说恩格斯应该被排除于当前对马克思的讨论之外，但是我们完全有理由提出问题：在讨论马克思那些从未被他的朋友恩格斯看到过的著作时，是不是应该考虑恩格斯的说法，如果应该的话，应该到什么程度？如果用较一般的说法，这个问题可以这样提：恩格斯作为马克思思想遗产的无可争辩的执行者，他回答由马克思著作引起的物质的和精神的问题的资格有什么限度？

二

这个问题促使我们去考察一个中心问题，即马克思和恩格斯之间的思想关系问题，他们两人都被认为是被人为地归在"马克思主义"标签下的一堆政治和意识形态概念的"创始人"。这个问题今天比以往任何时候都更加迫切这一点，表明有一种很能说明我们时代特征的现象，这种现象可以称作"二十世纪的神话"。这两位"创始人"本人在说明他们的友谊和思想合作的特殊性质时，曾不止一次地提到神话中的人物：马克思曾幽默地提到"德奥古利兄弟"① 的例子以及奥列斯特和皮拉德②的例子，恩格斯也用关于"阿利曼—马克思"把"奥尔穆兹德—

---

① 根据古希腊神话，德奥古利兄弟是宙斯和丽达的儿子，孪生的英雄。在斯巴达，德奥古利兄弟被崇为国家的保卫者和体操的维护者。
② 奥列斯特和皮拉德是古希腊神话中的两位英雄，他们真诚友爱，亲如兄弟。

恩格斯"①诱离正路的谣传开过玩笑。②我们也注意到相反的倾向，即有人试图，而且是越来越频繁地试图把马克思和恩格斯对立起来：前者被认为是"真正的创始人"，而后者只是一名"伪辩证法家"。③

三

如果我们要研究马克思和恩格斯之间的关系，除非我们摆脱关于"创立"的传奇说法，除非我们把马克思主义概念并不确定作为我们方法论的出发点，不然就会无所进展。

卡尔·科尔施的巨大功绩，是在二十年以前，在彻底改变他的思想

---

① 阿利曼是体现世上万恶之源的古波斯神安赫腊曼纽的希腊名字，奥尔穆兹德是体现世上众善之源的古波斯神阿胡腊玛士达的希腊名字。安赫腊曼纽同阿胡腊玛士达有着永世不可调和的仇恨。

② 参看1864年1月20日和1867年4月24日马克思致恩格斯的信，1883年4月23日恩格斯致伯恩施坦的信（《马克思恩格斯全集》第1版第30卷第381页、第31卷第294页、第36卷第14页）。有些地方，这两个朋友甚至作为一个人出现，即以他们两人的名字作为主语的句子，谓语动词用了单数形式（"Marx und Engels sagt"）（参看《马克思恩格斯全集》德文版第29卷第68页）。

③ 例如，伊林·费切尔把马克思的"无产阶级哲学"与恩格斯的哲学对立起来。费切尔还考察了他们对"哲学的否定"、人类历史与自然界历史之间的关系、自然界的"客观"辩证法、思维作为实在的反映的观念的不同解释方式；参看费切尔：《卡尔·马克思和马克思主义。从无产阶级的哲学到无产阶级世界观》1967年慕尼黑版第132页以下。此外可参看：唐·瞿季斯：《恩格斯对马克思主义的贡献》（英国《社会主义纪事》杂志1965年卷第297—310页），弗·霍斯基：《神学人本学和马克思主义人本学中的新人》（西德《马克思主义研究》1972年第7期第58—86页）。

立场以前，就对马克思主义进行了批判的考察。虽然这种批判严厉到近于宣战，然而科尔施并没有把它进行到底，因为他未能使马克思主义概念完全摆脱其神话因素。相反，他设法通过使用语言学的花招回避了这个困难，以便保存马克思学说的一些重要方面来"重建革命的理论和实践"。在《关于今天马克思主义的十个论点》中，科尔施随便使用"马克思和恩格斯的教导"、"马克思主义学说"、"马克思学说"和"马克思主义"这些说法。① 在关于社会主义运动的先驱者、创始人和后继者的第五个论点中，科尔施没有提马克思的挚友恩格斯的名字！然而，科尔施在说下面的话时，已接近于发现问题的本质："要把马克思主义学说作为一个整体重新建立起来并且恢复它原来作为工人阶级社会革命理论的作用的一切企图，今天已证明是反动的乌托邦。"② 科尔施如果不是说"反动的乌托邦"，而是说"离开正道的神话"，甚至会更确切些。

四

由于显然不可能给"马克思主义"的概念下合理的定义，合乎逻辑的结论应该是，不管这个词现在如何广泛使用，坚决予以摒弃。"马克思主义"在今天已变成为一个至多是令人迷惑的口号，其实从一开始起，它就打上了蒙昧主义的印记。

马克思在晚年，当他的著作已开始为他赢得相当声誉的时候，曾想方设法要摆脱这个概念，他曾不止一次地断然宣称："我只知道我自己

---

① 参看卡尔·科尔施1950年写的《关于今天马克思主义的十个论点》。它最先由马·吕贝尔用法文发表于巴黎《论据》杂志1959年第16期第26—27页。

② 科尔施：《关于今天马克思主义的十个论点》的第二点。

不是马克思主义者。"① 恩格斯把这个惊人的警告通知了他们宗派的门徒,并且传到了后代,这是他的功劳,然而这不能使他免除他以自己的威望批准了"马克思主义者"和"马克思主义"这两个名词所应负的

---

① 恩格斯指出,马克思这样宣称,是因为在1879—1880年间"某些法国人"滥用"马克思主义",但是他的指责也适用于德国党内的某些知识分子和大学生。后者和所有"反对派"报刊一起挥舞一种"被歪曲得面目全非的'马克思主义'"。(参看《马克思恩格斯全集》第1版第22卷第81页)恩格斯一有机会就谈到马克思的这句俏皮话(参看《马克思恩格斯全集》第1版第35卷第385页、第37卷第432页、第466页)。格·亚·洛帕廷1883年9月和恩格斯讨论了俄国革命的前景之后,在向民意党一个成员介绍这次谈话的实质时写道:"你记得,我曾告诉过你,马克思本人从来不是马克思主义者。恩格斯说,在布鲁斯、马隆等人同其他的人斗争的时候,马克思曾笑着说:'我能说的只有一点:我不是马克思主义者!'……"(见《马克思恩格斯全集》第1版第21卷第541页)。

然而,马克思在法国旅行时写给恩格斯的信的语气是很不愉快的。他在这封信中这样谈到1882年秋天在圣亚田和罗昂同时召开两个代表大会的社会主义者(可能派和盖得派)发生的争吵的印象:"'马克思派'和'反马克思派'已经作了可能做的一切,使我难于在法国呆下去"(《马克思恩格斯全集》第1版第35卷第97页)。

关于马克思在俄国农村公社及其前途问题上与俄国"马克思主义者"的意见分歧,参看他1881年3月8日致维拉·查苏利奇的信(《马克思恩格斯全集》第1版第35卷第159—160页)。

责任。恩格斯承认他被委托捍卫和继承的不是由他"发现"和制定的,① 他深信他颂扬马克思的名字是伸张公道。然而,他在这样做的时候促进了一种神话的发展,其毁灭性的精神后果是他绝没有预料到的。今天,我们能够衡量他的成问题的献祭做法的全部后果了。当恩格斯决定采用他和马克思的敌手们作为论战中的轻蔑称呼杜撰出来的"马克思主义者"和"马克思主义",通过把这些名词变成光荣称号来使"科学社会主义"的拥护者们蔑视他们的敌人时,他大概没有想到,这种挑战的做法(也许是无可奈何的做法?)使他成了一种注定要统治二十世纪历史的神话的教父。

---

① 恩格斯这种内容的正式声明太多,这里无法列举。可以简单地说,所有这些声明都令人毫不怀疑他把伟大的"科学发现"完全归功于马克思一人。最重要的一个声明也许是在《路德维希·费尔巴哈和德国古典哲学的终结》(1888)中加的一个脚注。在这部著作中,恩格斯正式用马克思的名字给这一理论命名:"从黑格尔学派的解体过程中还产生了另一个派别,唯一的产生真实结果的派别。这个派别主要是同马克思的名字联系在一起的"(《马克思恩格斯选集》第1版第4卷第238页)。在这同一页的脚注中,恩格斯又重复了这一命名,他明确地说:"马克思所做到的,我却做不到……马克思是天才,我们至多是能手。没有马克思,我们的理论远不会是现在这个样子。所以,这个理论用他的名字命名是公正的。"在这些说法之后,我们读到这篇著作的结论宣布马克思既是一个哲学学派的继承者又是创始人的时候,就不大可能感到吃惊了:"德国的工人运动是德国古典哲学的继承者"(《马克思恩格斯选集》第1版第4卷第254页)。恩格斯就这样完成了形而上学和无产阶级之间、"马克思主义"哲学和对现存社会一切方面的激进批判之间的勉强联姻。

五

我们可以追溯马克思主义神话的起源到国际工人协会发生内部冲突的时候,那时第一次在轻蔑的意义上使用了这个名词。在上世纪七十年代早期,马克思在国际工人协会中的对手,以巴枯宁为首的"反权威派",为了反对马克思的影响,别出心裁地造出了像"Marxides"、"Marxiens"、"Marxistes"这样的名词,来诽谤他们的"敌人"及其追随者。①

"马克思主义"这个词似乎在1882年第一次被一本著作的标题所使用——保尔·布鲁斯把他的论战小册子取名为《国际中的马克思主义》,对法国社会党中的"马克思主义者"进行了攻击。然而,法国的门徒们渐渐地习惯于这种并不是由他们创造的新的称呼,并且帮助把它们从宗派的绰号发展成了带有政治和意识形态内容的概念。

起初,恩格斯似乎并不愿意使用这样的术语。他比谁都清楚,这有可能损害马克思著作的基本意义,马克思本人就认为他的著作是实际社会运动的理论表现,决不是个人为少数政治和思想方面的优秀人物使用而发明的学说。恩格斯的反对一直坚持到1889年,这时"可能派"、"布朗基派"、"布鲁斯派"、"集体主义派"和"盖得派"之间的内部争吵可能要造成法国工人运动的最后分裂。恩格斯承认使用"马克思主义者"和"马克思主义"有明显的危险,所以,他在提到"马克思主

---

① 参看M.马纳尔:《关于"马克思主义"概念的起源》(《马克思学研究》第17期第1397—1430页)、《"马克思主义"的结构》(同上刊,第15期第813—840页)和《马克思主义学说的建立》(同上刊,第19—20期第163—215页)。

义者"或"马克思主义"时加上引号或者在前面加上限制词"所谓的",这样来设法防止进一步的混乱和意识形态上的损害。当保尔·拉法格担心他那个集团叫作"马克思派",会被看作是工人运动当中的一个"宗派"时,恩格斯回答道:"我们一直称你们为'所谓的马克思派',没有用过别的称呼,我不知道除此之外该怎么称呼你们。如果你们另有同样简单的名称,请告诉我们,在适当的场合我们也乐意使用。"①

六

如果说尼采发表了《看这个人》来防止不肖的门徒有一天把他尊为神圣,那么对马克思说来,这样的预防措施似乎没有必要:他除了他所计划的著作的一个片断以外,没有完成和发表任何别的东西。他的发表的和未发表的著作就已等于一道正式的严格禁令:不能把他的名字同他为之奋斗的事业以及他相信他是以现代无产阶级无名群众的名义提出

---

① 见《马克思恩格斯全集》第1版第37卷第195、226页。恩格斯既然在术语方面走上了妥协的道路,就不得不继续走下去。当他认为盖得和拉法格领导的"集体主义派"即将取得胜利的时候,他决定迈出最后的一步:"我们在1873年以后从无政府主义者手里夺得的阵地,现在受到他们的继承人的攻击,所以我没有选择的余地。现在我们胜利了,我们向世界证明,欧洲几乎所有的社会主义者都是'马克思派'(是他们给我们起了这个名字,他们会气疯的!),他们被摈弃了,只有海德门去安慰他们。"

这真是命运的讽刺,因为正是海德门曾被马克思劝告在写新的英国社会主义政党的纲领时不要提到他的名字,"党的纲领应当避免对于个别作者或著作的明显依赖性"(《马克思恩格斯全集》第1版第35卷第195页)。

的学说联系起来。如果恩格斯尊重这个禁令,就会反对使用马克思的名字,"马克思主义"这种世界范围的荒唐事也就不会出现了。可是恩格斯犯了不可饶恕的错误,赞同了这种滥用,从而获得了第一个"马克思主义者"的可疑荣誉。虽然他以为自己是马克思的继承人,但实际上他是马克思主义学派的创始人,尽管是不由自主地。恩格斯常常颂扬的那种"历史的嘲弄",跟他开了个恶作剧的玩笑:不以他的意志为转移,他在七十岁诞辰时说的那番话完全说中了:"我的命运要求我来收获一位比我伟大的人——卡尔·马克思播种的光荣和荣誉。"① 在纪念他诞辰一百五十周年的今天,我们必须给予恩格斯以"马克思主义创始人"的大成问题的荣誉和头衔。

七

在把马克思主义作为对马克思的崇拜的历史上,恩格斯起了主要的作用。恩格斯与马克思的友谊中的人的、准宗教的方面,人们都非常了解,不用在这里专门考察。然而,另一方面,有必要详细考察他的行为对马克思,对他的追随者和较远的门徒的影响。恩格斯总是甘愿充当马克思思想的先锋,他写的许多东西,马克思肯定是不能毫无保留地接受的。然而,马克思由于尊重友谊关系,自始至终要保持一致,在这种场合总保持沉默。我们无法了解马克思是否完全赞同恩格斯所独立思考的东西,譬如说"自然辩证法"。然而实际上这个问题并不很重要,因为我们知道,马克思曾公开赞赏他朋友的理论才能,甚至曾把自己看作是

---

① 《马克思恩格斯全集》第 1 版第 22 卷第 100 页。

恩格斯的学生。①

所以，马克思当时不能做的事情，今天已成为研究这两人著作的人们的严格义务：当前的任务是破除围绕着马克思的神话的魔力，弄清楚恩格斯的著作在发展社会主义思想遗产和决定工人运动的命运方面的真实地位。

八

我们只有承认恩格斯有创始人的气质，才有可能了解为什么他在整理出版马克思的著作时采取了可以引起严重非难的方式。而且这种方式在今天比以往任何时候还要引起更多的非难。② 恩格斯忽略了大量的马克思著作（像博士论文的准备材料、克罗茨纳赫的黑格尔法哲学批判、巴黎和布鲁塞尔的手稿，1857—1858年的经济学手稿即《政治经济学批判大纲》、许多研究笔记本以及他和第三者的通信），这些著作给研究者和专家们提出了解释的新问题，还不止于此，这些著作引起了新类型和新世代读者的兴趣，这些新读者再也不能够，再也不应该满足于职

---

① "你知道，首先，我对一切事物的理解是迟缓的，其次，我总是踏着你的脚印走"（《马克思恩格斯全集》第1版第30卷第410页）。

② 参看M.吕贝尔为《马克思经济学著作集》第二卷写的《导言》，那里扼要地列举了马克思自己承认的他在政治经济学方面所做的"发现"。马克思既没有说自己创立了"历史唯物主义"，也没有说自己发现了"剩余价值"。把这一切归于马克思的是恩格斯，然后得到了马克思的默认。关于这一点，可以参看恩格斯在《人民报》上写的关于1859年《政治经济学批判》的评论（《马克思恩格斯全集》第1版第13卷第524—535页）和1877年为《人民历书》写的马克思传记（《马克思恩格斯全集》第1版第19卷第115—125页）。

业马克思主义者的刻板词句和正统理论。而由于他们是在一个意识形态、机械化、对心灵和意识的控制同政治权力和纯粹暴力结合在一起，把现代世界变成为"泪之谷"的世纪里，他们为了要理解、生活和行动，对马克思这些著作的兴趣就更高了。

（原载《吕贝尔论卡尔·马克思》1981年剑桥大学出版社版）

（莫立知 译）

恩格斯对马克思学说的贡献*

〔俄〕格奥尔基·巴加图里亚

俄罗斯著名学者、《马克思恩格斯全集》历史考证版编委会主席格奥尔基·巴加图里亚教授在提交给2005年10月在武汉召开的纪念恩格斯逝世110周年国际学术研讨会的文章《恩格斯对马克思学说的贡献。论纲》中,扼要地总结了恩格斯对马克思主义理论的贡献,并结合当代现实对坚持和发展马克思主义提出了自己的看法。文章内容如下。

由于这篇文章篇幅的限制,我只能尝试着简明地论述恩格斯在创立和发展马克思主义理论过程中所起的作用。

1. 关于马克思主义创始人所起的作用,有两种针锋相对的意见:一种认为他们两人是完全一致的,另一种认为他们两人相互对立。这两种方式都表现出意识形态的倾向。前一种导致对马克思主义历史的简单化和庸俗化,后一种则企图肢解该理论,使其中的一个丧失名誉,否定整个理论或者至少是其中的一部分。

2. 本文以笔者多年研究马克思恩格斯的理论遗产和出版他们的著作的工作为基础。谈到这里,需要提到的有50卷的俄文版《马克思恩

---

* 本文选自《国外理论动态》2005年第11期。

格斯全集》，尤其是《马克思恩格斯全集》历史考证版（MEGA）。

3. 恩格斯在多个领域的活动的重要性毋庸置疑。但是我们最感兴趣的是他在创立和阐发马克思主义方面所作的主要的、理论上的贡献。恩格斯自己曾公正地提到，他和他的同伴创立的理论理所当然地以马克思的名字命名。他在《路德维希·费尔巴哈和德国古典哲学的终结》中写道："我不能否认，我和马克思共同工作40年，在这以前和这个期间，我在一定程度上独立地参加了这一理论的创立，特别是对这一理论的阐发。但是，绝大部分基本指导思想（特别是在经济和历史领域内），尤其是对这些指导思想的最后的明确的表述，都是属于马克思的。我所提供的，马克思没有我也能够做到，至多有几个专门的领域除外。至于马克思所做到的，我却做不到。马克思比我们大家都站得高些，看得远些，观察得多些和快些。马克思是天才，我们至多是能手。没有马克思，我们的理论远不会是现在这个样子。所以，这个理论用他的名字命名是理所当然的。"① 这段话不只表现了作者的谦逊，同时也是对一个客观事实的表述。

4. 那么，恩格斯对马克思的学说的最根本的贡献是什么呢？

首先，我们必须指出马克思和恩格斯在观点上的基本一致（对马克思来说，恩格斯是他的"第二个我"[alter ego]）。同时他们之间也有分工，存在着一种互补原则。这种理解有助于我们区分出他们两人对马克思主义理论的各自的贡献。正是恩格斯撰写了第一部"马克思主义之前"的关于政治经济学的著作——用马克思的话来说，即"天才"的《国民经济学批判大纲》。但是这个领域的主要贡献当然是属于马克思的。"社会形态"、"经济的社会形态"的概念源自马克思，而"唯物主

---

① 《马克思恩格斯选集》第2版第4卷第242页。

义历史观"、"辩证唯物主义"、"历史唯物主义"的概念则源自恩格斯。

5. 恩格斯的功绩首先是他认识到马克思主义在人类思想史上的地位——他确定了马克思主义同它的理论来源之间的关系：古典哲学，首先是从康德到黑格尔和费尔巴哈的德国哲学；古典政治经济学，主要是从配第到斯密和李嘉图的英国政治经济学；圣西门、傅立叶和欧文的英国和法国空想社会主义和共产主义；19世纪的自然科学，其代表首先是三大发现——施莱登、施旺的细胞学说，迈尔、焦耳、亥姆霍兹发现的能量守恒定律，达尔文的进化论；梯也尔、米涅、基佐、毛勒、摩尔根以及其他人为代表的历史科学。

6. 恩格斯明确指出了马克思的两大发现——唯物主义历史观和剩余价值理论，社会主义因为这两大发现而从空想变成科学，并指出唯物主义辩证法（第三大发现，但是并没有按照时间或者重要性编排进来）是《资本论》的作者的另一伟大发现，把握这一思想，有助于理解马克思主义理论的逻辑结构，确定马克思主义历史的主要时期。

7. 阐发辩证的自然观的贡献主要属于恩格斯（《自然辩证法》、《反杜林论》、《路德维希·费尔巴哈和德国古典哲学的终结》）。

恩格斯分析了黑格尔的哲学遗产，区分出辩证法的三大规律，在唯物主义的基础上阐发了辩证法的范畴。除上述规律外，还可以加上一个同样是普遍适用的规律，这个规律马克思和恩格斯在不同的场合多次谈到，但是他们并没有用一般的形式将之表述出来。这条规律是关于自然、社会和知识体系的发展的，可以叫作"边缘发展规律"：新的体系兴起于旧体系的边缘。例如："在资产阶级机体中，四肢自然要比心脏更早地发生震荡，因为心脏得到补救的可能性要大些。"① 根据这条历

---

① 《马克思恩格斯全集》第2版第10卷第595—596页，参见第229页。

史规律，对以美国的方式推进的全球化的抵抗可能开始于资本主义世界的边缘地带。

恩格斯对马克思主义认识论（gnosiology）的贡献具有重大意义，它们包括：形式逻辑和辩证逻辑的关系，历史和逻辑的关系，抽象和具体的关系，绝对真理和相对真理的关系，对认识过程所具有的渐进性的理解，等等。

《自然辩证法》包含了恩格斯的一个深刻思想：恰恰在各门科学的接触点上"可望取得最大的成果"①。正是由于这种方式，包括控制论在内的许多门现代科学才出现。从某种意义上说，马克思主义自身也是这样产生的。

8. 恩格斯从多方面对唯物主义历史观的辩证方面所作的阐发是非常重要的。

马克思主义的唯物主义关于存在和意识的关系的关键命题，马克思和恩格斯在《德意志意识形态》（1845/1846）中清楚地表述出来，马克思在《〈政治经济学批判〉序言》（1859）里也清楚地表述出来："意识［das Bewußtsein］在任何时候都只能是被意识到了的存在［das bewußte Sein］，而人们的存在就是他们的现实生活过程。……不是人们的意识决定人们的存在，相反，是人们的社会存在决定人们的意识。"②但是与以前的唯物主义相比，辩证唯物主义在对这个关键的哲学问题的理解上具有开创性，深刻得多。它来自马克思主义创始人的整个理论遗产，尤其是来自恩格斯的著作和书信。他们的辩证唯物主义观念或许可以作如下表述：

---

① 《马克思恩格斯全集》第1版第20卷第635—636页。
② 《马克思恩格斯选集》第2版第1卷第72页，第2卷第32页。

——根本地和在最终的意义上,存在决定意识;

——意识对存在具有反作用,在存在起决定性作用的基础上,两者之间发生相互作用;

——在一定的条件下,意识的作用可能占据支配地位。

在《反杜林论》准备材料中,恩格斯提出了一个在坚定的唯物主义者初看起来是矛盾的、但实际上是非常深刻的辩证思想:在全部以往的历史上,生活的物质条件的作用都占据支配地位,而这些物质条件的变化多数是事后才被意识到的;在未来的社会,对必然变化的科学预见将相对自发的发展而言占得先机,并使得人们能够在现实中有意识地创造他们的历史。① 这一点同恩格斯在《反杜林论》正文中阐发的思想有机地联系在一起:即将到来的社会的历史(社会主义的)变革"是人类从必然王国进入自由王国的飞跃",而"自由是对必然的认识"②,它存在于对客观规律的认识以及在认识世界的客观规律的基础上作出行动的可能性。

9. 在《家庭、私有制和国家的起源》第一版序言(1884)中,恩格斯对社会的根本基础的历史性质提出了一个非常重要的和及时的论点:"根据唯物主义观点,历史中的决定性因素,归根结蒂是直接生活的生产和再生产。但是,生产本身又有两种。一方面是生活资料即食物、衣服、住房以及为此所必需的工具的生产;另一方面是人自身的生产,即种的繁衍。一定历史时代和一定地区内的人们生活于其下的社会制度,受着两种生产的制约:一方面受劳动的发展阶段的制约,另一方面受家庭的发展阶段的制约。劳动越不发展,劳动产品的数量、从而社

---

① 参见《马克思恩格斯全集》第 1 版第 20 卷第 671—672 页。
② 《马克思恩格斯选集》第 2 版第 3 卷第 634、455 页。

会的财富越受限制，社会制度就越在较大程度上受血族关系的支配。然而，在以血族关系为基础的这种社会结构中，劳动生产率日益发展起来……"①

恩格斯的这一思想被认为是对马克思主义的背离而受到俄国社会学家米海洛夫斯基、俄国经济学家图干－巴拉诺夫斯基以及……斯大林的批判。列宁则捍卫恩格斯的观点，他认为"人自身的生产，即种的繁衍"也是物质的。但是在实际上提出了五种生产的思想——即在《德意志意识形态》中提出的生活资料的生产、新的需要的生产、人类自身的生产、交往（即社会关系）的生产和意识的生产——后，恩格斯作为一位辩证论者现在又提出了一个关于社会基础本身的历史性质的深刻思想，这种历史性质随着社会的发展而变化。在这种伟大思想的指导下，人们可以推想，在人类社会的形成时期，"人的生产"占据支配地位，与此相适应，血族关系也占据支配地位；而在资本主义时期，由于狭义上的物质生产丰富起来，与之相应的生产关系也占据了支配地位；社会正在朝马克思和恩格斯所说的"精神的生产"、"思想、观念、意识的生产"占支配地位的方向发展。这正为我们所处的科技革命和信息革命时代的当代社会的演化所证实。

10. 与上面论及的问题相联系，产生了关于工人阶级②的问题。在《共产主义原理》中恩格斯对工人阶级下了一个明确的定义："无产阶级是完全靠出卖自己的劳动［在马克思创立剩余价值理论之后，这个词

---

① 《马克思恩格斯选集》第 2 版第 4 卷第 2 页。

② 原文为 working class，一般译作工人阶级，也可译作劳动阶级。本文译作工人阶级。以下引自恩格斯《共产主义原理》的那段话中的"劳动阶级"，德文作 arbeitende Klasse，英文译作 working class。——译者

被更为精确的"劳动力"取代〕而不是靠某一种资本的利润来获得生活资料的社会阶级。……一句话,无产阶级或无产者阶级是19世纪的劳动阶级。"①

现在出现的问题是:什么阶级是21世纪的工人阶级?

在《资本论》中马克思扩展了生产工人的概念,引入了"总体工人"(collective labourer)的概念:"产品从个体生产者的直接产品转化为社会产品,转化为总体工人即结合劳动人员的共同产品。总体工人的各个成员较直接地或者较间接地作用于劳动对象。……为了从事生产劳动,现在不一定要亲自动手;只要成为总体工人的一个器官,完成他所属的某一种职能就够了。"②

恩格斯发展了这一思想,创立了"脑力劳动无产阶级"③这一概念。

1893年他在致社会主义大学生的信中说:"希望你们的努力将成功地使大学生们意识到,正是应该从他们的行列中产生出这样一种脑力劳动无产阶级,他们负有使命同自己从事体力劳动的工人兄弟在一个队伍里肩并肩地在即将来临的革命中发挥重要作用。过去的资产阶级革命向大学要求的仅仅是律师,作为培养他们的政治家的最好的原料;而工人阶级的解放,除此之外还需要医生、工程师、化学家、农艺师及其他专门人材,因为问题在于不仅要掌管政治机器,而且要掌管全部社会生产,而在这里需要的决不是响亮的词句,而是扎实的知识。"④

---

① 《马克思恩格斯选集》第2版第1卷第230页。
② 《马克思恩格斯全集》第2版第44卷第582页。
③ 原文为 intellectual proletariat,即从事精神生产的无产阶级。前述"精神的生产"原文为 intellectual production。——译者
④ 《马克思恩格斯选集》第2版第4卷第435页。

这样，工人阶级的概念就不是局限于体力劳动的工人或者机器生产的工人。

11. 在恩格斯的工作对马克思取得的成果作了重要补充的"几个专门的领域"中，不仅有自然科学，还有军事问题。恩格斯把唯物主义历史观应用到专门的领域，同时拓宽和加深了唯物史观，使它变得更为普遍。他证明，正如生产力（特别是生产工具）决定着生产关系和生产方式一样，在军事领域武器决定着战争的方式和军事关系（军队之间的关系和军队内部的关系）。他实际上为他和马克思已经在《德意志意识形态》中提出的观点提供了具体的形式，从而进一步发展了这些观点：生产（人与自然的关系）决定交换（人与人的关系）；前者体现在工具上，战争也是一种交往形式（马克思称之为"杀人工业"①）。

12. 恩格斯对革命理论所作的贡献具有非常重要的意义。实际上他探讨了那些在即将到来的社会变革中可能出现的问题。在分析了1848/1949年革命失败的原因时，他把注意力转到德国16世纪的农民战争的经验上。他得出的一个重要结论，是关于革命的客观和主观前提条件的成熟的必要性的（参见《德国农民战争》第6章）。他在1853年4月12日致约瑟夫·魏德迈的非常重要的信中进一步发展了这一思想："我感到，由于其他政党一筹莫展和委靡不振，我们的党有一天不得不出来执政，而归根结蒂是去实行那些并不直接符合我们的利益，而是直接符合一般革命的利益、特别是小资产阶级利益的东西；在这种情况下，在无产阶级大众的压力下，由于被我们自己所发表的、或多或少地已被曲解的、而且在党派斗争中多少带着激昂情绪提出来的声明和计划所约束，我们将不得不进行共产主义的实验，并实行跳跃，但这样做还不是

---

① 《马克思恩格斯选集》第2版第4卷第574页。

时候，这一点我们自己知道得非常清楚。这样做，我们会丢掉脑袋，——但愿只在肉体方面，——就会出现反动，并且在全世界能够对这种事情作出历史的判断以前，我们不仅会被人视为怪物（这倒无所谓），而且会被人看成笨蛋（那就糟糕多了）。"[1]

当革命的俄国出现类似的形势时，列宁在转向新经济政策的时候想起了这封信，他让人给他找出来。我们在进行社会主义变革的历史尝试的过程中遇到很多问题，其中一个主要原因就是社会主义革命的前提条件不成熟。另一个同样重要的原因是发达资本主义国家的革命的失败（革命在匈牙利和德国遭到镇压）。

还在理论的形成时期，恩格斯和马克思就得出这样的结论：即将到来的社会变革具有国际性的、最终是世界范围的特征（历史在资本主义时代变成真正的世界历史，所有的国家的发展交织在一起，形成了共同的社会结构）。恩格斯始终坚守这一观点。他1893年6月27日给保尔·拉法格的信便证明了这一点，这封他逝世前两年写的信说："法国单独领导过资产阶级革命……你们知道这导致了什么后果？导致了拿破仑的出现，导致了东侵西夺，导致了神圣同盟的入侵。"[2] 也就是说，导致了内部的退化和外部的入侵，最终导致革命的失败。

13. 劳动的作用。劳动创造了人自身。劳动是人类区别于其他物种的独特特征。是劳动而不是社会的生产资料的私有制，才是人在社会中的地位的主要标准。

14. 在《反杜林论》中恩格斯具体论证了共产主义者的主要要求——废除社会的生产资料的私有制：个人的生产资料历史上是私有制

---

[1] 《马克思恩格斯全集》第1版第28卷第587—588页。
[2] 《马克思恩格斯全集》第1版第39卷第87页。

的自然的和合法的基础；社会的生产资料的发展要求它们的社会化。对马克思和恩格斯来说，废除私有制等于废除剥削即不公正的对他人的劳动的占有。

15. 社会平等。在《反杜林论》中恩格斯论证了社会平等的历史必要性，无产者要求的社会平等（与资产阶级要求的法律面前的平等不同）意味着废除阶级差别（人们之间不存在天然的平等，它不可能存在，而"如果超出后者［即社会的］的范围，……那么平等就会变成荒谬"①）。同时恩格斯反复强调：压迫其他民族的民族不可能是自由的。这一论断也可以运用到一个国家的社会关系上：只要存在着压迫阶级和剥削阶级，占支配地位的阶级中就不可能有真正自由的成员。这就是为什么"国与国之间的平等同个人之间的平等一样是必要的"②。以美国方式推进的全球化直接违背了这一原则。这种全球化甚至是在直接违反国际法的情况下推进的。

16. 恩格斯在探究人类社会发展的前景的时候，他的辩证的观点不仅针对过去，而且也针对现在和未来，这是恩格斯作为一位思想家和共产主义者（在深刻的历史乐观主义之外）的本质特征之一。让我们略举几例。

恩格斯在1886年1月27日致英国社会主义者爱德华·皮斯的信中写道："……我所在的党并没有任何一劳永逸的现成方案。我们对未来非资本主义社会区别于现代社会的特征的看法，是从历史事实和发展过程中得出的确切结论；不结合这些事实和过程去加以阐明，就没有任何

---

① 《马克思恩格斯全集》第1版第20卷第671页。
② 《马克思恩格斯全集》第1版第39卷第89页。

理论价值和实际价值。"① 这就是说，如果社会发生了重大的变化，我们关于历史发展的前景的思想也要作重大的改变。这就是说，人们不应当在 21 世纪的条件下机械地重复 19 世纪的真理。这就是说，对理论作进一步的重大发展是必要的。

1893 年 5 月恩格斯接受了法国《费加罗报》的采访。记者问："你们德国社会党人给自己提出什么样的最终目标呢?"恩格斯回答说："我们没有最终目标。我们是不断发展论者，我们不打算把什么最终规律强加给人类。关于未来社会组织方面的详细情况的预定看法吗？您在我们这里连它们的影子也找不到。当我们把生产资料转交到整个社会的手里时，我们就会心满意足了……"② 有人认为对马克思主义者来说共产主义是历史的终点，而恩格斯的话就是对这种想法的回答。在《〈自然辩证法〉导言》中恩格斯提到"多少亿年"、"多少万代"的更迭③——难道这一切都意味着停滞和历史的终结吗？

那么恩格斯和马克思关于社会发生共产主义变革的最终目标的观点到底是什么呢？1894 年初，一位意大利社会主义者朱泽培·卡内帕请求恩格斯简明地表述一下他关于即将到来的纪元的思想。恩格斯回答说他除了《共产党宣言》的理论部分的结论性命题，再也找不出合适的表述了："代替那存在着阶级和阶级对立的资产阶级旧社会的，将是这样一个联合体，在那里，每个人的自由发展是一切人的自由发展的条件。"④ 这就是说，无论是无产阶级专政，还是私有财产的社会化，或

---

① 《马克思恩格斯选集》第 2 版第 4 卷第 676 页。
② 《马克思恩格斯全集》第 1 版第 22 卷第 628—629 页。
③ 《马克思恩格斯选集》第 2 版第 4 卷第 275 页。
④ 《马克思恩格斯选集》第 2 版第 4 卷第 730—731 页；第 1 卷第 294 页。

是财富的极大丰富，都不是即将到来的社会变革的最终目标，它们只是达到最高目标的手段，这个最高目标就是为每一个人和全社会的全面自由发展创造条件。

恩格斯和马克思把这一变革看作一个漫长而复杂的过程，当作许多代人的任务。

17. 恩格斯对马克思主义理论的自我批评精神所作的贡献也是很重要的。马克思主义的传播伴随着对马克思主义的简单化、庸俗化和教条化。恩格斯坚决反对这些倾向。他多次强调，马克思主义不是教条，而是行动的指南。他的意思是在行动时，并不是简单地把马克思主义应用于实践，而是首先要运用马克思主义的方法论去研究现实，只有这样以后才能在科学理解现实的基础上采取实际行动。在1895年致威尔纳·桑巴特的一封信里，恩格斯写道："马克思的整个世界观不是教义，而是方法。它提供的不是现成的教条，而是进一步研究的出发点和供这种研究使用的方法。"①

马克思主义的某些追随者对唯物史观的庸俗化促使恩格斯在所谓的"论历史唯物主义的书信"中作了非常重要的解释，在这些信里，他特别谈到了上层建筑对社会基础的反作用。在这种背景下，他提到马克思主义观的创始人的某种"过错"："青年们有时过分看重经济方面，这有一部分是马克思和我应当负责的。"②

恩格斯在1895年3月给马克思的著作《法兰西阶级斗争》所写的导言中，非常明确地承认了他和马克思对1848/1849年革命所抱期望的错误："历史表明，我们以及所有和我们有同样想法的人，都是不对的。

---

① 《马克思恩格斯选集》第2版第4卷第742—743页。
② 《马克思恩格斯选集》第2版第4卷第698页，并见第726页。

历史清楚地表明,当时欧洲大陆经济发展的状况还远没有成熟到可以铲除资本主义生产的程度",社会的资本主义基础"还具有很大的扩展能力"。① 恩格斯在这里实际上发展了他和马克思在1851年已经表达过的思想:"在这种普遍繁荣的情况下,即在资产阶级社会的生产力正以在整个资产阶级关系范围内所能达到的速度蓬勃发展的时候,也就谈不到什么真正的革命。"② 尽管资本主义表现出各种"腐朽",但是在世界范围内对资本主义进行变革仍然是一个客观的历史任务,这一事实难道不也具有类似的原因吗?

18. 还应当特别强调,恩格斯和马克思从他们确信的原理出发阐述了如下思想:只有必要的物质的和精神的、内部的和外部(国际)的前提条件出现了,社会才有可能实现漫长而复杂的共产主义变革;历史地看,成为必然的并不是对一切实行社会化,而只是对社会的生产资料实行社会化;暴力是抵制统治阶级的暴力反抗而被迫作出的反应;这一变革首先有利于工人阶级,但是最终也同全社会的利益相一致;即将到来的变革的最高目标不是工人阶级的政治统治,不是改变财产关系,而是废除社会不平等、阶级差别、剥削,为每个人和一切人的自由发展创造条件。为了创建这一历史必然性的理论基础并促进它在实践中的实现,恩格斯贡献了毕生的精力。

19. 总结。列宁当年阅读了马克思恩格斯通信集的第一版之后指出,全部内容的中心是辩证法及其在不同领域的运用。我们在恩格斯的理论遗产中也看到类似的景象:阐发马克思主义哲学——辩证唯物主义,在这一范围内发展辩证的方法;阐发马克思主义社会学的辩证方

---

① 《马克思恩格斯选集》第2版第4卷第512页。
② 《马克思恩格斯全集》第2版第10卷第596、229页。

面——唯物主义社会观以及社会的历史；不仅发展关于过去、现在，而且发展关于未来的辩证观，包括作科学预见的方法（实质是以唯物主义社会观和社会史为基础作历史推论）；不仅将辩证的历史主义原则运用于整个世界，而且将它运用于马克思主义理论本身；因此在恩格斯的理论遗产里蕴藏着在社会本身进一步发展的基础上和全部人类认识和知识的基础上进一步发展马克思主义的前提条件。

20. 恩格斯在《自然辩证法》里提出了两个逻辑上类似的定义："运动是物质的存在方式"；"生命是蛋白体的存在方式"。[①] 这两个定义说明，运动和物质是不可分割的统一体，生命及其物质载体（媒质）是不可分割的统一体；这一个没有另一个就不能存在，它也就根本不存在。以此类比，在学习马克思和恩格斯的伟大遗产的时候，我们可以说："发展是马克思主义的存在方式。"

（徐洋 译）

---

① 《马克思恩格斯全集》第 1 版第 20 卷第 408、646、664 页。

恩格斯的主要贡献[*]

〔英〕戴·麦克莱伦

恩格斯对马克思的成就作出过极大的贡献——不仅是在经济上和感情上的支持,而且还对马克思思想的产生和发展发生过巨大的影响。他曾在关键时刻使马克思把注意力集中到后来终身从事的经济学研究上,并给马克思提供了自己的一些基本概念。因为正是恩格斯在1843年底给马克思的《德法年鉴》写的那篇文章——《政治经济学批判大纲》,第一次引起了马克思对政治经济学的兴趣。马克思在过了十五年以后还把这篇文章称作"批判经济范畴的天才大纲"。实际上,这篇文章概略地叙述了马克思主义中的许多基本问题:支配经济增长的诸因素、商业循环的现象、一方面财富增长与另一方面贫穷增长的对照、阶级的两极分化和公开竞争发展为垄断的趋势。在记载着著名的《1844年经济学哲学手稿》的笔记本中,马克思在经济学部分摘抄的第一部著作就是恩格斯的这篇文章。当恩格斯和马克思1844年9月在巴黎见

---

[*] 本文选自《马列主义研究资料》1985年第2辑。

原题注:戴维·麦克莱伦是英国肯特大学的政治理论教授,著有《马克思主义以前的马克思》、《马克思的〈政治经济学批判大纲〉》、《马克思的思想》、《恩格斯传》、《马克思以后的马克思主义》等书。本文是根据最后两本书中的材料编译的,标题为译者所加。——译者注

面时，他们发现自己"在一切理论领域中都显出意见完全一致"①。提出唯物史观的头几部著作——《神圣家族》、《德意志意识形态》和《共产党宣言》——都是他们合作的产物。恩格斯的这种影响由他的《英国工人阶级状况》一书加强了，他在这部著作中以丰富的实例继续阐述了《大纲》中的许多主题。而且，他这部著作最先使用了由中央注册局局长、工厂视察员和议会质询新披露的统计材料。马克思在《资本论》的历史部分大量使用了这种资料。最后，恩格斯编辑出版《资本论》后两卷的巨大贡献不应该被忘记。这项工作占去了他生命中最后十二年的全部精力，除了他以外，谁也不能够把《资本论》第二卷和第三卷编辑整理成我们今天看到的样子。

恩格斯对马克思的思想遗产的贡献，最突出地表现在：他在把马克思的观点变成一种世界观、一种哲学体系的过程中起了决定性的作用。德国社会民主党队伍的迅速壮大和自然科学愈来愈被誉为人类进步的关键这两个方面，都对这个过程有所促进。随着党的队伍的壮大，要求有一个容易被理解的系统学说，而科学观点的声誉的提高又意味着这个学说必须用类似的用语表述出来，因为社会民主党的一般成员已经受到观察世界的庸俗唯物主义观点的强烈影响。恩格斯具有才思敏捷的通俗作家的天赋，使他非常适合于为新兴的马克思主义运动充当教义宣讲者的角色。

就这样开始了把马克思的观点逐渐融化到科学的世界观中去，当然，马克思自己也把他的著作称作科学的，但是在他的著作中，这个名词包含的自然科学方法论的涵义要少得多。主要是由于恩格斯及其后继者的缘故，"科学社会主义"这个概念的涵义才变得越来越狭窄。这里

---

① 《马克思恩格斯选集》第1版第4卷第192页。

很有意思的是，恩格斯在《反杜林论》和《自然辩证法》中那样频繁地使用的"物质"概念，对马克思的著作说来是完全生疏的。辩证规律被恩格斯说成在自然界起作用，而这个自然界又客观地存在于人的精神之外。这样，自然界和历史就成了两个分开的研究领域。可是对马克思说来，辩证法的主要方面之一正是在于人与其环境的相互作用，如果企图在历史过程本身之外为研究这一过程建立某种客观基础，无论如何注定要失败：因为任何思想都是社会的，它的意义只有通过研究社会才能理解。

自然不能要恩格斯一个人为马克思学说的演化负责，但是后来的马克思主义者往往求助于恩格斯的权威——特别是在哲学领域中。马克思主义变得越来越等同于辩证唯物主义——这个说法不仅在马克思那里，而且在恩格斯那里也是根本没有的（最初是狄慈根在上世纪七十年代开始使用这个词，后来由普列汉诺夫加以推广）。在哲学问题上，第二国际以考茨基为首的主要理论家们都是受到恩格斯的强烈影响。的确，他们中的许多人都是读了《反杜林论》才找到马克思主义的。在俄国也是一样，列宁的《唯物主义和经验批判主义》一书使用了类似的调子。列宁依靠的几乎完全是恩格斯的引文，很明显地没有提到马克思的名字。粗糙的唯物主义是最保守的学说，随着斯大林体制的巩固成了苏联教科书中的主要哲学内容——这种情况至今没有大的改变。

然而，决不应该因为上述这些考虑而贬低我们关于恩格斯对社会主义运动的巨大贡献的评价。马克思关于恩格斯曾经说道：他"是一部真正的百科全书，不管在白天还是在黑夜，在任何时候他的工作能力都很强，写作和思索都极快"[①]。恩格斯所作贡献的方面之多，的确是令人

---

① 《马克思恩格斯全集》第 1 版第 28 卷第 604 页。

吃惊的。他是第一流的语言学家、优秀的军事评论家、至少不亚于马克思的历史学家、人类学方面的开拓者以及十几个新生的马克思主义政党的公认导师。恩格斯也许比马克思更多地吸收了十八世纪启蒙运动的精神遗产,他的渊博本身就令人想起十八世纪的哲学。他也保持着启蒙运动的永不熄灭的乐观精神,临终时还保持真正无产阶级革命即将来临的信念。

他一生的主要贡献可分历史、政治和哲学三个方面,现概述如下。

历史方面

恩格斯的才能在历史著述方面得到最充分的表现。他擅长描写的天赋和他对史地知识的广泛兴趣,同他的语言技巧和运用马克思主义原理的灵活性结合起来,使他成了第一流的历史学家。他写出了题材广泛的大量论文,但是他的主要贡献有三条:对上世纪四十年代中期英国工人阶级的分析,对史前时期的研究,以及对历史唯物主义原则的系统整理。

恩格斯在1845年发表的《英国工人阶级状况》详细地描写了当时最先进的资本主义国家中工业化所造成的社会影响。这是现代的城市地理学和社会学领域中的一本拓荒性的著作。虽然当时恩格斯只有二十四岁,但是他具备了为写这样一本书所需要的各种条件。这本书许多地方写得非常感人,显然是因为他作为商人和通过与社会主义者的频繁接触亲自获取了第一手材料。恩格斯拥有用语言表达他的个人体会的非凡天赋。他还出色地利用了政府的出版物和统计材料。虽然近来有人根据统计材料,说恩格斯描写的那个时期,工人阶级的状况越来越好,因此恩格斯的描写是有偏见的和不可靠的。然而这种观点是极其可疑的,恩格斯的描写大体上可以看作我们所能得到的当时情况的最好证明。这本书的主要缺点（无损它的总的价值）是恩格斯作了社会迅速崩溃的预言。这种匆忙的声明是在十九世纪四十年代初发生的最糟糕的萧条情况影响下做出的。后来事实证明，这场危机只是工业大繁荣的先声。在这方面，最好的评论是马克思在差不多二十年以后说的一段话："重读了你的这一著作，我惋惜地感到，我们渐渐老了。这本书写得多么清新、热情和富于大胆的预料，丝毫没有学术上和科学上的疑虑！连认为明天或后天就会亲眼看到历史结果的那种幻想，也给了整个作品以热情和乐观的色彩，与此相反，后来的'灰色而又灰色'就显得令人极不愉快。"①

土地问题的历史是恩格斯注意的一个焦点，马克思认为恩格斯是这方面的专家。这方面研究的成果是1884年发表的《家庭、私有制和国家的起源》。它主要是以路易斯·摩尔根在1877年发表的《古代社会》一书为基础。马克思逝世前曾研究过摩尔根这本书，并作了大量摘录。恩格斯由于利用了马克思的笔记，说他的书是"执行遗言"的。然而，马克思只把摩尔根看作许多权威当中的一个，并且更多地注意他的著作的社会政治方面的论述，恩格斯则几乎只以摩尔根一人的论述为依据。在恩格斯看来，"摩尔根在美国，以他自己的方式，重新发现了四十年前马克思所发现的唯物主义历史观"②。而且他相信，摩尔根的发现对于人类学说来就"像达尔文学说对于生物学那样具有决定意义"③。恩格斯根据摩尔根的论述，把原始社会的共产性质与以后的各种剥削关系进行了对照。他研究了家庭的性质，特别是妇女的发生变化的作用，最

---

① 《马克思恩格斯选集》第1版第4卷第348页。
② 《马克思恩格斯选集》第1版第4卷第1页。
③ 《马克思恩格斯选集》第1版第4卷第442页。

后说明了作为剥削阶级工具的国家的兴起。

恩格斯这本书极其别致，它使得社会主义者注意到，原始社会里的两性关系和生产关系在某些方面可能比人们想的更好一些。特别是这本书对妇女解放的研究作出了实质性的贡献，后来倍倍尔在他的著名的《社会主义与妇女》一书中对这些论点又作了进一步的发挥。然而，恩格斯这本书由于过分依赖摩尔根而有一些缺陷。摩尔根的达尔文主义发展观使得恩格斯提出了过于一般化的发展图式——特别是他几乎完全忽略了亚洲和非洲。再由于摩尔根关于原始杂乱性交关系、群婚以及母系氏族先于父系氏族的观点都极其可疑，论述家庭的部分是恩格斯这本书的最薄弱环节就不足为奇了。更奇怪的是，恩格斯把种的生产（人类的繁衍）与生活资料的生产严格加以区分。这表现在他认为一夫一妻制是不以自然条件而以经济条件为基础的第一种家庭形式，以及他把蒙昧和野蛮社会的自然选择与后来才出现的新社会力量加以对比——这一切似乎对经济现象与社会现象作出绝非马克思主义的划分。这样，恩格斯似乎认为原始社会不像文明社会那样受经济因素的影响，并且显然比马克思更单线式地描述社会的发展。

恩格斯晚年感到必须说明历史唯物主义的基本原理——的确，这个名词还是从他开始使用的。由于这个理论被越来越多的人所接受，就需要把它的提法弄得比过去更明确一些。马克思和恩格斯曾经在《德意志意识形态》中详细阐述了这样的立场，即个人的性质取决于决定其生产的物质条件。① 但是《德意志意识形态》一直没有发表，马克思在1859年《政治经济学批判》序言中说的"物质生活的生产方式制约着整个

---

① 参看《马克思恩格斯选集》第1版第1卷第30—31页。

社会生活、政治生活和精神生活的过程"① 容易引起误解。上世纪八十年代,有些年轻的德国历史学家根据他们理解的所谓马克思的经济决定论发表了一些研究文章。他们的粗糙表述使他们理所当然地受到了非马克思主义历史学家们的攻击。他们于是请求恩格斯就历史中的决定性因素问题发表权威看法。恩格斯在回信中强调了各种因素之间的相互作用——同时总是指出经济具有压倒一切的重要性。他愿意承认,上层建筑的成分——如意识形态或法律制度——具有相对的和有限的独立性,因为它们拥有自己特有的结构和规律,能够影响基础,而且在极端的情况下能够暂时成为决定一切的因素。恩格斯还承认,"青年们有时过分看重经济方面,这有一部分是马克思和我应当负责的"。他说,这是因为"我们在反驳我们的论敌时,常常不得不强调被他们否认的主要原则,并且不是始终都有时间、地点和机会来给其他参与交互作用的因素以应有的重视"。② 恩格斯把他的观点概括如下:

"根据唯物史观,历史过程中的决定性因素**归根到底**是现实生活的生产和再生产。无论马克思或我都从来没有肯定过比这更多的东西。如果有人在这里加以歪曲,说经济因素是**唯一**决定性的因素,那么他就是把这个命题变成毫无内容的、抽象的、荒诞无稽的空话……这里表现出这一切因素间的交互作用,而在这种交互作用中归根到底是经济运动作为必然的东西通过无穷无尽的偶然事件(即这样一些事物,它们的内部联系是如此疏远或者是如此难于确定,以致我们可以忘掉这种联系,认为这种联系并不存在)向前发展。"③

---

① 《马克思恩格斯选集》第 1 版第 2 卷第 82 页。
② 《马克思恩格斯选集》第 1 版第 4 卷第 479 页。
③ 《马克思恩格斯选集》第 1 版第 4 卷第 477 页。

有些评论家认为，恩格斯的这些说法在某种程度上修正了马克思主义的基本原则。的确，伯恩施坦曾利用恩格斯的威望来支持他的公开修正主义观点。无疑，恩格斯的见解的确违反马克思主义的某些庸俗化提法，然而与马克思本人的观点并不相悖（除了1859年的《政治经济学批判》序言以外，马克思在别的地方很少对历史唯物主义作一般理论概括）。可是应该说，恩格斯的说法企图把"经济因素"抽出来，使它与其他因素对立起来，并且失去在马克思那里会具有的社会内容和经济内容，是跟马克思的见解有所不同的。

政治方面

恩格斯至少从1847年《共产主义原理》以来就热衷于谈论工业的改造力量和进化理论，而较少强调阶级斗争和阶级觉悟等主观因素。他常常对资产阶级国家采取比较温和的态度，倾向于避免强调国家需要打碎的思想，认为"共和国是无产阶级将来进行统治的现成的政治形式"。在《论权威》一文中，恩格斯把革命后社会中所必需的纪律同工厂里日常的纪律相比较。他似乎相信，资本主义的工业组织在革命后的社会中只是由工人按更有效的方式进行管理，而不要通过社会解放过程进行改造。计划和分工将依旧存在，生产过程仍将以尽可能更高的产量作为压倒一切的目标。他的向共产主义过渡的观点值得加以引证：

"当不再有需要加以镇压的社会阶级的时候，当阶级统治和根源于至今的生产无政府状态的生存斗争已被消除，而由此二者产生的冲突和极端行动也随着被消除了的时候，就不再有什么需要镇压了，也就不再需要国家这种特殊的镇压力量了。国家真正作为整个社会的代表所采取的第一个行动，即以社会的名义占有生产资料，同时也是它作为国家所采取的最后一个独立行动。那时,国家政权对社会关系的干预将先后在各个领域中成为多余的事情而自行停止下来。那时,对人的统治将由对物的管理和对生产过程的领导所代替。国家不是'被废除'的,**它是自行消亡的**。"①

这个关于国家"消亡"的观点,是恩格斯在达尔文的影响下从生物学中取来的一个比喻说法。"消亡"的德文原文是"absterben",意思是(生物)慢慢死亡,如树木枯死等。马克思从未用过这个词来说国家,他宁愿用"abschaffen"("废除")这个词。

恩格斯在他一生的最后二十年中成了积极活动的政治领导人。上世纪七十年代末期,欧洲各国的社会主义政党开始从巴黎公社的失败和第一国际的解散中恢复过来。恩格斯很自然地成了它们的导师和联络点——他自己所说的"乐队指挥"。和恩格斯关系最密切的是德国社会民主党,他和该党领导人李卜克内西、倍倍尔、伯恩施坦、考茨基等保持经常通信关系。在整个八十年代,该党由于稗斯麦的反社会党人法而被迫处于半秘密状态时,恩格斯继续为该党的地下刊物撰写文章。结果,这个受迫害的时期使该党变得更激进了。同时,该党在竞选中获得愈来愈大的成功。在这种事态鼓舞下,恩格斯在1891年预言,德国党将在1898年获得政权。他相信胜利指日可待,什么事情也阻挡不了事变的进程。这种对事态进程的信心和党内广泛传播的关于马克思主义已证明无产阶级必胜的观点,使得人们把革命的概念同资本主义必然崩溃的概念混为一谈。但是,虽然对德国党的领导人说来,放弃使用暴力几乎成为绝对的东西,他们或是寄希望于取得议会多数(伯恩施坦),或是寄希望于资本主义的自行崩溃(倍倍尔),

---

① 《马克思恩格斯选集》第1版第3卷第320页。

然而对恩格斯说来，这种放弃只是一种策略手段。这种不同的态度，可由恩格斯在1895年为马克思的《法兰西阶级斗争》一书写的导言来说明。恩格斯在这篇文章发表后几个月就逝世了，许多人把这篇文章看作恩格斯的政治遗嘱。伯恩施坦特别强调这篇文章，说它是支持他的"和平长入社会主义"的修正主义观点的。的确，恩格斯在这篇文章中宣称，"1848年的斗争方法，今天在一切方面都已经陈旧了"。恩格斯谈到他和马克思在四十年代所持的观点时，承认"历史不仅消除了我们当时的迷误，并且还完全改变了无产阶级进行斗争的条件"。选举权已经"由向来是欺骗的工具变为解放工具"。结论是："在罗曼语国家里，人们也开始愈益了解到对旧策略必须加以修改了。德国所做出的利用选举权夺取我们所能夺得的一切阵地的榜样，到处都有人模仿；无准备的攻击，到处都退到次要地位上去了……耐心的宣传工作和议会活动……被认为是党的当前任务。"但是，恩格斯是把着重点放在德国社会民主党在合法条件下队伍不断扩大并且"长得肌肉结实、两颊红润"上："我们的主要任务就是毫不停手地促使这种力量增长到超出政府统治制度所能支配的范围，不是要把这个日益增强的突击队在前哨战中消灭掉，而是要把它好好保存到决战的那一天。"① 而伯恩施坦（以及他的大多数同志）则宣称，恩格斯"比以往任何时候都更明确地称赞了普选权和议会活动是工人阶级解放的手段，并且放弃了通过革命的动乱夺取政权的思想"。

只是最近才发现，恩格斯这篇文章中的比较"革命的"段落被谨小慎微的德国党领导删掉了，恩格斯对他的文章以这种形式发表是提出过抗议的。他写道："我认为，如果你们宣扬绝对放弃暴力行为，是决

---

① 《马克思恩格斯全集》第1版第22卷第595—610页。

捞不到一点好处的。没有人会相信这一点,也没有一个国家的**任何一个政党**会走得这么远,竟然放弃拿起武器对抗不法行为这一权利。"①

然而,虽然恩格斯并没有像有些人所认为的那样彻底修正他关于合法性和革命之间的关系的看法,但是他对德国社会民主党政策的态度有好几点没有得到正确的理解。首先,虽然恩格斯比他在德国的同行们更清楚地怀抱着党的革命目标,然而他的确在现行政策和革命目的之间设置了一条几乎是不可逾越的鸿沟,例如他参加制订的1891年爱尔福特纲领就截然分成这样两部分(理论和实践)。第二,恩格斯对资产阶级的看法过于简单化。他认为,德国社会民主党的当前任务是加强自己的组织,以便能迫使资产阶级忠于自己的自由原则,因为这样取得的政治自由只能促进无产阶级的发展。但是他过高估计了资产阶级的改革愿望,很少考虑到它还有愿与统治集团妥协的一面。恩格斯也没有密切注意他自己党内的广大党员的态度,这个党的大部分成员至少在世界观上都是小资产阶级的。他没有看到,党组织、工会以及许多普通党员在未来的任何革命动乱中都会受到很大的损失。产业工人即严格意义上的无产阶级只占极少数。由于恩格斯对德国社会民主党的了解只限于它的领导人,他就忽视了经济斗争的重要性,这使得他在合法活动和街垒之间作出抉择,而对分散的基层活动不感兴趣。

但是恩格斯的注意力决不仅局限于德国,他和欧洲社会主义政党领导人的通信表明,他作为政治战略家是多么机动灵活,多么熟悉情况。

---

① 《马克思恩格斯全集》第1版第39卷第401页。

哲学方面

恩格斯系统地整理了马克思主义"哲学",这是他对马克思主义的最出色的贡献。这个工作他是在三部主要著作中进行的。第一部(也是影响最大的一部)是《反杜林论》(1877—1878),第二部是《路德维希·费尔巴哈和德国古典哲学的终结》(1888),第三部是《自然辩证法》(主要是上世纪七十年代中期写成的,但是在恩格斯逝世后才发表)。

有两种一般的因素影响了恩格斯强烈倾向科学的一般世界观的发展。社会主义运动传播得愈广泛,就愈加需要一种明确的哲学观点来指导党员的行动——特别是在这个领域中已经有别的竞争的体系的时候。而恩格斯提供的系统的哲学观点受到英德两国愈来愈关心科学方法论以及社会各界愈来愈重视自然科学的情况的强烈影响,也是极其自然的。恩格斯曾把他生命中最后二十年的大部分时间用来钻研自然科学。他写到,在1870年退出商界以后,他曾"尽可能地使自己在数学和自然科学方面来一个彻底的——像李比希先生所说的——'脱毛',八年当中,我把大部分时间用在这上面"。① 恩格斯感到具有特别重大的意义的是能量转化的发现、生物转化的基本单位细胞的发现和达尔文的进化理论。这些兴趣必然影响了恩格斯对自己世界观的表述,使他更着重自然界而不是历史的辩证概念。特别是达尔文的著作对他产生了深刻的印象,使得他把生物学中的概念应用到社会方面,并因而受到马克思主义同志们的相当严厉的批评。恩格斯如此注重科学,以致他的某些著作既

---

① 《马克思恩格斯选集》第1版第3卷第51页。

是以工人阶级有教养的成员也是以科学家作为读者对象的。的确，他相信，"科学愈是毫无顾忌和大公无私，它就愈加符合于工人的利益和愿望"①。

恩格斯还采取了他的对手们的某些观点，特别是在《反杜林论》中（《自然辩证法》原来也是作为《反毕希纳论》构思的——路德维希·毕希纳当时是很有影响的庸俗唯物主义宣传家，想把一切都归结为物质的运动）。尽管恩格斯鄙视杜林"创造体系"的作法，但是他在《反杜林论》的序言中说，"论战转变成了马克思和我所主张的辩证方法和共产主义世界观的比较连贯的阐述"。② 由于像杜林、毕希纳、福格特和海克尔这类思想家提出的朴素唯物主义进化理论在社会主义人士中影响日益扩大（杜林的著作出版时曾受到伯恩施坦和倍倍尔的热情祝贺），恩格斯"为了不在党内造成派别分裂和混乱局面的新的可能"，③ 很想给唯物主义一元论提出一种"更好的"形式，而把他们的理论统统压下去。

《反杜林论》的两个最突出的主题是唯物主义和辩证法，特别是对物质的强调。恩格斯在《反杜林论》中谈到"所有存在的一切的物质性"，并且说，"物质及其存在的方式即运动是不能创造的……因此是它们自己的终极原因"。④ 然而同时，恩格斯又声称他的唯物主义不同于"十八世纪的纯形而上学的、完全机械的唯物主义……和这个自然观相反，现代唯物主义概括了自然科学的最新成就……"恩格斯在这里

---

① 《马克思恩格斯选集》第 1 版第 4 卷第 254 页。
② 《马克思恩格斯选集》第 1 版第 3 卷第 49 页。
③ 《马克思恩格斯选集》第 1 版第 3 卷第 45 页。
④ 《马克思恩格斯选集》第 1 版第 3 卷第 95 页以后几页。

开始把"自觉的辩证法"应用于"自然界和历史的唯物主义概念"。①他确信,那些在历史上看来似乎是偶然的事件中起支配作用的辩证规律,也统治着自然界的千变万化。

在《自然辩证法》中,恩格斯进一步努力使自己与机械唯物主义区别开来,并且提出一种与谢林及同时代的"活力"论者那样的德国浪漫派哲学家所主张的极其相似的物质观点。这种观点仿佛使物质带有一种隐蔽的唯灵论色彩。因为,虽然恩格斯说他的观点完全不是什么哲学,而只是一种必须在实际科学中建立和证实的世界观,然而由于他声称进一步发展出能思维的生物是物质的本性,他在自己的思想中就加进了十足目的论的因素。②

恩格斯的认识论是他关于自然界的物质概念的组成部分。对恩格斯说来,人对外部世界的认识是"现实事物和过程的多少抽象的反映",③概念"只是现实世界的辩证运动的自觉的反映"。④ 他又说:"所谓客观辩证法是支配着整个自然界的,而所谓主观辩证法,即辩证思维,不过是自然界中到处盛行的对立中的运动的反映而已"。⑤ 同时,恩格斯决不愿意完全舍弃理论与实践统一的学说:的确有点矛盾似的,这个学说的最精辟的表述——马克思的《关于费尔巴哈的提纲》——是由恩格斯作为他自己的《路德维希·费尔巴哈和德国古典哲学的终结》的附录第一次发表的。然而,恩格斯关于"实践"包括什么内容的思想有

---

① 参看《马克思恩格斯选集》第 1 版第 3 卷第 64—65 页。
② 参看《马克思恩格斯全集》第 1 版第 20 卷第 550 页。
③ 《马克思恩格斯选集》第 1 版第 3 卷第 64 页。
④ 《马克思恩格斯选集》第 1 版第 4 卷第 239 页。
⑤ 《马克思恩格斯全集》第 1 版第 20 卷第 553 页。

时显得很贫乏，例如他曾把它概括为"实验和工业"。①

对恩格斯的唯物主义来说，对黑格尔的理解是极为重要的问题。对晚期的恩格斯说来，黑格尔是一位"具有最伟大天才"的思想家，他"对自觉的辩证的自然科学的态度，同空想主义者对待现代共产主义的态度是一样的"。② 的确，在老年黑格尔的构造体系与恩格斯以自然科学为基础使马克思主义系统化的倾向之间有某些类似之处。但是可以说，黑格尔的辩证法比恩格斯的辩证法更是主体—客体辩证法：黑格尔也相信自然界有辩证法，但是这个辩证法在一切地方都是从属于精神的中介的。他这样就保存了辩证法的主观方面，这是在恩格斯那里所没有的。因为恩格斯像马克思一样，通过把黑格尔的唯心主义哲学放置在唯物主义基础上而把黑格尔的辩证法"倒转过来"了，但是结果得出的不是他们的思想在四十年代所特有的那种认为哲学可以通过被实现而被废除的想法。恩格斯根本不认为哲学可能有被付诸实现的内容；因为他预期这种意义上的哲学终有一天会被完全取代。恩格斯想要做的是建立一门像黑格尔的体系那样包罗万象的系统的唯物主义；如果要说他的体系只是以"物质"代替"精神"作为绝对物，恐怕不能说是过分简单化。

辩证法同这个"物质"的确切关系不是很清楚的。恩格斯认为，世界的辩证观可概括为事物中存在着"矛盾"。例如，-1 的平方根这个概念本身是矛盾的，因为负数应当是某数的平方这一点就是矛盾的。更具体地说，恩格斯举出水到一定温度就变为蒸气的例子捍卫了马克思对量变为质的规律的使用。而马克思对否定的否定规律的使用，恩格斯

---

① 《马克思恩格斯选集》第 1 版第 4 卷第 221 页。
② 《马克思恩格斯选集》第 1 版第 3 卷第 52 页。

用大麦粒的例子说明了：为了生长出大麦，大麦粒必须消失。然而，恩格斯解释道："当马克思把这一过程称为否定的否定时，他并没有想到要以此来证明这一过程是历史地必然的。相反地，在他历史地证明了这一过程部分确已实现，部分还一定会实现以后，他才指出这还是一个按一定的辩证规律完成的过程。"①

恩格斯认为，黑格尔的最重大贡献在于他是第一个明确地表述了辩证法基本规律的思想家。恩格斯在《自然辩证法》中说，这些规律"实质上归结为下面三个：量转化为质和质转化为量的规律；对立的相互渗透的规律；否定的否定的规律"。② 很明显，这些只有在极含糊的意义上可以称作"规律"，（有意思的是，它们并没有用典型的规律格式表述，如"一切量若增长到足够程度，就会发生质的变化"）。例如，在否定的否定规律中要确定什么算是正题和反题就很困难。恩格斯认为这些规律带有启发式性质，对它们的态度模棱两可：有时他给人的印象是，辩证思维无非是意识到自然界没有严格不变的分界线。然而在这同时，恩格斯又能够大谈其有这些规律的"证明"（他似乎是指例子），并且把辩证法描绘成"探索新结果"或者甚至"证明的方法"，③ 而不是对自然科学的结果的一般的（有人会因此说是很肤浅的）概括。

（杜章智 编译）

---

① 《马克思恩格斯选集》第 1 版第 3 卷第 174 页。
② 《马克思恩格斯选集》第 1 版第 3 卷第 484 页。
③ 参看《马克思恩格斯选集》第 1 版第 3 卷第 174 页。

恩格斯是精通马克思主义科学的百科全书式的学者[*]

〔苏〕博·米·凯德洛夫

恩格斯同马克思一道,是唯物主义辩证法的伟大匠师,是唯物主义辩证法的创始人之一。列宁在《卡尔·马克思》一文中强调指出,不了解恩格斯的全部著作,就不能了解马克思主义,就不能全面地阐述马克思主义。显然,正因为如此,列宁在说明马克思的哲学观点时,许多地方都援引了恩格斯著作中的具体表述,同时表明他自己完全赞同这些表述。

恩格斯是一个具有百科全书般的渊博知识的学者,而且在人类知识的各个不同领域中,他都不是作为一个稍事涉猎的爱好者,由于这种或那种偶然的原因发表一些肤浅的见解,而是作为一个十分内行的行家,深刻地洞察所讨论的问题的实质。马克思谈到恩格斯时写道,"他是一部真正的百科全书"。正是恩格斯最先把马克思主义作为一个完整的理论体系来加以阐述。

恩格斯的科学活动只是在他所通晓的唯物主义辩证法这种方法的基

---

[*] 本文选自《马列主义研究资料》1985年第2辑。

原题注:作者是苏联哲学家、化学家、科学史学家、苏联科学院院士,现任苏联科学院自然科学和技术研究所"科学史和逻辑"研究室主任。——译者注础上，才可能具有百科全书式的规模。在对这门或那门学科具有一定数量的专门知识的条件下，正是唯物主义辩证法开辟了从统一的观点来理解各个似乎完全不同的过程的可能性，开辟了从这种统一的观点对人类知识的一切领域作百科全书式的把握的可能性。

其实，根据恩格斯所下的定义，辩证法是关于一切运动的最普遍规律的科学，不管这种运动发生在哪里——是在外部世界（自然界或社会），还是在我们的内部世界（在思想中，其实，就是在精神生活中）。从而，贯穿各个不同知识领域的这些最普遍、最广泛的规律，就把这些知识领域联结起来，把它们综合成为一个统一的、内在完整的体系。无论恩格斯身后这个时期内在科学知识的局部领域中发生了什么样的深刻变化，甚至变革，恩格斯所规定的、一切科学的总体系赖以建立起来的这个原则基础，仍然是不可动摇的。

构成这个基础的唯物主义辩证法，有关于作为一切运动的源泉或动因（动力）的矛盾、它的内在实质、它自己的动机（"自己运动"的源泉）的学说，作为自己的中心点（按照列宁的说法，是"核心"或"实质"）。恩格斯把辩证法的相应规律作为两极对立相互渗透的规律来表述。我们就想从这个方面分析一下恩格斯所制定的科学知识的总体系的各个环节，同时考察一下作为现实的辩证矛盾、作为两个对立方面的统一的每一个这样的环节。

一、辩证法是认识论和逻辑
（辩证法的两个方面即客观性和主观性的统一）

因为唯物主义辩证法及其基本规律构成了全部人类知识的总的百科全书的轴心，首先是整个马克思主义的轴心，所以必须比较详细地考察一下恩格斯对辩证法的观点以及他为研究辩证法而写的著作。恩格斯为此而写的著作有《反杜林论》、《自然辩证法》、《路德维希·费尔巴哈和德国古典哲学的终结》，以及一系列的文章和书信，特别是在十九世纪九十年代初写的关于历史唯物主义的书信。

恩格斯关于辩证法的各种著作中的根本问题，是关于辩证法、逻辑和唯物主义认识论在马克思主义中具有不可分割性的问题。可以把这个问题表述为关于在自然界和社会中占统治地位的客观辩证法和主观辩证法的问题，而恩格斯把后者看作前者（即客观辩证法）在人们思维中的反映①。在这里就已经表述了整个马克思主义哲学的一个基本原理——关于辩证法、认识论和逻辑不可分割的原理，因为主观辩证法（即思维、认识的辩证法）从一开始就被解释为自然界和社会的辩证法在人的头脑中的反映；同时，这样一来它也就被解释为逻辑，即关于认识真理的思维及其规律的科学。

恩格斯在谈到两类规律——外部世界（客体）的规律和反映这个世界的人类认识（主体）的规律时，强调指出了这两类规律按其内容来说的共同性、一致性以及按其形式、按其起作用和表现的方式来说的差别性和独特性。

对客体和主体之间的同一性和差别性的这种估计恰好也表现了"客

---

① 黑格尔使用"主观辩证法"这一术语，其意思是主观主义的、人为地臆想出来的、从外部强加的、没有客观意义的辩证法。他认为，不以单个的主体及其意愿为转移的认识过程的辩证法是客观辩证法。黑格尔对问题的这种提法是同他的客观唯心主义（绝对的唯心主义）相联系的。在这一点上，恩格斯也把黑格尔的头足倒置的观点倒转过来了：恩格斯把主观辩证法理解为人类认识的辩证法，它反映外部世界的辩证法，因此具有客观意义。后面我们也只是在这个意义上使用"主观辩证法"这一术语。

体和主体"这一对矛盾对于我们所要考察的这个科学领域来说所具有的特殊性。所以，在恩格斯那里，辩证法表现为客观辩证法和主观辩证法的统一，它们两者是辩证法的不同的（按其形式来说）方面。这种统一是整个马克思主义哲学的内在完整性的基础，是马克思主义哲学的一切方面和部分、辩证法的一切职能（包括方法论、认识论和逻辑的职能）彼此互相渗透的基础。

因此，恩格斯从一开始就克服了过去在哲学本身内部存在的方法论、认识论和逻辑之间的传统的脱离；正由于这种脱离，就有必要除此以外还建立本体论作为哲学的一个特殊部门来研究存在本身。这种把统一的哲学科学分成若干彼此独立的部分或学说的观点，可以在康德及其信徒们那里看到。但是，在其他一些哲学体系中，常常又把某些哲学部门和学说彼此毫无内在联系地、折衷主义地结合在一起，而且除了上述部门以外，还出现其他一些哲学部门，例如自然哲学、历史哲学等等。

同所有类似的哲学体系相反，恩格斯发展了关于辩证法是一门包括（在上述的意义上说）认识论和逻辑的科学的学说，这门科学使以前广泛流传的一些学说如本体论、先验的方法论、自然哲学、历史哲学等成为不必要的和多余的学说。在恩格斯那里，辩证法是一门统一的学说，它既表现为关于方法的学说（方法论），又表现为关于认识的学说（认识论）和关于思维规律的学说（辩证逻辑）。

恩格斯认为，离开客观辩证法和主观辩证法的相互关系——客观辩证法在人的意识中作为主观辩证法得到反映——就不可能考察外部世界（存在本身）的辩证法。因此，从根本上忽视关于存在如何在人的意识中得到反映的问题的那种传统意义上的特殊的本体论的考察方法，在原则上就失去了意义，并且从马克思主义哲学中被排除掉了。在我们看来，就是在今天也没有任何理由要去恢复这种"本体论的"考察方法。

只有从这种立场出发才能够理解,为什么恩格斯把关于意识同存在、精神同自然界、思维同物质、主体同客体、心理的东西同物理的东西的关系的问题称为一切哲学即不仅是认识论而且是整个哲学的基本问题。我们认为,在现代条件下,捍卫恩格斯关于思维同存在的关系问题,即使在今天也确实是任何哲学的基本问题,并且必须首先从这个问题出发去分析任何哲学问题、任何哲学论争,就像列宁始终都是那样做的一样,这不能认为是认识论主义或教条主义。

恩格斯对任何哲学的基本问题的解释的特点在什么地方呢?就在于他使这个问题超出了旧哲学的代表们所作的那种传统解释意义上的"纯粹的"认识论(即把认识论脱离辩证法和逻辑而独立出来)的狭窄范围,把它提高到整个辩证法的根本问题的水平。

让我们更深入地思考一下恩格斯对一切哲学的基本问题所作的说明吧。大家知道,对这个问题的第一个方面的唯物主义解决就在于,承认物质、存在、自然界、客体、物理的东西的第一性和思维、意识、精神、主体、心理的东西的第二性。在这里,恩格斯是在什么样的意义上理解和使用"第一性的东西"和"第二性的东西"这两个概念的呢?首先是在现实本身、整个世界发展的历史性的意义上理解和使用这些概念的,而历史主义的原则是辩证法的最重要原则之一。恩格斯认为,要回答什么东西是第一性的、起决定作用的,而什么东西是第二性的、派生出来的这个问题,就要考察什么东西在整个宇宙的历史上按时间来说是在先的,而什么东西是后来在历史发展的较高阶段上历史地出现的,是由作为原初的、第一性的东西的物质、自然界的发展所产生的。

可见,对关于思维同物质、精神同自然界的关系这个似乎纯粹认识论的问题,恩格斯是从辩证法的一般原则出发作出回答的,并且首先是从历史主义的原则引申出这个回答的。这就是说,在这个场合,也像在任何地方一样，在恩格斯看来，辩证法就是认识论，它表现了自己的认识论职能。

一切哲学的基本问题的第二个方面也是如此。承认物及其物质本质的可认识性，即物在主体的意识中的可反映性，这个观点恩格斯是依据科学史和人类认识史引申出来的，而科学史和人类认识史证明，人类通过相对真理（越来越完全的真理）的无限系列可以揭示绝对真理，因此绝对真理归根到底是由相对真理的总和构成的。在这里，真理（我们的认识的正确性）的标准是人类的实践。关于主体同客体（被反映的对象）直接的、一举而成的、镜子式的、机械的一致（映象）的无聊的灰色的图景这类看法，在恩格斯那里是根本不存在的。在恩格斯看来，唯物主义的认识论就是认识过程的辩证法，因此在这里也就表现出认识论同辩证法的一致。所以，马克思主义哲学的敌人硬说马克思主义的反映论具有静止不动的特点，即形而上学性和机械性，这种企图看起来就像是对恩格斯关于这个问题的真实观点的可怜的讽刺。这些批判恩格斯观点的人特别想方设法使恩格斯所制定的反映论失去主体能动性、主体因素的特征，把这一理论降低到对象的平淡的、消极的直观性的水平。但是，不是别人，正是恩格斯非常深刻地阐发了马克思的《关于费尔巴哈的提纲》，其中着力地强调指出了关于人的意识（主体）的能动作用、关于实践在认识过程中的决定作用的原理。

唯物主义的辩证法和认识论同逻辑（关于思维规律的学说）的统一，最突出地表现在马克思主义的辩证逻辑中，而马克思主义辩证逻辑的一些最重要的原则又是由恩格斯制定的。这种原则之一就是把历史主义的原则运用于逻辑的各个范畴（思维的范畴）。根据恩格斯的观点，这些范畴是人的意识在其发展过程中，特别是在它从单一性上升到特殊性和从特殊性上升到普遍性的过程中所依次经历的认识阶段。因此，思维的规律归根到底确实应该同世界的规律相一致，如果这些规律被正确地认识了的话。

历史主义的原则使恩格斯有可能给马克思主义哲学的对象本身下定义，从历史的发展中对它加以考察，而决不把它看作某种现成的东西。根据恩格斯的观点，旧哲学最后只剩下关于思维的学说——辩证法和逻辑，而且恩格斯谈到思维时，指出思维是客体在主体意识中的反映，因此按内容来说它归根到底是同客体相一致的，只是按形式来说同客体有区别罢了。我们只想强调指出，包含历史主义原则的辩证法使我们能够正确地提出并解决唯物主义认识论的根本问题。无论把认识论（主观辩证法）排除在辩证唯物主义的对象之外，还是把全部辩证法和哲学对象归结为认识论，都是不正确的。

考察关于马克思主义哲学的对象、关于唯物主义辩证法的对象的问题时，可能出现两种片面的解释，可能导致两种不同的极端。

一种极端是，把辩证法只看作关于客观世界的一切运动的最一般规律的科学。在这种场合，全部辩证法实际上都被归结为客观辩证法，而不考察作为客观世界的辩证法的反映（反映过程）的主观辩证法的特点。结果，既然主观辩证法反映客观辩证法，那么有人就认为，主观辩证法同客观辩证法是完全一致的，因此就没有必要区分并强调指出认识过程中的主观环节、它的特性和特点。这种立场不可避免地会导致把主观辩证法仅仅归结为存在的辩证法，意识的辩证法就会完全消融在存在的辩证法中。

这可能是在解释辩证法及其对象时的第一种片面的观点。

相反，另一种片面的观点则将导致相反的极端：它实质上把全部辩证法归结为主观辩证法。结果，就不可避免地会片面地把辩证法认识论化，造成辩证法同客观现实本身的辩证法相脱离，把辩证法封闭在作为认识逻辑的辩证法的狭窄范围内。

可以从恩格斯的著作中摘出一些引文作为论据并作相应的解释，来为这种或那种立场辩护。采用这种奇怪的考察方法的结果，恩格斯的一些表述就会同另一些表述直接发生冲突，似乎它们是彼此不相容的、相互排斥的。但是，在恩格斯那里，它们彼此是有机地联系着的，完全一致的。我们在列宁那里也看到同样的情况，列宁在这个问题上也完全赞成恩格斯的观点和表述。

恩格斯对辩证法下了两个定义，相应地对辩证法作了两种解释：一个是关于一切运动的最一般规律的科学，另一个是关于思维的科学。这两个定义和两种解释实质上表达了同一种观点，它们不可能是彼此相对立的。它们两者共同地并且各自单独地只是以不同的表述、不同的重点表达客观辩证法及其在主观辩证法中的反映之间的同一种相互关系。

我们要提醒大家注意，恩格斯在他晚期的一些著作和书信中，特别强调指出人们的意识（主观因素）对他们的存在（客观因素）的反作用，着重说明前者对后者的能动作用。他指出，归根到底由存在决定的意识也能动地作用于产生意识的存在，并且通过人的物质实践在存在中引起极其深刻的变化，从而他就发展并补充了"存在决定意识"这个唯物主义的基本命题。

恩格斯就这样提出并且解决了关于辩证法及其二重性如矛盾的性质的问题，这种矛盾的性质反映了客体和认识（反映）客体的主体之间存在的一般的根本矛盾。

二、马克思主义是一个科学的体系
（结构的两个方面即对象的结构和科学的结构的统一）

现在，在继续阐述针对对全部人类知识作百科全书式的把握这个一般问题的客体和主体的相互关系这个题目时，我们要详细谈一谈马克思主义学说本身的基本结构。人们公正地把恩格斯的著作《反杜林论》称为马克思主义的百科全书。这部著作由三个主要部分或者说三编组成：即一、哲学；二、政治经济学；三、社会主义。在这里，恩格斯阐述了马克思主义的三个理论来源，同时也阐述了马克思主义的三个组成部分。

这里产生一个问题：为什么马克思主义正好分为这三个来源，相应地又分为三个组成部分？为了回答这个问题，应该提请大家注意，恩格斯总是强调指出，一门科学的结构以某种方式反映了它所研究的对象的结构。因为科学无非就是它所研究的那种运动形式的反映。

当我们从这种观点出发来考察关于马克思主义学说的结构、关于它作为一个科学体系的性质的问题时，我们请大家注意，这个学说的对象首先是社会发展（包括物质的和精神的发展）的规律。在马克思主义的中心著作《资本论》第一卷的序言中，马克思指出于这本书的最终目的就是揭示现代社会的经济运动规律。马克思主义同样是探索和揭示社会发展的一般社会学规律。

简言之，跟以揭示在人之外并不依赖于人而存在的自然规律为目的的自然科学不同，马克思主义的目的是揭示以人这种社会存在物为中心的规律。这就是人同自然界之间的相互关系的规律和人们本身之间的相互关系的规律。这两种规律不是彼此隔绝的，它们共同构成了现代社会的发展规律。

显然,当人们谈到现代社会的结构时,指的首先是它的经济基础和上层建筑——政治的(国家和法的)上层建筑和意识形态的上层建筑,后者的最高组成部分是哲学。马克思主义的三个组成部分,至少其中前两者是现代社会的这些结构要素的直接反映。事实上,哲学直接反映了意识形态上层建筑的最高领域,而政治经济学则直接反映社会的经济基础。因此,就马克思主义的这两个组成部分而言,毫无疑问,它们好比是现代社会的基本结构的摹写。

被恩格斯,而继他之后被列宁称之为科学社会主义的马克思主义第三个组成部分的情况,比较复杂一些。马克思主义的第三个组成部分是否同现代社会中的政治上层建筑相适应呢?换句话说,是否同关于国家和法、关于社会的政治制度和政治生活的学说相适应呢?我们就来看看《反杜林论》吧。该书的第三编题为《社会主义》,是以历史概述开始的,其中以分析跟马克思主义以前的各种社会主义学说同时代的各国社会政治情况为背景,阐述了这些空想的社会主义学说。在随后的理论概述中,论述了现代的(科学的)社会主义,论述了资本主义社会两个基本阶级——无产阶级和资产阶级之间的对抗,论述了生产力同生产关系之间的矛盾,生产力超过了生产关系。由此就产生了解决这些对抗和矛盾的主要前景:无产阶级掌握国家政权,并且把生产资料变为国家财产。从而,就把关于国家的问题提到注意的中心。最后,当国家从剥削阶级的工具变为整个社会的代表时,它本身也就使自己成为多余的了,最终消亡了。社会阶级将被废除。那时将实现从必然王国向自由王国的飞跃。而现代无产阶级负有使命要实现这一变革。作为无产阶级运动的理论表现的科学社会主义的任务,就是考察这一变革的历史条件和性质。

《反杜林论》第三编的后面两个部分论述了生产、生产组织、分工和分配等问题。第三编的最后部分论述的是国家、家庭、教育。在这里，关于国家和无产阶级夺取国家政权的问题占居中心地位。

列宁正是这样来理解恩格斯的观点的。他在《马克思主义的三个来源和三个组成部分》一文（1913年）中谈到马克思主义的第三个组成部分时写道，这里涉及的是作为能够成为新社会的创造者的社会力量的无产阶级的历史作用，作为全部社会发展的基础和动力的阶级斗争。

关于马克思主义的三个组成部分的思想，在列宁的文章《卡尔·马克思》（1914年）中得到了更加详细的反映。在这里，也按同样次序，开头是构成哲学的几节：《哲学唯物主义》、《辩证法》、《唯物主义历史观》。接着的一节是《阶级斗争》，马克思提出了阶级斗争理论。这一节好像把马克思主义的第一个和第二个组成部分联系起来了，是马克思主义历史科学的基础。

在关于哲学和一般历史的几节以后，是政治经济学：《马克思的经济学说》，下面又分为《价值》和《剩余价值》，接着又转而分析马克思所发现的资本主义积累的历史趋势。再往下是构成关于社会主义的一般学说的两节：《社会主义》、《无产阶级阶级斗争的策略》。

在其中的头一节中，列宁说明了无产阶级的历史作用及其反对资产阶级的斗争，即必然要成为以无产阶级夺取政权（无产阶级专政）为目标的政治斗争的那种斗争。接着，列宁就马克思对民族问题和关于国家的问题的提法说明了马克思的社会主义。列宁在谈到社会主义将导致消灭阶级，从而也导致消灭国家时，援引了恩格斯的《反杜林论》第三编和《家庭、私有制和国家的起源》。最后，列宁考察了科学社会主义对小农的态度。

在第二个小节中，列宁专门详细地论述了无产阶级的阶级斗争即政治斗争的策略及其社会基础。

这一切无可辩驳地证明，根据恩格斯和列宁的思想，马克思主义的第三个组成部分——社会主义——首先包括同以建立社会主义社会为目的的、旨在夺取政权和建立无产阶级专政的无产阶级政治斗争相联系的那些问题。

恩格斯是这样提出这个问题的。马克思和恩格斯的事业的继承人列宁，在1913年和1914年即在俄国社会主义革命胜利前夕写文章论述这些问题时，也是这样理解恩格斯的观点的。这就是说，在1917年以前，关于马克思主义的三个组成部分，即关于马克思主义学说的结构的问题，是从科学（马克思主义）的结构同科学的对象（社会）的结构相适应的观点来解决的：前者是后者的理论反映。显然，关于马克思主义的结构的问题今天也应该以同样的方式来提出并加以解决，当然同时要考虑到科学过去已经作出和现在正在作出的全部新贡献。

那么，在1917年以后，当我国已经建立了无产阶级专政并且开始了新的社会主义社会的建设的时候，这个问题的提法发生了什么变化呢？成为新东西的是，社会主义已经从它在此以前曾经是的那种理论学说在实践上变成现实，成为一种特殊的而且是最高级的社会经济形态。与此相适应，在各个社会主义国家产生了研究社会主义经济基础的新的政治经济学，而马克思主义哲学也提高到了更高的阶段，成了在社会主义社会的整个意识形态上层建筑方面占统治地位的、起着决定因素的作用的东西了。简而言之，在今天，"社会主义"和"共产主义"这两个词已经不仅涉及一定的学说，而且也涉及已经现实地形成的一定的社会经济形态这个整体。

在这种条件下，现代关于社会主义和共产主义的学说就具有了总体的性质，并且在某种程度上包括了马克思主义的所有三个组成部分——

哲学、政治经济学和社会主义（从对社会的政治发展、社会的政治制度即国家制度的观点这个意义上说）。

至于谈到作为社会经济形态——它以它所固有的经济基础、政治和法律的上层建筑（国家和法）以及意识形态上层建筑（包括哲学）的存在为前提——的共产主义，在各个社会主义国家中，所有这三个因素就表现为一个有机的统一体。

三、研究历史的整体方法和结构方法
（两个方面即整体和部分——综合和分析的统一）

现在，当我们继续分析关于反映对象本身结构的社会科学的结构的问题时，我们要考察一下两种不同类型的社会科学之间的关系，虽然这两种类型的社会科学首先由于贯穿它们二者的历史主义原则彼此有着极其密切的联系。我们认为，属于第一种类型的是研究社会的各个结构方面——社会的基础和社会的上层建筑——的科学，它们构成上述马克思主义的三个组成部分。我们把这些科学称为**结构**科学，或者说，基础和上层建筑的科学。

第二种类型的科学把社会作为一个统一的、有联系的整体来考察，不是把它的各个结构部分和因素从中分离出来，而是在社会的所有部分和方面（包括它的基础和上层建筑）的相互作用中来考察它。我们把这种科学称为**一般历史**科学。恩格斯在《反杜林论》这部著作中写道，没有分析就没有综合，并且说明当我们深思熟虑地考察人类历史的时候，首先呈现在我们面前的是一幅由种种联系和相互作用无穷无尽地交织起来的画面。这种总括性的（笼统的）观点虽然正确地把握了社会现象的画面的一般性质，但是毕竟不足以说明构成这幅画面的各个细节。而我们要是不知道这些细节，就看不清总画面。因此，必须分析这整个画面，从画面中把它的各个联系、方面和关系分离出来。

由于采取这种解剖学的方法来研究社会，社会中就分离出它的结构的这样一些方面，如经济基础、政治上层建筑、意识形态上层建筑。辩证法要求不把社会的每一个这样的方面看作既有的、现成的东西，而是要在同整个人类社会的运动的总联系中从其历史发展的角度加以考察。但是，把社会结构分解为单个因素并单独对其中每一个因素进行研究的方法，在结构类型的各门社会科学中仍然保留下来了。

相反，历史科学，首先是世俗史（гражданская история），则不是研究社会机体的总结构的某一个方面，而是把这整个机体作为一个整体，在它的所有方面和因素的相互作用中来研究它。在这里，不是按照把社会生活和社会结构的单个方面分离出来的方法，而是按另一种方法——按照时间特征（编年顺序的特征）和空间特征（民族地域的特征）进行分解。结果就区分出单个历史时代，国家和民族的历史。

在马克思主义中社会科学的两种类型彼此是不可分割地联系在一起的，恩格斯在《家庭、私有制和国家的起源》和《路德维希·费尔巴哈和德国古典哲学的终结》等著作中指出了它们的相互联系和不可分割性。如果说历史主义这一特征是一切马克思主义关于社会的科学所固有的特征的话，那么世俗史无非是一切方面相互作用的人类社会的发展史，而结构类型的各门科学则分别研究人类社会的各个方面；因此，世俗史的对象是一切社会科学的对象综合起来的总和，是这些对象的相互作用和相互依赖关系。

恩格斯提出了从马克思主义立场出发百科全书式地把握一切社会科学这个总问题，因此他就解决了把两种类型的社会科学综合地结合起来的任务，指出了它们的共同性和彼此之间的联系，同时也指出了它们的区别、每一种类型的科学的特点。

近来,越来越经常地、越来越尖锐地提出了关于从有关政治经济学、哲学或者国家和法的科学的个别方面考察某个复杂的社会现象这种研究方法的缺点的问题。现在要求从现象的一切方面及其相互作用中考察每一个现象,把它作为一个整体来理解和研究。在这方面,恩格斯的辩证方法现在具有特别重要的意义。

曾经有过一个时期,那时每一门科学都有自己的独立的对象,每一门科学都独立地,不依赖与之相邻的其他科学而研究自己的对象。同每一门科学相适应的是一个特殊的对象,它不同其他科学分享这个对象,而是用它自己所特有的方法研究这个对象。现在,在这方面情况有了本质的变化:现在经常要求各种不同的科学同时从不同的方面研究同一个对象,以便共同得出一个关于这个对象的全面的、完整的图景。

在当代,一些复杂的社会过程,如现代科学、现代科学技术革命的发展,具有不同的年龄、家庭、职业等的社会集团和阶层(例如青年、一个家庭等)在现代社会的运动,就要求采取这种方法。不能把这种社会现象归入具有基础和上层建筑性质的那一类结构因素。对这些现象的研究成为社会科学的一些新领域的对象,这些新领域被称为科学学、具体社会学或者关于具体社会现象的科学等等。

这种新的社会学科和科学中的跨学科方向的主要特点,就是它们的综合性,这种综合性是以一些基础科学的极其密切的相互作用和交叉为前提的,而在此以前,这些基础科学却可以从一个方面或一定的剖面去研究某种社会现象。

于是,现代的马克思主义的一切社会科学,更广泛地说,一切人文科学,就汇合成为一个统一的科学体系,而恩格斯同马克思一道作为这种体系的创始人,积极地参加了制定这一体系的工作。

四、自然科学分类的原则（两种原则即按运动的形式分类的原则和按这些形式的物质内容分类的原则的统一）

恩格斯对科学知识的百科全书式的把握，不可能仅仅局限于社会科学和所有人文科学。这里要求普遍性，而恩格斯达到了这种普遍性。他指出，不仅社会和人类思想的发展，而且自然界现象的发展，都是辩证地进行的，都服从于辩证法的同样普遍的规律。恩格斯在《反杜林论》的序言中写道，他研究数学和自然科学时追求的目的，就是在细节上确信，在自然界，同样的辩证法的运动规律通过无数错综复杂的变化为自己开辟道路，正像在历史上这些规律支配着似乎是偶然的事变一样，这些规律也像一根红线贯串于人类思维的发展史中。

由于揭示了自然界现象中的辩证法规律，恩格斯就有可能找到各门自然科学（包括数学）的合理的相互联系，并且在这个基础上对它们作出分类。最初（1873 年 5 月），他把运动形式这个概念作为分类的基础。这样，他就能够把握自然界（包括非生物界和生物界）的一切领域。不仅如此，这个概念不仅把自然界这个领域，而且把社会现象领域以及人类思维的领域也包括在内了，从而使他有可能建立全部科学知识的总体系。

辩证唯物主义的原则是恩格斯对科学进行分类的方法论基础。第一，科学的联系（即科学的结构）被解释为运动形式本身的联系（即作为研究对象的这些形式的结构）的反映，这是唯物主义的客观性原则；第二，科学根据它们从低级到高级、从简单到复杂的发展和转变，被排成一个合乎逻辑的系列；这是它们的从属关系（并列从属关系）的辩证法原则，历史主义的原则。

结果，在恩格斯创作《自然辩证法》这部著作一开始，就产生了自然科学的基本的等级模式，这个模式成为创作未来的《自然辩证法》和《反杜林论》的有关章节的出发点。这个模式如下：

力学	物理学	化学	生物学	向人的过渡
（机械的运动形式）	（热的和其他物理的运式）	（化学的运动形式）	（生物的运动形式）	（向历史和思维的过渡）

过了三年，当恩格斯着手创作《反杜林论》时（1876年5月），他又补充、深化和扩大了自己对科学的分类。现在，除了运动形式以外，他又提出了关于运动形式的物质内容即运动形式的物质基质（承担者）的问题。具体谈到了物质的几种非连续形式，它们的特殊的存在方式就是与之相适应的运动形式。恩格斯的推论过程是这样的：如果说在一般情况下被理解为一切变化的运动是物质的存在方式（或形式），那么每种特殊的运动形式都有自己的特殊的、在质的方面与之相适应的物质的形式，而这种运动形式是该物质形式的存在方式（或形式）。根据恩格斯的观点，物质的非连续形式——宏观物体或微观粒子——就是这种物质承担者。内容（物质）和形式（在这一场合是运动）之间的不可割裂性和统一性，在这里被具体化为物质的非连续形式和与之相适应的运动形式之间的不可割裂性和质的一致性。结果，各门科学以及它们所研究的自然界客体的上述系列，在恩格斯那里就得到了如下的表述：

力学	物理学	化学	生物学	向人的过渡
（机械运动及其承担者——地球上的物体和天体）	（热运动和其他物理运动及其承担者——分子）	（化学运动及其承担者——原子）	（生物运动及其承担者——蛋白质）	（向社会历史和思维的过渡）

恩格斯把主要注意力集中在各门科学之间（各种运动形式之间以及相应地这些运动形式的物质承担者之间）的过渡上。在自然科学的范围内，这就是力学和物理学之间的过渡领域（热力学、热动力学、气体动力学）；然后是物理学和化学之间的过渡领域（当时正在产生的物理化学）以及化学和生物学之间的过渡领域（恩格斯所预见到的生物化学）。恩格斯认为，正是这些研究自然界的跨学科的领域，对于他那个时代的特别是未来的自然科学，具有主要的意义。恩格斯强调指出了各个基础科学（像现在人们所说的那样）之间的这些过渡性的联系环节的重要性，同时他把物理学定义为分子的力学，把化学定义为原子的物理学，把生物学定义为蛋白质的化学反应历程。这样一来，恩格斯就揭示了各门自然科学之间的相互关系和过渡的辩证性质：一方面是它们之间存在的联系和不可割裂性，另一方面是每一对相邻的（接近的）科学的区别和非连续性。

于是，在恩格斯那里，自然科学就表现为科学知识的统一的，在总体上融合在一起的领域，在这个领域中，那些跨学科的部分起着结合因素的作用，这种结合因素使至今被看成是彼此孤立的基础科学的全部总和具有完整性和不可分割性。从而就在事实上实现了人类认识发展中的两种对立趋势的统一和相互渗透，这两种趋势就是：一方面，是分解、加强和加深科学专业化过程的趋势；另一方面，是把科学一体化，使它们联合成为一个能克服其隔绝状态的总体系的趋势。

在这方面，恩格斯的工作并不仅仅局限于单独地研究自然科学或人文科学；他追求的目的是把这两种科学彼此联系起来，揭示在物质发展进程中实际实现的从自然界到人、到社会历史的现实过渡。恩格斯的研究著作《劳动在从猿到人转变过程中的作用》就是论述这个问题的。

达尔文利用自然科学的资料,例如借助于比较解剖学的方法,已经证明人是起源于猿类祖先的。恩格斯指出,在这种情况下,采用纯粹自然主义的方法是不够的,必须考虑到像生产劳动活动这样的社会因素;只是由于进行生产劳动活动,我们遥远的祖先才能够超出于其他动物界之上,而真正转变为人这种社会存在物。正是恩格斯所创立的人类起源的劳动理论,特别有利于为认清自然科学和社会科学之间的统一和联系,为创立全部科学知识的完整的百科全书铺平道路。

应该强调指出,恩格斯关于各种不同运动形式的非连续的物质承担者的思想,是他作出关于更加微小、专门的层次和更加一般的层次的许多预见的出发点和基础。前者包括他的涉及当时还不知道的光学现象和电现象的非连续承担者的预见。恩格斯有条件地把这些现象同分子运动(由于没有关于其他物理学粒子的资料)联系起来,预见到将来科学将会发现这些现象的特殊承担者,他同样有条件地把这些承担者称为"以太"粒子。但是,他为此所作的具体描述表明,他谈的实际上是后来体现为光子的那种光粒子和在电子中得到实现的电粒子。恩格斯在谈到生命现象的物理化学基础,特别是谈到作为生物学特性的物质承担者的特殊的蛋白质时,实际上预见到了现代生物学特别是遗传学发展的道路。

恩格斯关于物质的一系列依次相继越来越复杂的非连续形式的思想本身,也在关于物质结构组织的层次的观念中得到了具体的表现。实际上,恩格斯在《自然辩证法》和《反杜林论》中恰好就制定了这样的观念,他写道,物质分成一系列具有相对不同的质量比值的大的、容易分清的组,在这里,不同阶段的非连续的部分("以太原子"、"化学原子"、地球上的物体、天体),就是各种不同的关节点,这些关节点决定一般物质的各种不同的质的存在形式。

现代科学事实上证实了恩格斯的这些思想，把恩格斯称之为非连续的部分、关节点和物质的质的存在形式的同一个东西称为物质结构组织的层次。至于谈到现在为了各种不同的特殊目的而制定的各种不同的、局部的科学分类法，只要它们还保留着科学的性质，它们全都以某种方式依据恩格斯在关于物质运动的基本类型（形式）的排列顺序的学说基础上创立的基本的和一般的分类结构。

五、各门技术科学及其在科学知识体系中的地位
（两个方面即主观目的和达到这一目的的客观
可能性——自由和必然——的统一）

如果说从高级猿类生物向人的转变曾经是全部世界史中自然界和社会之间的联系环节，那么在以后的历史发展中起着它们之间的联系环节作用的就是技术：技术从一开始产生之日起就是人同自然界经常结合的领域，而且这种结合是日益扩大的。因此，各门技术科学以及所有应用科学，在跟包括人类起源的劳动理论在内的人类学不同的意义上是自然科学和社会科学之间的联系环节。

技术的特点恰好在于，人的实践活动的主观方面——这种活动的目的——不可分割地同其客观方面——利用人已经认识的自然规律——融合在一起。这就是说，自然科学的任务，就是揭示自然规律并且弄清这些规律起作用和表现的条件，而技术科学所追求的目的，就是要在实践中（在生产上，在工业上）应用这些规律，以便通过人为地调节这些规律表现的条件，使服从于该规律的自然过程朝着人所需要的方面发展。这也就是支配该规律起作用的过程，支配相应的自然过程，使这一自然过程在人所认为地创造的（通过技术制造出来的）环境中发生。

因此，根据恩格斯的观点，自由并不在于人们在想象中脱离自然规律而独立，而是相反，在于认识这些规律并且在这种认识的基础上能够有计划地使自然规律为达到一定的目的而起作用。这就是说，人的判断在某个方面越是自由，这一判断的内容就越是为更大的必然性所规定。

这样一来，作为技术和技术科学的基础本身是存在于自由（主体）和必然（客体）之间的辩证矛盾，即归根到底是前面论述过的客观的东西和主观的东西之间的相互关系那同一个矛盾。

因此，技术的实质是由相互作用的两个矛盾的因素决定的，各门技术科学（以及所有实用科学）的地位是由下述两点决定的：第一，在该技术领域中被利用的自然规律（力学的、化学的规律等等）的性质；第二，运用该技术的那个国民经济活动部门（工业、运输业、邮电业等等）的性质。在更加广泛的意义上说，农业科学和有关卫生保健的科学（医学）是包括在实用科学（应用科学，或技术科学）之内的。

不考虑技术科学，就不可能对余部科学知识作全面的百科全书式的把握，更不可能在像自然科学和社会科学之间的相互关系这样的重要之点上揭示全部科学知识的内在统一性。这三类科学的总体系的基本公式可以作这样的表述：

自然科学—技术科学—社会科学

技术科学的二重性、两面性就表现在它们的这种中间地位上：因为在技术中利用自然规律，所以这些科学直接同相应的自然科学相衔接。但是，同时这些技术科学又同国民经济的各个不同部门即人们社会生活的各个不同领域相联系，因而同社会科学有密切的联系。

六、无所不包的科学百科全书的哲学基础
（两个方面即一般和特殊的统一）

由恩格斯的著作奠定了基础的无所不包的科学百科全书，是以揭示科学知识的一切领域（包括基本领域和对于基本领域来说是联系环节的中间领域）的有机联系为前提的。而马克思主义哲学，首先是包括唯物主义认识论和逻辑的马克思主义辩证法，为创立这种百科全书提供了出发前提。恩格斯同马克思一道确立了马克思主义哲学的基础，同时他也就为一切科学的总的百科全书奠定了基石。

事实上，恩格斯所下的关于辩证法不仅是关于思维的科学，而且是关于在自然界、社会和思维中所进行的一切运动的最一般规律的科学这个定义，是一切现代科学的总体系的真正轴心。当然，这里涉及的不是自然界、社会或人类思维这三个领域中的哪一个领域的运动所服从的那种规律，而是我们的主观思维和客观世界同时服从的、因此无论在这里还是在那里都起作用的那种规律。

因为这些规律具有最广泛普遍的性质，所以研究这些规律的科学——作为马克思主义学说的灵魂的辩证法——是一般的科学。其他一切科学由于其广度比较狭窄，对于哲学来说始终是特殊的科学。因为，任何其他科学研究的都不是一切运动、一切发展的普遍规律，而是世界的某一个特定的现象领域或这些现象的某一个特定方面的规律。任何其他科学也不研究哲学基本问题所指出的那种问题。

因此，哲学和其他一切科学之间的相互关系的基础，从而一切科学的百科全书的基础，就是一般和特殊之间的辩证的相互关系。

任何科学百科全书如果不是学者人为的学说，而具有必然的逻辑根

据,并且来源于各门科学之间的内在联系,因而来源于这些科学的对象之间的内在联系,它都反映了世界本身的统一性,而科学认识的客体就是属于世界的。恩格斯加深了对作为认识对象和人的实践活动的应用领域世界的辩证的同时也是唯物主义的理解,他指出了世界的这种统一性在哪里:世界的真正统一性在于它的物质性,即世界的一切物和对象都由物质所构成,而一切现象和过程都是物质的作用和表现。正如恩格斯所说的,决定世界的统一性的世界的物质性,已由哲学和自然科学的长期而艰苦的发展道路所证实。

恩格斯在给辩证法下定义时,是从对象世界存在三个最大、最广阔的领域出发的,这三个领域就是自然界、社会和思维。如果把这三个最重要的领域看作恩格斯所拟定的科学百科全书的轴心,那我们可以完全遵照恩格斯的观点,以图表的形式把这一轴心表现为"各门科学的三角形",其三个顶端分别是研究客观现实的这个或那个领域的科学。但是,哲学不仅研究思维及其一般的特殊规律,而且也研究贯串自然界、社会和思维的一切运动的普遍规律,也就是说,研究自然科学和社会科学。因此,大概应该把构成各门科学的总百科全书的轴心的"各门科学的三角形"画成这个样子:

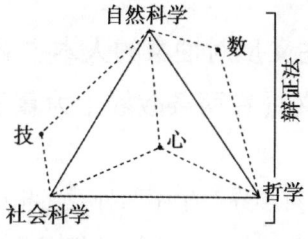

在这里,辩证法被看作是哲学的核心。由"哲学"一词和"辩证法"一词一起表示的方括号表明,辩证哲学作为一般的科学,毫无例外

地贯串着一切特殊科学的研究领域。科学知识的这三个基本领域的结合部产生的各门中间科学，在上述图表中用连接邻近科学（即"各门科学的三角形"的各个顶端）的虚线上的圆点来表示。例如，广义的技术科学（简称"技"）处在自然科学和社会科学的结合部。数学科学（简称"数"）处在自然科学（首先是物理学）和作为哲学的一个部分的逻辑的结合部，而且从数学到物理学的过渡是通过自然科学的一些数学化的（抽象的）领域（力学、热力学等等）来实现的，而从数学到逻辑的过渡是通过数理逻辑来实现的。

在心理学（简称"心"）中，客观现实的三个基本领域交错在一起，心理学好像处在"各门科学的三角形"的三个角引出的各条线的交汇点上。要知道，心理现象的物质基础是高级生物的特定器官（由此就产生了心理学通过动物心理学和关于高级神经活动的学说同自然科学的联系）。但是，同时心理学作为一门科学，研究的是作为社会存在物、作为社会机体的成员的人的心理（由此就产生了心理学通过社会心理学同社会科学的联系）。最后，心理学研究人的思维和意识的个体表现（由此就产生了心理学同哲学、特别是同研究人的思维和意识的一般社会切面的逻辑和认识论的联系）。

七、马克思主义反对抽象的人本主义和实证主义的科学主义（在两条战线上为真理而斗争）

近年来，在外国的哲学界产生了两种截然相反的思潮，不过它们有一点是一致的：即它们作为错误的思潮，都同马克思主义相对立，虽然有时甚至以马克思主义的名义出现。

第一种思潮是所谓的人本主义。人本主义把人置于全部哲学的中心

（人本主义 антропологизм 中的"антропо"就表示人的意思）。但是，这里涉及的不是现代社会中的具体的、历史的人，换句话说，不是作为历史主体的人民，不是以作为争取社会进步、争取对社会实行革命改造的斗争的领导者的工人阶级为首的各个劳动阶级，而是某种"一般的人"、"抽象的人"以及同这个概念相联系的、似乎决定着现代社会进步的道路的超历史的范畴和规范。这里涉及的是关于一般人的自由，关于批判和否定任何社会制度——同样既批判和否定资本主义制度，也批判和否定社会主义制度——等等的普遍的、实质上没有任何具体内容的观念。这样一来，有关现代社会的一切范畴的阶级内容都毫无例外地被掩盖了，被抹杀了。

第二种思潮是所谓的科学主义。实质上，这是旧实证主义的新变种。旧实证主义用各门特殊科学来偷换哲学的特点，否认一切发展、一切运动的普遍规律，只局限在自然现象或社会现象的特殊规律的框子里。科学主义（сциентизм）来源于"сциенцня"（即科学）一词。但是，如果认为科学主义是要维护下述正当的要求，那就错了。这个正当要求是：认为现代真正的哲学应该成为科学的哲学，就是说，像任何科学一样，它应该把外部客观世界和人对这一世界的认识的特定规律作为自己研究的对象。作为一种特殊思潮的科学主义涉及的正是用各门特殊科学的特殊规律来偷换构成科学的（辩证唯物主义的）哲学对象的普遍发展规律。

上述两种思潮从不同的立场出发攻击马克思主义，攻击马克思主义的辩证法。一些人指责马克思主义的辩证法是科学主义，另一些人则指责它信奉似乎在现实本身并不存在的抽象原则。辩证法教导我们说，两极相通。两种极端的、看起来是彼此相互排斥的思潮——抽象的人本主义和以其所谓的具体性自夸的实证主义的科学主义——在反对马克思主义的斗争中确实走到一起来了。这两种思潮的拥护者的思维都是不正确的和片面的。恩格斯警告说:"但是,根据一个老早就为大家所熟知的辩证法规律,错误的思维一旦贯彻到底,就必然要走到和它的出发点恰恰相反的地方去。"①

让我们就来看一看,在事实上这是什么样子吧。

科学主义者—实证主义者批判马克思主义及其辩证法,因为马克思主义者承认一切发展的普遍规律。科学主义者否认这些规律,认为这些规律是不存在的、臆想出来的。但是,如果是这样的话,那么根据科学主义者的观点,连科学的哲学也没有存在的余地。在科学主义者那里,科学的哲学就成为各门特殊科学首先是自然数学科学的简单附属品,溶化在这些特殊科学之中,被降低到各门特殊科学的逻辑的水平。

相反,抽象人本主义的代表人物批判马克思主义及其辩证法,是因为马克思主义具有科学性,因为马克思主义学说及其灵魂——辩证法——承认,对象世界——自然界、社会和思维——的特定规律,客观现实的所有这三个领域的共同规律,是辩证唯物主义哲学的对象。抽象人本主义的拥护者断言,认为客观世界和对这一世界的认识的某种规律是哲学的对象,那就是走上了科学主义的道路,走上了调和主义的道路,即同现存的现实妥协、适应现有的现实的道路,因为现存的现实本身在其发展中服从于这些规律。按照反科学主义者的看法,由此就产生为现存制度——重复一遍,不管是什么样的制度,是资本主义制度还是社会主义制度,反正一样——的缺点辩护的趋向,而这据说是根本上同能动的、批判的哲学(他们指的是抽象人道主义和抽象人本主义的哲学)的原则相矛盾的。

---

① 《马克思恩格斯全集》第 1 版第 20 卷第 399 页。

但是，反对上述两种思潮的马克思主义的出发点是，只有彻头彻尾是严格科学的哲学才能为马克思号召人们为之献身的改造世界的事业服务。这种哲学的科学性表现在：第一，它以特定的、只有它所固有的规律（辩证法规律）作为自己的对象；第二，这种哲学同科学认识的其他领域（同特殊科学）有着最密切的联系，正如一般任何时候和任何地方都同特殊不可分割地联系在一起，并且只有通过特殊才存在一样。恩格斯谈到科学的马克思主义哲学时写道："这已经根本不再是哲学（就这个词的旧的意义上说——引者注），而只是世界观，它不应当在某种特殊的科学中，而应当在现实的科学中得到证实和表现出来。"①

因此，哲学同各门特殊科学的联系本身还不是作为特定观念的科学主义的特征。相反，这种联系是由现代科学的哲学的本性本身所决定的。只有在有人用特殊来偷换一般，把一般归结为特殊的条件下，才会出现科学主义。有时有人甚至走到这样的地步，即企图把科学的辩证法描绘成为像用哲学术语来代替特殊科学首先是自然数学科学的专门术语，或者相反，用自然数学的术语来代替哲学术语这样的儿童作业。例如，现在有些作者把反映改名为信息，把相互作用改名为正负反馈等等，并以此作为时髦。在涉及哲学时是这样，而在涉及控制论时，则搞相反的把戏：信息被称为反映，正负反馈被称为相互作用等等。

在这种情况下，科学主义就变成了赤裸裸的玩弄辞藻，没有任何科学的、创造性的内容，没有任何建设性的思想：只要用一些词代替另一些词，就大功告成了。

当然，有些哲学家反对这种贬低哲学科学并使之庸俗化的作法，是正确的；因为这种做法口头上虽然颂扬哲学科学，但是实质上是直接取

---

① 《马克思恩格斯全集》第 1 版第 20 卷第 151 页。

消哲学科学。同时,也可以看到性质直接相反的另一种极端:由于有些作者不明智地把全部问题归结为玩弄词句、玩弄术语,就得出结论说,必须使哲学脱离一切特殊科学而独立,使它具有封闭的性质。有一些最热心地维护这种观点的人认为,哲学同特殊科学的任何联系就已经是科学主义的表现,他们建议发明一种只有一小撮内行人才懂得、而广大读者无法明白的哲学行话。在这里,反科学主义已经被弄到荒谬的地步,弄到直接地、严重地违反恩格斯关于哲学和自然科学之间的联系的全部论述的地步,而列宁是完全赞成恩格斯的这些论述的。

以否认马克思主义哲学的科学性质、否认哲学同各门特殊科学的联系和相互作用的"反科学主义"的面貌出现的抽象人本主义,同马克思主义的辩证法是根本格格不入的。抽象的人本主义同抽象的人道主义一样,有时也被加上"马克思主义的"形容词,但是它并没有因此成为马克思主义的。从抽象的人道主义和人本主义立场出发阐述的关于人类个人的观念,完全阉割了这些问题的阶级内容,即从马克思主义观点来看是这里最主要的东西。同时,他们责难马克思列宁主义似乎忘记了人,忽视个人,抹杀个人的永恒利益和要求。他们还声称,所以发生这种情况,是因为马克思列宁主义者把公共利益,革命阶级的利益,社会主义社会和社会主义国家的利益摆在第一位,结果就"忘记了"人本身。

但是,马克思主义学说决不忽视作为个人和社会存在物的人。相反,正是马克思列宁主义把现实的、活生生的人及其全部社会的、阶级的和个人的利益摆在自己学说的首位,通过整个人类、社会的全部进步历史发展的共同的、根本的利益的棱镜反映了这一切。我们的思想敌人对于恩格斯所阐述的马克思主义的哲学学说本身作了完全歪曲的解释。他们还把恩格斯本人描绘成为科学主义者,说什么他只谈论存在的普遍规律的决定论，而且是这样谈论的，仿佛这些规律只是压迫人，使人失去自由，使人盲目地服从于他周围的条件，说得不客气的话，甚至简直是适应环境。

在这种论断中根本没有而且也不可能有真正的马克思主义及其辩证法的影子，这显然是对恩格斯和马克思主义的诬蔑。只要稍微考虑一下恩格斯对辩证法所下的定义，要驳倒这种诬蔑并不困难。

事实上，当我们谈到辩证法是关于在自然界、社会和思维中实现的发展的最一般规律的科学时，这里所指出的对象现实的三个领域中的每一个，无论如何都是人们的活动领域，或者说，同人们的活动有着最密切的联系。

显然，社会不是存在于而且也不可能存在于人和人类活动之外和旁边。同样地，思维也是**人类的**思维，在人之外没有也不可能有人类的思想，不管唯灵论者和有神论者如何企图臆造出某种凌驾于人之上并转化为神的思维。至于自然界，那是在人和人类之外并不依赖于人和人类而存在的、为人的意识所反映的外部世界。但是，这种反映不是通过人对自然界的消极直观而发生的，而是在人进行实践的改造活动的过程中发生的。恩格斯明确地指出："自然科学和哲学一样，直到今天还完全忽视了人的活动对他的思维的影响；它们一个只知道自然界，另一个又只知道思想。但是，人的思维的最本质和最切近的基础，正是**人所引起的自然界的变化**，而不单独是自然界本身，人的智力是按照人如何学会改变自然界而发展的。"①

因此，马克思和恩格斯批判了费尔巴哈对自然界和历史的抽象的自然主义的理解，他们在《德意志意识形态》中写道："费尔巴哈特别谈

---

① 《马克思恩格斯全集》第 1 版第 20 卷第 573—574 页。

到自然科学的直观,提到一些秘密只有物理学家和化学家的眼睛才能识破,但是如果没有工业和商业,自然科学会成为什么样子呢?"① 就是说,如果没有人们的实践活动,自然科学会成为什么样子呢?

可见,完全没有必要特别提出人及其命运去补充恩格斯对辩证法所下的定义。只要揭示恩格斯的定义的更加深刻的内容,就足以看到,在那里,人在被运动的普遍规律联结起来的这个定义的所有三个组成部分中都存在。

通过现代马克思主义反对被称为人本主义和科学主义的两个极端的斗争这个例子,可以深入地研究真理和谬误之间的矛盾,而且谬误被引导到了极端,即把真正的或者说正确的知识的一个环节绝对化了。同时,统一物——认识过程——之分为两个部分,不仅表现在一极是真理(马克思主义及其辩证法),而另一极是谬误(两种同马克思主义相对立的思潮),而且还表现在这两种思潮又作为两种形而上学地对立的极端而彼此对立,其中一个极端把人变成某种超历史的抽象性,而另一个极端则用特殊的发展规律偷换一般的发展规律。马克思主义遵照恩格斯同马克思一起制定而为列宁进一步发展了的辩证方法,克服了这两种极端。结果,只有在马克思主义及其辩证法中,对人的考察和建立在考虑一切发展的普遍规律和揭示哲学同一切特殊科学之间的相互联系这个基础上的严格的科学性才内在地、不可分割地结合在一起。

* * *

在恩格斯诞辰一百周年之际(1920年11月),列宁发表了他在1913年就开始撰写的对马克思和恩格斯之间的通信的述评,并且加了

---

① 《马克思恩格斯全集》第1版第3卷第49—50页。

一个小标题:"恩格斯是共产主义的创始人之一"。

恩格斯在提出并解决对马克思主义学说和全部科学知识的总和作百科全书式的把握这个问题时使用的具有决定意义的工具,是马克思主义的辩证法及其基本规律和原则。其中摆在首位的是辩证法的核心,恩格斯把这种核心表述为两极对立的相互渗透和彼此相互转化,而列宁把这种核心表述为对立面的统一和"斗争"。

恩格斯揭示并解决了在下述各点上表现的辩证矛盾:

一、在辩证法本身方面(作为客体和主体在哲学切面上的矛盾的客观辩证法和主观辩证法之间的相互关系);

二、在对作为科学体系的马克思主义的理解方面(科学的对象和作为这一对象的反映的科学本身之间的相互关系,相应地,对象的结构和作为对象结构的摹写的研究该对象的科学的结构之间的相互关系);

三、针对研究整个社会或者研究社会的一个特定方面、部分的社会科学,即历史的社会科学和结构的社会科学(整个对象和它的被分离出来的一个部分之间,对对象的总体考察方法和局部考察方法之间,综合和分析之间的相互关系);

四、在自然科学的对象和自然科学的分类方面(内容和形式之间,物质和作为物质的存在方式或形式的运动之间的相互关系);

五、关于技术和技术科学(主观目的和达到这一目的的客观可能性之间,自由和必然之间的相互关系,这种关系是在认识自然规律和在实践中利用这些自然规律的过程中发生的);

六、在哲学(作为理论和方法的辩证法)和其他一切科学在它们的统一的体系中的相互联系(一般和特殊之间的相互联系)方面;

七、从真理(马克思主义及其辩证法)和谬误(人本主义和科学主义)的相互关系来看(在这里不仅发生了分裂为正确和错误的情况,而且发生了错误分裂为两种极端形式的情况),现实的辩证矛盾的这个或那个方面被导向极端,被推到了绝对,而这种辩证矛盾是只有马克思主义及其辩证法才能正确地把握的。

所有这些辩证矛盾的相互关系都表现为辩证法的"成对的"范畴,在这些相互关系中对立面的相互渗透(恩格斯的说法),或者说,对立面的统一(列宁的说法)得到了具体化。这些相互关系是提出、展开和解决编纂无所不包的科学百科全书这个问题的方法论钥匙。只有像精通马克思主义科学的伟大的百科全书式的学者弗里德里希·恩格斯才能解决这个任务。

* * *

如果谈到针对现代的历史条件进一步研究恩格斯的理论遗产的现实问题,那么我们想提出一些彼此相互联系的问题。

第一个任务是对马克思列宁主义哲学的对象作严格科学的表述,而现在这一对象有时按照抽象的"认识论主义"的精神被歪曲,有时又按照"本体论主义"和卷土重来的思辨的自然哲学的精神被歪曲。

第二个任务是进一步研究作为唯物主义辩证法的逻辑,按照恩格斯的术语是作为"主观辩证法"的马克思主义的辩证逻辑。

第三个任务是在二十世纪后半叶的自然科学的水平上继续进行对各个专门的知识领域的成就做哲学思考的工作,这一工作是恩格斯在十九世纪自然科学的水平上在《自然辩证法》中开始的。而由列宁在二十世纪初科学发展的条件下完成的。

第四个任务我们认为是对马克思列宁主义的第三个组成部分的内容作一些更明确的阐述,这是同下述情况相联系的,即现在在苏联和其他一系列社会主义国家中已经建立了共产主义形态的第一个阶段(社会主义），或者正在完成这一阶段的建设。如果说科学共产主义理论被划分出来，作为一门全面地即从哲学、意识形态、经济和其他方面考察建立共产主义社会问题的特殊学科，那么在现代条件下，把同国际革命运动的战略和策略、无产阶级的阶级斗争等问题直接相联系的东西看作整个马克思主义理论的第三个组成部分，也许是适当的。当然，这个问题需要作认真全面的讨论。

具有总括性质的第五个任务是进一步研究马克思列宁主义对科学的分类，并在此基础上进一步研究现代全部科学知识的总体系，即实现对现代全部科学知识的理论综合。

当然，同研究恩格斯的理论遗产相联系的还有其他许多重要问题，但是在我们看来，上述问题是一些主要问题。马克思列宁主义的辩证方法要求在复杂的相互联系的全部综合中考察事物和过程。在各个不同的科学领域中工作的现代马克思主义者依靠马克思列宁主义的辩证方法，可以顺利地解决目前这个复杂多变的时代每天向我们提出的马克思列宁主义理论的各种现实问题。马克思和恩格斯的事业的伟大继承者——列宁教导我们，应该怎样去实现这个任务。

（原载《恩格斯和现代马克思主义哲学问题》1971年莫斯科版）

（刘晖星 译）

恩格斯和第二国际的马克思主义[*]

〔英〕阿·卡林尼柯斯

在上世纪四十年代早期和中期的著作（这个时期的著作以《德意志意识形态》为顶峰，马克思和恩格斯在那里"清算"了他们"从前的哲学信仰"）以后，马克思只是在旁白中或者在直接的论战中才明确地谈到哲学问题。① 当德国社会主义运动中的政治形势使得必须阐明全面的马克思主义哲学立场时，这个任务落在恩格斯身上，使得他写出了《反杜林论》。因此，关于马克思主义哲学问题的任何讨论都必须从恩格斯开始。

马克思和恩格斯从四十年代起，清楚地强调了他们认为把他们的理论同任何其他社会主义理论分开的东西：它的科学性质。以前，社会主

---

[*] 本文选自《马列主义研究资料》1986年第1—2辑合刊。

原题注：作者是英国左派学者，现为社会主义工人党的中央委员，主要著作有《阿尔都塞的马克思主义》（1976）和《马克思主义有前途吗?》（1982）等。本文摘译自他的《阿尔都塞的马克思主义》的第一章。——译者注

① 严格说来，并不完全如此：1857年的《政治经济学批判大纲》导言和1859年的《政治经济学批判》序言当然是例外。然而，这两篇东西中都没有马克思对他的哲学立场的任何确定的陈述，而只是一些暗示，在1857年导言中这种暗示极为丰富，而在1859年序言中，有些暗示极为粗率，容易产生误解。

义者对工人阶级在资本主义制度下所受到的不公道的和难以忍受的状况提出了道义上的批评，提出了与这种状况相对立的理想社会形式——这种理想应该或者通过某种协作或说服的渐进的代谢过程、或者通过少数人的暴力行动去实现。马克思和恩格斯与这种传统决裂，根据一种把历史看作阶级之间的斗争过程的一般理论发展了对资本主义生产方式的真实性质的分析。借助这种分析，他们大致指出了资本主义社会中所固有的各种倾向，资本主义就是被这些倾向推向被它所产生的无产阶级的有意识行动所推翻。从《德意志意识形态》到《哥达纲领批判》一直存在着这个主题。

然而，由于他们断言历史唯物主义具有科学性质，就产生了一个典型的哲学问题。马克思主义的科学性质到底在哪里？要为这个问题提供答案，似乎需要两件东西。第一，需要有一个关于各种科学及其对现实的关系的一般理论，以便给那种认为马克思主义是科学的主张提供一个客观基础。就是说，似乎需要一种能够确定关于马克思主义提供现实世界的客观认识的主张的正确性的理论——认识论。第二，需要确认马克思主义理论中有哪些特点是它的科学性质的来源。马克思和恩格斯一向拒绝那种使理论的科学性依赖于理论和事实直接相符的经验主义，因为事实本身就是理论的产物。所以，马克思主义的科学性质一定会决定性地牵涉到理论本身的结构。而这当然是马克思主义者们所一致提出的答案：辩证法、即理论在反映社会形态的各种关系时所采取的形式，就是使马克思主义成为科学理论的东西。

这个问题，即辩证法问题，不只是与理论有关：它如何解决，具有极大的政治含义。因为它包含有现在已经以上层建筑问题著称的东西。马克思主义 ABC 的第一句话就说，归根结蒂是生产过程决定一个社会形态的性质和可以采取的发展方式。但是立刻就发生这样一个问题,上层建筑、即这个社会形态所特有的国家机器、意识形态结构等,起什么作用呢?它是由经济严格决定的呢,还是拥有一定的独立性,如果有一定的独立性,这独立性又有多少呢?这显然是具有巨大政治意义的事情。因为,如果上层建筑只是生产过程的反映,那么社会主义革命就不需要革命者的积极干预,而是能够通过经济的自动作用取得成功。另一方面,如果政治的和意识形态的因素是(相对)独立的,那么对有意识的组织和准备的需要就是明确的了。

这个问题的解决牵涉到对马克思主义辩证法的理解。因为,正如卢卡奇最先指出的那样,总体性范畴是马克思主义哲学的决定性范畴。马克思主义把每一个社会形态设想为一个整体,一个决定其每一个部分的性质和作用的结构。所以,对上层建筑问题的答案取决于我们怎样看待这个整体。马克思主义为我们提供了不止一个总体概念。唯物主义辩证法的问题正是归结为这个问题,即马克思主义中社会整体的性质问题。

然而,引起恩格斯注意的还是我提到的第一个问题,即为马克思主义提供一个一般的认识论基础的问题。他的答案可以在《反杜林论》中和在他逝世后发表的《自然辩证法》中找到。它基本上就是把辩证法解释成不只是提供为马克思对象资本主义那样的社会形态的分析所特有的结构,而且实际上代表着一切现实(不仅社会的,而且自然界的)及其在思想中的反映所固有的规律。

历史唯物主义变成了用辩证唯物主义解释的关于现实的一般规律的说明。这种形而上学的"绝技"自然是有先例的。黑格尔的公认是唯心主义的辩证法也同样地把辩证法的规律变成为使现实每一方面都充满活力的规律。的确,恩格斯直接从黑格尔的《逻辑学》中取来了唯物主义辩证法的三条主要规律：

"量转化为质和质转化为量的规律；

对立的相互渗透的规律；

否定的否定的规律。"①

恩格斯是在玩弄哲学之火（而他不是这样做的最后一个马克思主义者）。黑格尔辩证法的范畴带有直接从他的体系的性质中产生出的特殊理论意义。对黑格尔说来，辩证法是没有任何规定性的"存在"（也译作"有"）所经历的变化过程，这种变化使"存在"通过"逻辑"、"自然"和"精神"诸阶段，达到"绝对知识"，这时整个现实被"**绝对精神**"作为它自己的表现所掌握。所有以往的唯心主义哲学家（斯宾诺莎有部分例外）都把"精神"（上帝）同物质世界分隔开，主张前者对后者的第一性；黑格尔力图通过阐明"精神"和物质世界达到统一的**过程**达到同样的目标。恩格斯所写到的辩证法规律，首先是否定的否定的规律，是使一切事物转变成精神产物的机制。

恩格斯对这个问题的答案，人们是很了解的。他把黑格尔的唯心主义体系同他的辩证方法区别开来，并且证明，马克思的理论革命就在于拒绝体系而采用方法，把这个方法不是当作"绝对"通过世界和通过历史的运动，而是当作分析世界的手段。这就是有名的让黑格尔用脚立地站起来。马克思在《资本论》第一卷德文第二版的跋中用了同类的比喻语言。

在恩格斯看来，黑格尔所发现的辩证规律是支配自然界、历史和思维的一般规律。马克思的著作是把这些规律胜利地应用于历史。而且恩

---

① 《马克思恩格斯选集》第 1 版第 3 卷第 484 页。

格斯相信，十九世纪自然科学的某些重大成果——能量守恒的一般原理的提出、有机细胞的发现和达尔文的进化论——证实了自然界本身的相互联系的和辩证的性质。① 关于思维和现实之间的关系的重大认识论问题，很容易地解决了："我们的主观的思维和客观的世界服从于同样的规律，因而两者在自己的结果中不能互相矛盾，而必须彼此一致，这个事实绝对地统治着我们的整个理论思维。它是我们的理论思维的不自觉的和无条件的前提。"② 思维和世界两者的共同结构保证了它们最后的符合。

这样，在恩格斯手中，马克思主义哲学变成了一般的自然哲学。这种立场的政治影响，在把恩格斯的哲学首先是《反杜林论》看成正统的下一代马克思主义者中，变得很明显。正是他们——考茨基、普列汉诺夫等人——将要为第二国际提供领导。在他们手中，马克思主义本身被逐渐变成了一种决定论的形而上学，既可用以为他们日常的改良主义实践辩护，又可用以保证他们的实践据说要达到的目标即无产阶级革命终有一天要到来。

值得指出的是，第二国际中的重大争论都是围绕着上层建筑问题展开的。对考茨基说来，马克思在《资本论》中所阐述的规律是自然规律，它们不仅支配着经济，而且支配着作为经济、意识形态和政治的反映的上层建筑。因此，"资本主义社会已经失败；它的瓦解只是时间问题；不可抗拒的经济发展以自然的必然性导致资本主义生产方式的破产。建立一种新的社会形式以代替现存的社会形式，不再只是**愿望**；它

---

① 例如，参看《马克思恩格斯选集》第 1 版第 3 卷第 525—526 页。
② 《马克思恩格斯选集》第 1 版第 3 卷第 564 页。

已成为**必然的东西**"。①

这样,马克思主义者就被免除了组织和干预阶级斗争以赢得无产阶级在革命事业中的领导的任务:资本主义生产方式的发展规律必然会导致社会主义。希法亭和奥地利马克思主义者不曾怀疑历史唯物主义规律的决定论性质;他们争辩的毋宁是,这些规律是科学的和经济的规律,不能为推翻资本主义的政治行动提供任何正当理由:在新康德主义的实证主义影响下,他们主张用一种社会主义伦理学来补充马克思主义。例如,希法亭曾写道:"简单地把马克思主义和社会主义等同起来,是不对的。从逻辑上讲,单是作为一种科学体系来考虑……马克思主义只是一种关于社会运动规律的理论……承认马克思主义的正确性(这意味着承认社会主义的必然性),决不是价值判断的任务,更不用说是实践行为路线的指针了。承认必然性是一回事,使自己为那种必然性服务完全是另一回事。"②

伯恩施坦作为主要的修正主义者,并没有拒绝争辩的条件,相反,他否认马克思的理论作为对资本主义的分析的正确性,因此号召对它进行修正,而且又是在实证主义的影响下,号召用社会主义伦理学的价值判断对历史唯物主义的"纯粹事实的"规律进行补充。

缺乏关于上层建筑的明确科学理论,是这种抽象辩论的理论条件(当然,还有其他的物质条件和政治条件)。如果正确地理解马克思主义不只是或者完全不是经济理论,而是一种关于社会总体、关于经济与

---

① 卡·考茨基:《爱尔福特纲领》,转引自科莱蒂:《从卢梭到列宁》1972年伦敦版第55—56页。

② R.希法亭:《金融资本》序言,转引自科莱蒂:《从卢梭到列宁》1972年伦敦版第74页。

整体其他环节之间关系的理论，那么这整个辩论就会失去根据。甚至马克思著作中关于经济的概念，也是关于一个本质上是社会的和历史的实体、即社会生产关系和生产力的统一的概念，而不是关于物质生产的技术条件的概念。

例如，在《资本论》第一卷中，马克思说明了，生产力的**技术**发展如何不但不为资本主义的成长提供动力，而且是资本主义社会生产关系出现的**结果**。这种社会生产关系就是直接生产者脱离生产资料，劳动力变成为商品，生产资料集中在劳动力购买者资本家手中，这种生产关系要求生产的狭隘技术基础实行革命化。

但是马克思的科学著作集中在资本主义生产方式的经济方面，虽然在《资本论》和马克思的政治著作中都存在有关于上层建筑理论的重要线索，但是它们并没有比阿尔都塞所说的"实践状态"说得更清楚一点。恩格斯晚年在他批评那些不承认政治有相对独立性和经济只是归根结蒂起决定作用的人们的通信中，含糊地承认了这种缺陷。① 然而他的这些言论虽然很有教益，却绝不能代替理论。

对第二国际的马克思主义者，首先是对考茨基说起来，资本主义将必然地、按照"自然的必然性"被社会主义所代替。这种理论立场为他们政治中的深刻裂痕——工人运动与其政权之间、各社会民主党的愈益改良主义的实践与它们的革命纲领之间、它们的当前策略与工人政权的战略目标之间的裂痕——提供了理论上的掩护。在1914年以前的帝国主义全盛时期，正在扩展的资本主义为大批改良主义政党提供了广阔的天地，使它们能够在革命马克思主义的旗帜下建立起来而不必经受理

---

① 参看《马克思恩格斯选集》第1版第4卷第474—487页。

论与实践之间的令人为难的冲突。伯恩施坦的修正主义,不过是对与第二国际的改良主义现实并不符合的革命辞藻表现一点不耐烦的情绪而已。1914年的危机迫使欧洲的马克思主义者在他们自己的资本主义国家和国际工人运动之间作出选择,只有这个危机才使得上面所说的裂痕变成了把革命和改良截然分开的鸿沟。

(庚生 译)

恩格斯的军事思想和美国的反伊战运动[*]

〔美〕阿尔伯特·萨吉斯

恩格斯是公认的战争和军事理论家。他的著作涉及军队组织、武器、战略战术、国际政治的军事透视、对重要的军队将帅的评论、军事史、对特定战例的分析、对战争的预测和工人阶级起义。他对军事有兴趣的主要原因是,他想用无产阶级在将来社会主义革命中需要的知识来武装他们。恩格斯认为,工人阶级如果要推翻资产阶级,首先必须掌握战争的艺术和战略。

这篇文章的目的是挖掘恩格斯关于军事起义观点的特定方面,并指出恩格斯的这些分析对于当前美国反对伊拉克战争运动仍很有意义。

一、恩格斯的军事思想

作为这个论题的背景,我将首先对恩格斯的军事著作作一些一般性的评论。在马克思主义学者所写的关于恩格斯的所有英语著述中,也许关于他的军事思想的著述是最少的。更让人吃惊的是,当马克思主义学者和其他激进学者考察军事时,他们竟然往往不提恩格斯在这方面的贡

---

[*] 本文选自《国外理论动态》2005年第11期。

献。至于美国的激进学者和一般左派,他们往往出于和平主义而反感军事,并将军事误解为黩武主义。这使他们很少涉足对军事本身的分析。而且,如我们在下面将看到的,这也限制了活动分子,使他们在军事方面不能组织起来。

恩格斯关于战争和军事的著作占了他作品的相当大的比重。这些著作在文献上包括报纸和杂志上发表的几百篇文章(包括一些以马克思的名义发表的文章)、几本书或一些书的重要章节、给马克思和恩格斯所写著作和这些著作新版所写的序言中的评论以及数量很大的小册子、书信和讲话。马克思本人引用过恩格斯关于美国内战的著作,谈到过恩格斯在曼彻斯特的"陆军部",而且恩格斯曾一度考虑做一位全职的军事作家。

令人吃惊的是,恩格斯只有很有限的从军经历:1841—1842年在柏林的普鲁士近卫炮兵部队中服役和在1848—1849年的德国革命中在巴登的一个小规模起义中做了一个月的副官。尽管他的经验看起来好像是直接得自战场,但恩格斯大多数文章是在英格兰写作的,他以军事历史书籍、战地通讯员写的新闻稿、官方公报和地图作为写作资料。他的军事和战争方面的著述起于1850年延续至他1895年去世前的几个月。

如上所述,恩格斯对战争和军事的兴趣源于他对革命使命的认识。恩格斯的军事思想有助于建立马克思主义的革命战略和战术。马丁·伯格(Martin Berger)认为,恩格斯的军事思想有两类主题,即战争与革命的关系以及军队和革命的关系。前者涉及战争对革命潜力的影响,后者则分析军事在革命战略和战术中的作用。本文集中讨论后者,特别是军事对起义的潜力的影响。从最早的关于军事和革命的研究开始,恩格斯就提出使资产阶级军队中立化的重要性。他认为,一场成功的革命要求相当大一部分的政府军站在革命力量一边,还有很大一部分保持中立，而只有很小的部分仍忠于统治阶级。这既适用于专制的也适用于民主制的资产阶级社会，而且对于当代西方资产阶级国家完全适用。事实上，恩格斯认为普选制和普遍征兵制互相补充，使选民能保证他们的决定得到被"感染了社会主义"的军队的支持，他说："军队的瓦解和纪律的完全松懈，既是迄今发生的每次胜利的革命的条件，又是这种革命的结果，这是很明显的事实。"①

恩格斯预见到，在多数资产阶级民主政治下，当工人阶级的组织（政府中的工人阶级政党）接近决定性的力量时，统治阶级将对工人阶级运动进行军事攻击。恩格斯的意见是，不要被拖入一场未准备好的起义，而是要为革命的成功准备条件。工人阶级方面的军事起义是一个关键因素。因此是否有越来越多的人投票支持工人阶级政党，以及是否有越来越多的民众被征召入伍，是革命时机是否成熟的标志。足够数量的工人阶级接受军事教育是很关键的，——无论他们是现役、预备役还是退伍。当社会主义者在选民中的数量上升时，他们在军队中的数量也在上升。

在1893年有关德国的一次采访中，恩格斯这样描绘了这种联系和意义："（我们的拥护者的人数）随着每一次选举不断增长。……全德国的选民是1000万，其中参加投票的人数平均是700万。如果在总数700万选民当中有350万选民拥护我们，德意志帝国就不能再像现在这个样子存在下去。还有……我们的选民人数反映出我们在军队里的拥护者的人数。在1000万选民当中我们已经有150万，就是说大约全体居民的七分之一站在我们这边，并且可以认为，每6个士兵里就有1个是我们的。当我们有350万张选票的时候（这个时候不远了），整个军队

---

① 《马克思恩格斯全集》第1版第27卷第373页。

就会有一半站到我们这边。"①

恩格斯也关注军人的组成结构：工农阶层占多少，他们来自哪些地区。同样，他指出选民的社会构成模式决定了选民的社会特征和军事之间的相关性。他意识到，这些尺度对于衡量军事力量和平民社会力量是否准备好是很重要的。

这种细致的研究被设计出来用于决定什么时候适合武装斗争，而一个关键的变量就是军队不愿意向工人开火。

二、反越战运动

恩格斯的分析对于美国的反伊战运动有教益吗？要讨论这个问题，简短地考察美国反越战运动并把它和当前的反伊战运动作一比较，将会是富有成效的。士兵处于反对战争乃至反对资本主义国家的阶级斗争的关键领域。军事部门特别是军队的"群众性"（普遍征兵制）和社会阶级构成以及主导的美国军事意识形态的变化被看成对反战运动有贡献。有三类原因导致美国在越南的失败：越南人民的解放斗争、美国公民反战运动和美国现役及退伍军人的反战运动。在后两者中，现役和退伍军人的反叛是最重要的。

征兵制存在于越战期间，这是导致很多小资产阶级和资产阶级大学生反战的重要因素。在1964到1973年间，2700万男子处于应征范围，其中的40%被征召入伍。在这些人中，10%左右的人即250万人被送往越南。他们中的绝大多数是工人阶级或农民阶级出身的青年，平均年龄约19岁。80%的人受过中等或中等以下教育。大学生、研究生仅占

---

① 《马克思恩格斯全集》第1版第22卷第629页。

应征者的2%。而且在越南的部队不成比例地更多地由少数民族组成。例如，非裔美国人占军队人数的12%，但是在越南他们占战斗人员的25%，在一些精锐的伞兵部队中，他们甚至占到总人数的50%到60%。

历史学家理查德·莫泽（Richard Moser）指出，美国军队历史上有两种理想，即成为斗士（帝国的建造者）或公民战士。"斗士"范型基于美国的开拓边疆和帝国主义冒险。"斗士"范型体现了如下观念：白人优越、适者生存、家长制和西方特别是美国文明优越等。这些观念在构成军队志愿人员相当大部分的南方贫穷的农村白人男子中尤其强烈。"公民战士"范型被"想象为一个自由的民族为自由、为扩大公民权而战，他藐视世俗的或民主制的谦让，对常备军保持警惕，他的最好代表是在反对英国殖民主义的革命战争中的后备民兵、在美国内战中的白人和黑人废奴主义者和武装逃亡奴隶，他为共同自由而战并有权反叛。"莫泽通过采访越南战争时期的老兵——包括拥护战争的和反对战争的——和研究历史资料发现，公民战士范型是军队反叛中占主导优势的理想，它将战士的自我形象重塑为"反战英雄"。军队反叛者比战争支持者有更强的工人阶级觉悟，而且这种觉悟，在反战运动中提高了。

在20世纪60年代早期和中期，由于反战运动的主要组成者是小资产阶级，该运动总体上忽略了军事，活动主要集中在反征兵和反战抗议上。无论在越南还是它之外的军队中，反战运动最初（即早至1965年）都是由士兵自己发起的。反战军事人员出版报纸始于1967年，这些报纸增长到大约300种，分布在军事基地、舰船和战场上。越战期间，开小差的人达到150万人，而成千上万的军事人员逃到他国，甚至有些人还加入了越南人民的民族解放阵线（NLF）。总共26%的人因为主动或被动的处置不当和反抗而被惩罚性地要求强制退伍。在1969年，有68起排、连，甚至营一级直接拒绝战斗的记录。在1970年，一个战斗师中记录了35起拒绝战斗事件,如果扩展至同一级的其他师,将意味着有成百上千的此类事件。这还不包括避战!即秘密地拒绝战斗,在小规模巡逻中这类事件可能成千上万。反抗的最后一个表现就是用手榴弹杀死不讨人喜欢的军官或下级军官。1969—1973年间,官方记录了730起杀死军官事件,造成85人死亡和几百人受伤。一些官员推测,这只占整个战争期间杀死军官事件的10%。如果我们将那些被他们手下士兵从背后枪杀的军官数加进来,那么大约有20%至25%的军官是被他们的手下杀死的。关于美军起义的最翔实研究表明,55%的士兵卷入了反抗活动,这还不包括海军陆战队、海军和空军士兵。

确实,军队反战运动使军队迟至20世纪80年代中期在全部雇佣兵化后才重新成为资本主义国家的可依赖的体制。军队的反战反叛确切地体现了恩格斯的观点:一个政治上觉醒的工人阶级军队和从事战争的着军服的由工人组成的军队将发挥很不一样的作用。

三、反伊战运动

但是我们现在不得不问的问题是,反伊战运动吸取了它声称要吸取的历史教训了吗?幸运的是,一定数量的发端于越南战争期间、有很多越战老兵参加的反战退伍军人组织生存到了今天,它们当中最著名的是成立于1967年的"反战越南老兵"组织和成立于1985年的"争取和平老兵"组织。这些组织有几千成员,他们将自己积累的经验传给下一代活动分子。它们和由以后的反战战士和老兵组成的组织如"反对战争的伊拉克老兵"组织和"公民战士论坛"组织是当前反战运动中的关键组成部分。这些组织甚至在战争之前就积极反战,而其余的反战运动在和军队发生联系方面进展很慢,尽管比在越南战争时期要快。这些反战运动和军队联系的推动力主要来自军人家庭,例如"金星争取和平家庭"组织和"军人家庭说出来"组织动员了三千多个家庭参加。它们在军事基地组织示威游行,将反战宣传品放入军事出版物,以及开设网站引发驻伊美军回应。

由于至今在驻伊美军中反叛的军人很少,现在极少有人公开在那里进行组织活动。但是,目前驻伊美军中的口头抱怨很多。当前有一些老兵和坚定拒绝战争的人作为辅导员到高中去讲述军队中的真实生活,提供真实的战斗场面和提出对伊战的批评,并给出代替参军的其他出路的建议。大学校园中阻止军队招募的事件已经发生了。所有这些已经带来一些成果,其表现是:陆军、海军陆战队、国民警卫队和预备役组织从2005年开始以来一直未能达到月度招募目标。

他们还接近国民警卫队和预备役人员,这是因为普遍征兵制被废除后,美国军队必然更多地依赖这些力量。他们占驻伊美军的40%,这是"二战"以来最高的比例。由于他们平时驻在社区,他们比一般部队更易于接触到。他们一般年纪较大一些,更多的人结婚,往往是文职人员并承担社区任务。他们比那些积极的雇佣兵有更多的民主和反抗价值观。

恩格斯的分析要求我们系统细致地考察当代资本主义的状况,并战略性地将之应用到对军队的组织工作中。在当前美国,如果要加强一般的和平运动和特定的反伊战运动的效率以及加强马克思主义左派在和平和反战运动中的作用,那么学习恩格斯的分析是极其重要的。研究和应用恩格斯的军事思想应该是学者身份的活动分子当前的首要任务之一,这篇文章是为完成这个任务所做的简略的建议性研究。

(刘元琪 译)

法国学者在恩格斯研究中关注的几个问题[*]

在恩格斯逝世后的100多年里，不论是在西方的马克思主义研究者还是在马克思主义学者内部，先后掀起了几次反恩格斯的浪潮，形成了一股反恩格斯主义的潮流。在这股反恩格斯主义的潮流中，法国的马克思主义学者和非马克思主义学者发挥了重要的作用。在恩格斯去世不久，法国的乔治·索雷尔、查尔斯·安德勒等人就指责恩格斯背离了马克思的思想，把马克思主义变成一种教条和体系哲学。在西方马克思主义兴起后，法国的萨特、列斐伏尔、梅洛－庞蒂和阿尔都塞等人则指责恩格斯的自然辩证法和历史观，而法国著名的马克思学学者吕贝尔则明确指出，恩格斯是"马克思主义"的创始人。

不过，在苏东剧变后，西方重新出现了对马克思主义的兴趣，同时恩格斯也随之重新受到了关注。值得注意的是，在这次新一波的恩格斯研究中，反恩格斯主义的色彩已经弱化，对恩格斯的评价也变得客观积极起来。正如法国国家科学研究中心研究荣誉主任米歇尔·罗伊（Michael Löwy）所说的那样，恩格斯仍然是一位"最迷人和最激励人心的思想家和组织者"，是"不能简单描绘的真正的历史名人之一"，是19

---

[*] 本文选自《国外理论动态》2011年第7期。

世纪"最有天才和最令人关注的政治人物之一"。① 在当代法国学者当中,恩格斯的妇女解放理论、劳动概念和宗教思想成为最受关注的三个问题。本文将围绕着这三个问题介绍法国学者的主要观点。

一、恩格斯与劳动概念问题

在恩格斯的著作《劳动在从猿到人转变过程中的作用》中,劳动体现了一种无限大的本体论价值:劳动创造了人本身。这种劳动观念主要受到黑格尔纯理论哲学的启发,即将劳动作为人的本质。恩格斯、马克思和当时许多德国的青年哲学家和知识分子都曾经虔诚地拜读过黑格尔哲学。恩格斯对世界的思考也正是在自身哲学知识积累和结合黑格尔辩证体系的基础上开始的。当然,这并不意味着恩格斯全盘接受黑格尔的辩证法思想。

法国学者在研究恩格斯的劳动概念时主要采取了比较分析的方法,例如拉瑞普(Ragip Ege),他将黑格尔的劳动概念与恩格斯的劳动概念进行了比较。黑格尔的现象学中关于劳动问题的两个方面对了解恩格斯的劳动问题非常重要:第一个方面就是劳动问题与意识或自反性问题直接相连;第二个方面主要强调奴隶只有通过被征服的痛苦经历才会发现劳动的解放效能,即奴隶通过劳动来克服恐惧和主奴关系的危机。劳动的救赎与解放性功能使奴隶可以不通过其他任何途径而在从自我到自我的直接关系中产生自我意识。

恩格斯在《自然辩证法》中试图通过劳动的动机来重读整个人类

---

① Joost Kircz and Michael Löwy:"Friedrich Engels:A Critical Centenary Appreciation", *Science and Society*, Vol. 62, No. 1, 1998, p. 5.

历史，在这里，人类历史被认为是一种不间断的转变过程，即一种纯粹的变化运动。只要存在这种运动，就会存在劳动。从这种视角来看，不仅仅是人类本身可以被视为劳动的主体，大自然本身也是一种劳动的力量。拉瑞普认为，在《劳动在从猿到人转变过程中的作用》这篇文章中，即使从广义上来讲，自然也被赋予了劳动能力，而促使猿向人转变的劳动应该具有另外一种性质。如果不涉及自然历史，而单纯从人类历史来看，恩格斯所阐述的劳动概念是一种转变的行动，但要遵循一定的目的，即一种有意识的转变行为。但是，恩格斯在考察劳动概念时引入了自反性维度，这就使某些问题变得复杂化了。[①]

恩格斯曾写道："劳动的发展必然促使社会成员更紧密地互相结合起来，因为它使互相帮助和共同协作的场合增多了，并且使每个人都清楚地意识到这种共同协作的好处。一句话，这些正在形成中的人，已经到了彼此间有些什么非说不可的地步了。需要产生了自己的器官。"[②] 拉瑞普认为，恩格斯真正想表达的是需求的满足必然要求发展劳动。正是需求的不断发展才导致了对劳动分工的强烈需求，以及个体之间交流的必要性，甚至导致了语言和意识的产生。换句话说，人类社会产生于自然需求及这种需求的增多。恩格斯认为，"需要产生了自己的器官"，即交流的需要产生了语言。由此我们是否可以认为需求发展的自然过程必然要求出现更加有意识、更加有组织性的劳动？

关于恩格斯为什么赋予劳动一种无限大的本体论价值，一些法国学

---

① Ragip Ege, *Le concept de travail chez Friedrich Engels et ses implications éthiques et politiaques*, dans Regards croisés sur le travail : histoires et enjeux, Actes du XIIe Congrès International de l'Association Charles Gide, 22 – 24 mai 2008, à paraître dans, *Presses Universitaires François Rabelais*, courant 2011.

② 《马克思恩格斯选集》第2版第4卷第376页。

者给出了两种理由。首先,恩格斯在其历史设想中尤其注重一种同时涵盖唯物主义、辩证法和非目的论的态度。唯物主义的态度主要是指他对"需求"和劳动后果的分析。辩证法态度主要是指其采用了黑格尔思辨哲学的历史观。非目的论的态度主要是因为恩格斯对偶然性的重视以及强调人类历史应当具有上升和下降的过程(《路德维希·费尔巴哈和德国古典哲学的终结》)。但是根据恩格斯的逻辑分析,即使考虑到历史的下降阶段,但对这个阶段的突然到来的可能性的研究根本不可能被提到日程上来。但是我们可以对人类走向上升过程中的"积极性"充满信心。因为如果说恩格斯(或马克思)对唯一一件事情持确定态度并且不遗余力地去追寻,那么这就是对人类走向解放的确信,即历史的上升过程。但这种解放并不是一种与意识相关的事情,它是一种历史逻辑的必然性。① 从根本意义上讲,正是劳动和劳动分工的发展(包括知识劳动的分工,即知识和科学的发展)才能通过生产力的完善来逐步实现这种解放。总之,人类的完全自由要通过劳动的发展来完全驾驭自然而实现。其次,恩格斯在总结劳动这一概念时还采取了一种实用主义的态度:恩格斯在论述从猿到人的转变时曾指出"每个人都清楚地意识到这种共同协作的好处"。之所以是"好处",恰恰是因为这种协作满足了人们多样化和复杂化的需求。劳动越是能满足复杂的需求,人类越能掌控自然和所处的环境。换句话讲,恩格斯对劳动的定义也是源于劳动在人类走向自由的过程中带来的"好处"。在恩格斯看来,不关注这种实用维度的观点就会陷入唯心主义。

---

① M. Delbraccio and G. Labica, "Actuel Marx", *Friederich Engels, savant et révolutionnaire*, Presse Universitaire de France, pp. 375 – 382.

二、恩格斯与妇女问题

关于恩格斯的妇女理论，法国学者主要从以下四个方面进行分析：妇女受压迫的根源；劳动的性别分工；妇女在家庭中的奴役地位；妇女解放的条件。

许多学者在讨论妇女解放问题时，几乎都会系统地参考恩格斯的《家庭、私有制和国家的起源》，但法国学者罗塞特·特拉（Josette Trat）认为恩格斯的这本著作并没有直接涉及这一问题，他只是用唯物论的方法解释了社会演变的因素、由血缘关系为基础的社会到一个由私有制统治的新社会的过渡、阶级冲突以及国家问题。[①] 恩格斯认为，过渡到一夫一妻制必然要求产生新的社会条件，即新的财富的出现。这些新财富会产生两种后果：赋予男性在家庭中的主导地位；促使男性推翻母权制下的继承次序。恩格斯认为母权的丧失是女性的历史性失败。一些法国学者，尤其是一些人类学家，在肯定摩尔根和恩格斯的巨大贡献的同时，提出了一些评论：乱伦禁忌不能通过生物学原因解释，而是要通过社会原因诠释；不能将母权制与母系社会的概念混淆（母系社会里妇女有着崇高的地位甚至是支配男性的地位）。法国著名人类学家艾利蒂耶（Françoise Héritier）认为，在阶级产生前的史前社会中，尽管没有出现私有制，但男性的统治地位仍然存在。[②] 一些"新恩格斯主义"

---

① Josette Trat: "Engels et l'émancipation des femmes, voir le Site", *Europe Solidaire sans Frontières*, no. 2191, le 14 mai 2006, pp. 2 – 3.

② Françoise Héritier, "Le sang du guerrier, le sang des femmes", *Les Cahiers du GRIF* n° 29, paris éditions Tierce, 1984, pp. 7 – 21.

派（该词汇由法国学者玛蒂埃［Nicole-Claude Mathieu］于1994年首次提出）的学者认为，历史上曾经存在过平均主义的社会形式。但是，如何解释从这种社会形式到等级社会尤其是男性统治社会的过渡呢？在由家族组成的社会中，父系社会或从夫社会的形式比母系社会或从妻社会更具优势，因为父系社会或从夫社会在家族的竞争中更能动员新的劳动力量来积累必需的新财富。戈德利尔（Maurice Godelier）认为，在没有阶级和国家的社会中同样存在男女两性之间的不平等关系，而男性统治的原因应当归结于家族之间的竞争，而不是生产资料的私人占有和男性对新财富的传承的关注。[①] 根据他们的分析框架，劳动分工和从夫居制度（residence patrilocale）促使男性将权力集中在自己手中。

在《家庭、私有制和国家的起源》中，恩格斯认为新的财富的出现同时体现了妇女的从属地位。阿兰·德斯塔（Alain Testart）曾提出另外一个观点：如果认为在所有的狩猎—采集社会里，男人和女人之间已经存在明显的分工，并且因社会的不同也体现出分工的差异，那么在任何一种这样的社会里，妇女都参与到了社会生产活动当中。[②]

罗塞特·特拉认为，恩格斯所谈到的男女劳动分工问题与人类在驯服动物和发展生产过程中出现的大分工没有任何关系，恩格斯对劳动分工的描述不足以明确说明到底是一些什么样的机制促成了男性统治地位的形成。雅克·泰克斯莱（Jacques Texier）认为，在《德意志意识形态》一书中，马克思和恩格斯在描述"最初的分工是男女之间为了生

---

① Maurice Godelier, "Sexualité, parenté et pouvoir", *La Recherche* n° 213, 1989, pp. 1141–1147.

② Alain Testart, *Essai sur les fondements de la division sexuelle du travail chez les chasseurs-cueilleurs*, édition de l'Ecole des Hautes Etudes en Sciences sociales, 1985, p. 44.

育子女而发生的分工"时所使用的词语是"naturwüchsig",而不是"natürlich",因此这种分工是同时决定人类生存和社会秩序的自然背景,而男人和女人之间的关系也是人类历史上第一种社会关系。① 关于男女之间的法律平等问题,罗塞特·特拉认为在许多西方国家中尽管两性之间的平等原则得到了承认,但"两性之间的对立"仍然没有消失。对这种平等原则的承认虽然是必需的,但并不足以达到妇女的完全解放。因为在这原则被承认后,它又会要求新的斗争,并引起新的问题的产生。当经过几代人的努力斗争为妇女争取到投票权和工作权利后,女权运动者们在70年代又呼吁得到更多的新权利。

此外,恩格斯认为妇女解放与生产资料的私人占有之间存在直接的联系。恩格斯的这个论断引起了不同的解释,其中一个最有代表性的解释就是认为只要将生产资料集体化,只要使所有妇女参与到生产中,只要取消了"资产者"家庭并以集体形式取而代之,就可以实现妇女的解放。罗塞特·特拉认为,这种观点的错误在于将妇女的解放完全变成了强迫性的集体活动。恩格斯并没有指出要"消灭"作为情感单位的家庭,而是指"个体家庭就不再是社会的经济单位了"②。妇女解放的基本条件就是通过工作来保证她们的经济独立,通过社会公共设施来减轻她们的家务和教育负担。玛蒂埃认为,两性之间等级关系的巨大变革意味着男女之间在工作、家庭、劳动市场以及政治舞台上的分工的革命③,而恩格斯并没有从这种意义上阐述妇女解放问题。

---

① Jacques Texier,"Le concept de naturwüchsigkeit dans l'idéologie allemande", Actuel Marx, n° 9,1991.

② 《马克思恩格斯选集》第2版第4卷第74页。

③ Mathieu Nicole-Claude, "Origines ou mécanismes de l'oppression des femmes?" Histoire et Société contemporaines, n°16, Université de Lausanne, 1994, pp. 13 – 23.

同时，恩格斯将妇女受压迫的状况与阶级剥削紧密联系在一起。继战后资本主义社会经济扩张和70年代女权运动以来，尽管西方世界发生了巨大的震荡，但是从全球范围来看，女性贫困化的趋势在不断增长，大量的失业现象和临时工作契约使人们对女性的工作权利问题提出了质疑。时至今日，为争取男女真正平等和妇女完全解放的斗争仍在继续。罗塞特·特拉强调这种斗争的先决条件就是与资本主义制度的斗争，而这也是恩格斯留给我们的重要遗产。

三、恩格斯与宗教问题

马克思对宗教社会学的主要贡献在于将宗教定义为一种精神生产形式，而这种精神生产的历史与社会和经济发展紧密相连。许多法国学者认为，如果要对这种"相连"的具体方式做更深入的研究，则必须要分析恩格斯的著作。恩格斯的童年和学生时代因受家庭和社会的影响，曾有着笃信宗教的感情，因此他在对宗教现象和宗教的历史角色的分析中要比马克思有更大的兴趣，当然他与亲密战友马克思一样都坚持唯物主义和无神论的宗教观。恩格斯对马克思主义宗教社会学的主要贡献在于他对宗教现象和社会阶级之间的关系作出了精确分析。

米歇尔·罗伊首先指出了通常对马克思的名言"宗教是人民的鸦片"的误解。罗伊认为，这句话除了通常认为的是对宗教的批判外，还表明了马克思所思考的是宗教的双重性："宗教既是现实的苦难的表现，又是对现实苦难的抗议。"同时，马克思在说这句话的当时仍然属于青年黑格尔派，实际上坚持的仍然是费尔巴哈的人本主义哲学，既没有把宗教与经济和社会关系联系起来，也没有把宗教与阶级斗争联系起来。直到《德意志意识形态》时，马克思才把宗教视为一种意识形态形式，认为应当从物质生产和经济关系的角度来分析和批判宗教现象。因此，罗伊认为，严格意义上的马克思主义宗教研究从这时才算真正开始。①

恩格斯虽然是一个唯物主义者、无神论者和宗教的不妥协的敌人，但是他把握住了宗教现象的双重特征：既有使现存秩序合法化的作用，也有在一定的社会条件下批判的、抗议的甚至革命的作用。② 实际上，他所做的具体研究大部分都涉及宗教的反叛形式。恩格斯对早期基督教历史起源的研究，始终关注一个十分重要的问题，就是基督教的初期形态。恩格斯认为研究这个问题不仅有助于理解基督教世界化的过程和成因，而且对于把握原始基督教的性质，阐明早期基督教与"现代社会主义"的异同，都具有十分重要的意义。但是，恩格斯并没有赋予原始基督教更多政治含义，更没有把它看作是近现代意义上带有政治性质的革命运动。在恩格斯看来，这两种运动之间仍然存在着本质的区别："基督教和工人的社会主义都宣传将来会解脱奴役和贫困；基督教是在死后的彼岸生活中，在天国寻求这种解脱，而社会主义则是在这个世界里，在社会改造中寻求这种解脱。"③

恩格斯也对新教与资产阶级之间的联系进行过研究，尤其是涉及英国革命的时候，比如他认为，"加尔文教是当时资产阶级利益的真正的宗教外衣"④。虽然恩格斯在英国生活了40年，但是他却从来未对出现在英国革命中的激进的、平均主义的或共产主义性质的政治宗教运动产生浓厚兴趣。与16世纪的德国宗教改革不同，恩格斯对于英国的革命，

---

① Michael Löwy: "Friedrich Engels on Religion and Class Struggle", *Science and Society*, Vol. 62, No. 1, 1998, p. 80.

② Henri Desroche, *Socialisme et Sociologie Religieuse*, Paris, Ed. Cujas, 1965.

③ 《马克思恩格斯全集》第1版第22卷第525页。

④ 《马克思恩格斯全集》第1版第21卷第350页。

只分析了它的资产阶级的维度。恩格斯认为17世纪的英国清教革命是宗教意识形态仍然能在其中发挥革命作用的最后一次革命。而法国大革命就拒绝穿上任何宗教的外衣,公开地在政治的领域展开斗争。正是由于这个原因,恩格斯对于在19世纪最初的无产阶级和共产主义运动中仍然存在着强烈理论前沿的皈依早期基督教的趋势感到不安与困惑也就很容易理解了。

恩格斯对于英国救世军的分析也值得研究。他认为,英国资产阶级在不惜任何代价维持工人阶级的宗教精神的时候,"接受了'救世军'的危险帮助,救世军恢复了早期基督教的宣传,把穷人当作上帝的选民看待,用宗教方式反对资本主义,从而使早期基督教的阶级对抗的因素得到滋长,这对于目前在这上面花现钱的富翁来说,总有一天会带来麻烦的"①。米歇尔·罗伊认为这些论述体现了恩格斯倾向于承认宗教再一次成为反资本主义的或革命的运动的意识形态和文化的可能性。这种可能性在几十年后成为了现实。在20世纪,它采取了比英国救世军更加重要的形式。在法国,主要是活跃于30年代到70年代的基督教左派和自60年代至今的拉美解放神学。

米歇尔·罗伊指出,恩格斯能够从阶级斗争与宗教现象的相互关系的角度来考察宗教问题,这是他对宗教研究所带来的全新的社会学阐释。正是由于恩格斯从阶级斗争的角度来分析宗教现象,他才发掘出了宗教的抗议的潜力,并开辟出了一条探索宗教和社会的关系的新道路。②

---

① 《马克思恩格斯全集》第1版第22卷第356页。
② Michael Löwy:"Friedrich Engels on Religion and Class Struggle", *Science and Society*, Vol. 62, No. 1, 1998, p. 87.

恩格斯兼具学者与革命家的品质，他是一位真正的实践家，一位永远的行动者。① 列宁认为，"不研读恩格斯的全部著作，就不可能理解马克思主义，也不可能完整地阐述马克思主义。"② 法国学者对恩格斯的劳动问题、妇女问题和宗教问题的分析也正说明了在新的世界形势下西方学者对马克思主义研究重新产生兴趣，尤其是在2008年全球金融危机爆发后，马恩的有关理论再次吸引了研究者们的注意力。法国学者在恩格斯研究中也曾涉及"马恩对立论"问题，但这种观点的根本错误在于忽视了马克思和恩格斯之间的终生合作这一事实，作为马克思的终身合作者和马克思主义的共同创始人，恩格斯的历史地位无疑是不可动摇的。

(张春颖 编译)

---

① Georges Labica: *Engels inachevé*, *Humanité*, le 16 octobre 1995.
② 《列宁全集》第1版第26卷第94页。

保卫恩格斯[*]

〔美〕乔治·诺瓦克

我想集中谈一下弗·恩格斯和他对制定辩证唯物主义的贡献,因为这位参加创造科学社会主义的导师最近几年遭到了火力很猛的攻击,说他把马克思的思想引上了错误的轨道,歪曲了马克思关于哲学的教导。他被指责以机械的方式歪曲马克思的方法,从而成为社会民主党倾向和斯大林主义的教条主义的先驱。这种捏造已为东西方的新左翼思想家们所广泛接受和大肆渲染,因为它对这些批评家们想要推翻和抛弃的那些辩证唯物主义因素起着暗中破坏的作用。

---

[*] 本文选自《马列主义研究资料》1985年第2辑。

原题注:作者乔治·诺瓦克是美国社会主义工人党领导成员,长期从事记者、编辑工作,从六十年代初起开始在美国一些大学讲授马克思主义哲学,并发表了大量著作,其中主要的有:《存在主义与马克思主义:关于人道主义的两种对立观点》(1965)、《唯物主义的起源》(1965)、《经验主义及其发展》(1968)、《马克思主义逻辑学绪论》(1969)、《民主和革命》(1971)、《人道主义和社会主义》(1973)、《实用主义和马克思主义》(1975)等。本文译自他的论文集《马克思主义哲学中的争论》(1978),它是以1975年在社会主义工人党一次会议上的发言为基础写成的,收入论文集以前曾发表在1976年2月23日的《洲际新闻报》上。译文略有删节。——译者注这个混杂的派别用"分割策略"来对付马克思思想，虽然他们分割的方式不尽相同。最放肆的分割者通过发现年轻的马克思和成熟的马克思之间有矛盾，把马克思本人一分为二。马克思被认为在早期人道主义著作和发表《资本论》之间的时期里使自己的观点发生了朝错误方向的变化。他们毫无根据地在马克思的正常成长过程中引进了一个急剧的突变，其实马克思在这一过程中从一个十年到下一个十年不断加深了他对许多事物的认识。

然而，大多数修正主义者认为马克思没有曲解自己，或者只是说他模棱两可而放过他。恩格斯则被作为罪魁祸首，被指责为马克思的真正信念的首要歪曲者而遭到主要的攻击。对恩格斯的指控的核心，是他的辩证唯物主义实质上不同于马克思的历史唯物主义。真正的、创新的、人道主义的马克思，只有在像《1844年经济学哲学手稿》和《关于费尔巴哈的提纲》这样的十九世纪四十年代的著作中才能找到。按照这种主张，这种以人性为中心的实践哲学被恩格斯著作里对辩证唯物主义的决定论的、机械的、实证主义的和唯科学主义的解释所歪曲和取代了。

马克思和恩格斯之间这种被伪造出来的对立，不符合关于他们的关系的基本事实。直截了当地说，这是一个骗局；严肃的社会主义者应该警惕不要上当。1844年夏天，恩格斯第一次在巴黎拜访马克思，他后来写道："我们发现我们在一切理论领域完全一致；这是我们开始共同工作时的情形。"这种情况不间断地一直持续到马克思在1883年逝世为止。

历史很少目击过如此亲密、和谐和经久不衰的精神和政治方面的伙伴关系。他们的通信证实，在他们著作中得到表现的许多主题有很活跃的思想交流。虽然恩格斯谦逊地给自己安排了为马克思当"第二提琴手"的作用，但辩证方法和历史唯物主义的发展是一种集体创造。恩格斯和格·普列汉诺夫后来把这种综合的东西称作辩证唯物主义。马克思和恩格斯在十九世纪四十年代共同详尽阐述了它的基本原则。他们后来写的东西，无论其形式是报刊文章、宣言、小册子或书，多数都事先讨论过或经过相互间的彻底的、批判性的仔细检查。

无论他们在这样那样的小事情上有过什么样的意见分歧，在他们四十年的合作中没有关于任何重要理论或政治问题的争执的记录。恩格斯对马克思的政治经济学批判如此熟悉，以致只有他才能被委托把《资本论》的第二卷和第三卷整理出来。

恩格斯的《反杜林论》是马克思在世时发表的对马克思主义哲学的最完备的说明，是《自然辩证法》的一个初步草稿，两本著作的理论观点完全一样。《反杜林论》是在马克思坚决要求下写的。恩格斯在这本书付印之前把它念给马克思听，马克思赞同其中的每一个字。第二编第十章是马克思写的。因此，对这本书中的思想的任何异议，事实上不仅是不同意恩格斯，同样也是不同意马克思。恩格斯在为这本书第二版写的序言中已把这一点说得很清楚："顺便指出：本书所阐述的世界观，绝大部分是由马克思所确立和阐发的，而只有极小的部分是属于我的，所以我的这部著作如果没有他的同意就不会完成，这在我们相互之间是不言而喻的。"① 恩格斯在《家庭、私有制和国家的起源》的第一版序言中同样指出，他写该书时曾广泛地利用马克思的观点和结论。

他们逝世后，神话的编造者企图使一位革命家与另一位革命家相斗。这一策略并不新颖。恩格斯在1883年4月23日，即在马克思逝世后不久写给爱德华·伯恩施坦的信中就说过："1844年以来，关于凶恶

---

① 《马克思恩格斯选集》第1版第3卷第49页。

的恩格斯诱骗善良的马克思的小品文,多得不胜枚举,它们与另一类关于阿利曼—马克思把奥尔穆兹德—恩格斯诱离正路的小品文交替出现。"①

的确,时至今日这种无稽之谈已被鼓吹得越来越荒唐。有人说,普列汉诺夫和考茨基继续了恩格斯的错误。普列汉诺夫在1905、1914和1917年的恶劣行径和考茨基从1914年以后的背叛的原因,至少可以部分地追溯到他们的导师的哲学偏差。更有甚者,恩格斯被说成为斯大林主义学派所散布的那种辩证唯物主义提供了养料,因为他的辩证唯物主义使人类个体从属于自然和历史的规律。最后,列宁被指责在《唯物主义和经验批判主义》里发展了这种庸俗的唯物主义思维方法,虽然他在《哲学笔记》中已开始醒悟过来。

如果我们要相信这幅关于马克思主义哲学发展的漫画的话,那么欧洲社会主义思想的所有主要代表人物,从恩格斯到列宁、罗莎·卢森堡和托洛茨基,全都误解了马克思的思想并且走入了歧途,直到这些当前的批评家出来才使问题得到正确的理解。

这些由种种歪曲构成的大杂烩被大学里的马克思学家拣了起来,他们乐于把这种错误的信息传播给天真的学生和粗心的读者。英国哲学家安东尼·昆顿,在1975年5月29日《纽约书刊评论》上一篇关于最近出版的论黑格尔的书的评论文章中,是这样讲述这个故事的:"在两次大战之间的年代中,被斯大林的奴隶国家的神学装饰弄得已得不到人们信任的官方的马克思,正是幼稚的实证主义者恩格斯解释的写《资本论》的唯科学主义的晚期马克思,恩格斯的任务是把马克思的历史和社会理论演绎成为辩证唯物主义的全面哲学。"昆顿自然更喜欢小资产阶

---

① 《马克思恩格斯全集》第1版第36卷第14页。

级人道主义者梦想中的马克思的自由主义形象,据他说,他们强调"人是自身和世界的创造者"。和这个新近流行的马克思不一样,原来的马克思知道,虽然人类的确创造了自己,但是人类却没有上帝般的创造世界的能力——人类只能改造世界。人类的力量只限于使自然界的物质为人类的需要和目的服务。这位牛津学者很直率地指责成熟的马克思同恩格斯一起是最早犯唯科学主义(这是唯物主义的夸张的委婉词)罪过的人。许多半通不通的马克思主义者没有这样坦率或心口如一。这些胆怯的反偶像崇拜者对把榔头挥向马克思本人的花岗石雕像犹豫不决。他们害怕怀疑他的权威,认为他对自己的同伴的犯罪毫无过错。

  改良主义社会主义者乔治·李希特海姆在他的题为《从马克思到黑格尔》的最近著作中,提供了这种歪曲推理的一个可笑例子。他表示反对他所谓的"被恩格斯发明,被普列汉诺夫和列宁命名为'辩证唯物主义'的形而上学唯物主义的特别的本体论体系"[①]。李希特海姆写道:"《反杜林论》和最终于1925年以《自然辩证法》为题发表的论自然哲学的文章所提出的'辩证'唯物主义或一元论,同马克思自己的观点只有极微弱的联系,虽然马克思对恩格斯在《反杜林论》中对这个论题的阐述并未提出反对意见,也是他的传说中一个具有一定重要性的事实。"[②]

  这种未经思考的议论不仅粗暴地否定这一对伙伴之间的工作关系的性质,而且无视马克思的整个性格。这位富有战斗性的唯物主义者对如此亲密的同事对他的哲学方法的歪曲是不会无动于衷的。他不会不对这种攻击提出他自己的反对观点。

---

① 乔治·李希特海姆:《从马克思到黑格尔》1971年伦敦版第4页。
② 乔治·李希特海姆:《从马克思到黑格尔》1971年伦敦版第67页。

* * *

马克思和恩格斯在思想上解决了他们的基本哲学原则之后，在阐述他们的共同思想方面进行了分工。马克思埋头于研究政治经济学问题的艰苦劳动，恩格斯则着手把他们的哲学立场通俗化。这些著作中最重要的是《反杜林论》（从其中抽出一部分编成了《社会主义从空想到科学的发展》）和后来的《路德维希·费尔巴哈和德国古典哲学的终结》。最后是《自然辩证法》，到他逝世时还没有完成。除开作为应用他们方法的最高范例的《资本论》以外，这几部经典著作是我们马克思主义哲学知识的主要来源。

马克思和恩格斯从以前的哲学思想中保留了唯物主义世界观和辩证逻辑，使之成为他们的系统思想的基石。他们在哲学中进行的革命的特殊性质，就是把这两种互不联系的成分融为一体，作为一种认为工人阶级必须改造社会并为这一解放斗争提供理论指南的综合的世界观。唯物主义被从自然现象扩展到社会现象和思想过程的发展；黑格尔的唯心主义辩证法被颠倒了过来，并在运动物质普遍发展的现实中被赋予了坚实的科学基础。

马克思主义把哲学与阶级斗争和政治活动联系起来，把它变成为革命无产阶级通过阶级行动改造世界的斗争中的一件武器，并且把日益丰富的关于自然、历史和精神的科学认识的成果吸收到它的原则中来，从而对哲学重新下了定义，并使它恢复了活力。

关于马克思和恩格斯拥有不同哲学观点的毫无根据的说法，把恩格斯当作代替马克思本人受罚的人，对恩格斯的立场提出的反对意见，实质上是针对他们两人共同持有的辩证唯物主义的原则的。诽谤者应该从暗处站出来，直截了当地向马克思挑战。

如果对恩格斯的所有批评都被认为是正确的，那么马克思主义理论就没有多少能完整地保留下来。批评者竟然从抛弃马克思主义的唯物主义基础下手。唯物主义哲学从它在古代发端的时候起，一直是建立在一种对现实性质的独特解释的基础之上的；它在辩证唯物主义中的最高表现也毫不例外。唯物主义认为，唯有建立在运动物质的基础之上，自然界才有自足的存在，人类生活中的一切都是从客观世界中产生出来并且依赖于客观世界的。相反，唯心主义否认自然界是第一性的，使它从属于精神。例如在黑格尔的体系中，自然界是逻辑过程的异化反映，正如马克思说的那样，儿子生出母亲。这是哲学史中两个根本对立的阵营。然而，它们的对立立场并没有穷尽这个领域的一切可能。一大批各种各样的思想家和流派以这样那样的理由拒绝明确地站在这一边或那一边。他们试图把来自唯物主义和唯心主义观点的成分合并在一起，他们不稳定地摇摆于这两极之间。

这些折衷主义者通常躲过先有自然界还是先有社会和精神现象这个极其重要的问题。实践哲学的人道主义代表人物站在这类人的左翼。他们认为，无论自然还是思维都不是现实的本质，人类活动才是现实的本质，因此实践是马克思主义理论的支柱。他们认为这种中间的理论优于他们所谓的庸俗唯物主义或彻头彻尾的唯心主义。然而，他们的观点未敢面对对确定实践同外部世界的基本关系的需要。当被逼得很紧时，大多数实践派往往用下述这种说法来摆脱这个问题，即这个问题实际上没有任何意义，不需要确定的回答，因为自然界和思想在实践中并通过实践不可分割地联系在一起。虽然这在实际上是对的，但是物质和精神、客观和主观在存在中谁居先的问题还是没有解决。他们在这个问题上的这种模棱两可和含混不清的态度，实际上是向唯心主义作了一半让步，因为唯心主义认为，没有无主体的客体，客体只是主体所投下的影子或

"反思成分"——这个主体在哲学史上有各种不同的叫法,如上帝、精神、心、我们、词儿等等。

法兰克福学派的所谓"批判理论家"认为,因为客观世界本身是人类活动的产物,客观世界不能同主体割裂开来。由于他们只是通过人类主体的中介来看客体并且把决定论作为形而上学的偏差加以拒绝,他们就重新回到了黑格尔左派的立场,这种立场是马克思和恩格斯利用路·费尔巴哈的唯物主义作为桥梁在他们思想发展的早期就抛弃了的。

唯物主义教导说,自然界在人类主体之前和之外具有客观现实性。这个最重要的前提已经被自然科学的发现所证实,从天体物理学到生物化学的各种自然科学已经说明宇宙几十亿年以上的演变情况。地球及其较低级的有机物在人类及其特有的生产活动登上舞台以前,已经历过一段漫长的历史。

诚然,在人类及其特有的生产活动登上舞台以后,实践成了社会历史的推动力。但是它不能被认为是物质存在的基础。实践派倾向于使社会生活凌驾于产生出它的自然母体之上。我们人类的活动、成就和进一步发展是我们注意的焦点,我们赋予它以较高的价值是对的,但是我们不应该因此就缩小我们对整个现实的视野。人类中心论同关于地球是宇宙中心的观点一样已经过时。现在,火箭正在进入外层空间,研究者们正在遥远的星球上寻找生命的迹象,科学家们正在更深入地探索原子的秘密,在这种时候仍持人类中心论的观点,是极其狭隘的。

例如,被昆顿称为"这个思潮的最积极和最热情的代表人物之一"的李希特海姆写道:"在其自身之中和为其自身而存在的外部世界,同以确定人们已使自己成为什么为着眼点探讨历史的唯物主义,是毫不相干的。"① 这正像卢卡奇在《历史和阶级意识》中提出的"存在是人类活动的产物"和"自然是一个社会范畴"。② 发现自然是社会的工作,自然的概念是社会历史的范畴,但不是自然本身。科拉科夫斯基在《马克思主义和其他》中也告诉我们:"世界是人类的产物"。③ 最后,法兰克福学派较为年轻的成员施米特写了整整一本书讨论"马克思著作中关于自然的概念",在其中说,"自然只是通过历史的中介才对人存在着"。④ 他把恩格斯及其"自然主义化了的黑格尔主义"同使自然从属于"通过社会劳动对它的占有"的马克思对立起来。他写道:"自然只能在历史的地平线上出现,因为历史只能着重谈到人。历史首先而且直接地就是实践。"⑤ 这只有一半是真理:对人类史说来是对的,但对自然史说来则不然。正像马克思和恩格斯在《德意志意识形态》中说的,"我们仅仅知道一门唯一的科学,即历史科学。历史可以从两方面来考察,可以把它划分为自然史和人类史。但这两方面是密切相联的,只要有人存在,自然史和人类史就彼此相互制约"。⑥ 施米特忽视了"只要有人存在"这个决定性的限制成分。几百万年以前人类还不存在,虽然自然已经存在。马克思和恩格斯的哲学唯物主义是以这一事实作为基础的。它包括了、然而超出了真正人类史的地平线。

---

① 乔治·李希特海姆:《从马克思到黑格尔》1971年伦敦版第69—70页。
② 格奥尔格·卢卡奇:《历史和阶级意识》1971年柏林版第xvi页。
③ 列茨克·科拉科夫斯基:《马克思主义和其他》1971年伦敦版第78页。
④ 阿尔弗莱德·施米特:《马克思著作中关于自然的概念》1962年法兰克福版第193页。
⑤ 阿尔弗莱德·施米特:《马克思著作中关于自然的概念》1962年法兰克福版第193页。
⑥ 《马克思恩格斯全集》第1版第3卷第20页。

我们能够同意其他社会主义人道主义者的说法，即人类生活的问题——以及解决这些问题的革命理论和实践——在马克思主义的教导中居中心地位。但是这里的问题不是唯物主义哲学的中心，而是它的圆周，即它关心的整个领域。辩证唯物主义只涉及人类特有的东西还是涉及全部现实？恩格斯的大多数批评者认为，更广泛地关心本体论、存在的理论，是黑格尔主义的一种陈腐的形而上学遗风；马克思主义只限于社会经验。他们把马克思主义只看作历史唯物主义的狭隘观点，是毫无根据地抹去马克思和恩格斯阐述的辩证唯物主义。这个问题有影响深远的含义。世界观和科学过程本身，只有当它的最初的实践者把泛灵论、宗教、目的论及其他以人类为中心的观念完全撇开的时候，才有可能成立。这些最初的实践者学会把自己与自然、把自然与自己分开来，客观地、按世界的本来面目（它有独立的存在并按自己的规律运动）来对待它。

卡尔·克拉勒曾经编辑过一本论述从卢卡奇到马尔库塞的所谓西方马克思主义主要代表人物的论文集，按照他的看法，这些人的显著成就在于他们"恢复了马克思主义核心中的人类意识、人类主观性"。[①] 真正的马克思主义并不需要注入任何主观性。但是这些批判理论家们认为辩证唯物主义所坚持的决定论和规律性是社会民主党的宿命论和斯大林主义的极权主义的来源，觉得若是没有主观性，社会主义运动就不能改变方向。麻烦的是，他们给了马克思主义以这么大剂量的主观性，以致使它在理论上和实践上都失去了平衡。

马克思主义是对人类活动的客观方面和主观方面作出正确的平衡说

---

① 狄克·霍华德和卡尔·克拉勒编：《人所不知的方面》1972年纽约版第7页。

明的第一个思想体系。它把客体主体关系看作是对立面的统一，在一定条件下一方能被转变成另一方。在燧石被凿成手斧，从而使物质原料与主观的（人的）劳动因素交织在一起的同一过程中，工具及其目的的概念被制造者客体化为人工制品本身。在自然物被人化的同时，观念变成了物质。客体主体关系的主要基础在于人类和生产活动涉及的自然之间的相互作用。这里，自然对人类主体说来是客观的，客体主体关系随着自然力被劳动转化为社会用途而发展。历史的本质在于自然被人类的生产活动逐步改变和人类本身随着生产力的增长而发生相应的变化。早期的卢卡奇和法兰克福学派把我们在其中生活、工作和思维的人造环境称为"第二自然"。他们把注意力完全集中在这个领域的现象上，试图抹杀本来的和基本的自然。他们这样做时，认为人类历史和社会生活中的主观因素比客观发展条件更为重要。

历史唯物主义教导说，凡是主观的（人的）东西，是受客观现实、规律和必然性支配的。这被概括在社会存在决定社会意识这句话中。这不是像某些批评者说的那样意味着，主观因素可以忽略或没有力量。完全相反，主观因素在人类事务中无所不在，根据物质环境的不同情况能起或多或少有影响的作用。在历史决定过程中的高潮时机，主观因素甚至能起决定性的作用（我在《个人在历史创造中的作用》一文[①]中曾对此有所讨论）。承认这一事实，就必须建立革命党，这是大多数新左派的实践鼓吹者们拒绝得出的结论。他们的主观性害怕接受这一客观必然性。

马克思主义关于两种因素相互作用的观点为主体的有效行动提供了充分的余地。主体（主观）和客体（客观）一样，是一个相对的范畴，

---

① 收在《理解历史》一书中（1974年纽约版）。

它所指的范围是变化的。它能够指相对于自然环境而言的人类集体,或是特定社会形态内部的一个阶级,阶级的一个政党,一个意识形态流派,或是单个个人以及他或她的意识。作为一种物质的有机体,个人对他或她自己和其他人说来是一个客体,而作为一种社会的存在物,她或他是一个有自己内心的心理和精神生活的主体。

马克思主义作为一种阶级斗争学说和革命行动指南,丝毫不贬低人的意志和首创性在一切方面所能起的作用——通过人们深思熟虑的干预,能够从改造他们的居住环境到形成和改变社会关系,改变事变的进程。但是人们至今只能在历史创造的条件下去做这一切,这些条件合法地决定了人们改造力量的性质、方向和规模。在社会主义制度下,这些条件将受到我们的集体控制,可是现在还没有。

和实践派理论家争论的关键,这一争论的实际政治意义在于,他们往往夸大主观成分,低估现实客观条件的支配地位。这种片面性导致政治上的唯意志论、极左倾向和冒险主义。例如,卢卡奇那些收集在《历史和阶级意识》中的文章就反映了列宁等第三国际领导人在1921年曾反对过的极左路线。这并没有阻止卢卡奇转变方向,脱离匈牙利共产党内的政治行动主义,并且在二十来年中使自己适应斯大林主义制度(虽然是咬紧牙关的)。在理论和政治中的极端主观主义能够很容易变成它的对立面。正像美国六十年代许许多多的极左明星,从伦尼·戴维斯和汤姆·海顿到博比·席尔和埃尔德里奇·克里维尔所表明的那样,这种主观主义往往以投降于现存力量而告终。

客体主体关系的哲学问题可以回溯到古希腊人那里。第一批唯物主义者,从泰勒斯到原子论者,把他们的注意力集中在物质存在物的性质上。诡辩派和苏格拉底抛开这些宇宙论的思考,集中注意社会、道德和逻辑问题。他们教导说,人类首先必须知道自身。不管这种转变是如何片面，它在当时是哲学思想发展中的必然的一步。注意力在现实的客观方面和主观方面之间的这种变换，在哲学发展的以后一些阶段上在更高的水平上反复发生过。马克思主义本身在其具体的形成过程中，也是先考察最迫切的经济、社会和政治问题，后来才开始考察由自然科学的发展所提出的理论问题。不管这种过分强调在哲学思维的以往阶段上是多么有道理，甚至不可避免，实践派在这么晚的今天仍来重复这种片面性，就是一种倒退了。波兰哲学家亚当·沙夫在哲学传统中正确地区分米利都路线和苏格拉底路线，然后就错误地敦促马克思主义者摈弃米利都派，采取苏格拉底的人道主义的出发点和世界观。但是苏格拉底是唯心主义的鼓舞者，他使希腊思想离开了唯物主义。沙夫要人效法苏格拉底，就是要迫使社会主义者走这同一个方向。如果古代的榜样适合的话，那么我们和列宁一样，推荐唯物主义先驱者德漠克利特和卢克莱修的道路。

*　　　　*　　　　*

物质实在的独立存在、客观条件的第一性和认识的客观性，在马克思主义哲学的结构中都是一致的。马克思主义的认识论是以人的头脑能够或多或少地正确反映周围世界的原则为基础的。这个原则同马克思主义关于物质存在的概念不能分开。我们感知的事物的性质和关系，通过逻辑思维的抽象和概括能力形成概念。我们的真正观念的内容符合，也就是越来越接近客观上存在的东西。

实践派理论家们把辩证唯物主义的本体论（关于存在的理论）和认识论之间的内在联系割断，从而破坏了这种唯物主义认识论的前提。李希特海姆争辩说，马克思的历史唯物主义与恩格斯和普列汉诺夫的哲学唯物主义不同，与他们的"站不住脚的关于感性认识的理论""没有任何联系"。① 这种说马克思和恩格斯之间有分歧，从而偷偷抛弃他们的唯物主义认识论的企图，有一个很大的困难，这就是马克思在1873年出版的《资本论》第二版的跋里曾明确说："我的看法……观念的东西不外是移入人的头脑并在人的头脑中改造过的物质的东西而已。"② 施米特说这一说法是"不幸的"。对认为马克思并没有持有与恩格斯同样的反映认识论的论点说来，马克思这句话确实是不幸的。

批评者们往往把马克思主义的观点同那种认为人们消极地接受在头脑中以物体的直接复制品或镜子映像出现的感觉和知觉的立场混为一谈。这种对认识的简单化的和机械的解释，是经验论者、感觉论者和马克思主义以前的唯物主义者所特有的。十八世纪的唯物主义者德尼·狄德罗把头脑比作蜡，事物在其上留下自己的印痕。辩证唯物主义远远超出了这种粗略的、不完善的理论。它把人不是看作环境的单纯直观者或者对环境所给予的刺激的反应者，而是看作行动者、探索者和斗争者，他们从事劳动及其他他们的思想指导的实际活动，并且按照不断变化的历史情况和社会关系发展了他们的概念。在认识过程中，能动的、生产的主体加工出概括、观念模式和范畴，它们在社会实践中受到检验时显示是否符合事物的本质特征。认识从原始的无知到今天的科学的整个发展，是人类理性的创造能力和社会性质的见证。

认识作为不断发展的人的一种能力和产物，有其主观的方面。但是，如果我们的感觉、知觉和思想并不真正反映在我们外发生的事情，并不提供关于实在的现象、条件和规律的可靠信息，那么认识过程就会比无用还要更坏。原子物理学处在今科学研究的最前线。科学和社会花

---

① 乔治·李希特海姆：《从马克思到黑格尔》1971年伦敦版第70—71页。
② 《马克思恩格斯全集》第1版第23卷第24页。

了两千五百年的功夫才制订关于物质的原子结构的理论，关于宇宙的这一方面还有大量的东西需要研究。但是无可否认，我们现在知道原子的确存在着。它们的许多特性，我们是通过验证关于它们的内容的假说得知的。

*　　　*　　　*

有人特别喜欢提出这样一项指控，说恩格斯是一个轻视政治和其他力量的相对独立性的片面的"经济决定论者"。根据恩格斯在上世纪九十年代初期写给康拉德·施米特、弗兰茨·梅林及他同他通信的人的一系列信件，这一指控是特别站不住脚的。格斯嘲笑了把一切社会现象单纯地归结到经济原因、忽略社会决定过程中从物质基础到高级精神现象一切因素多方面相互作用的那些人。不过，恩格斯从来没有忘记补充实践派理论家通常忽视的事情：在历史发展中，经济条件最终是决定性的。正像他在约·布洛赫的信中说的那样，"这里表现出这一切因素〔政治的、法律的、哲学的、宗教的等等〕的相互作用，而在这种相互作用中归根到底是经济运动作为必然的东西通过无穷无尽的偶然事件……向前发展"。① 他说"这些先生们缺少的是辩证法"，这话不仅适用于那些只看到经济原因、忽略上层建筑因素影响的机械论者，而且也适用于那些拒绝承认经济在社会文化特征形成中具有决定作用的唯物主义背离者。

恩格斯可以很容易摆脱指责他对社会因果关系采取机械的态度，因为他甚至对自然过程也没有持机械观点。他对实在的两个部分都采用一贯辩证的方法。批评者们的指责不是针对他的所谓机械的思想，而是针

---

① 参看《马克思恩格斯选集》第 2 版第 4 卷第 696 页。

对他坚持认为不管是人类事件还是物质现象都受规律支配的观点，这个观点对科学方法说来带有根本性，但是对非唯物主义的人道主义者说来则十分讨厌。

马克思和恩格斯坚决主张，通过辩证唯物主义和历史唯物主义，社会主义已经从它的幼稚的空想主义发展成为一种彻底科学的世界观。这一主张遭到恩格斯的敌人的怀疑或贬斥。他们否认马克思主义像自然科学一样，是以对客观现实的正确认识为基础的科学理论。更激烈的批评者们说，科学社会主义是严重的用词不当。按照他们的意见，作为一种为促进特定阶级的目的和利益而制定的意识形态，并不拥有可以客观证明的正确性。这是列茨克·科拉科夫斯基、恩斯特·费舍尔和法兰克福学派成员的共同思路。他们认为马克思主义不是充分科学的思想方法，而是按照人道主义精神的价值观念和行为准则的体系，恩格斯和接着是普列汉诺夫、考茨基以及列宁把这个体系变成了后来被斯大林主义利用的富有欺骗性的实证主义和唯科学主义意识形态。

费舍尔在他1966年发表的《艺术和共处》一书中说，马克思主义并非纯粹的意识形态，而是科学和乌托邦幻想的混合物。恩斯特·布洛赫的希望哲学把乌托邦唯心主义当成马克思主义的轴心。几十年以前，悉尼·胡克争辩说，因为马克思主义不同于在社会上中立的自然科学，包含着无产阶级狭隘的和主观的阶级利益，因此它不可能是一种客观的科学。他把马克思主义简单地看成是有助于劳动阶级的斗争活动的一套实用主义指示。

马克思主义不承认科学客观真理和工人阶级利益之间的对立；这两者是不可分的。马克思主义**既是**它的革命社会主义队伍的世界观，**又是**一种能提供关于现实的最正确和可以修正的解释的科学思想方法。这使它具有罕见的革命性。它的科学性的凭证不仅来自理论考虑，而且来自由世界社会的现实发展（如当前的经济危机）所提供的实际证明。科学预见与猜测和直觉不同，是建立在对实际存在的受规律支配的因果联系的研究之上的。马克思主义经受了这种实际的考验。它作为无产阶级活动的可靠而有效的指南的价值和它对预见社会和政治发展的主要趋势的用处，已被阶级斗争的正反面经验所证实。

像实证主义、实用主义和存在主义这类思潮否认哲学必须以科学为基础。他们把那种特征仅仅局限于自然科学，或最多是社会科学的某些分支。他们说，哲学不像自然科学，不关心一般世界的性质和规律，而只关心人类的活动、希望和价值观念。如果一般哲学与现实的整体没有内在联系，那么辩证唯物主义的处境完全相同，也失去了科学的正确性。实践派思想家们同意，马克思主义哲学并不拥有与科学的特别分支相同的地位。这就是他们把"唯科学主义的"恩格斯和人道主义的早期马克思对立起来的用意。像阿多尔诺这样一些人要把哲学和科学割裂开来，就是为了保护主观性。

他们为了支持这种主张，有时指出下述这样的情况，即哲学内部本来包含有从天文学到心理学的许多科学分支，它们都已陆续自立门户。这一分离的过程使哲学除了保有人类价值观念的领域以外，再没有任何其他的内容。哲学的处境可怜得像李尔王一样，他把自己的全部财产分给了几个女儿，落得一无所有，求助无门。这幅关于哲学和科学之间相互关系的图画，只描绘出它们演变的一个方面。科学一门接一门地从哲学分离出来，可是各门科学作为一个整体在许多点上彼此更接近了，如生物物理学和生物化学所证明的那样。这些日益增长的相互联系及其结果，已经为受科学指导的哲学思想的范畴提供了更全面、更坚实的基础。在特殊活动领域中发现的规律，已经为阐述和检验宇宙中最一般的运动规律提供了基础。

这使我们想到反恩格斯运动中最引起争论的问题及其主要目标《自然辩证法》。这本书被当作证明辩证唯物主义不科学的头号展品，并且被作为出自马克思主义黑格尔遗产的一种荒诞的形而上学残余而加以拒绝。正因为如此，更加必须说明恩格斯在这部片断性的和未完成的著作中想要完成的事情。《自然辩证法》不是像反恩格斯势力所说的那样是马克思主义文献中的一种加在页边的补充，或者说一种赘疣。它是现代唯物主义的完整世界观的一个组成部分。

让我们来看看这部著作在马克思主义思想发展中所占的地位。如同从德漠克利特和亚里士多德经过托马斯·阿奎那到勒奈·笛卡儿和黑格尔这些哲学巨人一样，马克思和恩格斯对制定一种包括物质世界、社会和这两者的认识在内的实在的统一作系统的解释的必要性做出了反应。他们不像形而上学家，并没有提出一种封闭的、固定的、终极的哲学规律的结构。他们想要做到的是对运动中的物质提出一种他们当时的科学认识和理论思维所许可的清晰而连贯的理解。这种综合能成为进一步分析的强有力工具。

在《资本论》中，马克思系统地陈述了支配资本主义发展的规律；在其他关于历史唯物主义的著作中，特别是在《政治经济学批判》导言中，他指出了决定自然和控制资本主义前时期人类进程的普遍规律。在工人阶级运动最紧迫要求的驱策下，马克思和恩格斯必须开始对社会活动的推动力进行分析。他们只要有可能，就继续考察广大的自然领域以及自然科学的发现，把它们当作对他们的世界观的进一步考验。这下一步是他们的理论思维的逻辑延伸。

这一巨大的任务包括从唯物辩证法的观点估计自然科学的发展成果，就像他们在社会科学中从政治经济学开始做的那样。按照相互同意（他们的来往信件可充分表明这一点），恩格斯着手研究自然科学的结论，看它们是否并以什么方式表明世界上存在着辩证的规律和范畴。他并没有试图把这些逻辑规律强加在自然现象上，而是设法找出科学研究从一个接一个领域中抽出的事实所实际表现出的运动规律。他先考察了非有机科学，然后考察了有机科学。

收集在《自然辩证法》中的笔记，是围绕着下述关键概念安排的：物质世界包含有不同层次的各种运动形式，其中每一种都有自己独特的和不能还原的特性。这些运动形式不是像信奉牛顿学说的定数论者所认为的那样一律通通是机械的，虽然机械规律在宏观宇宙中广泛起作用。有许多其他的各不相同的运动类型——化学的、电子的、生理的等等，它们是由各个领域的结构和特性决定的。所有这些运动形式在物质上是相互联系的，在适当的条件下可以相互转化。在转化过程中能量不变，虽然形式发生了变化。

各门科学论述自己领域所特有的规律。但是有更普遍的规律贯穿这些特殊的运动形式，它们就构成自然辩证法。例如，有一条规律是量转化为质，另一条是可能性通过盖然性变为绝对必然性。辩证方法要求，对每一种不同的运动形式的基本特点，不仅要像部门科学的专门家那样就其本身进行具体的研究，而且要就其一般性、就其相互决定和相互转化进行研究。这种研究中最重要的地方是联结两种运动形式，越过它就要发生质变的分界线，如机械运动产生热，电引起机械运动。自然界的辩证发展随着时间的推移，产生了物质的更高组织形式。

马克思和恩格斯特别注意事物发展中的那些临界的转折点，在那里事物向其对立面转化。在宇宙发展中两次最重大的转变，是从无机向有机即从物理化学过程向生命过程的飞跃和几十亿年以后从动物向人的飞跃。在人类历史上两次最重要的转变，是在《家庭、私有制和国家的起源》中描写的从文明以前的制度向文明制度的过渡和在《共产党宣言》、《资本论》及其他著作中所设想的从阶级形态向社会主义未来的过渡。《自然辩证法》没有把自己限制于对物质世界进化过程的研究之中，而正如唯物主义人道主义应做的那样，朝着我们人类是如何创造的这一顶峰前进。上帝造人的神话被摈弃以后，人是怎样和凭什么手段被产生出来的这个人类起源之谜曾使研究者们困惑不解。在收在《自然辩证法》中的《劳动在从猿到人转变过程中的作用》一文中，恩格斯概述了对这个问题的唯物主义的和辩证的答案。劳动的社会起源论表明，宇宙发展过程如何由它自己的规律在几百万年以前导致从自然中产生出它的对立面，即作为社会存在物有自己特殊的活动方式和发展规律的人类。马克思主义方法的这一杰出成就，已被许多科学发现所证实。

劳动的人化理论完成了自然辩证法。恩格斯写道："在劳动的发展史中找到了理解全部社会史的锁钥。"① 对劳动进程的这种进化论分析使《自然辩证法》的结尾部分与《资本论》的开端相联结。前者说明了劳动如何创造人类，而《资本论》第一章分析了作为具体劳动和抽象劳动相结合的产物的商品的特性。后来马克思关于劳动活动的叙述，一直追溯到人类为争取生存与自然斗争的最初时期。

恩格斯除了全面说明了客观的自然辩证法以外，还大量谈到科学认识本身发展的辩证的、也就是矛盾的方式。他在学者们近年来大力探索的这个科学史的新领域中是一个先驱者。

从与我们的题目有关系的这些考察中可以得出哪些结论呢？第一，自然进化的辩证法本身过渡到了社会进化的辩证法，这是具有极重要意义的质的飞跃。前一个过程对后一个过程说来，是物质根源、先决条件和必要的基础。实践派理论家们否认自然辩证法的存在或缩小其意义，

---

① 参看《马克思恩格斯选集》第2版第4卷第258页。

他们把关于主体客体关系的辩证法当作马克思主义方法的全部和终极内容。事实正相反，自然辩证法是先于主体客体关系而存在的。虽然这两种辩证发展方式在人类历史中相互合作地起作用，后者却是依赖于前者的。这是唯物主义的头等原则。

第二，自然辩证法不是恩格斯背着马克思或在马克思逝世后悄悄塞进辩证唯物主义的他自己的发明，这是他们共同探讨出来的概念。在《资本论》里，马克思求助于量变质变规律，说它已在自然科学和其他领域里被证实是正确的。①

第三，自然辩证法是马克思主义哲学的基本组成部分，如果没有它，马克思主义哲学将是不完整的，将只不过是缺少牢固和和谐的自然科学成果基础的社会学或人类学结构。马克思主义理论反映了外部世界的质的多样性当中的物质统一性，近视的实践派理论家把辩证法规律的作用从自然过程中排除出去而把它局限于社会现象，正是破坏了马克思主义的完整性和普遍性。他们把实在划分为两个对立的部分——物质部分没有辩证规律，社会部分则由于有人的积极活动而受辩证规律支配。

例如存在主义者莫里斯·梅洛-庞蒂与萨特一样，坚持认为物质没有什么生产性或新颖的原则。他写道："若自然是辩证的，那就是因为自然是人所感觉到的和自然是不可分割地同人类活动联系在一起的，马克思在《关于费尔巴哈的提纲》和《德意志意识形态》中清楚地说明了这一点。"② 相反，马克思所清楚地说明了的，是自然辩证法独立地起作用，它大大先于人类的存在、知觉和行动，而且这一切事实上是由它产生出来的。施米特说："只有认识世界的过程，而不是自然本身，

---

① 《马克思恩格斯全集》第1版第23卷第342—343页。
② 莫里斯·梅洛-庞蒂：《意识和无意识》1964年埃文斯顿版第274页。

可能是辩证的。"① 这两个评论者都对基本上是客观的辩证过程进行了主观主义的解释。

过去一百五十年来自然科学中的革命，已通过工业技术的影响改变了世界。这样大规模的革命发展必须被吸收到最革命的阶级的哲学中来。这一事实迫使社会主义思想把一切领域的科学成就包括进去。

可能要问：自然科学家们是如何利用辩证方法来理解自然的呢？在这方面苏联和英美科学家之间存在着明显的不同。除了本世纪三十年代的著名遗传学家 H. J. 穆勒以外，美国科学家认为它是没有用的，正如大学经济学家认为马克思的教导对经济学没有用一样。他们的经验训练和实证主义世界观使他们深信自然界里除了物理、化学、生物学等的特殊规律外，没有普遍规律，寻找这些规律的努力也是没有价值的。

对自然辩证法的研究，是为了回答两个有关的问题：有没有把天文学、遗传学、电子学这样有限领域里的特殊规律交混在一起并且从其中产生出更一般的运动规律？普通的科学家同实证主义哲学家一样，对这个问题连提都不会提出，更不用说提供答案了。马克思主义则提出这个问题并作出回答。它认为，特殊运动规律与辩证规律之间的关系可以同算术与代数之间的关系相比。一个的概括性和抽象性水平比另一个更高。有没有在存在的三个部分——自然、社会和思维过程内部都起作用和普遍可以运用的运动规律？马克思主义作出肯定的回答，并且力求发现和描述这是些什么样的规律。大多数其他的哲学作出否定的回答，并且认为辩证唯物主义者是白费力气。大多数实践派理论家也是这种观点。

---

① 阿尔弗莱德·施米特：《马克思著作中关于自然的概念》英文版 1971 年版第 195 页。

在斯大林统治下强加给科学的蒙昧主义眼镜，对认真研究自然的辩证特性形成了很大的障碍。相对论物理学、遗传学、化学共振论和控制论的进展都被拒绝了，理由是这些理论不符合像安德烈·日丹诺夫那样的苏联思想权威所独断制订的规定。斯大林主义以捍卫唯物主义辩证法的名义，把这些发现当作唯心主义的错误，加以惩罚和禁止。这样，斯大林主义就如同它破坏了社会主义的名誉一样，也使自然辩证法丧失了人们对它的信任。

斯大林逝世以来，对大多数苏联自然科学家说来形势已经缓和。其中最优秀的分子已完全摆脱这些禁忌的束缚，坚决的辩证唯物主义者已能比较灵活和创造性地运用那种方法。哥伦比亚大学学者洛伦·格拉哈姆对今天主要苏联科学家当中马克思主义哲学和自然科学之间相互作用的情况作了很充分的说明。他的结论是："当前苏联的辩证唯物主义是一项令人产生深刻印象的思想成就。把恩格斯、普列汉诺夫和列宁早期的提示推敲整理成为对自然的系统解释，是苏联马克思主义的最有创见的创造。毫无疑问，辩证唯物主义在它的最能干的倡导者手中，是一种理解和解释自然的真诚而合理的尝试。按照广泛性和发展程度，对自然的辩证唯物主义解释在当今的各种思想体系中没有匹敌者。的确，必须跳过好些世纪，到亚里士多德的自然规律图表或笛卡儿的机械哲学中才能找到按阐述的精确和结构的完整能够与辩证唯物主义匹敌的建立在自然之上的体系。"[①] 这一见识广博的论断比恩格斯的批评者们草率地摈弃自然辩证法的价值更有根据得多。这些批评者们对当代自然科学的进展所提出的广泛理论问题很少理解。

[①] 洛伦·格拉哈姆：《苏联的科学和哲学》1972年纽约版第430页。

　　　　　　＊　　　＊　　　＊

　　现在已变得很流行的对马克思主义的非唯物主义解释，其主要灵感源泉是格·卢卡奇的论文集《历史和阶级意识》。卢卡奇在那里提出，马克思主义同任何关于自然的理论没有关系，而完全是关于人类历史的有阶级性的解释和关于社会的说明。卢卡奇指控恩格斯是一种经验主义、唯科学主义和愚蠢的唯物主义，也就是一种资产阶级哲学的代表人物。1926年被开除出党的一个德国共产党极左领袖卡尔·科尔施也把马克思主义黑格尔主义化了，虽然他不是在所有问题上同意卢卡奇的观点。

　　卢卡奇在他漫长的生涯快结束时，重新考虑并拒绝了在他的早期论文中所表达的观点，说它们是以错误的假定为基础的。他并且建议重新回到恩格斯、普列汉诺夫和列宁的理论传统上来，不再把他们与马克思分割开来。但是人们犯的错误在人们死后还会留存下来，尽管卢卡奇在他年老而变得更聪明时作了自我批评，但这些错误观点还是获得了自己的生命。

　　像萨特和梅洛-庞蒂那样的左翼存在主义者如饥似渴地把这些观点拣起来了，他们发现抹去唯物主义客观性和反对决定论符合他们关于个人自由决定自己命运的唯意志论概念。萨特在《唯物主义和革命》一书中进行了反对"关于客观性的神话"的论战，他错误地提出，直到马克思"毁灭性地遇到了恩格斯"为止，马克思一直认为不能把主观性从客观性分割开来。他在更近的一部著作《辩证理性批判》中又重复了这个主题。像阿多尔诺、豪克海默、马尔库塞和他们的学生那样的法兰克福学派名人进一步推进了对马克思主义的唯物主义基础的反动。从南斯拉夫到匈牙利和波兰，形形色色的哲学家和社会学家在对斯大林主义正统观念的反抗中也促进了卢卡奇所创立的思想路线。这些思想已经从欧洲传到了说英语的国家的新左翼知识分子。在美国,《目的》杂志(季刊)是当前马克思主义黑格尔主义化的最积极宣传者。

这些激进分子可能以为他们采纳的这些观点是新鲜玩意儿,其实对我们这一辈革命者说来已经是老一套了。早在1933年,悉尼·胡克在他的《为了理解卡尔·马克思》一书中就提出了这一套思想。他在序言中认为卢卡奇的《历史和阶级意识》和科尔施的《马克思主义和哲学》进一步证实了他"自己关于马克思思想的实际历史轴心的假说"。胡克采用了卢卡奇的许多主要论点,他认为:马克思主义不是建立在对客观现实的科学解释之上的,唯物主义辩证法不适用于自然现象,而只适用于人类历史;这是一种社会变化的辩证法。马克思主义不是从对自然、社会和人的思维的科学分析中产生的一组学说;它只是一种没有任何本质的、确定的内容的方法,撇开它特有的结论也是正确的。胡克也像早期卢卡奇和豪克海默一样,对社会主义是阶级斗争在帝国主义时期发展结果的必然性提出疑问;他认为社会主义是觉悟的无产阶级自愿选择的产物。胡克否认马克思和恩格斯的学说和立场从他们开始合作的时候起就存在着完全的一致。相反,他说,恩格斯在经济学和哲学方面都歪曲了他的伙伴的立场,把马克思的经济学原理变成了一种封闭的演绎体系,把马克思自然主义的能动主义变成了一种简单化的唯物主义;虽然称作辩证唯物主义,实际上却是机械唯物主义。恩格斯由于没有充分强调能动的实践因素的重要性,保留了关于思想是物质世界的消极反映的粗疏理论,同时也歪曲了马克思的认识论。他说,恩格斯的这些创新在第一次世界大战以前被社会民主党的理论家变成了僵硬的教条。

在本世纪三十年代,胡克自诩为极左翼的自由思想的哲学家,既反对改良主义的社会民主党人,又反对斯大林主义者对马克思主义的歪曲。但是，不管他如何自吹自擂，他实际上做的是按实用主义的模式剪裁辩证唯物主义，使之适应政治上的机会主义。胡克的错误观点一出笼就受到了严厉的批判。但是，在三十年代和七十年代之间，马克思主义哲学的连续性被割断了，以致现在几乎没有人知道这些发生在亲卢卡奇派和他们的对立派之间的早期争论。正在把早期卢卡奇的思想重新翻出来的新左派知识分子，若是知道在把恩格斯同马克思对立起来、抛弃自然辩证法以及把马克思主义解释成为革命实践的社会学方面，胡克是他们的老前辈，可能会感到难为情。

的确，马克思主义是一种很好的革命行动理论。但是，它只有是一种建立在对发展的物质条件的真正理解之上的科学学说，才能成为这样一种理论，因为发展的物质条件决定着社会变化和政治活动的性质、范围和有效性。修正主义者把全部客观因素砍掉或者略去，就用实用主义、唯意志论和主观主义取代了真正唯物主义的方法。

（原载乔治·诺瓦克《马克思主义哲学中的争论》1978年纽约版）

（洞庭 译）

修正主义和恩格斯的哲学遗产[*]

〔苏〕М. Б. 萨维契

在现今的条件下,反马克思主义的修正主义者不是直接地、公开地,而是间接地进行反对马克思主义的理论基础的斗争。进行这种斗争采取的借口多半是:不仅要"发展"马克思主义并由于历史情况的改变要用新的原理来"丰富"它,而且要使已经制定的理论问题"确切化"、"系统化"。

修正主义的"革新者们"、"新马克思主义者们"惯用的手法是:把马克思的创作同恩格斯的创作对立起来,把马克思和马克思主义同列宁和列宁主义对立起来,把"年青的"马克思同"成熟的"马克思对立起来。

修正主义的理论家们在不同的方面把恩格斯同马克思对立起来,这些方面是:(1)重新估计恩格斯在创立科学共产主义理论中的作用;(2)把"恩格斯的辩证唯物主义"同"马克思的历史唯物主义"对立起来;(3)工人阶级争取自己的社会解放的斗争的战略和策略;(4)"科学地论证"未来共产主义社会。

---

[*] 本文选自《马列著作编译资料》1981年第14辑。作者 М. Б. 萨维契是该校哲学教师。

这里不可能批判地分析所有这些方面。我们只是在解释自然界、世界、世界的统一性、自然辩证法问题上批判那种把恩格斯同马克思对立起来的修正主义的企图。

一

萨格勒布的《实践》杂志的编辑坎格尔加在《卡尔·马克思著作中的伦理学问题》一书中写道：根据马克思的观点，自然界、世界是根本不存在的，存在的只是具体的人的世界，即"人的自然界，它是人这一创造性主体的自我实现的过程，是客体中介主体、主体中介客体的过程"①。因此，人的存在，不是作为一定的和相互对立的实在性的精神和物质，而是人的历史事业。因而，与恩格斯的看法相反，马克思教导说，不能讲什么"自在的自然界"②，而只能讲人所造成的"为我们的自然界"。

其次，坎格尔加接着写道，恩格斯断言，除了"为我们的自然界"，还存在着"自在的自然界"，这样他不仅离开了马克思的立场，而且离开了他自己以前于1843年在《政治经济学批判大纲》中所持的立场，在这个问题上同康德穿一条裤子，陷入了悟性反思的迷网。"恩格斯遵循这一点，并停留在这一闭塞的悟性反思的圈子里，他自己就不

---

① 米·坎格尔加：《卡尔·马克思著作中的伦理学问题》，1965年萨格勒布版第192页。

② 另一作者弗·马尔科维奇写道："当然，人遇上了粗野的、不文明的、不人道的自然界。但这种自然界是马克思不感兴趣的，关于这种自然界没有什么好说的。"

知不觉地离开了德国古典唯心主义（特别是黑格尔唯心主义）的历史哲学的成就和宝库，他越过了马克思，就看不到，既不是**自在的自然界**（自在之物或物质），也不是**为我们的自然界**（即我们关于自然界的反思，或者说，正是这种抽象的反思使这种与自身对立的、远离这种反思并不以它为转移的悟性的自在之物**成为**可能，并以这种自在之物为前提）**是**所有（辩证地）发生的或现存的东西的基础和存在。"① 自然界是直观的理性的产物。

作者得出结论说，根据马克思的观点，自在的自然界是无。"自然界对马克思说来无非是对象化的人的生产（劳动），人的生产活动的产物和结果，在历史的介质中发生的人自身的事业。"②

如果我们看一下现代资产阶级的马克思和马克思主义的解释者的著述，我们立即就会察觉到，"马克思主义者"坎格尔加（及其同伙）实质上是说了卡尔维兹③、梅洛－庞蒂、萨特等人的著作中早已说过的话。

坎格尔加强调指出，没有实践，没有人，就没有自然界。因此，没有主体的客体是不存在的，没有人的自然界是不存在的。

---

① 米·坎格尔加：《卡尔·马克思著作中的伦理学问题》，1965年萨格勒布版第167—168页。

② 米·坎格尔加：《卡尔·马克思著作中的伦理学问题》，1965年萨格勒布版第169页。帕扎宁也赞同坎格尔加的观点。他写道，对马克思说来，正如对亚里士多德说来一样，"自然界，即物质，是非存在，这种非存在只有取得形式时才成为存在"。（《马克思和现代》第3卷，1966年贝尔格莱德版第368页）

③ 卡尔维兹指出，在马克思看来，"丧失了理性、运动的、没有人的自然界，混乱，是无差别的冷漠的物质，归根到底也就是无"。（《卡尔·马克思的思想》，1956年巴黎版第308页）

在两个场合说的是对问题的唯心主义的解释，是同唯物主义、特别是同马克思主义毫无共同之点的论点。

修正主义者为了论证自己关于"自然界"这一概念的观点，常常引用马克思在《经济学哲学手稿》中的话："被抽象地孤立地理解的、被固定为与人分离的**自然界**，对人来说也是**无**。"① 其实，马克思在这里对自然界这一概念所作的，不是自己的解释，而是黑格尔的解释。

马克思在批判黑格尔时指出，在黑格尔那里，自然界是观念的自我异化的产物，具有抽象的性质，被这个抽象的思维者看作观念在抽象感性的自然界的形式上的异在。对黑格尔来说，整个自然界不过是在感性的、外在的形式下的重复逻辑的抽象而已，因此，他对自然界的直观证实他的逻辑。②

既然在黑格尔看来，抽象的思维、观念是唯一真实的、本质的东西，那么，一切对这种思维来说是外部的东西都是某种非本质的东西。因此，按照黑格尔的看法，不与抽象思维相联系的自然界本身就是无。③

在这里提到费尔巴哈对类似的唯心主义的自然观的批判，是适当的。这位伟大的思想家写道：认为"自然界**本身是无**，这种看法就是认为自然界或世界是被造出来的，被创造出来的，是命令的产物"。④ 马

---

① 《马克思恩格斯全集》第 1 版第 42 卷第 178 页。

② 《马克思恩格斯全集》第 1 版第 42 卷第 179 页。

③ 参看科尔纽：《马克思恩格斯传》第 2 卷，生活·读书·新知三联书店 1965 年版，第 250 页。

④ 参看《费尔巴哈哲学著作选集》下册，生活·读书·新知三联书店版，第 145 页。

赫主义者断言，没有主体的客体，没有没有人的自然界，列宁在揭露这种论断是站不住脚时，引用了费尔巴哈如下的一大段话：当自然界还不是人或意识的对象时，它在思辨哲学看来，或者至少在唯心主义看来，当然是康德的自在之物，是没有实在性的抽象物。然而使唯心主义破产的正是自然界。自然科学，至少在当前的情况下，必然把我们引到这样一个时代，当时还没有人类生存的条件，当时自然界还不是人的眼睛和意识的对象，因而当时自然界是一个绝对非人的存在物。① 列宁在引证费尔巴哈的话时指出："这就是费尔巴哈从人类出现以前就有自然界的观点出发对唯物主义和唯心主义所作的论断。"②

马克思和恩格斯，像他们以前的所有唯物主义者一样，对自然界、对物质有相同的看法。在他们看来，物质，自然界，是所有存在物、包括作为社会生物的人的基础。但是马克思以前的唯物主义者在某种程度上抽象地、直观地设定物质，表面地解释自然界。他们正确地提出关于自然界是自身的原因这个问题，但由于缺乏对待世界现象的辩证态度，他们没有能够解决这个问题。他们看不到，辩证法支配着自然界，通过对立的变化、运动、发展是自然界所固有的，"这种对立，以其不断的斗争和最后的互相转变或向更高形式的转变，来决定自然界的生活"③。

修正主义者认为，根据马克思的观点，自然界、世界是根本不存在的，存在的只是具体的、人的世界，人化的自然界，他们在维护这种论

---

① 列宁：《唯物主义和经验批判主义》，载《列宁全集》第 1 版第 14 卷第 77 页。

② 列宁：《唯物主义和经验批判主义》，载《列宁全集》第 1 版第 14 卷第 78 页。

③ 《马克思恩格斯全集》第 1 版第 20 卷第 553 页。

点时，对另一个重要的哲学问题，即关于世界统一性的问题，也作出了错误的解释。坎格尔加断言，恩格斯对世界统一性的解释是马克思所不能同意的。他作出结论说："世界的统一性（对人来说只存在着人的历史的世界），一方面既**不是**在于神，在于观念，在于**精神性**，另一方面也不是在于**物质性**，而正是在于人的创造性的活动，即实践。"①

坎格尔加在另一地方谈到同一问题时写道："世界的统一性在于物质性——这是不可克服的教条主义和直观唯物主义的缺点，是陈旧的世界观的最后残余……对马克思主义的思想来说（而这应当是马克思主义史和撰写这一历史的唯一标准），世界的统一性不在于它的物质性，而在于实践，马克思主义是实践的一元论，而不是物质的一元论。"②

不管这位坎格尔加是否愿意，他对世界统一性的上述解释，与恩格斯在其《反杜林论》的著作中所批判的形而上学者杜林的观点相比，大大后退了一步。大家知道，杜林认为，世界的统一性在于它的存在。恩格斯指出，世界的统一性不在于存在，"虽然世界的存在是它的统一性的前提，因为世界必须先**存在**，然后才能够是**统一的**……世界的真正的统一性是在于它的物质性，而这种物质性不是魔术师三两句话所能证明的，而是由哲学和自然科学的长期的和持续的发展来证明的"③。

世界的统一性是根据社会的实践和科学来证明的。但如果实践是世

---

① 米·坎格尔加：《卡尔·马克思著作中的伦理学问题》，1965年萨格勒布版第162页。

② 米·坎格尔加：《马克思主义的若干基本问题》，载《我们的问题》1962年萨格勒布版第1059—1060页。

③ 恩格斯：《反杜林论》，载《马克思恩格斯选集》第1版第3卷第83页。

界统一性的证明，那么这决不是说，世界的统一性正是在于实践。实践也不可能是世界统一性的前提。实践至多能够产生世界统一性的思想，但关于世界的思想是统一的这一点，不是世界统一性的证明。

在马克思看来，实践——这是人的感性的对象的活动，目的在于实现生活上必要的目标，改变和改造自然界、世界，其中包括人本身。根据马克思主义的观点，把实践这一认识论范畴同物质概念对立起来是荒谬的，因为物质概念就其内容来说既是认识论的也是本体论的范畴。

没有物质的实践是不存在的，但物质，自然界在实践以前，没有实践就存在。另一方面，我们通过实践认识自然界，物质，物质的结构和属性，作为整体的世界。我们通过实践揭露出物质概念的本体论的内容，把物质看作多样性的统一，看作在世界中存在着的各种属性和关系的基础和承担者。

因此，在修正主义者那里，客观真理的事实像在照相机里那样，是以颠倒的形式出现的。大家知道，马克思把实践看作自己从哲学上研究世界及其规律性的出发点和基础，而修正主义者证明，马克思把实践当作世界本身的基础。

马克思和恩格斯根据实践证明世界的统一性和世界的规律的普遍性，而修正主义者把现象冒充为本质，并由此作出如下的错误结论：按照马克思的哲学，除了实践就没有也不可能有世界的统一性。在对世界的理解方面，他们实际上站在否定世界这一多样性统一体的实体基础的唯心主义立场上。

在马克思那里，实践是认识论的范畴。而在修正主义者那里，实践表现为本体论的范畴（在解释自然界、世界时），然后表现为人类学的范畴（在解释社会生活现象时），最后表现为认识论的范畴。① 此外，研究哲学的修正主义者提出上述论点，目的是"论证"如下观点：在马克思的哲学中，起本体论范畴作用的实践是中性的、对物质和意识来说是最高的实在性，借助这种实在性，物质和观念之间的矛盾就消除了。

二

修正主义者在把自己对自然界和世界统一性的这种错误解释冒充为"唯一真正马克思主义的"解释时，以类似的方式力图证明，"辩证法"概念本身在马克思那里有一种意义，而在恩格斯那里有另一种意义。如果说在恩格斯看来，辩证法既存在于自然界，又存在于社会，又存在于人类思维，那么在马克思看来，它似乎只存在于历史，只存在于人的实践。按照马克思的看法，辩证法仿佛是借助劳动、生产、自身生产行为的活动、人在历史上的自我意识把自然界转化为人。"**辩证法不是**（物质、自然界、物体、客观性、精神和思维的）**自己运动，而是作为历史**

---

① 《实践》杂志的编委德斯保特把实践看作认识论的范畴，他在《马克思的形而上学》一文中写道：在马克思看来，实践"是真理的本质"。"但如果实践是真理的本质，那么真理只能是实践的本质。凡是在实践之外发生的事情，是绝对非真理的。"（《实践》1970年第4期，萨格勒布出版，第582页）昂·勒弗夫尔把实践当作人类学的、本体论的范畴，他写道，实践不仅再现物质生产和精神生产，而且再现自然界、社会、宇宙。（参看勒弗夫尔：《对日常生活的批判》第2卷，1961年巴黎版第239—240页）

存在物的人的自身活动。"①

自然界中没有辩证法，因为在马克思看来自然界是无。"谈论被证明是无而且始终是无的这个无的'辩证法'，马克思不仅认为是不可能的，而且认为是没有意义的。因为正是通过无，事业、实践，作为自然界和历史的变化，在人之外转入自然界本身，这样，这一自然界自身就成为积极的和实践的了。"②

按照《实践》杂志的说法，自然辩证法在马克思看来是荒谬的。它之所以是荒谬的，是由于下面两个"论据"：（1）在马克思的著作中没有"自然辩证法"这个词，因为它是同他的学说的精神相矛盾的；（2）"自然辩证法"这一概念同马克思辩证法——"作为**对一切现存事物的批判**的辩证法"——的基本内容不相一致。

我们简短地考察一下这两个"论据"，并看一下它们是怎样同现实相一致的。

说我们在马克思的著作中找不到"自然辩证法"这个词，这是正确的。而且，我们在马克思那里也找不到"辩证唯物主义"、"马克思主义"、"辩证逻辑"等等的词。但这决不是说，似乎马克思否定了这类概念的真实性。

许多事实令人信服地证明，自然辩证法是马克思辩证法的组成部分。马克思读了《反杜林论》的全部原稿，然后它才送到印刷厂，这是无可辩驳的事实。而且正是马克思还为这本说明了自然辩证法的极其

---

① 米·坎格尔加：《卡尔·马克思著作中的伦理学问题》，1965年萨格勒布版第186页。

② 米·坎格尔加：《卡尔·马克思著作中的伦理学问题》，1965年萨格勒布版第171页。

重要问题的著作写了整整一章,如果这些问题同他的学说相矛盾,他怎么会这么干呢?

其次,如果《实践》杂志的编辑们稍微好好地"看一看"马克思和恩格斯的通信,那么他们就会找到一系列驳倒了他们论断的事实。

恩格斯在1873年5月30日给马克思的信中写道:"今天早晨……我脑子里出现了下面这些关于自然科学的辩证思想……"① 接着他在信中阐述了自然辩证法的基本原理,从最简单的运动形式——机械运动直到活的有机体。信的结尾说,对这些东西进行加工总还需要很多时间。信寄给在当时自然科学的中心(恩格斯的说法)的曼彻斯特的马克思。第二天马克思告诉恩格斯,肖莱马(著名的德国有机化学家,唯物主义者,辩证法家)读了信以后说,他基本上完全同意你的看法。恩格斯在1882年11月23日给马克思的信中说,他"必须尽快地结束自然辩证法"②。还可提到,恩格斯还在很久以前就写信给马克思谈到研究自然辩证法问题的意义。恩格斯在1858年7月14日给马克思的信中,以细胞理论和能量守恒和转化定律的发现为例,说明当时自然科学的辩证法的基本原理。③ 如果马克思哪怕有一点怀疑恩格斯提出的原理的真理性,那么他就会立即作出反应,因为这里说的是马克思主义的根本问题。④

----

① 《马克思恩格斯全集》第1版第33卷第82页。
② 《马克思恩格斯全集》第1版第35卷第115页。
③ 《马克思恩格斯全集》第1版第29卷第324—325页。
④ 从马克思和恩格斯1866年的通信中可以看到,马克思是如何反对恩格斯对比·特雷莫《人类和其他生物的起源和变异》这本书的否定评价的。(《马克思恩格斯全集》第1版第31卷第250—262页)

我们的反对者可能反驳说，马克思的赞同还不是意味着他是自然辩证法的忠实拥护者。为了消除这种怀疑，我们举出马克思本人关于自然科学辩证法问题的两段言论。

马克思在1867年6月22日寄给恩格斯的信中写道："此外，你从我描述手工业师傅变成——自由单纯的**量**变——资本家的第三章结尾部分可以看出，我在那里，**在正文中**引证了黑格尔所发现的**单纯量变转为质变的规律**，并把它看作在历史上和自然科学上都是同样有效的规律。"① 其次，马克思在《资本论》中举出的事实和计算，表明手工业者如何在量变的基础上转化为资本家，他作出结论说："在这里，也像在自然科学上一样，证明了黑格尔在他的《逻辑学》中所发现的下列规律的正确性，即单纯的量的变化到一定点时就转化为质的区别。"②

"实践派"提出的第二个"论据"是："对现存的一切进行无情的批判"这一原则，不仅与自然辩证法的概念不一致，而且与马克思的整个辩证法相抵触，为了证实这个"论据"是站不住脚的，并不需要花很大力气。辩证法是关于自然界、社会和人类思维发展的最一般规律的科学，它决不能归结为某一个原则，包括这一声名狼藉的"原则"在内。必须指出，修正主义者把马克思1843年9月给卢格信中的话（马克思当时还是一个革命民主主义者）绝对化了，并把它说成普遍的辩证原则，说成马克思辩证法的实质。

实际上这是《实践》杂志的"原则"，而不是马克思和马克思主义的"原则"。

---

① 《马克思恩格斯全集》第1版第31卷第312页。
② 《马克思恩格斯全集》第1版第23卷第342—343页。

马克思在给卢格的上述信中写道：在德国历史上当前历史阶段，争取改造世界的斗士的任务不是像魏特林、德萨米、卡贝以及其他空想的平均共产主义的理论家所做的那样，思维地设计世界，而是"**对一切现存事物进行无情的批判**，所谓无情是指这种批判不怕自己所作的结论或同现存制度的冲突"①。在这个具体场合，马克思是指对反动的德意志国家、它的政治和宗教思想的无情的批判。

这个"原则"甚至在修正主义者所表述的形式上，也不适用于对现代资本主义的批判。第一，在马克思的解释中，对资本主义条件下一切现存事物的批判不仅具有破坏性的、否定的职能——破坏当时的世界，即资本主义，而且具有肯定的职能——建立新世界，即共产主义社会。第二，在马克思的理解中，对一切现存事物的批判不是笼统地否定资本主义社会中存在的一切（破坏生产力、技术、进步的文化、劳动组织等等），而只是否定那些阻碍实现社会主义革命——它是社会改造的主要前提——的东西。因而，第三，这种破坏旧事物的批判，不是空洞的否定，而是保留资本主义社会所包含的一切肯定的东西。因此，它应当是严格的阶级性的，并且是从工人阶级的立场和利益，即从共产主义的立场和利益来进行的。第四，对一切现存事物的批判，只有在它是从科学的立场来进行时，只有在它破坏客观的现实的可能性和社会的幻想、空想之间的冲突时，才具有自己的意义。它应该使群众意识到旧的资本主义制度已经过时，应当为了未来美好的制度而推翻这一旧制度，并以此来武装群众。

在理论和实践中，修正主义者把自己的"对一切现存事物进行无情

---

① 参看《马克思恩格斯全集》第 1 版第 1 卷第 416 页。

的批判"的论点只是用于共产主义运动,用于社会主义国家,而不是用于帝国主义国家和资产阶级的意识形态。

现在我们来考察旨在反对自然辩证法的那些基本的修正主义论点。

应当指出,对这个问题的一切修正主义解释都是直接地或间接地以卢卡奇1923年在《历史和阶级意识》一书中所阐述的论点为依据的。

卢卡奇在批判辩证法是关于自然界、社会和人类思维的最一般规律的科学这一恩格斯的定义时写道:这一定义是与马克思不一致的,马克思认为,辩证法只是研究社会现象的方法。"把方法限制在历史社会的现实范围内是很重要的。那些从恩格斯对辩证法解释中得出的误解,其基础是,恩格斯依照黑格尔的错误例子,把辩证方法也推广到对自然界的认识。"① 在卢卡奇看来,在研究社会的方法和研究自然界的方法之间仿佛有一条鸿沟,因为在自然界中没有主体和客体之间的相互关系,没有理论和实践的统一性,没有整体性和辩证法的其他原理。

完全否定有任何自然辩证法的可能性的那个作者集团(巴甫洛维奇、善沃基奇、坎格尔加、帕扎宁、勃洛赫等人)的出发点是:在马克思那里有两个自然界的概念,即"为我们的自然界"和"自在的自然界",而马克思感兴趣的只是第一个人化的、经过改造的(萨特语)自然界。因此,对马克思说来,整个自然界不可能是"辩证法的试金石"。在这种情况下,马克思的辩证法具有与其内容相对立的意义——"经验的形而上学的理论和自然科学的进化论的意义"。②

根据修正主义者们的意见,马克思哲学的出发立场——人,人在世

---

① 卢卡奇:《历史和阶级意识》,1923年柏林版第16—17页。
② 帕扎宁:《马克思和科学》,载《政治思想》第4期,1963年萨格勒布版第545页。

界中的地位，——不是解释了辩证唯物主义，而是解释了历史唯物主义。如果"恩格斯的"辩证唯物主义及其自然辩证法力图表明唯物主义对唯心主义的优越性，那么"马克思力图既克服唯心主义，又克服唯物主义……诚然，在马克思那里，我们找到了'唯物主义'的术语，但他把唯物主义了解为历史唯物主义，它不是把辩证唯物主义用于社会，而是理解自然界和历史的原先的统一体。它是作为自然主义的实在的人道主义，这种自然主义把物质和观念理解为一个整体，克服了唯物主义和唯心主义，是它们的真理"①。

某些拥护这种论点的人断言，在社会中占统治的是"否定"的范畴，与此不同，在自然界占统治的主要是"同一性"（"统一性"）的范畴，这种同一性完全排除辩证法。为了使自己的言论具有"客观性"的因素，这些作者完全不否定自然界中变化或运动的可能性，但是这种变化或运动，按照他们的意见，不是过程，因为"在自然界中发展是圆形的"。

实证论派的修正主义者（巴甫洛维奇、苏贝克）为反对自然辩证法，提出如下的"事实"："在自然科学和社会科学之间有一条鸿沟"。如果对社会科学来说，"矛盾"的范畴是它们发展的条件，那么对自然科学来说，这一范畴是障碍，因为自然科学是建立在非矛盾理论的基础上的。②

根据善沃基奇的意见，我们只有在分析整体性、历史性、否定这些

---

① 帕扎宁：《马克思和恩格斯的自然观》，载《马克思和现代》，1966年贝尔格莱德版第447页。

② 巴甫洛维奇：《辩证方法的力量》，载《马克思和现代》，1966年贝尔格莱德版第434—445页。

基本原则在自然界作用的可能性的情况下，才能对自然辩证法的现实存在这个问题作出正确的回答。作者继续说道，根据现有的知识，我们对完整性和否定这些范畴在自然界的作用没有什么可说的。

至于自然界中的历史性，那么，在自然界中寻找完整性的任何企图似乎都会把研究者引导到"科学主义和实证论"，引导到"形而上学的辩证唯物主义"。作者作出结论说，马克思辩证法的基本原则只存在于社会中，因为只有在社会中，它们才"是革命地实际地改变现存事物的原则"①。

克涅泽娃、列斐弗尔、弗兰尼茨基、马尔科维奇以及许多其他修正主义理论家认为有可能对自然辩证法进行科学的论证，然而只有"当我们弄清"这种或那种情况，检验了这些或那些的科学定理的正确性的时候，才有这种可能。

实质上，这个作者集团的所有观点在主要和本质方面是否定自然辩证法的。

克涅泽娃在《自然辩证法和自然哲学》一文中写道：恩格斯根据黑格尔的三段式企图证明自然哲学是没有生命力和不需要的，但他通过自然辩证法不知不觉地投入了自己的自然哲学观点的怀抱。克涅泽娃接着说道，恩格斯及其追随者为了论证自然辩证法，企图创立辩证逻辑和客观辩证法，但是这种企图也破产了。她接着又说，尽管有这些事实，我们不应当否定根据马克思辩证法创立关于自然辩证法某种理论的可能性。马克思的辩证方法只能适用于具体一般的科学（社会科学），不能

---

① 善沃基奇：《自然辩证法和真正辩证法》，载《马克思和现代》，1966年贝尔格莱德版第477—478页。

适用于抽象一般的科学（自然科学）。但是某些自然科学，作为抽象一般的科学，具有转化为具体一般的科学的倾向，一旦发生了这种转化，那时就有可能把辩证法也应用于个别自然科学领域。①

马尔科维奇断言，谈论离开人的自然辩证法是荒唐的。自然辩证法和人的辩证法必须看成是相互密切联系在一起的。他认为有可能用统一的观点来把握自然辩证法和人的辩证法，这种观点把自然界说成是人道化的自然界，把人说成是社会的和自然的人。在这种观点中，自然辩证法和人的辩证法都是历史的范畴，其内容既包括人类劳动，也包括物质的认识的实践。②

在修正主义者中间也有这样一些作者，他们似乎也承认辩证法的存在，但它不是存在于作为整个自然界的自然界，而只是存在于"历史的自然界"。罗亭写道，我们应当假定，在宇宙的某个黑暗的深处发生着最神秘的物质过程。但是，宇宙的这种辩证法对我们来说，正是在该星体落到我们历史的空间的时候，才成为现实的。这种辩证法我们只是作为历史自然界的辩证法经历到和感受到的。我们关于这种辩证法的一切假定，只有从历史的观点来看才是可能的，因为我们不可能把自己舍象掉，我们不可能创造非历史的真理。③

从我们引用的可怜的理论家的言论中可以得出一个一般的结论：在解释这个问题时，"新马克思主义的"作者们完全囿于老的和"新的"

---

① 参看克涅泽娃：《自然辩证法和自然哲学》，载《现代哲学问题》1966年第1期，贝尔格莱德版第77页。
② 参看《马克思和现代》第1卷，1964年贝尔格莱德版，第148页。
③ 罗亭：《人类学或本体论》，载《我们的问题》1962年第6和7期，萨格勒布版第1091页。

资产阶级的理论和观点。不难在他们的见解中发现阿芬那留斯的原则同格和不可知论色彩的某些混合物,萨特的存在主义和梅洛-庞蒂、卡尔维兹之流这类马克思学者的理论的混合物。

这些修正主义的作者认为没有人就没有辩证法,从而否认自然辩证法,而天主教的哲学家卡尔维兹断言:"只有在自然界中有人的地方,才有辩证法"。① 难道在这两种人之间可以找到原则的区别吗?

怎么可能既否认自然辩证法和辩证唯物主义而同时又仍然坚持马克思主义的立场呢?要知道,否定自然辩证法就必然导致否定唯物主义。仅仅认识"实践的辩证法"、历史唯物主义,不是使我们接近,而是使我们远离"马克思的真正思想",即马克思主义。为了人的实践而否定辩证唯物主义是通向唯心主义的可靠之路。

怎么可以设想没有客观辩证法的人的辩证法呢?如果不从客观辩证法出发,从哪里去抓住人的辩证法呢?把自然辩证法同人类实践的辩证法对立起来,就会陷入马克思以前的唯物主义所固有的自然界和历史的二元论。自然辩证法不是先验的概念,不是某种公设,不是假设或在某个"宇宙的黑暗深处"所发生的魔术般的现象。自然辩证法——这是一个半世纪以来科学与之发生关系的实在性。用恩格斯的话说,它是自然科学绝对必需的。自然科学借助辩证法更迅速地、更正确地揭示出自然界的规律性,更迅速地找到真理。

其次,不能把自然辩证法和人的(社会的)辩证法混为一谈,不能用另外一些修正主义作者所提出的"统一的观点"把二者联在一起、包在一起。自然辩证法不是人和自然界、主体和客体的辩证法。同意自

---

① 卡尔维兹:《卡尔·马克思的思想》,1956年巴黎版第383页。

然辩证法是人和自然界、主体和客体的辩证法,就是使客观辩证法依赖于主体的存在,承认对问题的唯心主义解释——没有主体就没有客体——的正确性。

再次,不能使自然辩证法依赖于"自然界的人化"或"人的自然化"的过程,因为在这种情况下,我们又陷入封闭的圆圈的范围,仍然处于主体—客体的关系的范围内。

修正主义者们责备恩格斯主张实证论,其根据是恩格斯在《反杜林论》中提出了如下思想:由于唯物主义和科学的发展,在以往的全部哲学中"还仍旧独立存在的,就只有关于思维及其规律的学说——形式逻辑和辩证法。其他一切都归到关于自然和历史的实证科学中去了"[1]。对任何客观的研究者来说,在恩格斯的这句话中没有关于实证论的轮廓。难道恩格斯没有明确地指出:成为多余的不是任何哲学,而只是思辨的、不科学的哲学,这种哲学作为仲裁法庭凌驾于科学之上。科学的哲学,关于思维的学说,继续以逻辑学和辩证法而存在。至于自然辩证法,那它不仅以其全部的本质反对思辨哲学和自然哲学,而且反对实证论,反对对自然现象作非辩证的解释,反对自然科学中的非历史性。因此恩格斯指出:"恰好辩证法对今天的自然科学来说是最重要的思维形式,因为只有它才能为,自然界中所发生的发展过程,为自然界中的普遍联系,为从一个研究领域到另一个研究领域的过渡提供类比,并从而提供说明方法。"[2]

而修正主义者们把辩证法从自然界中驱逐出去,否定辩证方法对研

---

[1] 《马克思恩格斯选集》第 1 版第 3 卷第 65 页。
[2] 《马克思恩格斯全集》第 1 版第 20 卷第 383 页。

究者——自然科学家的重要意义，否定辩证方法的普遍性和科学性，从而助长实证论的声势。其次，修正主义者责备恩格斯把辩证法从外部带入客体、自然界。事实上，在恩格斯的所有哲学著作中，他谈的是研究自然科学本身中辩证过程的极其重要的方面，他揭示了认识自然界的辩证法。

修正主义者们断言，恩格斯在对自然界的研究中只是运用了客观辩证法，这是不正确的。事实上，他在分析自然科学时，主要是运用了主观辩证法、辩证思维、客观辩证法的反映。

恩格斯论证了如下论点：整个自然科学对辩证的概括来说已经成熟，形而上学是自然科学发展道路上的主要敌人，他指出，自然科学家本身必须学会辩证地思维，他们的研究方法、认识的方法必须适应认识的对象。

从对"新马克思主义者"某些论点的分析中可以看出，现代修正主义在口头上不否定马克思的辩证法，而实际上是对它作了主观主义的解释。他们用纯粹相对主义的精神来解释马克思的辩证方法。对辩证法的修正主义人本主义化也就是放弃马克思主义辩证法。

（原载莫斯科高等技术学院哲学教研室编写的
《恩格斯对哲学问题的发展和现代》一书第23章）

（马兵 译）

恩格斯和辩证唯物主义的新批判者们[*]

〔苏〕泰·伊·奥伊泽尔曼

现代资产阶级和修正主义对马克思主义哲学的解释有两个彼此直接对立、但按其意识形态的内容来说是相同的主要派别。第一个派别主张对辩证唯物主义和历史唯物主义进行反马克思主义的"再改造",这个派别是同关于青年马克思的争论相联系的,而第二个派别则同把马克思主义对传统哲学,即原来意义上的哲学的否定作虚无主义的解释相联系。

如果不考察(哪怕是非常简略地)资产阶级(和小资产阶级)反对马克思列宁主义哲学基础的斗争的这些派别,就不能理解作为整个现代马克思学的特征的把马克思和恩格斯对立起来的做法这种否定辩证唯物主义的特殊形式,现代的马克思主义的反对者把辩证唯物主义解释为马克思主义学说中的异物。

辩证唯物主义、政治经济学和科学共产主义并不是通过挥舞魔杖,不是在一个空房子里或者像密纳发一样从丘比特的头脑里突然产生出来的。列宁指出,马克思主义学说"是由有产阶级的有教养的人即知识分子创造的哲学、历史和经济的理论中成长起来的。现代科学社会主义的

---

[*] 本文选自《马列著作编译资料》1981年第14辑。

创始人马克思和恩格斯本人,按他们的社会地位来说,也是资产阶级的知识分子"①。

马克思和恩格斯在他们的19世纪40年代初产生的早期著作中,是作为赞同青年黑格尔派对黑格尔所作的解释的唯心主义者出现的,是作为捍卫受压迫和受剥削的群众的利益的革命民主主义者出现的,他们还没有从受压迫和受剥削群众中把工人阶级区分出来。但是,在40年代中期开始创作的一些著作中,他们就已经对后来称作马克思主义世界观的这个崭新的世界观的最主要的根本立场作了阐发和表述,虽然并不总是以确切的方式阐发和表述的。马克思主义产生和形成的历史过程的完成(不能把它同马克思主义在自己的理论基础上的进一步发展混为一谈)是在40年代末。列宁把《哲学的贫困》和《共产党宣言》称作成熟的马克思主义的最初著作。

1932年,苏共中央马列主义研究院第一次发表了(用原文)马克思主义形成时期的最重要著作,即马克思于1844年写的《经济学哲学手稿》。在这部重要著作(尽管它还没有完成并且带有片断的性质)中,马克思已经指出了无产阶级的世界历史使命,分析了雇佣劳动和资本之间的矛盾。他论证了消灭私有制的历史必然性,批判了资产阶级政治经济学和黑格尔哲学,表述了辩证唯物主义和历史唯物主义的根本论点。但是,他的崭新的哲学观点并不是用同这些观点的实际内容相适应的形式表达出来的,它们还带有费尔巴哈人本主义的烙印,马克思对费尔巴哈的学说作了高度评价。马克思把他自己的学说称作"完成了的自然主义",在这里他发挥了按实质来说是共产主义的观点,并且同他所叙述的唯物主义观点相对立,断言:"彻底的自然主义或人道主义,既

---

① 《列宁选集》第1版第1卷第247页。

不同于唯心主义，也不同于唯物主义，同时又是把这二者结合的真理。"① 马克思主义的资产阶级解释者们常常援引马克思的这些言论，以便证明，马克思不仅是唯心主义的敌人，而且也是唯物主义的敌人，他认为自己的任务是把这些"片面的"观点结合起来。他们硬把这种折衷主义立场（必须这么说）不仅强加给这里引用过的那部早期著作，而且强加给马克思的整个学说。

但是，只要仔细地、不抱成见地研读一下1844年的《经济学哲学手稿》，就会发现，马克思即使在这部著作中也是赞成唯物主义，反对唯心主义的，他是坚决反对把这两个彼此排斥的派别加以调和的。他在手稿中说："费尔巴哈的伟大功绩在于……创立了**真正的唯物主义**。"②

马克思对以前的唯物主义采取批判的态度。在1845年他就指出，以前的唯物主义的缺点就在于对自然和人作反辩证法的机械的解释并且对社会不是持唯物主义的观点。他批判了黑格尔的唯心主义，特别是其泛理论，指出，整个黑格尔逻辑学，同其创立者的意图相反，都证明，"抽象思维本身是无，绝对观念本身是无，只有**自然界**才是某物"③。此外，必须强调指出，在1844年手稿中，作为彼此排斥的主要哲学派别的唯物主义和唯心主义这两个马克思主义的历史哲学概念还没有得到表述。马克思在批判形而上学的唯物主义和黑格尔的唯心主义辩证法的同时，正如手稿的内容所表明的那样，提出了创立辩证唯物主义的问题，即创立一种用辩证唯心主义的成果来充实的唯物主义的问题。他事实上已经解决了这个任务，只是这个任务还没有得到确切的表述。

---

① 《马克思恩格斯全集》第1版第42卷第167页。
② 《马克思恩格斯全集》第1版第42卷第158页。
③ 《马克思恩格斯全集》第1版第42卷第177页。

马克思在手稿中说明私有财产和资本对劳动的剥削的时候，常常利用黑格尔和费尔巴哈所制定的异化概念。但是，马克思的异化概念同黑格尔和费尔巴哈的异化概念有着原则的区别，因为马克思讲的不是意识的异化，而是异化的物质过程，意识的异化形式是这一过程的反映。

马克思不仅用唯物主义观点批判地解释了异化现象，他还发现了异化劳动的存在，他把异化劳动看作是劳动产品和生产活动的异化，看作是生产者的劳动产品对生产者的**剥削**。马克思说明，只有消灭私有制和私有制所产生的社会经济矛盾，才能永远结束劳动的异化，从而也永远结束人的本质的异化。这些揭示了以私有制为基础的社会的对抗性质的深刻真理，是用同其实际内容不相适应的术语表述出来的。因此，马克思把异化的消灭和从资本主义向无阶级的社会的过渡称为"人向自身的还原或复归"，"人的自我异化的扬弃"。①

马克思主义的资产阶级批判者们援引手稿中的这类观点，声称：必须把马克思的哲学看作是哲学的人本学，其出发点是作为自然存在物的人这个概念，这种人的本质因文明（异化）而变形，这只有通过人与人之间的关系的人道化才能得到恢复。关于无产阶级解放运动的马克思主义的革命学说就这样被它的反马克思主义的解释者们按照抽象的资产阶级人道主义的精神加以叙述。

这里自然就产生一个问题：为什么马克思主义的资产阶级和小资产阶级批判者们要把马克思的早期著作，特别是《1844年经济学哲学手稿》变成为对这一学说的"新的"、显然同马克思主义的全部内容背道而驰的"再解释"的理论基础呢？属于马克思学说形成时期的马克思的早期著作必须从成熟的马克思主义的观点来加以评价，这难道还不清

---

① 《马克思恩格斯全集》第1版第42卷第120页。

楚吗？对于这个问题，只有通过对围绕"青年马克思"而进行的争论作出社会政治评价才能做出回答。在当代，马克思列宁主义学说已经成了群众的社会意识。理论已经变成了以无产阶级为首的为反对资本主义而斗争的各劳动阶级的物质力量，变成了科学地指导社会主义社会建设的理论基础。资产阶级对马克思主义的传统的否定成了历史上的时代错误，它越来越需要被迫承认马克思主义的历史意义，这种承认包含着资产阶级的反马克思主义的性质，因为这种承认导致一种大声地声明的主张，认为马克思的世界观在他的早期著作中作了最好的阐述。

有一些马克思主义批判者把马克思的早期著作同成熟的马克思主义的著作对立起来，另一些人又采取过于简单化的方法：他们混淆马克思的《资本论》的内容和他的早期著作的内容之间的质的区别，而在他的早期著作中当然既不包含有关于剩余价值的理论，也不包含有关于阶级斗争和工人阶级专政的理论。还有一些人否认区分马克思早期著作和"晚期"著作的正确性，声称无论马克思在什么时候写的一切（从他的学位论文甚至他的中学作文开始）都属于马克思主义。法兰克福学派的著名代表人物阿·施密特表达了这种对马克思主义史作"再解释"的意识形态的意图，他断然宣称，"关于是'青年'马克思的著作重要还是老年马克思的著作重要的问题，——这样提出问题——是无的放矢。"[1]

这种言论的意思是显而易见的：这里涉及的不是客观真理，而是政治形势。根据这种观点，问题不在于说明马克思和恩格斯的早期著作同马克思主义的实际关系，而在于为了明显的意识形态的目的而利用这些著作。

因为施密特所说的"现代需要"，一方面是资产阶级的需要，另一方

---

[1] 阿·施密特：《解放者的感性。路德维希·费尔巴哈的人本主义的唯物主义》，1973年慕尼黑版第40页。

面是无产阶级和非无产阶级的劳动群众的需要，所以解放运动的敌人的任务就在于使马克思主义及其哲学威信扫地。因此，他们出于什么样的动机要拿前面已经讲到的马克思那些早期著作大做文章，就很清楚了。

现在我们谈谈对马克思主义哲学作资产阶级和修正主义解释的第二个主要流派。这个流派断言，根本就没有马克思主义哲学。我们记得，第二国际的理论家们（不仅公开的修正主义者，而且有一些正统派）就根本否认马克思主义的哲学基础。爱·伯恩施坦和麦·阿德勒急忙断言，马克思的"唯物主义"这一术语同这个词的非哲学意义有关，而卡·考茨基则不容误解地断言，马克思主义不是哲学学说，而是经济学说。值得注意的是，不仅考茨基，而且伯恩施坦分子都声称，他们是站在唯物主义历史观的立场上，虽然他们把唯物主义的东西解释为对社会生活作反思辨的经验的研究。①

---

① 因此，比如说，卡·考茨基断言，唯物主义作为理论正在越出经验的界限，其结果是形而上学。因此，卡·考茨基写道："在马克思和恩格斯那里，他们的唯物主义是隐藏在他们的方法之中。"（卡·考茨基：《唯物史观》，1927年柏林版第22页）麦·阿德勒竭力要证明，自然科学实质上是同唯物主义的"形而上学"相敌对的。如果说在过去，关于自然的科学感到自己是同唯物主义哲学相联系的话，那么"现代自然科学恰好是……唯物主义的最激烈的反对者"（麦·阿德勒：《作为思想家的马克思》1921年维也纳版第128—129页）。奥·鲍威尔代表更加激烈的反马克思主义的立场，他按照弗·舒利亚蒂科夫的方式把唯物主义解释为资产阶级利己主义的哲学。比如说，他断言："只有在由于机械的自然观瓦解唯物主义失去了基础以后，我们才得以对唯物主义采取批判的态度。现在我们只知道一点，唯物主义无非是资本主义的竞争制度在宇宙中的投影。只有这样才能扯断把社会主义的历史观同最后一个很活动的资本主义制度联系起来的纽带。"（奥·鲍威尔：《资本主义的世界面貌》，1971年美茵河畔法兰克福版第60—61页）我们可以看到，庸人对唯物主义的恐惧决定了第二国际这些理论家的哲学观点。

他们就是这样把唯物主义的历史观同唯物主义的自然观对立起来，而唯物主义的自然观则被描绘成为历史上过时的"自然哲学"，必须使这种"自然哲学"在原则上同自然科学协调一致，因为自然科学能够单独对自然做出判断。历史唯物主义事实上被宣布为一种既不站在唯物主义一边，也不站在唯心主义一边的学说，因此根本不是一种哲学理论。

如果人们还记得，正是第二国际的理论家们宣称世界观（不仅宗教的世界观，而且哲学的世界观）是社会民主党每个党员的私人事情，那么社会民主党否认马克思主义哲学的原因是很清楚的。因为他们主张同占统治地位的资产阶级及其不仅在资本家之中占统治地位的意识形态实行妥协，所以社会民主党的机会主义合乎规律地要反对马克思主义关于社会主义具有历史必然性和不可避免性的学说。他们用从新康德主义的武库中剽窃来的"伦理社会主义"来同社会主义相对抗。新康德主义对马克思主义的修正居然得出这样一些观点，即声称什么马克思和恩格斯似乎从来就不是哲学家，说什么他们把任何哲学探讨都当作一种同革命实践无法协调的思辨活动而加以拒绝。

辩证唯物主义和历史唯物主义是对一切过去的哲学，原来意义上的哲学的革命的批判的否定。但是，这不是抽象的虚无主义的否定，而是具体的辩证的否定，这种否定是以对过去的哲学（包括唯物主义哲学和唯心主义哲学）的一切合理的东西作科学的和哲学的总结，对这些东西的吸收、改造和进一步发展为前提的。恩格斯说："这已经根本不再是哲学，而只是世界观，它不应当在某种特殊的科学的科学中，而应当在现实的科学中得到证实和表现出来。因此，哲学在这里被'扬弃'了，就是说，'既被克服又被保存'，按其形式来说是被克服了，按其现实的内容来说是被保存了。"①

照例对哲学采取轻视态度或者说一知半解的态度的第二国际的理论家们,完全忽略了恩格斯所指出的最重要的方面,即马克思主义所实现的哲学中的革命。因此,否定马克思主义哲学的现代的马克思主义的敌人在一定意义上说是在上一世纪末已经形成的机会主义传统的继承者。

对马克思主义哲学作这种虚无主义解释的主要代表就是法兰克福学派的从事社会研究的理论家们,这个学派打着"新马克思主义"的旗号,或者用另一种说法,就是打着"西方马克思主义"的旗号,要求对马克思的学说作准确的阐述,把马克思的学说同恩格斯的观点对立起来。虽然"法兰克福学派"的理论家们由于否定马克思主义哲学的存在而继承了社会民主党的传统,但是这些"新马克思主义者"的论据,同并没有赋予哲学问题以重大意义的他们的先辈们的论据有很大的不同。

按照法兰克福的"批判的理论家们"的观点,哲学是在生活中实现理性、根据合乎理性的原则改造社会,使合理的东西变成社会现实的一种尝试。但是,按照法兰克福理论家们的观点,哲学对合理性采取非批判的态度,因为合理性这个概念通过哲学思维本身的性质构成哲学的根本前提,而这种前提是不会受到批判分析的。

此外,他们还认为,合理性这个概念是成问题的,因为它不能成为专门的哲学分析的对象。社会学感到自己有责任对它进行批判研究,从而就剥夺了哲学存在的权利。

按照"法兰克福派"的观点,对理性,一般合理性的社会学研究(就它具有批判性质而言)表明,任何使社会关系合理化的做法都意味

---

① 《马克思恩格斯全集》第 1 版第 20 卷第 151 页。

着对人的压迫的加剧，剥削的完善化，从而也意味着日益使社会变成一个可以控制的人与人之间关系的体系。资本主义在生活中实现了理性，从而就实际地证明，合理性是进行统治和剥削的工具。以对社会生活进行合乎理性的改造为理想的哲学在这种意义上说是最终破产了，因为它的理想据说已经实现了。

通过同哲学断绝关系来进行哲学探讨的法兰克福理论家们至多也是小资产阶级的浪漫主义的资本主义批判者。他们把任何合乎理性地改造社会关系的做法同资本主义的合理化混为一谈。不仅如此，他们还企图把这种看法"硬塞到"马克思和恩格斯的学说中去，把马克思主义对原来意义上的哲学的否定说成为对哲学根据激进的革命任务提出问题的可能性的否定。他们从这种立场出发来解释马克思的著名命题："哲学家们只是用不同的方式解释世界，而问题在于改变世界。"① 马克思和恩格斯从哲学上论证了社会关系的共产主义改造这个事实完全被置之不顾了。

这样一来，法兰克福的理论家们就把马克思主义描绘成为一切哲学探讨的不可调和的反题。但是，他们首先援引的马克思却经常把自己在哲学上的辩证唯物主义观点同唯心主义和形而上学的思想方法对立起来。法兰克福学派的代表人物当然不能无视这些事实。他们对马克思作了这样的解释，就好像马克思的学说只是表面上研究了哲学问题，虽然它在根本上是对哲学的毫不妥协的否定。

例如，H.马尔库塞断言，马克思只是在他受黑格尔和费尔巴哈影响的时候对哲学有过兴趣。因此，人们不能对表达形式特别具有哲学意味的马克思的早期著作作过高的评价。马尔库塞写道："即使这些早期著作也不是哲学著作。它们表现了对哲学的否定，虽然用的还是哲学的

---

① 《马克思恩格斯全集》第1版第3卷第6页。

语言。"① 不难理解，马尔库塞同法兰克福学派的其他代表人物完全一样，对马克思主义的哲学同马克思主义政治经济学和科学社会主义的有机联系，对马克思主义学说同革命实践的统一作了完全歪曲的解释。因为法兰克福学派的代表人物不撇得马克思主义的哲学同以前的一切哲学学说之间的原则区别，所以他们对这种质的区别作了完全否定的解释。

我们比较详细地评论了马克思列宁主义哲学的敌人阵营中的当前情况，因为不先谈谈这个问题就不能了解辩证唯物主义的最新批判者们的意识形态目的和理论论据。这些人把恩格斯和列宁同马克思对立起来，把列宁的哲学研究解释为"恩格斯的路线"的继续，而"恩格斯的路线"按其实际内容据说是同马克思的学说不一致的。作为否定马克思主义的隐蔽形式的这种解释的一个例子，我们就考察一下 G. 李希特海姆对辩证唯物主义的资产阶级的批判。他写道："在马克思的观念同恩格斯和普列汉诺夫的辩证唯物主义之间没有任何逻辑联系，因为在把自觉的精神活动看作实践的一个方面的马克思的实用主义观点同列宁的认识论的实在论之间没有任何必然的联系。"② 这种说法有一点是非常有意

---

① H. 马尔库塞：《理性和革命》，1962 年诺依维特版第 229 页。他在评论整个马克思主义形成的历史过程，并因此把马克思的学说同黑格尔的哲学对立起来的同时，宣称："从黑格尔向马克思的转变，在一切方面看来都是向用哲学概念不能解释的另一种根本不同形态的真理的转变。"（同上）接着又说："……马克思主义理论的一切哲学概念都是社会理论和经济理论，而黑格尔的社会范畴和经济范畴全部都是哲学概念。"（同上）这种说法的实质自然并不在于坚决地强调指出马克思学说同黑格尔唯心主义哲学之间的根本矛盾，而是在于把这种关系解释为马克思的"反哲学"同黑格尔的哲学之间的对立。

② G. Liehtheim, "On the Interpretation of Marx's Thought", in *Marx and the Western World*, London 1967, S. 10.

思的，就是它直接指出了把马克思、恩格斯和列宁彼此对立起来的反马克思主义观点的背景：马克思被说成是实用主义者，即唯物主义的反对者，唯心主义的经验主义的拥护者，同时又把"认识论的实在论"强加于列宁，这种理论把物质的概念同客观实在的概念对立起来，就是说，是唯心主义的变种。

这样一来，把马克思和恩格斯对立起来，首先就是把马克思的早期著作同大部分是由马克思主义的两位创始人创作的成熟马克思主义的著作对立起来。在这里人们当然闭口不提马克思不仅在刚开始成为无产阶级的科学的意识形态的创始人的时候，就在40年代上半期的著作中阐发了他的哲学观点，而且在他的晚期表述了极其重要的马克思主义的哲学观点。

不言而喻，马克思最重要的哲学著作是《资本论》。在这里不仅解决了资产阶级政治经济学的经典作家们所探讨的经济理论的根本问题，而且也为唯物主义辩证法即辩证唯物主义准备了基础。①

---

① 把辩证法和唯物主义分离开来，只有在马克思主义哲学之外才具有充分的意义，因为那里存在着唯心主义辩证法和形而上学唯物主义。在马克思主义中，辩证法和唯物主义构成一个统一体，一个不可分割的整体：马克思主义的唯物主义——辩证唯物主义，马克思主义的辩证法——唯物主义的辩证法。在马克思主义哲学中，给辩证法和唯物主义划分界线，把它们当作彼此不同的东西，例如，当作方法和理论，那是错误的。马克思主义的方法是辩证的和唯物主义的，即辩证唯物主义的。马克思主义的理论不言而喻不仅是唯物主义的，而且也是辩证的。其次，前面我们已经批判了考茨基的观点，他使用唯物主义这个概念只涉及方法，但是根本不涉及马克思主义的理论。发展的理论就其完整的形式来说，是没有片面性的，这是唯物主义的辩证法或者说辩证唯物主义的根本内容。这两个说法实质上是同义词。这个结论是从列宁所表述的唯物主义辩证法（完整形式的发展理论）、认识论和逻辑（当然是辩证逻辑）相一致的原理中得出来的，人们必须把辩证逻辑看作特殊的（有别于一般的）发展理论。正如列宁所指出的，这个原理是马克思在《资本论》中制定的。

把马克思的《资本论》评价为马克思主义的最重要的哲学著作，是列宁的历史功绩。列宁写道："虽说马克思没有遗留下'逻辑'（大写字母的），但他遗留下《资本论》的**逻辑**，应当充分地利用这种逻辑来解决当前的问题。在《资本论》中，逻辑、辩证法和唯物主义的认识论〔不必要三个词：它们是用一个东西〕都应用于同一门科学，而唯物主义则从黑格尔那里吸取了全部有价值的东西，并且向前推进了这些有价值的东西。"① 对《资本论》的哲学内容的研究，使得把马克思的哲学观点同恩格斯在《反杜林论》、《自然辩证法》等著作中所制定的论点对立起来的企图失去了一切根据。马克思确实没有充分地研究自然科学成果中的哲学问题，但是他认为这些问题具有头等重要的意义。他和恩格斯之间的书信说明了这一点。尽管马克思在《资本论》中研究的是资本主义经济发展和活动的规律，但是他经常强调指出辩证的运动和发展的规律具有普遍适用的性质，在这里他具体地谈到了一些自然科学的事实。我们既可以在《资本论》中也可以在《自然辩证法》中看到的自然科学的实例之一，就是对化学中的同系物的分析，它证实了量变转化为质变的规律。

马克思主义的现代批判者们把恩格斯的《反杜林论》说成是对马克思哲学观点的背离（或者说成是提出一种同马克思的思想格格不入的哲学学说）。但是，《反杜林论》是一部发展了《资本论》和马克思的其他著作中的极其重要的哲学观点的著作。大家知道，马克思不仅读过《反杜林论》的原稿，而且还应恩格斯的请求写了该书的第十章，并且在他的天才的朋友和战友的这部著作出版以后又对它作了高度的评价。马克思在给摩·考夫曼的那封著名的信中说，恩格斯的这部著作"对于

---

① 《列宁全集》第1版第38卷第357页。

正确理解德国社会主义是很重要的"①。

马克思主义的资产阶级批判者们想要证明，恩格斯的哲学思想对于马克思说来是格格不入的，他们这种企图不仅是旨在反对恩格斯，而且也是旨在反对马克思本人的，因为人们把对马克思绝对格格不入的性格特点和处世之道强加于他。按照这种错误的评价，马克思本来是不同意恩格斯的哲学观点的，但是在他的朋友和广大舆论面前隐瞒了这种不同意的态度。对于任何一个读过马克思的著作而其目的是要了解这些著作的实际内容的人来说，这种说法显然是站不住脚的。这种观点的另一种说法就是说什么马克思并不反对恩格斯在《反杜林论》和其他著作中所发表的哲学观点，因为他在自己这位朋友的影响下改变了自己早期的观点，从而自己向这些带来灾难的哲学谬误屈服了。萨特就非常明确地发表了这种看法。特别是他断言，马克思曾经力图既克服唯物主义的"片面性"，又克服唯心主义的"片面性"，他直到同恩格斯进行"不幸的会见"② 以前一直坚持这种观点，而萨特声明他是赞成这种观点的。

这位法国存在主义者情愿要包含有不少符合费尔巴哈人本主义精神的观点的马克思的一些早期著作，而不要成熟马克思主义的著作。在马克思主义的敌人看来，这些观点确实是一种幸运的基础，它"允许"把马克思说成是存在主义、同时代的唯心主义人本学的同道者（或者至少是先驱者）。在这里人们通常总是忽略了两个众所周知的事实，即跟马克思的相应著作同时写成的恩格斯的早期著作，同样包含着唯心主义的和哲学人本主义的言论。马克思和恩格斯的哲学观点的形成是在同时

---

① 《马克思恩格斯全集》第 1 版第 34 卷第 322 页。
② J. P. 萨特：《形势。论文集》第 1 卷，1965 年汉堡附近莱茵贝克版第 289 页。

完成的。当他们在1844年开始合作，以便创立工人阶级的科学的意识形态的时候，他们共同克服了黑格尔的辩证唯心主义、青年黑格尔派的"自我意识的哲学"、费尔巴哈的哲学人本学以及资产阶级民主主义的和小资产阶级空想主义的幻想、他们在《德法年鉴》上所写的文章以及他们最初合写的著作《神圣家族》和《德意志意识形态》证明了这一点。

因此，萨特想证明马克思和恩格斯的会见，他们的友谊改变了马克思哲学发展的进程并把马克思引向辩证唯物主义的企图，不仅是无的放矢，而且是可笑的。辩证唯物主义和历史唯物主义的创立，是马克思和恩格斯的共同成果，是马克思主义创始人所实现的哲学中的革命。

萨特还要求承认由他完成的对马克思主义的发展。在这里，他把辩证唯物主义排除在马克思主义哲学之外，同时，他又用存在主义的人本学来"充实"历史唯物主义。萨特写道，历史唯物主义是"对人类历史唯一有效的解释"。①

但是，萨特"称作"历史唯物主义的东西，实际上根本不是历史唯物主义，因为这位法国存在主义者把历史唯物主义同对自然和人的唯物主义理解彼此割裂开来，把历史唯物主义同唯物主义哲学对立起来。从存在主义观点看来，自然界并不是不依赖于人、人的意识和意志为转移而存在的。至于谈到人，存在主义打着批判自然主义的旗号声称，认为人是非自然的，不是被决定的存在物的主观主义观点，才是唯一可能的和合乎人性的观点。无需解释，这种主观主义的观念不论同唯物主义还是同历史主义都没有任何共同之处，它对历史唯物主义和自然科学都

---

① S. P. 萨特：《辩证理性批判》第1卷，1967年汉堡附近莱茵贝克版第41页。

采取敌视态度。

把唯物主义历史观和辩证唯物主义彼此对立起来，就是否定辩证唯物主义，归根到底也就是否定历史唯物主义，这不仅是萨特所特有的或者说存在主义的对马克思主义哲学的态度的表现。第二国际的修正主义者们就已经采取了这种态度，他们抛弃了唯物主义辩证法（即辩证唯物主义），根本否定唯物主义辩证法存在的可能性，声称它是马克思主义中异己的**"唯心主义的"**（黑格尔的）因素。① 在这里，也像在其他场合一样，哲学上的修正主义被资产阶级的哲学牵着鼻子走，而资产阶级哲学因为无法实现唯物主义和辩证法的统一，所以过去和现在都否定对自然界和社会持辩证唯物主义观点的可能性。

列宁曾经用马克思的话批判马克思主义以前的形而上学的唯物主义没有能力"使关于社会的科学同唯物主义的基础协调起来，并在这个基础上加以改造"②。但是，即使在马克思主义以前的唯物主义者力图对社会现象作唯物主义的说明的时候，占统治地位的唯心主义哲学，特别是在唯物主义历史观产生时，也要坚决反对已经存在的唯物主义社会学，办法是否定这种社会学的唯物主义性质。唯物主义被宣布为唯心主义，而唯心主义则被说成既不是唯心主义理论，也不是唯物主义理论，简而言之，被说成是哲学中的"第三条道路"的实现。

---

① 参见 H. 伊里巴德沙柯夫："对于爱德华·伯恩施坦、奥托·鲍威尔、鲁道夫·希法亭、麦克斯·阿德勒等人的老机会主义和修正主义来说，有代表性的是，他们都企图破坏辩证唯物主义和历史唯物主义的统一，他们反对辩证唯物主义和其他任何哲学的唯物主义，但是同时却声称他们接受历史唯物主义，似乎历史唯物主义是和哲学唯物主义完全不同的东西。"（H. 伊里巴德沙柯夫：《现代对马克思主义的批判》，1962 年莫斯科俄文版第 446 页）

② 《列宁全集》第 1 版第 21 卷第 36 页。

列宁在他对约·普连厄的《马克思和黑格尔》一书（这是资产阶级把马克思主义的理论基础庸俗化的一个例子）的札记中引用了这位作者对这个问题的解释，普连厄声称，历史唯物主义是"对社会的彻底唯心的观察"。①

普连厄在1911年的这种说法对于现代的资产阶级马克思学家来说也是可以接受的，这令人信服地证明了他们的"阅读"方法，确切地说，歪曲历史唯物主义的方法总的说来是多么可怜而贫乏。

Б. 克罗奇在1938年重复了约·普连厄的论调，同时明确地指出了使他不能接受唯物主义历史观的原因。Б. 克罗奇写道，历史唯物主义"在两个方面，即作为唯物主义和作为关于历史是按照事先确定的计划发展的观点，是错误的，按照这种计划，黑格尔的哲学史被篡改了"②。对这个资产阶级思想家说来，历史唯物主义仅仅因为对社会关系进行社会主义改造的客观必然性作了唯物主义的论证，就已经是不能接受的了。客观规律性这个概念在关于自然界的自然科学中是个基本概念，他们却宣称这个概念在社会学中没有任何科学意义。不仅如此，他们还把关于历史必然性的唯物主义观念同关于命中注定的神学观念等量齐观。

值得注意的是，为了反对历史唯物主义竟然提出了这样一种论据，认为历史唯物主义实际上只是由于人们自己创造自己的历史这种说法，才成为经过科学论证的基本哲学命题。这个命题曾经被马克思主义以前的唯物主义者作为反对对历史作神学解释的观点提出来过。但是，这些唯物主义者由于他们自己的形而上学的思想方法而忽略了社会历史过程中主观的东西和客观的东西之间的相对对立，他们只是宣布了这个真

---

① 转引自《列宁全集》第1版第38卷第441页。

② 参见 Б. Croee, *Annuario della Biblioteca filosofica di Palermo*, Ⅱ, S. 387, in E. Garin, *Cronache di Filosofia Italiana*(1900—1943), Bari 1959, S. 222.

理，当然他们不可能论证这个真理。换句话说，他们不懂得，当外部自然界和人们自己的自然是不以人们为转移的时候，人们是怎样创造历史的。马克思主义关于生产力和生产关系的发展，关于阶级斗争、劳动人民的解放运动，关于社会革命的学说——这一切都被理解为在科学上和哲学上对思辨唯心主义的宿命论观念的否定和对社会历史过程的规律性的论证。一个过程是通过人本身，通过人民群众，通过"自在"的历史必然性转化为"自为"的历史必然性即自由来实现的。客观历史必然性并不排除自由、历史选择，它有机地包括这种自由、历史选择。必然转化为自由是社会发展的不可缺少的因素，正如"自在之物"转化为"自为之物"是在认识过程的发展中的不可缺少的因素一样。

这样一来，对于为什么马克思主义的敌人把唯物主义历史观恰好作为唯物主义的东西（就这个词的本来意义，但不是形式上的或讽喻的意义而言）加以否定这个问题，回答是清楚的。法国的反共主义者 R. 阿隆以令人钦佩的坦率代表这种观点，他强调指出，对马克思主义关于社会生活的观点的现代批判的基本倾向，是竭力"反对世界历史的客观决定论"①。资产阶级在意识形态上的代言人反对历史必然性，因为历史必然性要埋葬资本家阶级的统治和以私有制为基础的社会不平等的制度。

---

① R. 阿隆：《马克思主义的神圣家族》，1970 年汉堡版第 14 页。同反共主义者 R. 阿隆相反，意大利马克思主义者蒂姆帕纳罗强调指出，恩格斯的卓越功绩恰好就在于论证了历史决定论。"如果说当代的改良主义者在恩格斯的唯物论和决定论中看到的首先是对'人道主义'和精神自由的令人不快的否定，那么革命者在这里看到的则是对唯意志论、对关于资本主义制度自动崩溃或者逐渐转变的虚幻观念的否定。"(S. Timpanaro, Engels, materialismo, libero arbitrio, in Quaderni Piacentini, Piacenza, 39/1969 S. 57.) 不难理解，资产阶级把马克思主义解释为对人道主义和自由的否定，是典型的庸人偏见，因为唯物主义哲学的全部历史以及唯物主义哲学同教权主义和神学世界观的斗争都证明，只有唯物主义才是为人道主义理想而斗争的彻底的战士。

恩格斯无论在《反杜林论》中还是在其他著作中都对自然科学的成就进行了哲学上的概括，这些著作系统地论证了历史唯物主义和唯物主义的自然观的不可分割的统一。社会生产是一个自然历史过程，在这个过程中人通过改变他周围的自然界，也改变着他自己的本性，他的人的本质，这就是历史地决定了的社会关系的总和。恩格斯说，我们人，不管从事什么样的活动，都不能站在"自然界之外"，相反，我们"连同我们的肉、血和头脑"都是属于自然界的。① 把历史唯物主义同唯物主义的自然观分离开来，那就意味着不仅抛弃唯物主义的自然观，而且也抛弃唯物主义对社会生活的观点。

列宁在《唯物主义和经验批判主义》中指出，哲学上的修正主义者利用否定对哲学基本问题的根本的唯物主义解决，用社会学的唯心主义来取代历史唯物主义。亚·波格丹诺夫援引了人与人之间的关系以意识的存在为前提这个显而易见的事实，他就是用这种办法事实上把意识的存在变成社会生活的决定性基础。波格丹诺夫不是公开地，而是隐蔽地把这种唯心主义的态度表述出来的，办法是宣布社会存在和社会意识等同的原则。

列宁揭穿了波格丹诺夫所表述的唯心主义论点在原则上是站不住脚的，列宁说："社会存在和社会意识不是等同的，这正如**一般**存在和一般意识不是等同的一样……社会意识**反映**社会存在，这就是马克思的学说。反映可能是对被反映者的近似正确的复写，可是如果说它们是等同的，那就荒谬了。意识总是**反映**存在的，这是整个唯物主义的一般原理。看不到这个原理与社会意识**反映**社会存在这一历史唯物主义的原理

---

① 见《马克思恩格斯全集》第 1 版第 20 卷第 519 页。

有着直接的**不可分割**的联系,这是不可能的。"①

　　现代资产阶级的修正主义宣扬"回到马克思那里去"的虚伪口号,实际上是宣传抛弃马克思主义。这是不足为怪的,因为有一些修正主义者完全是跟着他们的老师即资产阶级的思想家走,而那些人是把马克思同马克思主义对立起来的。他们宣扬一种诡辩主义的论据,说什么马克思主义的继承者不可能是马克思主义的创始人。所有这些关于恩格斯的伪科学的言论总是又导致一点:拒绝对共产主义理想作唯物主义的论证,抛弃马克思主义的科学的哲学的世界观,而马克思主义对争取实现社会关系的共产主义改造的革命斗争的必然性做了全面的论证。

　　其次,前面我们已经谈到第二国际的修正主义的代表人物,他们在宣称自己是历史唯物主义的拥护者的同时又放弃辩证唯物主义,最终用社会学的经验的唯心主义来取代唯物主义历史观。掩盖对历史唯物主义的否定也使现代修正主义者离开了哲学。我们就举捷克修正主义者 M. 普鲁哈为例。他按照萨格勒布《实践》杂志的修正主义者们的榜样,把"实践哲学"同恩格斯的哲学对立起来,根据哲学人本学的精神去解释恩格斯的哲学,然后又用哲学人本学去反对辩证唯物主义。

　　马克思和恩格斯已经把哲学同实践,同革命的批判的实践活动,同工人阶级的解放斗争联系起来。因此,任何把马克思主义哲学同"实践哲学"对立起来的企图,都是抛弃关于自然界、社会和思维发展的一般规律的统一的科学的哲学学说中的辩证唯物主义的实践观。

　　普鲁哈断定,不是辩证唯物主义,而是"实践哲学"才是真正的马克思主义哲学。他说,这种"实践哲学"使马克思主义摆脱了"最

---

① 《列宁全集》第 1 版第 14 卷第 323—324 页。

一般的规律性这种无聊玩意儿",用"迫切的问题即社会的和日常熟悉的问题"来丰富马克思主义。① 这类问题首先被归结为关于个性、个性自由、人的本质的异化等问题,他们把科学技术的进步称为人的本质异化的原因。在方法论上把个人的东西归结为社会的东西的马克思主义原则是同从社会关系总和中强调具有社会意义的个性特点的原则相适应的。

不言而喻,普鲁哈把这一切全都置之不顾。个性被说成是某种完全自我满足的东西,它同其他个性的差别被认为是绝对的,而不同的个人共同的特征则被宣布为是不重要的、使个人失去个性的东西。

这种把个别和一般、差别和同一对立起来的形而上学的做法是资产阶级个人主义关于人的观点的有代表性的特点。对社会规律性的客观性的承认被说成是对人的否定,是责任的主体。更简单地说,马克思主义的决定论(以及一切决定论)被解释为同对选择自由、活动自由的承认在原则上不相容的东西。对于普鲁哈说来,关于自由和必然的辩证法是不存在的。按照他的唯心主义观点看来,客观规律性不可能是人的自觉的和有目的的活动的基础。

普鲁哈指责辩证唯物主义犯有"本体论"的错误,他把"本体论"理解为承认物质是永恒不灭的,承认物质自己的规律性。在普鲁哈看来,本体论对物质的观点是"实体主义的"形而上学或"形而上学的本质论"的变种。② 简单说来,唯物主义(和自然科学)对物质永恒不

---

① M. 普鲁哈:《形而上学和马克思主义》,载《第十九次国际哲学讨论会文献》第 3 卷,1969 年维也纳版第 611 页。

② M. 普鲁哈:《形而上学和马克思主义》,载《第十九次国际哲学讨论会文献》第 3 卷,1969 年维也纳版第 611 页。

灭（由此产生辩证唯物主义）的承认，按照这个捷克修正主义者的观点看来，决不是辩证观点，而是反辩证法的观点。普鲁哈写道："形而上学事实上是强调静止，而不是强调运动，因为它力图在暂时的、易逝的东西中发现固定不变的、持久的和完善的东西。但是，恩格斯对存在的观点所干的不是别的，正是这个东西。他是多么经常地只谈物质的不灭性和永恒性啊！由于持这种根本观点，变化和运动对他说来也只不过是物质的外部的东西，而循环这个词也常常在这种次要的领域出现，因此很明显，是为了使'辩证法'不致威胁具有形而上学的出发点的唯物主义。"①

普鲁哈竭力想用这种方法证明，对哲学基本问题的唯物主义的解决具有反辩证法的性质。他说，辩证唯物主义就它发展了以前的唯物主义的根本原理而言，同形而上学唯物主义是一样的。这个修正主义者几乎一字不差地重弹他的资产阶级老师们的老调。资产阶级哲学家们早在上个世纪末就提出了一个论题，认为辩证唯物主义是 contradictio in adjecto②，就是说，这些哲学家断言，辩证法和唯物主义的荒谬矛盾是根本不能相容的。这就是说，辩证法总是唯心主义学说，而唯物主义注定是形而上学的。

哲学史上的事实驳倒了这些不科学的观点，而其拥护者却企图通过歪曲这些事实使这些观点具有科学的假象。他们对古代希腊唯物主义者的辩证法完全置之不顾。唯心主义的辩证法被描绘成是唯一可能的辩证法，因为据说辩证法的内容是针对作为主体活动的思维的。例如，现代

---

① M. 普鲁哈：《形而上学和马克思主义》，载《第十九次国际哲学讨论会文献》第3卷，1969年维也纳版第611页。

② 形容语的矛盾，指"圆形的方"、"木制的铁"这一类的矛盾。

的新黑格尔主义者科热夫声称:"辩证运动是思维和人的思想的运动,但是在人所思考和谈论的现实本身之中,没有辩证法。"①

普鲁哈的观点同这种对辩证法的公开的主观主义的解释有点差别。差别首先就在于,普鲁哈认为,辩证法的领域是"存在的人本学的"活动、主观性等等。实践活动被宣布为辩证运动的主要领域,但是实践活动被理解为主观主义的,不以社会生活的客观规律性为转移的,普鲁哈干脆忽视或者直接否认这种客观规律性的存在。

普鲁哈问道:"是存在着自然辩证法呢,还是在存在人及其活动的地方谈论辩证法才合乎道理呢?"② 很清楚,普鲁哈对这个问题的回答导致否定自然辩证法。"马克思跟黑格尔不同,当他把异化理解为劳动的异化的时候,他是把哲学变得贫乏了吗?"③ 这个问题的提法本身显然就是对问题的歪曲。马克思把异化劳动看作是劳动产品和生产活动本身异化的主要形式。他从这种对抗性的经济关系出发,研究了异化的政治形式、经济形式和思想形式。对此普鲁哈当然只字不提。在他对所提问题的回答中,最重要的东西就是企图把异化现象说成是辩证过程的真实的、非暂时的形式,就是说,把这种历史上暂时的现象永久化。"是否须要用结构上和起源上的人本学来补充马克思主义呢?"

不难理解,对这个问题普鲁哈会给予明确的回答。但是,这里引用的他的文章以及其他言论,是一种想用唯心主义的哲学的人本学来取代

---

① A. Kojève, *Introduction à la lecture de Hegel*, Paris, S. 455.

② M. 普鲁哈:《形而上学和马克思主义》,载《第十九次国际哲学讨论会文献》第 3 卷,1969 年维也纳版第 611—612 页。

③ M. 普鲁哈:《形而上学和马克思主义》,载《第十九次国际哲学讨论会文献》第 3 卷,1969 年维也纳版第 611—612 页。

马克思主义哲学的尝试，其实这种哲学的人本学是同马克思主义根本不能相容的。

马克思主义哲学的形成不仅是通过克服黑格尔的客观唯心主义，而且也是通过克服费尔巴哈的人本主义的唯物主义而实现的。在《德意志意识形态》中，马克思主义的创始人批判了作为唯心主义历史观的自然主义变种的人本主义的唯物主义。马克思和恩格斯把历史唯物主义评价为对人本主义的唯物主义的否定。

我们可以看到，现代资产阶级的和修正主义的马克思主义批判者们企图使马克思主义哲学同现代资产阶级哲学家所研究的唯心主义的哲学人本学结合起来。这种企图说明，马克思列宁主义的科学的哲学世界观的日益增长的影响迫使它的敌人从对这个学说进行公开的进攻转而采取隐蔽的、假马克思主义的咬文嚼字形式的对马克思主义的批判。因此，现代的马克思列宁主义的批判者们常常蛊惑人心地声称，他们所以否定马克思主义哲学，只是因为这种哲学根本就不存在，因为马克思主义摈弃了一切哲学。他们把事情说成这样，似乎恩格斯改变了马克思的根本信念，开始重新创立一种新的哲学体系，这种体系是同马克思主义的精神背道而驰的，作为实证的、反思辨的和经验的学说出现的。马克思主义的一些敌人意识到，这种对马克思主义的解释是站不住脚的，这就迫使这些人提出新的反马克思主义的观点。

其中有些人说，哲学对马克思主义来说决不是格格不入的，它的哲学信条是在它的早期著作中做过阐述的哲学人本学。从这个立场出发，辩证唯物主义（包括唯物主义历史观）被评价为对真正的马克思主义的背离。这种"背离"被强加在恩格斯身上，尽管非常明显，早在《反杜林论》出版以前，辩证唯物主义和历史唯物主义的基本原理已经在马克思的著作中，特别是在《政治经济学批判》和《资本论》中得到了阐述。从这种虚伪的资产阶级和修正主义的立场出发，哲学中的列宁阶段被说成是马克思主义的敌人所捏造出来的马克思和恩格斯之间的那个所谓鸿沟的继续和深化。但是，实际上观点的深刻的共同性却把马克思主义的两位创始人结合在一起。

把历史唯物主义（即辩证唯物主义的历史观）同马克思主义的即辩证唯物主义的自然观对立起来的观点，也是为使工人阶级的科学的意识形态失去其革命内容的反马克思主义的任务服务的。在这种情况下，历史唯物主义就会丧失它的基础，就是说，它将不再被作为唯物主义学说来加以阐述，而是被作为拒绝研究社会生活的物质基础，拒绝研究社会发展的客观规律性的经验的社会学来加以阐述。

马克思主义在同资产阶级意识形态的斗争中发展着。马克思主义，马克思列宁主义的科学的哲学世界观的发展的每一个新阶段，都意味着资产阶级意识形态包括打着"新马克思主义"的旗号要求对马克思主义学说作准确的解释的那些资产阶级意识形态的变种的新的失败。资产阶级意识形态的失败迫使它的代表人物转而采取对马克思主义进行"内在的"批判的立场，即进行这样一种批判，它形式上反映了承认马克思主义理论的基本立场的意愿，但是有一个条件，就是它的进一步发展不能得出同它的根本原理不相容的结论。在对马克思主义进行"内在的"批判的过程中，资产阶级的思想家们把马克思同恩格斯，把马克思同列宁，最后是把马克思同他自己的学说对立起来。可见，资产阶级对马克思主义的批判从一开始就意味着对马克思主义的基本原理的歪曲。

资产阶级批判者们想驳倒辩证唯物主义的企图不断遭到失败。辩证唯物主义的世界观越来越被自然科学和社会科学的成就所证实,被新的哲学研究所证实,而新的哲学研究将使万古长青的马克思列宁主义理论得到进一步发展和丰富。

(原载《〈反杜林论〉一百周年》1978年柏林版)

(云天 译)

关于西方学者对恩格斯的批评[*]

杜章智

恩格斯总是很谦虚，说他只是为马克思担当了第二提琴手的角色，马克思主义的基本思想，尤其是对这些指导思想的最后的明确表述，都是属于马克思的，"没有马克思，我们的理论远不会是现在这个样子"。[①] 可是恩格斯对马克思主义的贡献比他自己承认的要更加重要得多。在现在出版的五十卷本的《马克思恩格斯全集》中，恩格斯的著作按篇幅并不比马克思的少多少。而且他的不少著作，尤其是《反杜林论》、《社会主义从空想到科学的发展》和《路德维希·费尔巴哈和德国古典哲学的终结》，简明扼要地阐述了马克思主义的基本原理。在一个多世纪以来的国际共产主义运动中，一般都认为，所有恩格斯的著作，包括他在马克思逝世以后发表的著作在内，统统是对马克思本人的思想的正确叙述或发展，许多社会主义者正是通过恩格斯的著作来学会理解马克思的著作，来学会掌握马克思主义的基本原理的。所以，我们完全可以仿照上述恩格斯的提法这样说："没有恩格斯，马克思主义远不会是现在这个样子。"

---

[*] 本文选自《马列主义研究资料》1986年第1—2辑合刊。
[①] 参看《马克思恩格斯选集》第1版第4卷第238页。

恩格斯的贡献在马克思主义理论中占有如此重要的分量，那么，他这部分是否和马克思那部分在思想理论上完全一致，构成一个整体呢？从本世纪初以来，特别是从本世纪中叶西方掀起"马克思热"以来，这个问题引起了不少的议论，恩格斯受到了不少的批评。资产阶级马克思学中的批评者一般有两类。① 一类人在马克思的1844年手稿发表之后把马克思主义劈成两半，把一种马克思主义同自由主义的价值观念联系起来，把另一种马克思主义同辩证唯物主义的哲学和科学世界观联系起来。在他们的研究著作中，青年马克思成为正面的英雄人物，而晚年恩格斯则成了反派角色。② 另一种马克思学者则重申了马克思著作的统一性，他们声称恩格斯版的马克思主义既背离了马克思在早期著作中所使用的方法，也背离了马克思在晚期著作中所使用的方法，它使马克思主义成了强调资本主义崩溃和社会主义诞生的必然性的机械唯物主义。③ 其中有些人甚至把马克思主义说成完全是恩格斯的产物，与马克思本人关系甚微。④ 这是就学术内容而言。在政治上，西方资产阶级马克思学者的队伍相当庞杂，有些人纯粹从事学术研究，另一些人则是抱着反对马克思主义的明确目的来研究马克思主义的，他们批评恩格斯，正是"项庄舞剑，意在沛公"，目的在于把恩格斯与马克思对立起来，以便于他们更好地歪曲和反对马克思主义。值得注意的是，在马克思主义内部，也可以看到对恩格斯进行批评的情况。有些人是抱着修正主义目

---

① 并不是所有的资产阶级马克思学者都批评恩格斯，如英国的戴维·麦克莱兰和美国的阿尔纽·古尔德纳都强调指出恩格斯与马克思基本一致。

② 如西德的伊林·费切尔等。

③ 如美国的诺曼·莱文等。

④ 如法国的马克西米里安·吕贝尔，参看本辑译载的他的《恩格斯是马克思主义的创始人》一文。

的，想要通过批评恩格斯从马克思主义中清除掉某些他们不喜欢的成分，同时又保住他们正统马克思主义者的称号。但是也有一些情况是发生在领会和实践马克思主义的过程中，甚至是捍卫马克思主义的过程中，这些情况应该属于马克思主义内部正常的理论探讨。我在这里打算通过捷·卢卡奇和路·阿尔都塞这两个例子来特别谈一谈。

捷·卢卡奇（1885—1971）是匈牙利的著名马克思主义哲学家、美学家和文学理论家。他在他的早期著作《历史和阶级意识》中对恩格斯提出过不少批评，最主要的是对恩格斯的辩证法观点的批评。他认为马克思主义辩证法的关键性的决定因素是主体和客体之间的相互作用，辩证法只适用于历史和社会领域。他批评恩格斯在《反杜林论》中论述辩证法时根本没有提到辩证法的这种决定因素，而是"错误地跟着黑格尔把这种方法扩大应用于自然界"。① 这样一来，他就把恩格斯和马克思在辩证法问题上对立起来了。

卢卡奇的这些指责是站不住脚的。在辩证法问题上，恩格斯和马克思是完全一致的。现在大家都知道，恩格斯所写的《反杜林论》是在马克思审读了全部原稿之后才送去付印的，马克思还为它写了整整一章，② 要是马克思认为其中的某些论述不符合他的学说，他肯定会提出来。从马克思和恩格斯的通信中也可以看出，马克思是赞同恩格斯的自然辩证法观点的。③ 马克思本人还有两段明确谈到自然科学辩证法问题的话。一段是他在1867年6月22日寄给恩格斯的信中说的："你从我

---

① 参看卢卡奇：《历史和阶级意识》1971年英文版第3页和第24页注6（《马列主义研究资料》1983年第1辑第153—154页、第155页注①）。

② 参看《马克思恩格斯选集》第1版第3卷第49、55页。

③ 参看《马克思恩格斯全集》第1版第29卷第324—325页、第33卷第82页、第35卷第115页。

描述手工业师傅变成——自由单纯的量变——资本家的第三章结尾部分可以看出,我在那里,**在正文中**引证了黑格尔所发现的**单纯量变转为质变的规律**,并把它看作在历史上和自然科学上都是同样有效的规律。"①另一段是在《资本论》中说的,他举出事实和计算,表明手工业者如何在量变的基础上转化为资本家之后,得出结论说:"在这里,也像在自然科学上一样,证明了黑格尔在他的《逻辑学》中所发现的下列规律的正确性,即单纯的量的变化到一定点时就转化为质的区别。"② 这两段话表明,马克思不仅赞同恩格斯的自然辩证法观点,而且他本人也是自然辩证法的忠实拥护者。这就是说,无论是恩格斯还是马克思都不像卢卡奇说的那样把主体和客体的相互作用看作辩证法的关键性的决定因素,把辩证法的适用范围限制在存在着主体和客体相互作用的领域,即历史和社会领域,而把自然界排除在辩证法的适用范围以外。

然而卢卡奇对恩格斯的这种错误的批评却是在恢复真正马克思主义和推进革命运动的动机下提出的。包含着这种批评的《历史和阶级意识》一书,是卢卡奇在 1919 年匈牙利革命失败后流亡维也纳时为了总结革命经验而写的,用他自己的话说,主要是为了反对"工人运动中的资产阶级和机会主义思潮,它们极力推崇一种貌似客观实则完全脱离实践的认识方法"。③ 他这里所指的主要是第二国际理论家们对马克思主义的庸俗化解释。卢卡奇认为,在 1917 年俄国十月革命以后,世界革命的客观条件已经成熟,欧洲无产阶级革命之所以遭到失败,主要是由于第二国际的庸俗化理论还在革命队伍中有强烈影响,使无产阶级的阶

---

① 《马克思恩格斯全集》第 1 版第 31 卷第 312 页。
② 《马克思恩格斯全集》第 1 版第 23 卷第 342—343 页。
③ 《历史和阶级意识》1971 年英文版第 XVIII 页。

级意识得不到发展。第二国际的理论家们抛弃了马克思主义的辩证法。把马克思主义只是解释成为政治经济学，而且是解释成为一种进化论和经济决定论的学说。他们认为，生产力的发展会自动地导致资本主义的崩溃，社会会自发地走向社会主义，经济会通过一切障碍为自己开辟道路，无产阶级的阶级意识则会随着经济的发展而发展。按照这种解释，阶级意识在社会发展中的作用无足轻重，向工人运动灌输意识的问题根本不值一提。这样，一切能动性、创造性的实践因素都被排除于马克思主义之外。卢卡奇认为，要想推进工人运动和社会主义革命的发展，就必须彻底肃清第二国际理论家们的这种庸俗化马克思主义对革命队伍的影响，恢复马克思主义的积极的、能动的本质。为此目的，卢卡奇在《历史和阶级意识》中对马克思主义进行了一系列重新的解释。

卢卡奇把马克思主义看作只是一种方法。他认为，做一个马克思主义者，并不意味着要无批判地接受马克思的任何具体结论，并不意味着对马克思主义的这个或那个命题的"信仰"，或把马克思著作当作"圣书"对待。做一个马克思主义者，只要坚持马克思主义的方法就行了。

卢卡奇认为马克思主义的方法就是辩证法，而辩证法的实质就是总体性范畴。所谓总体性范畴，是"总体对于局部的普遍优越性"，即任何局部只有和总体联系起来才有意义。他认为在对社会的认识中存在着主客体相互作用、理论和实践统一等因素，而在对自然界的认识中则没有这些因素，因此应该用不同的方法对它们进行考察。像第二国际的理论家们那样用考察自然界的方法（资产阶级科学的方法）来考察社会，注重经济生活中的每一件材料，每一个统计数字，而忽略它的历史性，就会把社会同自然界一样看作是一个由不可抗拒的规律支配着的体系，得出"经济决定论"的结论，而达不到对社会整体的真正理解，更谈不上对它的改造。卢卡奇认为必须用总体性的认识方法来与这种方法相对立。他说:"只有把社会生活中的孤立的事实视为历史过程的一些方面,并把它们归入总体,对事实的认识才能成为对实在的认识。"① 就是说,历史发展的全面趋向(总体)要比经验材料更加实在。

然而,卢卡奇的总体性概念既不能从事实的积累中得出,也不能根据经验的论证来确立,它是由主体的意识决定的。卢卡奇认为,资产阶级的阶级意识由于受狭隘阶级利益的限制,不可能达到对总体性的认识。无产阶级是最受压迫最受剥削的阶级,它只有消灭自己(无产阶级的地位)才能获得自己的解放,只有解放整个人类才能解放自己,因此,它要理解本身,就必须理解整体,要消灭自己,就必须从思辨走向实践。所以,卢卡奇认为,无产阶级的自我认识和对总体的认识是一致的,理论和实践的统一是无产阶级的社会地位所决定的。这样,卢卡奇就赋予无产阶级的阶级意识以极其巨大的作用:无产阶级意识到自己,就意味着社会整体被认识和被改造。

卢卡奇对马克思主义的这些重新解释都是针对第二国际的理论家们强调经济决定、忽视阶级意识而发的。他把马克思主义看作只是一种方法,认为可以不必拘泥于马克思主义创始人的具体结论,这对于反对第二国际理论家们所宣扬的经济决定论的教条无疑是有意义的。这种主张对于今天正确领会马克思主义,反对对马克思主义采取教条主义态度,仍然具有积极意义。然而他提出的以总体性范畴为核心的辩证法由于过分夸大无产阶级阶级意识的作用,否定了客观辩证法,又由于使社会与自然界脱离开来,把马克思主义变成为一种纯粹社会的理论,否定了自

---

① 《历史和阶级意识》1971年英文版第8页(《马列主义研究资料》1983年第1辑第159页)。

然辩证法。它批判了经济决定论，固然是对的，可是却很容易导致另一极端——唯意志论。

既然卢卡奇这种对马克思主义的解释和对恩格斯的批评包含着错误，他的《历史和阶级意识》一书一出版就在共产国际内受到批评，是理所当然的。不过，当时不是进行平等的说理的批判，而是从一开始就把对方作为修正主义对待。在1924年6—7月间在莫斯科召开的共产国际第五次世界代表大会上，这种批判运动达到顶峰，当时的共产国际执委会主席季诺维也夫在工作报告中说，"在我们的共产国际里不能够不加惩罚地容忍这样的理论上的修正主义"。这是第一次所谓"卢卡奇辩论"，这样大规模批判卢卡奇的运动以后还有过两次（1949、1958），每一次都要重新提到卢卡奇早期的这些观点和他对恩格斯的批评。然而在共产国际的范围以外，在西方的激进知识分子中，卢卡奇在《历史和阶级意识》中所提出的这种对马克思主义的解释却引起了极大的兴趣。法兰克福学派的"批判理论"与它有极密切的联系，法国的"存在主义马克思主义"、南斯拉夫的"实践派"以及欧美的"新左派"等等，都对卢卡奇这些观点有所借鉴和发挥。卢卡奇被"西方马克思主义"中的这些流派尊为祖师爷。

至于卢卡奇本人，无论是自己队伍内部过火的批判，还是国外过高的赞誉，都没有影响他追求马克思主义真理的意志。他在受到批判以后就决定不再重版《历史和阶级意识》这本书。从三十年代初起，他对这本书中所表述的一些观点公开进行了多次自我批评。卢卡奇做自我批评不完全是迫于形势，这可从他在1967年为《历史和阶级意识》一书再版写的序言中看出。当时他已八十三岁高龄，而且在国外受到高度推崇，匈牙利国内的政治气氛也相当舒畅，再没有人要求他做什么"自我批评"，可是他在这篇序言中还是重申他以前就这本书的错误所作的自我批评基本上是正确的,并且又重新对自己的错误观点进行了系统的分析批判,而且说,他之所以要这样做,正是由于他了解到他"今天认为在理论上错误的部分往往影响最大",他认为他"有责任"在四十多年以后重印这本书的时候"首先指出这本书的这些消极倾向",以使读者不致重蹈覆辙。① 他这种对自己的错误观点负责的精神是很令人感动的。他的自我批评也是相当深刻的。他承认他"客观上与马克思主义史上一种已采取多种不同形式的倾向恰巧一致。这种倾向的所有各种形式……都是反对马克思主义的本体论的根基的",这种倾向就是"将马克思主义仅仅看作是一种关于社会的理论、社会的哲学,因而忽视或者否认它同时也是一种关于自然的理论"。他承认,他说"只有关于社会以及生活于其中的人的知识才与哲学有关"是不对的,因为"正是关于自然的唯物主义观点造成资产阶级世界观和社会主义世界观之间的真正的彻底区别。回避这一点,就会削弱哲学上的争论……另一方面,这样在方法论上对社会诸范畴做明显的抬高,会歪曲它们的真正的认识论功能"。② 可以看出,许多关于卢卡奇的批判文章实质上只是重复了卢卡奇对自己的批判分析而已。卢卡奇不仅对自己的错误进行自我批评,而且还在自己以后的著作中力求改正。他曾在1961—1970年期间致力于写作《社会存在的本体论》一书,对他走向马克思主义的道路上的全部复杂的理论发展作出总结,把以前发生过的缺点错误改正过来,可惜由于身患绝症,此书未能最后完成。

法国著名马克思主义哲学家阿尔都塞是和卢卡奇在思想倾向上完全不同的人物,他也批评过恩格斯。卢卡奇为了反对第二国际的理论家们

---

① 《历史和阶级意识》1971年英文版第 XXVII 页。
② 《历史和阶级意识》1971年英文版第 XVI—XVII 页。

的机械唯物主义、经济决定论（宿命论），借助黑格尔因素对马克思主义作了片面强调阶级意识和主观辩证法的解释，这种解释很容易导致唯意志论。直接间接受到卢卡奇思想影响的西方马克思主义的各种流派（法兰克福学派、存在主义马克思主义、现象学马克思主义、实践派、人道主义马克思主义、新左派等）逐步扩大地盘，在苏共二十大以后简直泛滥成灾，甚至渗入到西方各国共产党内部，如法共当时主要的理论家罗然·加罗第所提出的马克思主义人道主义理论就和萨特的存在主义马克思主义相差无几。阿尔都塞就是在这种形势下站出来捍卫马克思主义的。他说，他要保存马克思主义的革命完整性，阻止马克思主义受必然使它偏离革命目标的资产阶级意识形态的污染，从改良主义和修正主义这一对祸害下面拯救马克思主义。他自豪地宣布："我是反对资产阶级意识形态威胁的正统捍卫者。"① 阿尔都塞为此在1965年出版了《保卫马克思》和《阅读〈资本论〉》两部书，在其中提出了一整套系统的理论。

　　阿尔都塞认为，在马克思的成熟著作中所表现出的辩证法完全不同于黑格尔的辩证法，它不是黑格尔辩证法的颠倒，而是从彻底改造黑格尔辩证法的结构中产生出来的，只保留下了它把历史看作是由内在矛盾推动的过程的概念。它们之间差别的出发点，是拥有不同的矛盾观念。在黑格尔辩证法中，矛盾是单纯的，总体的一切部分都反映基本矛盾。就是说，总体直接存在于它的每一个部分中，并且可以从它的每一个部分中推断出来，即总体的每个部分都无非是总体的本质的表现。而在马克思的辩证法中，矛盾从一开始就是复杂的，"该矛盾所处的复杂整体

---

① 转引自亚瑟·希尔施：《法国新左派思想史。从萨特到高兹》1981年波士顿版第162页。

是个有结构的统一体,而在这种结构中,各矛盾间存在着明显的主从关系。复杂整体本质上包含着一个矛盾支配其他矛盾,这种支配从属于复杂整体的结构……复杂整体具有一种多环节主导结构的统一性"。① 按照这种辩证法,社会总体是一个复杂的有结构的统一体。它的复杂性在于,它除了经济本身以外,还包括有许多不同的、相对自立而又相互有关联的层次——政治的、意识形态的和理论的层次,其中没有一项是可以还原为经济的。它的结构是有主导的结构,各种层次拥有一定的秩序,由经济归根到底起决定作用(即由它决定其他因素中哪一个应该是主导因素,例如,在封建制度下,政治因素是主导因素,尽管经济是归根到底起决定作用)。上层建筑、政治和意识形态是属于整体的不同层次,它们彼此有关联,与经济有关联,并由经济按照主导和从属的特殊关系来加以安排。因此,它们远非经济的产物,它们与经济处于同一个统一体中,即使从属于经济,同时也是经济的存在条件。阿尔都塞用"多层次决定"的概念来概括马克思主义辩证法的这种性质。他认为"多层次决定""具有普遍性,经济的辩证法从不以纯粹的状态起作用;在历史上,上层建筑等领域在起了自己的作用以后从不恭恭敬敬地自动引退,也从不作为单独的历史现象而自动消失,以便让主宰一切的经济沿着辩证法的康庄大道前进。无论在开始或在结尾,归根到底起决定作用的经济因素从来都不是单独起作用的"。② 这种"多层次决定"的概念既反对了经济决定论(宿命论),同时又维护了马克思主义关于基础和上层建筑的关系的理论。

---

① 阿尔都塞:《保卫马克思》,商务印书馆1984年版,第173—174页。
② 阿尔都塞:《保卫马克思》,商务印书馆1984年版,第91页。

阿尔都塞在论述"多层次决定"的文章①中，引用了恩格斯1890年9月21日致布洛赫的信②作为论据，可见他是非常赞赏恩格斯在这封信中表达的关于经济因素只是归根到底起决定作用的论点的（实质上这正是他所要证明的论点），然而他却在这篇文章末尾附了十几页之长的他对恩格斯这封信的立论根据所提出的批评意见。

首先，阿尔都塞认为，恩格斯用力（单个意志）的平行四边形作比喻，说明不了任何问题。理由是：（1）力（单个意志）的平行四边形从内容上看是含糊的。当单个意志被当作绝对的开端时，是简单的，但它又能变成无数的微观状况的产物，其中有的属于"肉体"状况、"外部"状况、"自身"状况，有的属于"一般社会的状况"、外部的"归根到底是经济的状况"。既然在无数状况中预先已包含有归根到底起决定作用的经济状况，如果用它来说明经济归根到底决定作用，那只不过是同义反复而已。（2）单从形式上看也是如此。在第一个平行四边形提出后，我们只得到一个形式上的合力，它不等于是最终的合力。最终的合力将是无数合力的合力，即平行四边形无限增殖的产物。正如恩格斯设想的，对垒的各种力量可以互相抵消或互相妨碍，在这种情况下，"谁能够向我们证明，总的合力一定就不等于零？谁能够向我们证明，总的合力一定是**人们所希望的经济因素**，而不是政治因素、社会因素或其他什么因素？从形式上讲，人们对所有合力和任何一种合力

---

① 即《矛盾和多层次决定》一文，载阿尔都塞：《保卫马克思》，商务印书馆1984年版，第67—106页。"多层次决定"一词法文原文为surdètermination，在现在的中译本中译为"多元决定"，由于这很容易与"多元论"相混淆，我们决定以后改译为"多层次决定"，我们在翻译阿尔都塞的另一个论文集《列宁和哲学》时就已经这样改了。

② 参见《马克思恩格斯选集》第1版第4卷第477—479页。

的内容都没有任何把握。① 要用这种合力的公式来说明经济归根到底的决定作用,人们就必须"把自己期待的结果——经济——偷偷地塞进最终的合力中去,这就完全等于在单个意志的情形下一开始就把宏观决定性因素塞进微观决定性因素中去"。② 这也就是把所要证明的结论预先塞到前提中去,结果也是同义反复。

其次,阿尔都塞认为,恩格斯用单个意志的合力来说明经济归根到底的决定作用,是滑回到马克思以前的意识形态中去了,也就是滑回到霍布斯、洛克、赫尔维修、斯密和李嘉图的意识形态中去了。

阿尔都塞在《保卫马克思》和《阅读〈资本论〉》中提出的对马克思主义的重新解释,在法国国内外的学术界引起了广泛的讨论。由于他所捍卫的是违反当时潮流的正统马克思主义概念,许多资产阶级哲学家、左的和右的修正主义者、"新马克思主义者"纷纷利用他采用了某些结构主义术语的情况(用阿尔都塞自己的话说,是"同结构主义术语的'调情'"),把他说成"结构主义者",企图以此把他一劳永逸地革出马克思主义的教门。他们对阿尔都塞是无论如何要把他驳倒,因此他们的批评意见在很大程度上是牵强附会的。③ 在马克思主义理论界内部,围绕着阿尔都塞对马克思主义的解释也展开了严肃的讨论。争论最多的是他关于马克思思想发展中存在着"断裂"以及马克思主义是"理论反人道主义"的思想。至于他关于社会结构和社会辩证法的论述,即"多层次决定"的概念,则在法、英、苏等国的马克思主义者

---

① 阿尔都塞:《保卫马克思》,商务印书馆1984年版,第101页。
② 阿尔都塞:《保卫马克思》,商务印书馆1984年版,第101页。
③ 关于对阿尔都塞的批评,苏联的马克思主义理论家也是这样估计的,参看 А. Г. 梅思里夫钦柯主编的《当代马列主义哲学在国外》1984年莫斯科版第357—358页。

当中得到了相当广泛的承认。至于阿尔都塞在论述"多层次决定"的过程中对恩格斯那封关于历史唯物主义的重要书信的批判分析，至今没有看到就此对阿尔都塞提出批评或和他进行商榷的文章，阿尔都塞本人也没有再回到这个问题上来。

我认为，阿尔都塞在《保卫马克思》和《阅读〈资本论〉》这两本书中提出的对马克思主义的重新解释，有许多独到的见解，如果不存偏见的话，不能不承认其中有许多是符合马克思主义的东西，它们在反对把马克思主义人道主义化的思潮中起了很好的作用。然而，在阿尔都塞提出的这种对马克思主义的理解中是存在着严重缺陷的。例如，他强调社会结构、规律在历史发展中的作用是对的，但是他把历史发展说成无主体的过程，认为人只是结构、规律的"支撑者"、"执行者"，完全忽视个人意志在历史发展中的作用，则带有很大的片面性，因为个人在历史中的确起着不可忽视的作用，马克思和恩格斯也从来没有否认这一点。我认为，阿尔都塞对恩格斯那封信的批评也明显地打上了这种严重缺陷的印记。很清楚，他之所以要写那十几页批评意见，主要原因是认为个人意志之类的东西是属于人本学（意识形态）的范围，而不是属于科学知识的范围，不能用来论证马克思的历史科学（历史唯物主义）。不过，恩格斯晚年关于历史唯物主义的重要信件，虽然纠正了他和马克思以往侧重强调经济因素在历史发展中的作用而对上层建筑的作用注意得不够的偏向，但是恩格斯在这几封信中所作的论证与他们以往对经济因素决定作用的论证（如在《反杜林论》、《资本论》等主要著作中）比起来还是显得不够。这也许是恩格斯这些信件未能阻止庸俗的"经济决定论"在第二国际中泛滥的原因之一。如何使恩格斯在这些信中所表述的思想与马克思恩格斯以往对经济因素决定作用的论证融为一体，在理论上臻于完善，从本世纪初以来一直是马克思主义理论工作者的重要任务。如前所述，卢卡奇在这方面的尝试走到了过分偏重主观因素、偏重上层建筑的极端。阿尔都塞在《保卫马克思》中在这方面作了有益的尝试，他对恩格斯个别论点的批评尽管带有很大的片面性，还是提出了值得进一步探讨的问题。

上面介绍的两个批评恩格斯的例子，应该属于马克思主义内部正常的理论探讨。阿尔都塞的情况没有引起很多异议。卢卡奇的情况现在也很清楚了，他以自己整个一生的追求最终证明了他当初所作所为的确是出于革命的公心，而不是要搞什么修正主义。为了纪念卢卡奇诞辰一百周年，匈牙利党中央专门发表文件对他进行了全面的重新评价，指出他是"马列主义思想的卓越代表"、"为二十世纪理论的发展作出了重大的贡献"。关于他在《历史和阶级意识》中提出的对马克思主义的解释，该文件既指出了其中的错误，也肯定了其中的积极因素，认为"他对马克思主义的方法、资本主义的异化关系、资产阶级的思维方式和无产阶级的阶级意识的解释，以一种新的方式充实了辩证法和许多概念，迄今为止仍然有效"。[1] 这就更清楚地表明了，卢卡奇当初和恩格斯论战，的确是出于理论探讨的需要。

应该看到，这种理论探讨在马克思主义理论的发展过程中是不可避免的，也是不可缺少的。因为，如果我们科学地看待马克思、恩格斯和马克思主义的话，就应该承认，马克思和恩格斯既有基本一致的一面，也有存在差异的一面。他们著作中的各种论述对作为科学体系的马克思主义的关系很不相同，有的是普遍原理，有的只是个别原理或结论，后者可以因时间、地点、条件的不同而有所改变。而对哪些是普遍原理，哪些是个别原理或结论，人们由于各种原因可能产生不同的认识。此

---

[1] 参看匈牙利社会主义工人党中央委员会文化政策工作部按照政治局的决议发表的《纪念捷尔吉·卢卡奇诞辰一百周年提纲》（载匈牙利《社会评论》杂志1983年第8—9期）。

外，我们还必须认识到，马克思恩格斯都不是神，也要受到时空的限制，他们对一些具体问题的看法，由于受当时资料等条件的限制，发生错误是难免的，有的看法在当时就可以被认为是错误的，有的看法则由后来的历史研究证明有错误。正如邓小平同志说的，"马克思、恩格斯没有说过'凡是'"，马克思恩格斯的伟大功绩在于他们奠定了辩证唯物主义和历史唯物主义的基本原理，开辟了认识真理的道路，而不在于他们穷尽了真理。马克思主义和任何真正的科学一样，是通过不断发现和克服自己的缺点错误而向前发展的。我们不能为了在名义上捍卫马克思恩格斯的全部遗产，或者为了名义上保卫马克思主义的纯洁性，而采取教条主义的僵化态度，一概排斥对马克思恩格斯著作中各种理论观点的批判分析和进一步探讨。那样就会完全堵塞马克思主义进一步发展的道路，也就是完全堵塞我们的事业进一步发展的道路。

鉴于这种考虑，我们认为，在考察西方学者对马克思恩格斯一些观点的批评时，应该把政治和学术区分开来。对那些明显借研究马克思主义之名来反共的人，我们应从政治上予以回击。可是对众多的资产阶级马克思学者，我们不能因为他们在研究中批评了恩格斯或马克思的某个观点，或者得出了与我们不同的关于马克思主义的概念，就对他们提出政治上的指责，而置他们的学术观点于不顾。对马克思主义队伍内部的人，也应该如此。长时期以来，理论上的容忍限度在马克思主义内部比在它外部要狭小得多。这非常不利于马克思主义理论的探讨和发展。我们应该改变一下这个传统，对不论来自何方的、凡是在学术上言之有理的论据都予以认真对待，作出相应的批判分析。如果真能这样，那么在这股西方思潮中出现的许多论著就能为我们的马克思主义理论研究提供宝贵的资料，起到促进的作用。

关于恩格斯的讨论[*]

〔西德〕卡尔·巴列斯特雷姆

恩格斯对马克思主义发展的影响

恩格斯在帮助马克思主义从最初的唯物史观发展成一种僵硬的、包罗万象的思想体系方面,起了决定性的作用。一般认为,他本人从未设想过或主张过这样一种体系。在他看来,关于现实的唯物和辩证的观点,尤其是建立在唯物史观基础上的科学社会主义,主要是一种分析和解释现实的方法。在他和马克思应用这个方法的各种例子中,恩格斯感到首先是马克思对资本主义社会的分析具有永久价值。此外他提出,应当对各门科学得出的结论进行辩证的综合。但是,即使在这方面,他也总是强调指出,这种综合只能具有相对真理的价值,就同它们力图将其发现统一起来的那些不断进步的科学一样。因此,这种性质的综合是决不能要求成为绝对真理的。

恩格斯对系统的马克思主义意识形态的发展所负的责任,不是有意造成的,而主要是因为:还在马克思生前,尤其是在他死后,恩格斯就

---

[*] 本文选自《马列著作编译资料》1981年第14辑。作者卡尔·巴列斯特雷姆是西德慕尼黑大学政治学研究所教授。

把他的朋友推崇为罕见的天才，而把自己看作是他的平凡的然而可靠的解释者。恩格斯以这种角色出现，可以说许多东西而不致遭到批评，因为批评他就意味着对马克思丰碑的亵渎。普列汉诺夫和列宁又继承了这种天才崇拜的传统，他们宣称恩格斯也是天才，而他们自己的天职是担当他的解释者。后来列宁也被提到天才或"经典著作家"的地位，这只是这一传统中的一个合乎逻辑的步骤。

看到恩格斯著作中包含的那许多对马克思最初提出的原理的应用和推广，可以很公正地说，这些材料构成一个详细的世界观。恩格斯唯恐他的思想被误解为一种先验的、抽象的体系，曾很小心地强调指出他的思想对各门科学的依存性以及绝对真理和相对真理之间的区别。然而当社会民主党的书刊日益明显地声称党是按照所谓绝对正确的思想体系行动时，他并没有提出抗议。这样，尤其是在考茨基的影响下，恩格斯关于无阶级的原始社会的观点或关于农民战争的观点很快就被当作"马克思主义"的永恒部分，成为至今仍影响马克思列宁主义历史观的因素。

在恩格斯的哲学思想中，他关于认识论的简明扼要的、表面上很清楚的论点，稍微仔细加以分析就很成问题。许多早期马克思主义哲学家很快就认识到了这一点。俄国人亚·亚·波格丹诺夫（马林诺夫斯基的笔名）是一个极好的例子，他在其著作《经验一元论》第三卷的序言中讨了做一个马克思主义者是什么意思的问题。在波格丹诺夫看来，马克思是深刻灵感的源泉，他的分析社会现象的方法具有永恒的价值。但这并不是说，马克思在应用他的方法时总是得出正确的和永恒有效的结论。更不是说，他的结论对每个问题都会是最后一言。他的有些原理只在一定时间内有效，有些完全无效，而对于许多问题，尤其是哲学问题，他根本没有谈到。而把恩格斯当作哲学问题的最高权威，就更不是马克思主义哲学家的义务了。正是在认识论的问题上，例如在绝对真理和相对真理的关系问题上，恩格斯没有能够作出明确的说明。

波格丹诺夫对普列汉诺夫发起了进攻，因为普列汉诺夫以正统派的名义最先反对康德的马克思主义追随者，然后反对伯恩施坦，最后又反对波格丹诺夫本人。是普列汉诺夫最先开始谈论马克思主义的哲学，他从自己对恩格斯哲学著作的解释中引申出了这一哲学。列宁支持了普列汉诺夫在这方面的努力。在主要是针对波格丹诺夫的《唯物主义和经验批判主义》中，列宁把恩格斯的教条的甚至更简单化的说法捧到马克思主义哲学的宝座上。列宁常常以恩格斯的著作作为他的著作的基础，其目的首先是造成一种印象，似乎马克思主义创始人已经发展了一种表述得十分清楚的思想体系，可以保证革命无产阶级或政党在取得政权以前和以后保持思想上的团结一致；其次是为了强调真正纯洁的马克思主义革命思想与修正主义的进化观点形成鲜明的对照。根据这种想法，列宁就有点任意和草率地摘引恩格斯的话，特别从他的后期著作中，这种做法势必割断恩格斯思想的连续性，使他的思想脱离上下文。

最后被斯大林及其党的思想家说成是辩证唯物主义和历史唯物主义并且作为马克思主义者的哲学强加给马克思主义者的那种东西，往往不过是一堆已辨认不出恩格斯哲学本来面目的引语。这种体系正是恩格斯所不希望要的。它叫作"辩证唯物主义"的体系，与它本身的说法相反，基本上是用恩格斯没有经过多少考虑的说法编纂成的先验的自然哲学，抽象的本体论和认识论；它叫作"历史唯物主义"的体系则成了一种简洁的、图解式的历史理论；它为了表示对马克思主义经典人物的尊敬，给历史上的伟大人物赋予了关键作用。

因此，恩格斯对马克思主义发展的最大的和最成问题的影响，是由于他被提高到"经典著作家"的地位（对此他本人负有部分责任），尤其是他的许多哲学思想能够被那些想把自己时奴仆捆绑在僵硬的思想信仰体系上的人们所利用。

在马克思主义研究中对恩格斯的讨论

对恩格斯思想的评价在现代马克思主义的研究中起着重要的作用，现在热烈讨论的，主要是这样几方面的问题：对恩格斯整个思想的解释和评价；恩格斯和马克思的比较；恩格斯对马克思主义的影响。讨论得最多的问题是：恩格斯是否错误地（虽然不一定是有意地）把他自己那些不同于并且低劣于马克思的思想说成与马克思的思想完全一致，从而把不幸的重负加在马克思主义上面。对于这个问题，像梅林、考茨基和普列汉诺夫这样的早期的马克思主义解释者以及现今的正统派马克思主义者都毫不含糊地作出了否定的回答，而今天许多修正主义的和非马克思主义的解释者则作出了肯定的回答。后者常常指出下面这几个问题：（a）恩格斯把历史看成是客观的、由经济决定的过程，按其自然的不可避免的方向发展；（b）他详细地阐述了一种辩证的自然哲学，并且通过这种阐述以及他对认识论和历史哲学的讨论，促进了（c）一种包罗万象的思想体系的发展。在所有这些问题上，恩格斯都被说成与马克思很不相同：（1）马克思，尤其不同于黑格尔，把历史解释成是受革命实践中具体行动主体所影响的过程；（2）马克思只是联系着人来设想自然界，认为自然界是人类劳动的异化客体，而这个异化客体必须恢复原状；（3）马克思强调一切合理的理论与各种思想体系中表现的先验的、抽象的和教条的思维方法相反，具有经验的、切实的和批判的性质。

最后一个问题（c）大概是最容易阐明的。伊林·费切尔在其《从无产阶级哲学到无产阶级世界观》一文①中，关于这一问题明确地说过：在他看来，恩格斯应对把马克思主义发展成为一种思想体系负主要责任②。然而，他必须接着强调指出，恩格斯本人很不重视这种以他的名义阐述的体系。

第二个问题（b），也就是恩格斯的《自然辩证法》在多大程度上符合马克思的思想的问题，比较难于回答。许多马克思主义的解释者宣称，在这个问题上，恩格斯以明确的而又成问题的手法超出了马克思思想的范围③。的确，马克思与恩格斯不同，他并不从哲学上或方法论上关心自然科学的新发现。因此，为了回答马克思和恩格斯在这方面的关系问题，可能需要提到他们之间的亲密友谊和合作，然而归根到底这不是最重要的。更为重要的是根据他们得出的结论来比较他们的思维方式。

兰德格雷勃对这样提出的问题非常坦率地回答说，在马克思看来，自然界本身根本不存在④，他认为马克思主张的是一种形而上学形式的人类中心说，根本不同于恩格斯关于自然界具有内在可理解性的概念。与这种按照费希特创始的传统来看待马克思的说法相比，下述看法可能问题较少。

青年马克思关于自然界本身的观点是由他对各种不同自然哲学的研

---

① 载于《马克思主义研究》第 1 册，1957 年版第 26—60 页。
② 载于《马克思主义研究》第 1 册，1957 年版第 41—50 页。
③ 卢卡奇：《历史和阶级意识》第 4—5 页；胡克：《从黑格尔到马克思》第 75 页及以下各页；兰德格雷勃：《辩证法问题》第 50 页及以下各页；马尔库塞：《理性和革命》第 314 页，萨特：《辩证理性批判》第 129 页。
④ 兰德格雷勃：《辩证法问题》第 57 页。

究决定的。尽管他特别尊敬伊壁鸠鲁的自然哲学，但希腊的和黑格尔的体系并不使他感到完全满足。在这些抽象体系的背后，自然界本身仍然没有被触及，仍然是不可理解的。对到那时为止几乎同样是不可理解的社会生活，马克思和恩格斯发现了一种解释方法，那就是把生产——人对自然界的直接影响——确定为社会的基本因素。马克思把对现代生产方式的分析当作他毕生的事业。但是不能说他对十九世纪下半叶科学所获得的进步不感兴趣，有证据表明情况正好相反。因为正是在这时自然界本身开始变得可以理解了，而且他非常钦佩的那种希腊人的思维方式现在与严密的实验方法相结合，使得人们不断获得新的成就。

马克思颇为关注地承认达尔文进化论的成就，而这种关注决不与他自己的工作相抵触。因为这个理论所解释的现实领域，是马克思在他所研究的范围内根本不可能作出任何解释的。从他自己的经济学理论的观点看来，达尔文的理论既不是毫无意义，也不能作为一种选择，而只是一种附属品而已。

因此，说马克思不无兴趣地注视着恩格斯从事《自然辩证法》的写作，看来在逻辑上并不矛盾，从心理学的角度也能说得通。一般都认为，马克思本可以不赞同恩格斯或许想要把他关于自然界的观察结论发展成一种普遍的本体论，从中既可以导引出历史辩证法，也可以导引出自然辩证法，但马克思不会支持他这样做。然而这种解释是不合理的，而且那种认为恩格斯想要从自然辩证法中导引出社会辩证法来的解释也是不合理的。① 相反，恩格斯需要解释的是：这同一个辩证的思想方法如何在现代的社会科学和自然科学中变得愈来愈普遍。这种思想方法用自己的成就证明了几乎每一个哲学家都要求以具体形式表明，然而谁也

---

① 《辩证唯物主义的演化》第11页。

未能做到的东西：即思想和存在的同一性①。科学社会主义、对社会的以唯物史观为基础的解释以及现代的各种自然科学全都由辩证思维所构成，辩证思维通过不断发现自己在实践中得到证实和应用而证明自己与存在的统一。

思维和存在、理论和实践的统一，按照恩格斯的解释是问题（a）的关键。唯物史观的实际效用不应当局限于作为一种分析和预言具体现象的工具，也应当而且首先应当导致革命的实践。但是这个概念的问题在于：既然能够根据社会—经济的分析对历史（尤其是历史的动力——革命）作出可靠的预言，那么实际上就不需要自觉行动的主体了，相反，只要有一些傀儡就足够了，他们会在环境的迫使下去完成注定要发生的事情。然而，革命既然被理解为自觉行动主体所采取的实际步骤，这似乎就超出了科学所能预见的范围。

费切尔论证说，恩格斯由于过分强调科学决定论的因素，并把自然过程与社会过程等同起来，就破坏了思维和存在、理论和实践的辩证统一。这样，他就忽视了社会过程中的意识因素②。马克西米里安·鲁贝尔也持有类似见解，他写道，马克思的革命历史理论被恩格斯变成了一种由经济结构和阶级对抗所决定的自动历史过程。革命行动和对历史过程的社会经济制约性的认识之间的辩证统一就消失了。另一方面，约尔丹强调指出，恩格斯对唯物史观的具体应用再次使人想起人们自己创造自己历史的事实，而这是在马克思的晚期阐述中再也找不到的东西。

面对这种种不同的解释，必须强调指出，在这方面不应当把早期的马克思与晚期的恩格斯作比较。例如，不应当把与黑格尔相反强调行动

---

① 《路德维希·费尔巴哈和德国古典哲学的终结》第二节。

② 费切尔：《辩证唯物主义的演化》第47页。

的个人在历史上的自主性的马克思同谈论经济过程和规律性的恩格斯加以比较。因为，应当考虑恩格斯在《神圣家族》中曾经写道：

"**历史什么事情**也没有做……创造这一切的……**正是人**，现实的、活生生的人。'历史'，并不是把人当做达到**自己**目的的工具来利用的某种特殊的人格。历史**不过是**追求着自己目的的人的活动而已。"①

马克思和恩格斯从写作《德意志意识形态》起一再说明的共同见解是：在现存的生产关系下，社会过程和自然过程非常相似。那种表现为一系列偶然事件的东西，实际上是由规律约束的经济过程制约的秩序所决定的。这个社会的行动主体并没有真正意识到他们自己或他们的行为，他们完成着并非有意要完成的事情。这种观念在马克思的《政治经济学批判》序言中表现得最明显。

恩格斯在其后期著作中曾特别强调，在这种经济决定论的情况下，社会生活中存在着许多因素之间的复杂相互作用。然而，即使有这些限制，仍然存在着历史的自然必然性。不过，当无产阶级认识到自己的作用并取得政权时，这种情况就会改变。从此以后，人们将能够自觉地协调地管理经济过程，第一次真正能够创造自己的历史。这样，与自然过程相类似的史前时代就宣告结束，人类就开始真正的历史，进入自由的王国。②

对马克思和恩格斯来说，困难的是解释无产阶级意识到自己和它取得政权之间的时代。在这时期，无产阶级已经知道存在社会弊病的原因，并且知道如何去反对它们。但是要干成任何事情，首先必须条件成熟。无产阶级的理论家应当及时预言这种时刻，并且发出开始革命的信

---

① 《马克思恩格斯全集》第1版第2卷第118—119页。
② 《反杜林论》。《马克思恩格斯选集》第1版第3卷第323页。

号。可是，马克思和恩格斯却一而再再而三地预言了未能实现的革命；他们曾被一些事情弄得措手不及，后来又不得不加以解释，证明它们是合理的。

也许，不坚持说恩格斯破坏了马克思历史观中的理论和实践的辩证统一，而是考察一下这样一个问题更有好处：即把革命看作可以预见的事件和把它看作必须实现的任务之间的关系（在马克思那里和在恩格斯那里都是一样），是否与其说是辩证统一的问题，不如说是一个不能解决的哲学问题①。

[原载《马克思主义、共产主义与西方社会》（1972年英文版）第3卷"弗里德里希·恩格斯"条目。标题为译者所加]

（马兵 译 杜章智 校）

---

① 参看洛布柯维奇：《理论和实践》第401—426页。

论马克思和恩格斯之间所谓的差异*

〔美〕约翰·斯坦利　恩斯特·齐默曼

最近一段时间以来,淡化马克思著作中的"决定论"因素和"科学"因素,已经在很多马克思的研究者中成为一种时髦。这种试图把马克思从"实证论"和机械科学论中挽救出来的努力,一方面是为了让马克思与斯大林主义脱离关系,另一方面则是旨在恢复马克思主义在发达工业各国中的人道主义意义。在发达工业国家,长期以来,人们一直认为,科学马克思主义已经被证明是没有意义的。这种新的约定俗成的思潮把马克思的"以铁的必然性发生作用并且正在实现的""资本主义生产的自然规律"① 这一经济决定论最小化,并代之以马克思的自我建构理论和工人解放理论。

解释科学马克思主义是如何在德国社会民主党的纲领的清静无为和马克思列宁主义中起到它曾经起过的那种作用的,以及它为什么会起到那种作用,被各个派别的很多著作家视为自己的理论任务。实际上,撰写了《历史与阶级意识》(1923)的卢卡奇也许是第一位提出一种方法

---

* 本文选自《马克思主义与现实》2009年第3期。作者是美国加利福尼亚大学河滨分校政治学系教授。

① 《马克思恩格斯全集》第2版第44卷第8页。

以把马克思从科学论的铁笼子里救赎出来的著作家。对早期的卢卡奇来说,恩格斯是这个铁笼子的始作俑者,他一直没有考虑"主体和客体的辩证关系"。① 虽然不少的正统马克思主义者和列宁主义者捍卫恩格斯的名声,但是,除了奥尔曼(Bertell Ollman)和古德纳(Alvin Gouldner)等少数几个重要人物之外,无论是马克思主义者还是非马克思主义者都接受了流行的新观点,即"主要由于恩格斯的工作,马克思主义变成了恩格斯所说的马克思主义,[并]向科学论和实证论方向发展"②。大量的评论家和理论家起来证明这一观点,他们提供了各种各样的证据来表明马克思和恩格斯是不同的。

对这一流行的新观点最为简练的陈述也许当数保罗·托马斯(Paul Thomas)和特雷尔·卡弗(Terrell Carver)在《政治学研究》上发表的两篇文章,还有阿尔弗雷德·施米特(Alfred Schmidt)的《马克思的自然概念》,以及波尔(Terence Ball)、科莱蒂(Lucio Colletti)、约尔丹(Zbigniew A. Jordan)、萨特和莱文(Norman Levine)等研究者的著作。这些年来针对恩格斯对马克思的所谓坏影响的批评,大都在他们的观点中体现出来,这些批评可以概括为以下相互之间有密切关系的七点:

(1)恩格斯有关世界的物质统一性的学说,就像康德的此类学说一样,是本体论的,"属于唯心主义哲学的组成部分"。但我们不能这样来评价马克思,因为他在自然"本体"问题上的表述是十分谨慎的,

---

① Georg Lukacs, *History and Class Consciousness*, Cambridge: MIT Press, 1986, p. 3.
② Irving Louis Horowwitz and Bernadette Hayes, "For Marx/against Engels: Dialectics Revisited", Socialpraxis, 7(1980), p. 60.

而且他对黑格尔的利用也具有高度的选择性。①

（2）对恩格斯来说，人与自然并不是主要通过历史实践相统一的；人只是进化的产物，是对自然过程的被动反映。恩格斯与马克思不同，他并没有把人视为一种生产力，而是将人对自然的作用最小化。

（3）马克思主义的自然科学观是恩格斯一个人提出来的。实际上，"在马克思那里，对科学本身或科学方法的论述是十分之少的"，马克思慎重地避免了落入科学论的陷阱，也没有把自然历史化。②

（4）马克思"从来没有使用过科学社会主义这个术语"。实际上，据说没有证据表明，马克思与《反杜林论》有什么关系，他甚至连读都没有读过这部著作。托马斯和卡弗暗示，恩格斯与此相反的说法是在撒谎，他的说法是在"马克思去世之后"才出台的。③

（5）对恩格斯来说，辩证法是独立于任何思想和反思的。而马克思却反对以"只有认识自然的过程才是辩证过程"为基础，把黑格尔主义和"实证主义"结合起来。也就是说，马克思只把辩证的表达方式视为一种解释方式。④

（6）对于把总体性、矛盾和内在否定等辩证的范畴实体化，恩格斯是负有责任的。否定性遵循在各种转变中都起作用的物质和运动规

---

① Schmidt, *The Concept of Nature in Marx*, pp. 57 – 58, 167; Thomas, "Marx and Science", p. 8; Jordan, *The Evolution of Dialectical Materialism*, p. 154.

② Thomas, "*Marx and Science*", p. 3.

③ Thomas, "Marx and Science", p. 3; Carver, "Marx, Engels, and Dialectics", p. 360.

④ Thomas, "Marx and Science", pp. 8, 11; Schmidt, The Concept of Nature in Marx, pp. 186, 195; Jordan, *The Evolution of Dialectical Materialism*, pp. 143 – 146; Carver, "Marx and Hegel's Logic", *Political Studies*, XXIV (1976), p. 67.

律。而对马克思来说,自然本身没有任何否定性。否定性是随着劳动的主体而产生的,"也就是说,是随着人主动地改造自然"才产生的。①

(7) 因此,恩格斯把无限的超验规律的观念视为主导的历史观,这种规律作为一个整体构成超历史的"客观辩证法"。而马克思则不同,他关心的是社会的、由片断组成的自然的"历史规律"趋势,黑格尔的思想只被用于某些事例,而没有成为一种世界观。②

卡弗和施米特提出了对马恩差异问题进行分析的条件。卡弗认为,支持马恩的观点有差异的否定性证据的本质在于,论证主要针对的是那些持相反观点的人,即声称马恩观点一致的人。他们"现在必须拿出肯定的证据,引用双方的话来证明,恩格斯有关自然辩证法的观点是马克思所赞同的"③。另一方面,施米特则指出,"起决定作用的是"在这样的争论中必须要证明的问题:"如果在马克思的著作中,自然被简化为抽象的东西,那么像'总体性'、'矛盾'、'生产力'、'内在否定'这样的辩证法的规定性,是否可以完全归于自然呢?"④ 我们认为,这些要求可以通过对上面列举的七点进行分析而得到满足,这一任务中有一部分将是诠释性的。由于马恩之间肯定存在某种劳动分工(在这种背景下,证明他们不是"完美搭档"的企图是在转移注意力),因此我们认为,当前的评论者在这两位思想家之间所划分出的不同是过于简单的。

---

① Carver, "Marx, Engels, and Dialectics", p. 362; Carver, "Marx-and Hegel's Logic", pp. 66 – 67; Thomas, "Marx and Science", p. 11; Schmidt, *The Concept of Nature in Marx*, p. 195; Jordan, *The Evolution of Dialectical Materialism*, p. 95.

② Carver, "Marx, Engels, and Dialectics", p. 362; Thomas, "Marx and Science", pp. 1, 3, 7 – 8, 10, 13.

③ Carver, "Marx, Engels, and Dialectics", p. 360.

④ Schmidt, *The Concept of Nature in Marx*, pp. 183 – 184.

实际上，无论是马克思还是恩格斯，有时都带有一定的"实证论"倾向，也带有一定的黑格尔派的倾向，马克思主义的矛盾除了在这两位思想家之间存在之外，也存在于他们各自的思想之中。没有向英语读者提供的资料，或者说，没有遭到严重歪曲的资料满足了卡弗和托马斯所说的"肯定性证据"的需要，即表明马克思和恩格斯在他们的思想体系中就自然科学的作用问题基本上是一致的。

尽管在马克思和恩格斯以及肖莱马（Carl Schorlemmer）、穆尔（Samuel Moore）等人之间常常存在着意见分歧，但他们还是构成了一个大致可以称为"科学共同体"的团体，而自然科学问题是这个共同体持续关心的一个问题。这种关注不仅受到19世纪思想中的科学时代精神的影响，而且受到马克思的思想本身所具有的特殊的人道主义关怀的影响。我们认为，恩格斯的统一的自然理论是对马克思对异化劳动以及随之而来的异化的科学世界的批判的补充和必要的佐证。因此，马克思从根本上来说是赞同《反杜林论》和《自然辩证法》的思想的。

一

人们指责恩格斯坚持物质的世界统一观，这种观点是唯心主义哲学的组成部分。我们当然承认，恩格斯有时似乎是持有这样的观点，但是，与19世纪的科学哲学一致，马克思不仅也持有这样的观点，而且这种观点对于他的异化自然观来说还是根本性的。说马克思没有统一的自然观，就是把一种直到20世纪才在科学中得到全面发展的观点，即一种以推翻了19世纪的科学均变论（Uniformitarianism）的量子论和狭义相对论为基础的观点，强加到他身上。对均变科学观的破坏后来被索雷尔（Georges Sorel）运用到社会科学中，结果是，索雷尔摒弃任何异化理论，把马克思主义转变为一种实际上可以与实验的实用主义互换的理论。因此，把多元主义的自然观加到马克思身上是有违于历史的（因此也是有违于"马克思的"），尤其是因为马克思本人在有一些地方表明，他对当时流行的科学综合问题是关心的。例如，他称赞黑格尔在综合问题上比孔德高明。

另一方面，恩格斯强烈地批判德国唯心主义哲学家没有对这种统一性进行充分的论述，或者说，他们的论述方式不对。恩格斯认为，19世纪的科学家还没有完全脱离康德。因此，他们中有很多人仍然试图在某些抽象的属性中找寻现象的本质，这一点使人想到康德的"自在之物"概念，而自在之物的不可把握的本质维系着现象的客观世界与理解的本体世界之间的鸿沟。例如，恩格斯尤其对一些运用"力"的概念来解释物理运动和化学运动的科学家，甚至是像霍尔姆兹一样杰出的科学家提出批判。在恩格斯看来，"力"是一种将自然现象的解释引向同语反复的属性。而且恩格斯进一步认为，不能用"力"来解释自然现象，同样也不能用"实体"来解释自然现象。它只不过是一个臆造的术语，把解释真正应该采取的方向搞颠倒了：不应把物理现象归结为力，应该说力是一种具体的物理现象。恩格斯赞赏黑格尔，因为他试图克服康德的"自在之物"，因为"如果你知道了某一事物的一切性质，你也就知道了这一事物本身"①。黑格尔试图克服恩格斯所说的"自然科学和哲学的二元论"，但是，恩格斯对黑格尔进行了与马克思一样的批判。"黑格尔把自然科学看作永恒的'观念'在外化中的显现"，但是他（黑格尔）依然把原因归于通过本能来实现的"内在目的"，而这

---

① 《马克思恩格斯选集》第2版第3卷第703页。

种内在目的本身是"一个观念上的规定"。① 马克思和恩格斯对黑格尔的众所周知的颠倒就在于，他们试图克服思想和自然的二元论，同时将"旧形而上学的残渣"② 从克服过程中清理出去。因此，自然现象没有被纳入精神之中，相反，现象总体被纳入自然之中。

无论是恩格斯还是马克思都认为，费尔巴哈没有完成这种唯物主义的颠倒，因为他的主体仍然是外在于社会的抽象存在。因此，总体依然是分裂的。费尔巴哈所建立的唯物主义基础必须与社会科学、"即所谓历史科学和哲学科学的总和"③ 相协调。只有通过建立这种统一的科学，主体和客体的统一、人和自然之间的辩证扬弃才能得到实现。人的科学必须与自然科学相协调，否则，我们就会陷入新康德主义的精神科学和自然科学的区分中。如果我们想扬弃德国唯心主义的被异化的思想，如果我们不想向当代的"片面的唯物主义"屈服，那么这样的区分就不应该存在。人文科学与自然科学的分离反映了自然与人的异化，它体现在如下事实之中：科学和自然力"作为资本的职能，因而作为资本家的职能，同单个工人相对立"④。在马克思看来，科学是"脑力劳动的产物"。同样，恩格斯也认为，在资本主义社会，脑力劳动从体力劳动中分化出来。

在《经济学哲学手稿》中，青年马克思认为，哲学与自然科学相异化，正如自然科学与哲学相异化。时至今日，它们之间的偶尔的统一也只不过是一种"离奇的幻想"。为了克服哲学与自然的两分，人们积

---

① 《马克思恩格斯全集》第1版第20卷第548、551、552页。
② 《马克思恩格斯全集》第1版第20卷第548、551、552页。
③ 《马克思恩格斯选集》第2版第4卷第230页。
④ 《马克思恩格斯全集》第1版第48卷第38页。

极地干预自然。哲学的玄思地位必须要被取代,而条件是:

> 自然科学将失去它的抽象物质的方向或者不如说是唯心主义的方向,并且将成为人的科学的基础,正像它现在已经——尽管以异化的形式——成了真正人的生活的基础一样;说生活还有什么别的基础,科学还有什么别的基础——这根本就是谎言。……历史本身是自然史的即自然界生成为人这一过程的一个现实部分。自然科学往后将包括关于人的科学,正像关于人的科学包括自然科学一样……自然界的社会的现实和人的自然科学或关于人的自然科学,是同一个说法。①

马克思在此是断言,统一的科学是克服异化的关键。并且这句话表达的是一种预言性的确定,而不仅仅是一种意向。但是,历史科学与自然科学的综合有一个异于寻常的"界线"问题。确切地说,这两种科学的混合的本质是什么呢?一方面,人和自然总体之间存在着"连续性",人再造自然,而科学作为这种不断再造的功能,其本身就是不断变化的,成为"历史发展总过程的产物,它抽象地表现了这一发展总过程的精华"② 在这里自然服从于人的意志。

而另一方面,说人再造自然,并不是否认有些自然规律是不受人的控制的。仅仅声称科学具有历史性还不足以让太阳从西边升起。如果要克服不可改变的自然规律与人造的"历史"规律之间的鸿沟,还需要更为明确的表述。马克思和恩格斯都充分地认识到了这一问题,他们认为,对一般科学的发展来说,这是一个十分关键的问题,而一般科学对

---

① 《马克思恩格斯全集》第 2 版第 3 卷第 307、308 页。
② 《马克思恩格斯全集》第 1 版第 48 卷第 39 页。

于他们自己的理论来说又绝对是根本性的。这就是为什么马克思和恩格斯密切关注自然科学问题,有时倾向于认为科学统一的界线问题的答案就在科学的独立性自身的原因。马克思曾经谈到过这一点,他预言宗教的外衣将遭到抛弃,而由纯粹批判的、科学的和人的关系所取代。到那时,科学将形成自己的统一性,而科学的对立会由科学本身来解决。这一论述预示着马克思和恩格斯后来产生的一种倾向,即试图在自然本身寻找"科学自身"的统一原则。这一原则并不局限于青年马克思的自然科学观,但受到这种科学观的强烈影响,青年马克思说过,感性需要和感性意识根源于自然,"科学只有从自然界出发,才是现实的科学"①。

二

批判恩格斯的人指责他是一种夸张的达尔文主义,认为他把人视为主要是进化的产物,因此是对自然过程的被动反映。与这种对恩格斯的观点的夸大其辞并列的是对马克思的与之相反的倾向得更为极端的夸大其辞。例如,有一位批判者说:"这一宣称自然独立于并且先于人类改造它的努力而存在的观点(后来为恩格斯所信奉),与马克思的人道主义是完全格格不入的。"② 这一论断是令人遗憾的,也与常识不符。自然当然是在人类出现之前就存在的,除非人们接受完全否定达尔文的马克思派的创造论。但是,我们知道,马克思对达尔文十分感兴趣,在他

---

① 《马克思恩格斯全集》第 2 版第 3 卷第 308 页。
② Ball,"Marx and Darwin",p.471.

看来，达尔文的发现"可以用来当作历史上的阶级斗争的自然科学根据"①。然而，波尔认为，这一论断表明，马克思和达尔文在反对科学目的论上是一致的，恩格斯也反对科学目的论。但是，令人惊奇的是，波尔从来没有提到，马克思说过："当……现代社会，从经济上来考察孕育着一个新的更高的形态时……在社会关系方面揭示出达尔文在自然史方面所确立的同一个逐渐变革的过程。"② 这里所说的辩证改变即是自然的，也是前社会的，与施米特的看法是不同的。施米特认为，马克思始终如一地认为，"历史唯物主义只适用于高度发达的资产阶级社会"，或者说，只适用于那些具有复杂的交换关系的社会。

也许可以说，马克思对达尔文的态度是模糊的，他从来没有想过要把《资本论》献给达尔文。无论是马克思还是恩格斯都没有说过，达尔文主义是统一各门科学的最终发现。无论是马克思还是恩格斯都用几乎相同的语言打趣地说："达尔文在动植物界中重新认识了他自己的英国社会及其分工……以及马尔萨斯的'生存斗争'。"③ 无论是马克思还是恩格斯都反对为竞争资本主义辩护的社会达尔文主义。在他们看来，简单地把动物的斗争规律转化为人类社会无限制的经济竞争是"片面的"，忽视了人的合作潜力。当这种斗争发展到一定阶段的时候，人就把自然规律转变为历史规律，随着这一转变，他自己的本质也发生了转变。但是，与此相反，波尔声称，恩格斯"后来"没有从人的角度来看待自然，而我们却发现，恩格斯说："人类社会和动物社会的本质区别在于，动物最多是搜集，而人则能从事生产。仅仅由于这个唯一的然

---

① 《马克思恩格斯全集》第 1 版第 30 卷第 574 页。
② 《马克思恩格斯全集》第 1 版第 31 卷第 410 页。
③ 《马克思恩格斯全集》第 1 版第 30 卷第 252 页。

而是基本的区别，就不可能把动物社会的规律直接搬到人类社会中来。"① 波尔认为光谈进化是不完备的，因为它只涉及"前人类的自然史"，他认为，不能从决定论的角度把自然的历史与人的相对独立的社会发展联系在一起。

波尔没有告诉我们，由于马克思认识到达尔文的理论不完备，所以他试图从别的地方寻找人与史前自然之间的某种发展关联。从某些方面来说，如果说马克思找到了的话，那么他的发现与恩格斯的发现相比，历史还要久远一些。例如，马克思在地质学中找到了在生物学中都还没有出现的东西。在一封致恩格斯的信中，马克思激动地宣称，在异种交配方面，特雷莫（Trémaux）的《人类和其他生物的起源和变异》"比起达尔文来还是一个非常重大的进步"。此外，在特雷莫那里，人类文化、种族、进化和地质学的联系要比在达尔文那里更多一些，在马克思看来，特雷莫"在运用到历史和政治方面，比达尔文更有意义和更有内容。对于某些问题，例如民族特性等等，在这里第一次提供了自然的基础。例如他……指出他［杜欣斯基］关于俄罗斯人不是斯拉夫人而很可能是鞑靼人等等的意见是错误的……他证明……一般的黑人典型只不过是一种更高的典型的退化的结果"②。恩格斯无不讥讽地回信说："为什么我们这些……莱茵省居民很久以来没有变为白痴和黑人；也许他在第二卷中会加以解释，或者会宣布我们实际上就是黑人。"③ 但是，马克思坚持自己的看法，他回答恩格斯的批评说："特雷莫关于土壤影响的基本思想……就是这种只需要表述出来以便在科学中永远获得公认的

---

① 《马克思恩格斯选集》第 2 版第 4 卷第 623 页。
② 《马克思恩格斯全集》第 1 版第 31 卷第 250—251 页。
③ 《马克思恩格斯全集》第 1 版第 31 卷第 259 页。

思想。"① 最后，恩格斯承认，达尔文并不否认地质对人种的影响，但是由于特雷莫在这个问题上提出的"可笑的证据"和"歪曲的事实"②，所以他并不能代表科学的进步。在这个问题上，恩格斯的话更有权威性，后来的科学发展证实了他的怀疑。无论这种交流的意义如何，它无疑表明，马克思对史前自然对人的发展的影响明显是感兴趣的。

三

从上述通信中可以得出以下几个十分有趣的看法。首先，说马克思对阐述自然科学观并不热心，或者说，说马克思对恩格斯的科学观并不十分感兴趣，是不合事实的。尽管马克思自己也承认他在科学方面不如恩格斯（他的上述观点也证实了这一点），但是，先读到特雷莫的著作的是马克思而不是恩格斯，是他在通信中坚持要恩格斯把特雷莫的著作读完。换言之，马克思和与他同时代的知识分子一样，是一位对自然科学具有强烈兴趣的观察者和科学发展的热切的追踪者，他认为科学发展对他自己的理论来说起着关键的作用。

马克思的科学研究是十分广博的。他读过卡本特尔（Carpenter）的《生理学》、施普尔茨海姆（Spurzheim）的《大脑解剖学》，洛德（Lord）的《通俗生理学》以及施旺（Schwann）和施莱登（Scheidler）《论细胞的著作》，还一再焦急地索要肖莱马（Schorlemmer）的《化

---

① 《马克思恩格斯全集》第 1 版第 31 卷第 260 页。
② 《马克思恩格斯全集》第 1 版第 31 卷第 262 页。

学》。① 马克思留下了一千多页的数学手稿，其中至少有三篇文章是专门写给恩格斯的。他对恩格斯说："我懂得数学定理，但是属于直观的最简单的实际技术问题，我理解起来却十分困难。"② 马克思后来还坦诚地告诉恩格斯，"我对一切事物的理解是迟缓的，其次，我总是跟着你的脚印走"。不过，马克思的这种（难得的）谦虚并没有使他丧失从事科学研究的勇气，反而促使他（像他一贯所做的那样）更为刻苦地进行研究。"我可能要认真研究解剖学和生理学，此外，还将去听讲学。"③ 此外，就像有关特雷莫的交流所表明的那样，在自然科学问题上，无论是马克思还是恩格斯都毫无顾忌地表达自己的不同意见，在其他领域，他们之间也是如此坦诚相见。例如，马克思批评恩格斯对军事问题过于关心，而恩格斯则批评马克思神化经济学，还批评马克思晦涩难懂的写作风格。我们不像卡弗，并不认为这些意见不一致是他们并非"完美搭档"的证据，也不认为这是马克思不支持恩格斯的否定性证据，我们认为，如果马克思反对《反杜林论》等著作中的辩证观的话，那我们应该能够看到这种反对被表现出来。如果说恩格斯把马克思引上了科学主义的歧途，那么马克思就是同意的、主动的，而且就现代所掌握的资料来看，马克思是知情的。现在可以得到的证据表明，这两人之间的关系是，在科学问题上，无论是意见一致还是不一致都开诚布公地表达出来。

---

① 《马克思恩格斯全集》第 1 版第 30 卷第 410 页，第 31 卷第 412、317、410 页。

② 《马克思恩格斯全集》第 1 版第 30 卷第 410 页，第 31 卷第 412、317、410 页。

③ 《马克思恩格斯全集》第 1 版第 30 卷第 410 页，第 31 卷第 412、317、410 页。

上面提到的那些批判马克思的人几乎没有思考，一个像马克思一样关心社会经济问题的思想家为什么要花费那么多时间去研究自然科学。我们已经知道，马克思肯定是赞同19世纪有关统一科学的理想的，但是，从关于特雷莫的争论中可以看出，恩格斯已经清楚地认识到，19世纪科学经验的现实开始呈现出科学及其研究方法的多样性。恩格斯至少像马克思一样开始在流行的均变论中看到了细微的裂缝，而在关于特雷莫的交流中，着重指出这种多样性的正是恩格斯。在恩格斯有关辩证法的主要著作（《反杜林论》）中，他甚至写道："只要我们离开存在是所有这些事物的共同点这一简单的基本事实，哪怕离开一毫米，这些事物的差别就开始出现在我们眼前。"① 如果马克思简单地接受了这种多样性，放任科学去走多样性的道路，那么马克思的思想会有什么样的结果呢？在这种情况下，历史唯物主义可能不是让位于自然科学和人文科学的新康德主义的二元论，就是让位于对任何能够成功地解释问题的方法实际上都加以承认的实用多元论。（伯恩斯坦后来走上了第一条道路，而工程师索雷尔则走上了第二条道路。）这两条道路对马克思和恩格斯来说，都是不可接受的，因为这两种方式都无法克服知识的破碎化（异化）。

在马克思和恩格斯看来，转向18世纪的庸俗机械理性主义的杜林之流，他们的片面性阻碍了不同研究领域的认识和相互联系的发展，从而不利于真正统一的科学的形成。批判恩格斯的人至少同意，恩格斯一贯地反对这种过时的机械论。他们常常没有认识到，对恩格斯来说，这种唯物主义的局限性在于"它不能把世界理解为一种过程，理解为一种

---

① 《马克思恩格斯选集》第2版第3卷第383页。

处在不断的历史发展中的物质"①。恩格斯的基本观点是，运动不能被创造，只能转化，而对杜林来说，"把运动局限于单纯的机械力，还有一种好处，这就是可以把力设想为静止的、受束缚的，因而是在一瞬间不起作用的"②。但是，恩格斯问道，物质是如何从这种不动的状态过渡到运动的状态的呢？"因此，必须从外部、从世界之外来一个第一推动，才会使世界运动起来。可是大家知道，'第一推动'只是代表上帝的另一种说法。"③人们面临着的是，"让运动从不动中，也就是从虚无中产生"④。运动在《自然辩证法》中已经成为恩格斯主要关心的问题之一。既然恩格斯至少像马克思一样敏锐地认识到了科学及其方法的多样的本质，那么对恩格斯来说，在把各门科学各自不同的特点都解释了一遍之后，自然而然会把运动本身视为将自然联系在一起的特性：

如果我们想谈谈那些同样适合于从星云到人的一切物体的普遍的自然规律，那么剩给我们的就只有重量，也许还有能量转化说的最一般的公式，或者如通常所说的热之唯动说。但是，如果把这个理论普遍地彻底地应用到一切自然现象上去，那么这个理论本身就会变成一个宇宙系统从产生到消灭中的一个跟一个地发生地变化的历史表现，因而会变成在每个阶段上由其他规律（即同一普遍运动的其他现象形式）来支配的历史，而这样一来，只有运动才具有绝对普遍的意义了。⑤

---

① 《马克思恩格斯选集》第 2 版第 4 卷第 228 页。
② 《马克思恩格斯选集》第 2 版第 3 卷第 400 页。
③ 《马克思恩格斯选集》第 2 版第 3 卷第 393 页。
④ 《马克思恩格斯选集》第 2 版第 3 卷第 395 页。
⑤ 《马克思恩格斯全集》第 1 版第 20 卷第 582 页。

恩格斯认为，社会规律与科学规律的不同并不在于历史性，而是"永恒的自然规律也愈来愈变成历史的规律"①。这种有关自然的历史性的观点与青年马克思的观点相似："历史本身是自然史的即自然界生成为人这一过程的一个现实部分。"②

四

因此，我们有充分的理由认为，马克思和恩格斯一样对科学问题十分关心，而且这一点在恩格斯撰写《反杜林论》时给了他很大的支持。正是在马克思的显而易见的鼓励下，恩格斯制订了一个统一的自然科学"研究日程"，这项工作占用了他"八年的黄金时间"，也就是说，从他1870年退休移居伦敦开始一直到1878年，当时他为了撰写《反杜林论》而不得不中断了这种研究。这样的研究虽然从来没有完成，但还是成就了《自然辩证法》，这部著作保存下来的手稿，大部分在马克思去世之前就已完成，其中的很多观点都在《反杜林论》中"试演"过。我们看到，在这两部著作的写作过程中，马克思和恩格斯相互协助，同时成为一个科学小团体的核心。这个小团体热情地捍卫马克思和恩格斯两人都决定称为"科学社会主义"的范式。

他们遭到另一个团体的反对，这个团体的学说公开批判马克思，它的核心就是杜林。这一团体在社会民主党甚至在柏林的党组织中取得成功，迫使李卜克内西在1875年说服恩格斯起来反对杜林为唯物主义加上机械论框架的企图。因此，恩格斯不得不中断了自然科学研究，马克

---

① 《马克思恩格斯全集》第1版第20卷第581页。
② 《马克思恩格斯全集》第2版第3卷第308页。

思敦促恩格斯对杜林进行"彻底"批判,并承诺会为这项工作提供更多的材料。这些材料最终成为《反杜林论》第二编的第十章。恩格斯对这项工作感到不满,说是打断了他的自然科学研究,马克思告诉李卜克内西,恩格斯做出了"巨大的牺牲,因为他不得不为此而停写更加重要得多的著作"①。1877年,马克思代表恩格斯写信给白拉克,表达恩格斯对《前进报》刊登《反杜林论》的方式的不满,并在结尾时肯定说:"不仅普通工人……而且真正有科学知识的人,都能够从恩格斯的正面阐述中汲取许多东西。"② 这显然就是肯定的证据,只是缺乏卡弗所寻求的知名度。

《反杜林论》以书的形式出版后,马克思的女婿拉法格请恩格斯为《社会主义从空想到科学的发展》的法文版写前言,《社会主义从空想到科学的发展》是《反杜林论》的著名的摘录版,发表在《社会主义评论》上。恩格斯写信告诉拉法格:"只有您可以做这种事,因为我的文章是由您翻译的;只有您一个人能够得到必需的资料,我已请马克思把这些资料交给您。"③ 因此,拉法格请马克思为这部著作写一篇前言。马克思按期把这篇前言交给了拉法格,并附有一段话(附在最近才发现的一个便条上),附言里说,前言是他和恩格斯商量以后撰写的,请拉法格"在词句上加以修饰,但是不要修改内容"④。前言里也说:"在这本小册子中我们摘录了这本书的理论部分中最重要的部分,这一部分可以说是科学社会主义的入门。"⑤

---

① 《马克思恩格斯全集》第1版第34卷第194页。
② 《马克思恩格斯全集》第1版第34卷第242页。
③ 《马克思恩格斯全集》第1版第34卷第419—420页。
④ 《马克思恩格斯全集》第1版第34卷第850页。
⑤ 《马克思恩格斯全集》第1版第34卷第689页。

从这些通信中，我们了解到，马克思不仅是"科学社会主义"一词的共同发明者，而且他还参与了《反杜林论》的撰写，他写了其中的一小部分，他对这部著作的宣传十分熟悉，也熟悉这个从中摘录出来的具有高度"科学性的"小册子。说这位欧洲文化史上最为博学的人从未读过一部阐述他自己的学说、他自己也是作者之一、而在他去世前已经出版整整六年的著作，（就像托马斯和卡弗所说的那样），是不合理的；说他肯定并向白拉克称赞一部他自己没有读过或不能苟同的著作的科学性，也是不合理的。此外，在通信中没有留下马克思的任何批评表明马克思反对恩格斯在这部著作中阐述的科学观。然而，我们已经指出过，马克思是不吝于批评恩格斯的，实际上，他在两人的很多次会面时都这样做过。没有历史的证据表明，恩格斯所说的他"曾把全部原稿念给他听"① 是值得怀疑的。

五

我们已经指出过，批判恩格斯的人指责他是实证论，将人类历史自然化，把人类历史归结为自然的普遍运动规律所适用的一个特殊领域。因此，在约尔丹看来，恩格斯坚持的是后来被列宁通俗化的思想，即大脑复制论，大脑不依靠任何人的思维而复制自然的辩证法。但是，即使复制论的指控是正确的，恩格斯的态度也并不始终如一，马克思也同样是前后矛盾的。恩格斯赞同马克思的看法，也认为人文科学和自然科学有很大的不同，这两者之间至关重要的差别集中在生产上，也就是说，集中在人对自己的行为有所知这种维柯的观念上。在《自然辩证法》

---

① 《马克思恩格斯全集》第 1 版第 34 卷第 347 页。

中，恩格斯认为，自然科学在他的有生之年所发生的伟大历史变革是人的大脑思维的结果。因此，有些概念，如原子和分子，"就必须用思维，因为原子和分子等等是不能用显微镜来观察的"。在恩格斯看来，"哲学终究报复了自然科学，因为后者抛弃了它。而自然科学家们，本来可以从哲学在自然科学上的成就看到：哲学具有某种即使在他们自己的领域中也比他们高明的东西"①。这样的哲学监督与实证论是不相容的，这一点连约尔丹也承认。此外，恩格斯否定牛顿的感应论。但是，这一点对恩格斯所谓的大脑复制论有什么意义呢？因为，在这里恩格斯并没有断言，外部物质一旦受到人类劳动或思想的"脑力劳动"的掌控，还具有独立性。

另一方面，马克思那里也存在很多实证论因素的痕迹。实际上，连与施米特同道的批判理论家韦尔默（Albrecht Wellmer）也在马克思的历史哲学中看到了"潜在的实证论"。当马克思主张"自然界的社会的现实和人的自然科学"时②，他的"在实践中检验理论自身的真理性的范式就是一种自然科学的范式"。然而，尽管韦尔默在历史理论中看到的是"实证论的"马克思，而在意识形态批判中看到的却是反实证论的马克思③，但当青年马克思说"感性必须是一切科学的基础"④时，我们认为马克思的知识理论本身就具有"实证论的"因素。更确切地说，马克思把宗教意识形态以至所有的思想都视为人的物质行为的"直接产物"⑤，并把大脑比作照相机。甚至当他试图把自己相当模糊的认

---

① 《马克思恩格斯全集》第 1 版第 20 卷第 546 页。
② 《马克思恩格斯全集》第 2 版第 3 卷第 308 页。
③ Wellmer, *Critical Theory*, p. 89 ff.
④ 《马克思恩格斯全集》第 2 版第 3 卷第 308 页。
⑤ 《马克思恩格斯选集》第 2 版第 1 卷第 72 页。

识论与有关死的事实的经验论区分开来时,他要求的还是玄思终结之后"真正的实证科学"的开始。

利希特曼(Richard Lichtman)等马克思主义者得出结论说,马克思的《德意志意识形态》建立了一种简单的但"否定的"知识复制论。但"它还是一种照片理论",因此与马克思在别的地方所批判的粗糙的经验论是相近的。然而,尽管利希特曼说马克思在《资本论》中有时克服了这种粗糙性①,但我们在这部著作中还是读到:"观念的东西不外是移入人的头脑并在人的头脑中改造过的物质的东西而已。"②

让我们重申一下:我们在这里并不是要证明,马克思是个一贯的"实证论者",也不是要证明恩格斯始终坚持明显的大脑复制论。我们只是认为,这种常常被归咎为马克思和恩格斯之间的差异的前后矛盾和模棱两可,实际上在这两位思想家那里都存在。因此,问题并不在于马克思和恩格斯的知识理论的差别,而在于他们两人试图超越粗糙经验论的努力的本质是什么,以及马克思和恩格斯在"解决方法"上达成一致的程度如何。

我们在这里再回到运动作为自然的联系因素的问题。如果联系因素仅仅是运动,而大脑仅仅是对运动的反映,那么无论是运动还是大脑都只会随机地得到再现,而历史就会变成只不过是以不可预知的方式改变运动方向和潮流的一系列事件或偶然性。在这种情况下,科学不可能克服异化,而只能在已经发现的经验现象中再现异化。自然就不可能被人类所控制,而只能事后对它进行分析和描述。然而,马克思说:"如果事物的表面形式和事物的本质会直接合而为一,一切科学就都成为多余

---

① Richard Lichtman,"Marx's Theor of Ideology",*Socialist Revolution*(1975),p.50.
② 《马克思恩格斯全集》第2版第44卷第22页。

的了。"① 因此，必须在纯粹的运动之外寻找"内在联系"，马克思和恩格斯在辩证法中找到了这种内在联系。

六

人们指责恩格斯把总体性、矛盾和内在否定等辩证法的范畴实体化。这些范畴服从那些在自然转变中起作用的规律。而另一方面，有人说，在马克思看来，"从相互作用本身的抽象中不能得出一般的规律"，因为自然本身不具备否定性，否定性只是随着人对自然的改造而出现的。② 恩格斯曾经指出，自然在运动中的统一只有通过辩证法才能有意义地得到实现。"摆脱了神秘主义的辩证法，变成了自然科学绝对必需的东西，因为自然科学抛弃了那种有了固定不变的范畴就已经足够的领域。"③ 但是，通过把辩证法从大脑转移到物质之中去，并试图把黑格尔的神秘主义从辩证法中剔除出去，恩格斯确实是在断言，"头脑的辩证法只是现实世界（自然界和历史）的运动形式的反映。"④ 马克思是同意这一看法呢，还是（根据施米特的解释）认为辩证法只能从认识过程中产生，它并不是客观地作为自然的一种"属性"而存在？我们已经指出过一些例子，在这些例子里马克思自己把大脑影像称为"反思"。但是，如果他关于"科学本身"有自己的观点的话，那会是什么呢？或者说，他有前后一致的观点吗？

---

① 《马克思恩格斯全集》第 2 版第 46 卷第 925 页。

② Schmidt, *The Concept of Nature* in Marx, p. 195; Thomas, "Marx and Science", p. 10.

③ 《马克思恩格斯全集》第 1 版第 20 卷第 545 页。

④ 《马克思恩格斯全集》第 1 版第 20 卷第 545 页。

对马克思和恩格斯都倾向于一种物化的自然辩证法理论这一论断来说，最重要的证据就是他们与肖莱马的友谊，恩格斯认为肖莱马是欧洲社会主义党中除马克思之外最为杰出的人。这位被称为"一位很杰出的化学家，'自己人'"①的人，是英国科学促进会化学分会的副主席，这个协会的第一个有机化学教授职位就设在曼彻斯特的欧文斯学院（Owens College）。肖莱马不仅是马克思和恩格斯散步时的伙伴和常客（"在我们星期天散步的时候——肖莱马和穆尔当然也参加了"②），而且，当马克思和恩格斯怀疑他们的通信遭到当局的检查时，甚至还同意使用肖莱马的地址。他还受托修改《资本论》的校样，而马克思在后来的校订中还接受了肖莱马的修改。肖莱马受到马克思的高度尊重，被他视为科学权威，他的一封致恩格斯的信就是一个例子，在这封信中马克思表达了这样的愿望：

> 我想向肖莱马打听一下，最近出版的有关农业化学的书籍（德文的）哪一本最新最好？此外，矿肥派和氮肥派之争进行得怎样了？……他对近来反对李比希的土壤贫瘠论的那些德国作者的情况了解点什么吗？他知道慕尼黑农学家弗腊斯（慕尼黑大学教授）的冲积土论吗？为了写地租这一章，我至少要对这个问题的最新资料有所熟悉。肖莱马既是这方面的专家，他也许可以提供一些情况。③

肖莱马在与马克思和恩格斯相识两年、与特雷莫通信一年之后，出版了亨·恩·罗斯科（Sir Henry Enfield Roscoe）的简明化学手册的德

---

① 《马克思恩格斯全集》第 1 版第 32 卷第 679 页。
② 《马克思恩格斯全集》第 1 版第 32 卷第 669 页。
③ 《马克思恩格斯全集》第 1 版第 32 卷第 5—6 页。

文修订版,取名为《简明化学教程》。这部著作的反映了肖莱马在化学的高级阶段的思想,无论是马克思还是恩格斯都仔细地对这个版本进行了研究。1867年11月和12月,我们发现,马克思急切地请求恩格斯把肖莱马的著作寄一本来,后来他收到了这部著作,他认为这部著作很不错。这部著作以及与肖莱马的密切关系,有助于马克思和恩格斯对统一的自然科学理论的研究。但这并不是说,马克思主义将发展成为一种庸俗的"化学"历史观——甚至那些对恩格斯批判得最为激烈的人也从来没有就这一点向他发难,马克思谈到过来自化学的类推的局限性——或者说,光凭化学就能把科学统一起来是有局限性的。实际上恩格斯也肯定了它的局限性。但是,马克思和恩格斯利用肖莱马的帮助所能够做的,就是最大程度地把化学用作一种解释工具,而把无生命的现象与有生命的现象联系在一起,阅读特雷莫是提供不了这样的工具的。此外,肖莱马向马克思和恩格斯展示了日新月异的化学发现的革命本质,从而进一步表明了其他领域的科学发现的"历史"性(也就是说,不断运动的性质)。最后,肖莱马认为(因此在马克思和恩格斯看来),化学从本质上来说是一门辩证的科学。

关于第一个问题,即统一各门科学的问题,恩格斯强调指出,达尔文本人已经证明,"今天存在于我们周围的有机自然物,包括人在内,都是少数原始单细胞胚胎的长期发育过程的产物,而这些胚胎又是由那些通过化学途径产生的原生质或蛋白质形成的"[1]。费尔巴哈忽视了生命的化学基础,把一切科学进步都抛在脑后,从而忽视了人与自然的新陈代谢——人作为劳动者的存在的本质。马克思还试图在自然和劳动者之间建立"化学的"联系。在马克思的"正常工作日"理论(这是剩

---

[1] 《马克思恩格斯选集》第2版第4卷第245—246页。

余价值理论的基本组成部分）中，我们可以找到这种努力的一个最重要的例子。马克思说，劳动力的日价值是根据它的正常的或平均的长度来衡量的，或者说，"是根据劳动力的正常的平均持续时间或工人的正常的寿命来计算的"。马克思还从格罗夫（William Robert Grove）的《论物理力的相互关系》中引用了一段话来支持自己的观点，格罗夫说："人在24小时内所耗费的劳动量，可以从研究人体内部的化学变化来大致确定，因为物质的转化形式能表明动力已经消耗的情况。"[①]

劳动的自然科学规定性的概念是对马克思的下面观点的有力支持，即经济的生产条件的物质转变总的来说"可以用自然科学的精确性指明"[②]，或者，我们可以说，价值作为普遍存在于价格之中的"运动规律"而出现。恩格斯用化学的术语阐述了这些运动规律的辩证性质。在恩格斯看来，"化学可以称为研究物体由于量的构成的变化而发生的质变的科学。黑格尔本人已经知道这一点……拿氧来说：如果结合在一个分子中的有三个原子，而不是像普通那样只有两个原子，那么我们就得到臭氧，一种……很不相同的物体。"[③]

这种辩证观是恩格斯的《自然辩证法》的精髓，恩格斯在给马克思的私人信件中曾把这种观点告诉过马克思。早在1858年，恩格斯就在给马克思的信中谈到过把各门科学结合在一起的辩证联系。然后他谈到了一个想法："会使老头子黑格尔感到很高兴……就是物理学中各种力的相互关系，或这样一种规律：在一定条件下，机械运动，即机械力……转化为热，热转化为光，光转化为化学亲和力，化学亲和力转化

---

① 《马克思恩格斯全集》第1版第23卷第575页。
② 《马克思恩格斯选集》第2版第2卷第33页。
③ 《马克思恩格斯全集》第1版第20卷第404—405页。

为电，电转化为磁。"① 后来，他告诉马克思，自然科学的主要对象包括"下面这些……辩证思想。……运动着的物质，物体。物体和运动是不可分的，各种物体的形式和种类只有在运动中才能认识……因此，自然科学只有在物体的相互关系中，在运动中观察物体，才能认识物体……所以，对这些不同的运动形式的探讨，就是自然科学的主要对象"。恩格斯继续说，"单个物体的运动是不存在的；但是相对地说，可以把下落看作这样的运动"。接着，恩格斯开始简单地刻画自然辩证法在天文学、机械学和物理学中的可运用性，结尾时是这样来评论化学的："对于研究上述运动形式来说，无论它研究的是有生命的物体或无生命的物体，都没有多大关系。无生命的物体所表现出来的现象甚至是最纯粹的。与此相反，化学只有通过那些在生命过程中产生的物质才能认识最重要的物体的化学性质……它构成了向关于有机体的科学的过渡，但是，这种辩证的过渡只是在化学已经完成或者接近于完成这种实际的过渡的时候才能实现。"然后，恩格斯补充说，对于有机体，"我暂时不谈任何辩证法"②。

恩格斯很想知道马克思对上述第二封信的反映。"由于你那里是自然科学的中心，所以你最有条件判断这里面哪些东西是正确的。"③ 刚开始时，马克思在回信中并没有表态，他最初的犹豫被用来作为一个主要的"证据"，以证明马克思对恩格斯的《自然辩证法》立场模糊。无疑，恩格斯的信构成了对这部著作的一个基本的说明，马克思第二天的

---

① 《马克思恩格斯全集》第 1 版第 29 卷第 324 页。
② 《马克思恩格斯全集》第 1 版第 33 卷第 84—87 页。
③ 《马克思恩格斯全集》第 1 版第 33 卷第 84—87 页。

回信说,他需要"进行认真思考,并和'权威们'商量"①。但是,在这种情况下,主要的"权威"无非就是肖莱马,他在恩格斯的信的页边写下如下批注,在说运动是自然科学的主要对象的这一段的旁边:"很好,这也是我个人的意见。"在接下来的关于单个物体的运动的这一段的旁边,肖莱马写下:"完全正确!"在关于化学中的辩证转化的这一段的旁边,他用英语写下:"这是最根本的!"但是,在恩格斯写道,对于有机体,他"暂时"不想谈辩证法的地方,肖莱马写下:"我也不谈。"② 可以把最后的那个评语理解为只不过是一个忙碌中的人的暂时搁置不谈,但卡弗却从中得出结论说,碍于马克思的权威,肖莱马"认为恩格斯信中的科学要比辩证法更让人认同",所以肖莱马总的来说,"似乎并没有被恩格斯的高见所打动"。③ 但是,卡弗没有提到肖莱马写在页边上的第一条和第三条评论,这两条是极为正面的,直接地谈到了科学的"辩证"性质。此外,肖莱马在写评论时确实很忙,因为他忙于欧文斯学院的考试,在马克思一开始没有表态的给恩格斯的回信的结尾,我们读到:"肖莱马刚刚来了。……读了你的信以后说,他基本上完全同意你的看法,但暂不发表更详尽的意见。"④ 这并不是肖莱马的普通的外交辞令。肖莱马后来似乎确实详细地谈过这个问题,并进一步表达了对恩格斯的辩证法的赞许。肖莱马在他的《有机化学的兴起和发展》中,确实引用了《反杜林论》的话:"每一个新的项都是由于把 CH_2,即一个碳原子和两个氢原子,加进前一项的分子式而形成的,

---

① 《马克思恩格斯全集》第 1 版第 33 卷第 84—87 页。
② 《马克思恩格斯全集》第 1 版第 33 卷第 84—87 页。
③ Carver,"Marx,Engels,and Dialectics",pp. 358 – 359.
④ 《马克思恩格斯全集》第 1 版第 33 卷第 89 页。

分子式的这种量的变化，每一次都引起一个质上不同的物体的形成。"① 卡弗从来没有提到肖莱马的一般观点具有黑格尔派的性质，恩格斯认为他是"当时唯一的一位不轻视向黑格尔学习的著名的自然科学家"②。实际上，上述例子本身几乎是直接来自黑格尔的《逻辑学》的下面这段话："当混合的比例逐渐改变时，化学复合物就会发生质的联结和飞跃。"③

如果马克思想更正肖莱马著作中的辩证法倾向的话，那他会毫不犹豫地去做的。肖莱马甚至在化学问题上也征求马克思的意见。在马克思从肖莱马那里收到的个人礼物《化学教程》的扉页上，有这样一段个人献词："献给亲爱的朋友卡尔·马克思，感谢卡尔·马克思亲手所作的很多修正及建议——肖莱马。"④ 无疑，马克思认为黑格尔的辩证法（以其非神秘化的形式）对经济学问题具有重要的意义，他说他有一个愿望，那就是有朝一日"用两三个印张，把黑格尔……的合理的东西阐述一番，使一般人都能够理解"⑤。无疑，恩格斯称赞辩证法"在考察事物时……是从它们的联系、它们的联结、它们的运动、它们的产生和消失方面去考察的"，因此指出"辩证法的运动规律，也在无数错综复杂的变化中发生作用"。⑥ 卡弗坚持认为马克思只谈到了黑格尔在分析上的用途。而另一方面，恩格斯在称赞格罗夫的著作《力的相互作用》

---

① 《马克思恩格斯全集》第 1 版第 20 卷第 140 页。
② 《马克思恩格斯全集》第 1 版第 22 卷第 364 页。
③ A. V. Miller (trans.), *Hegel's Logic* (London, Allen & Unwin, 1969).
④ Karl Heinig, *Carl Schorlemmer* (Leipzig, B. G. Teubner Verlag sgesellschaft, 1974), p.52.
⑤ 《马克思恩格斯全集》第 1 版第 29 卷第 250 页。
⑥ 《马克思恩格斯选集》第 2 版第 3 卷第 349 页。

时,把这部著作说成是"从正面证明了黑格尔所发挥的关于原因、结果、相互作用力等的思想"①。因此,卡弗认为马克思"从来没有用从物质运动规律中引申出来的方法、或用以这样的规律为基础的方法来表述自己的研究结果"。我们认为这一结论是值得高度怀疑的。

我们知道,马克思确实说过,有必要用辩证的分析方法来揭示包括经济力量在内的表面上看起来迥然不同的经验力量之间的"内在联系"。如果不这样的话,他问恩格斯:"那么还要科学做什么呢?如果我想把所有这一类怀疑都预先打消,那我就会损害整个辩证的阐述方法。"② 但是,马克思在谈"内在联系"时,并不是要把辩证法局限为一种解释方法。他把它扩大到这种方法所反映的东西之上,即运动本身所具有的内在的辩证形式。否则辩证的方法就成为独立的和思想中的了。

马克思断言,这些辩证形式确实存在于客观自然中,它们是真正的规律,对此很少有人提出质疑。因此,在一段经常引用的来自《资本论》的话中,马克思把从大师到工匠到资本家的质变说成是重大的量变的结果,并补充说"现代化学上应用的……分子说,正是以这个规律作基础的"③。施米特没有提到这段话,托马斯不接受这段话,理由是马克思的这句话是从黑格尔那里而不是从恩格斯那里引用过来的,而卡弗则得出结论说,马克思和恩格斯的观点并没有在这里交汇。卡弗说:"马克思在《资本论》中说这句话时,既没有肯定黑格尔的形而上学,

---

① 《马克思恩格斯全集》第 1 版第 31 卷第 472 页。
② 《马克思恩格斯全集》第 1 版第 31 卷第 318 页。
③ 《马克思恩格斯全集》第 2 版第 44 卷第 358 页。

也没有肯定恩格斯的科学世界观。"①

奇怪的是，有人简单地断言，马克思在引用黑格尔的话时并不是肯定黑格尔的下列观点："举凡环绕着我们的一切事物，都可以认作是辩证法的例证……自然世界和精神世界的一切特殊领域和特殊形态，也莫不受辩证法的支配。"② 由于黑格尔是马克思和恩格斯的共同思想来源，所以说马克思引用黑格尔并不是肯定恩格斯是证据不足的。所谓问题的关键在于，马克思和恩格斯以同样的方式受黑格尔影响的程度。不管怎样，约尔丹和科莱蒂等批判者还是认为，恩格斯甚至在过度简化黑格尔的同时还在过度依赖黑格尔。例如，科莱蒂似乎是认为，恩格斯重犯了黑格尔仅仅把逻辑抽象复制到感性的外部世界中去的错误（而马克思注意到了这一点）。

让我们考察一下科莱蒂的批判，因为这种批判集中在黑格尔身上。黑格尔在《逻辑学》里说："当人们说事物是有限的，他们的意思就是承认：事物的非存在是它们的本质和存在。它们与自身的关系就是它们被否定地反思，而在这种反思中，它们超越自身，超越这一存在而进入思想。"③ 科莱蒂认为，如果黑格尔声称他不考虑有限，那他就有可能把问题简化了。相反，黑格尔认为有限的本质存在于其对立面中。这样一来，他就能够描述这样一种行动，通过这种行动，抽象作为有限自身为了超越自身、从而过渡到自己的本质而进行的客观运动的一部分而产生。有限的本质就是超越自身，否定否定。

施米特和科莱蒂指责恩格斯在使用黑格尔时，采取的是黑格尔所没

---

① Carver, "Marx, Engels, and Dialectics", p. 362.

② 〔德〕黑格尔：《小逻辑》，商务印书馆1987年版，第179页。

③ Miller(trans.), *Hegel's Science of Logic*, p. 129.

有采取的简单（但颠倒了的）路径，也就是说，撇开了有限——在恩格斯那里，抛弃了人。恩格斯确实从黑格尔那里引用了无数的类比来描述物理过程。细胞是黑格尔的"自在的存在，它在自己的发展中正是经过黑格尔的过程，最后直到'观念'这个完成的有机体从细胞中发展出来为止"①。但是，马克思的与此不同的选择是什么呢？如果马克思想要把唯物主义说成是简单地抛弃有限，那么他就不得不（1）把史前的自然作为非存在而抛弃（我们已经看到，这是恩格斯的批判者波尔错误地声称的马克思的做法）；（2）抛弃精神，也就是完全抛弃人（这是波尔和科莱蒂所声称的恩格斯的做法）。我们已经表明，马克思并没有忽视史前的自然，并且他肯定也没有忽视人。实际上，他的做法与黑格尔是一样的。在黑格尔那里，马克思看到"死的"自然在其对立面"人"那里找到本质，这句话可以解释为，把运动解释为人超越自身、从而实现自身而进行的客观运动——尤其是当他说历史是"自然界生成为人"时。但是，像黑格尔一样，马克思在阐述这一观点时，把黑格尔的范畴既用在了"活的"社会的例子上，也用在了"死的"自然的例子上。恩格斯在所有的阐述中也是这么做的。

卡弗在翻译泽勒尼（Jindrich Zeleny）的《马克思的逻辑学》时，间接地肯定了有关全部自然界的辩证法。在他的译文里，我们读到引自马克思的这样的话："事物的属性并不是从它与其他事物的关系中产生的，相反，它们是由这样的关系所推动的。"泽勒尼认为，在马克思的理论中，"矛盾是关系和发展的本体论结构中最为内在的属性"。② 我们发现，马克思不是把本质视为牛顿和伽利略的自然科学里的以及李嘉图

---

① 《马克思恩格斯全集》第1版第29卷第324页。

② Jindrich Zeleny, *The Logic of Marx* (Oxford, Blackwell, 1980), pp. 22, 29.

的经济学里的"固定"本质,马克思认为本质是自我发展的,而自我发展意味着"'在变化过程中'、'在运动中'去寻找事物和现象的绝对条件"。在这种情况下,"每一种事物本质都拥有某种东西……这种东西——就自我发展来说——是原因本身"。如果这不是把某种辩证法的属性——用泽勒尼的话来说"实体"——加给自然,加给根据(再一次用泽勒尼的术语)"世界统一"原则所设想的自然,那又是什么呢?①

恩格斯在致马克思的一封信中,称赞霍夫曼的《现代化学通论》。他引用肖莱马的话来证明,最新的化学理论是一个很大的进步,并把分子比作黑格尔在分割的无穷系列中的、并不结束这个系列而是规定质的差别的"关节点"。"从前被描写成可分性的极限的原子,现在只不过是一种关系,虽然霍夫曼先生自己时时刻刻都在回到旧观念中去,说什么存在真正不可分割的原子。"② 马克思在回信中的答复向恩格斯证实了他在《资本论》中的说法,并且更为明确:

> 你对霍夫曼的看法是完全正确的。此外,你从我的描述手工业师傅变成——由于单纯的量变——资本家的第三章结尾部分可以看出,我在那里,在正文中引证了黑格尔所发现的单纯量变转为质变的规律,并把它看作在历史上和自然科学上都是同样有效的规律。③

卡弗声称,马克思没有接受这种极端的一般化,马克思"在这里只是指出,黑格尔的观点在某些情况下适用"。当马克思把黑格尔的结论

---

① Jindrich Zeleny, *The Logic of Marx*, (Oxford, Blackwell, 1980), p.75.
② 《马克思恩格斯全集》第1版第31卷第309页。
③ 《马克思恩格斯全集》第1版第31卷第312页。

称作"规律"时,他是表示,在某些情况下,"我们可以期待量的积累产生质变"。卡弗用来佐证自己的观点的唯一证据,就是声称,马克思在《资本论》第二版跋中,"小心谨慎地对他的方法和物理学方法的相似性进行了限制"①。我们已经指出,马克思和恩格斯在对待达尔文和其他人时确实是进行了这样的限制,但是,说他们两人总是如此"小心谨慎"却是站不住脚的。因为在卡弗所引用的同一篇跋文里,马克思在谈到经济学规律不同于物理学规律时说,"经济生活呈现出的现象,和生物学的其他领域的发展史颇相类似"②。甚至施米特也承认,这种类推是站不住脚的,但是他错误地把它归咎于恩格斯一人。

七

马克思对于一切规律的历史局限性的论断并不都是前后一致的,他和恩格斯对无限的超验规律的否认也是一样。施米特和卡弗认为恩格斯接受的是构成客观辩证法的主导的历史观,而马克思所说的规律却是"历史性的"或"依环境而定的"。很多评论者都把辩证的运动与生产力和生产关系的辩证法混为一谈。施米特说,在马克思那里,"生产力与生产关系的辩证法决不是历史运动规律",他的观点与恩格斯所说的一切运动规律都是辩证的这一观点丝毫不矛盾。自然辩证法不应与僵死的经济决定论混为一谈,马克思和恩格斯并不是一贯的经济决定论。实际上,恩格斯的著作中到处都有可以称为这样的"决定论"、同时又断言社会规律具有历史的论断。

---

① Carver,"Marx,Engels,and Dialectics",p. 362.
② 《马克思恩格斯全集》第2版第44卷第21页。

此外，马克思在坚持规律的历史性方面也不是很一贯的。因此，一方面，马克思对他的一位同时代人对他的目的所作的描述表示同意：

> 在马克思看来，只有一件事情是重要的，那就是发现他所研究的那些现象的规律。而且他认为重要的，不仅是在这些现象具有完成形式和处于一定时期内可见到的联系中的时候支配着它们的那种规律。在他看来，除此而外，最重要的是这些现象变化的规律，这些现象发展的规律，即它们由一种形式过渡到另一种形式，由一种联系秩序过渡到另一种联系秩序的规律。他一发现了这个规律，就详细地来考察这个规律在社会生活中表现出来的各种后果……所以马克思竭力去做的只是一件事：通过准确的科学研究来证明一定的社会关系的一定秩序的必然性，同时尽可能完善地指出那些作为他的出发点和根据的事实。①

我们在这里所发现的是两种规律，两者都是辩证的。而另一方面，还存在着历史规律；在历史规律中，随着发展程度的改变，社会条件以及统治它们的法律也相应改变，而超历史的规律则更为重要，它们统治着它们的衍生物。但是，马克思本人有时把经济规律和超历史的规律混为一谈，没有把这些规律限用于发达社会。例如，在《〈政治经济学批判〉序言》中，马克思谈到，一切时代的人都处在"不以他们的意志为转移"的关系中，"无论哪一个社会形态，在它所能容纳的全部生产力发挥出来以前，是决不会灭亡的"。② 当马克思在这里说"无论哪一种社会形态"时，我们遇到了一种无限的超验规律，批判恩格斯的人急切地让马克思否认这种规律，而把它归咎于恩格斯。这种规律是恩格斯

---

① 《马克思恩格斯全集》第2版第44卷第20页。
② 《马克思恩格斯选集》第2版第2卷第33页。

所说意义上的辩证的规律。我们还具有一种比别的地方讨论过的"资本主义"所特有的历史规律要重要得多的经济规律。

最后，对青年马克思来说，超越各个时期的历史规律既是自然主义的，也是目的论的。"全部历史是为了使'人'成为感性意识的对象和使'人作为人'的需要成为［自然的、感性的］需要而做准备的历史（发展的历史）。"①

八

恩格斯与马克思一样遭到误解，被说成是想用历史唯物主义来取代对历史事件的具体经验研究和对这些事件的行动。但是，即使是最严格的自然科学决定论也不见得会犯这两种错误，没有理由期待社会科学会这样做。决定论并不见得会阻碍实践，它仅仅只是限制了采取行动的条件。就像物理学的统一的场理论不会阻碍进一步的实验室研究和工程结果一样，新的超验的历史"辩证"规律并不见得会对历史研究和行动造成更多妨碍。相反，就像上面讨论过的最新发现的证据表明的那样，马克思之所以雄心勃勃地继续研究自然科学和社会科学（尤其是化学），一个原因就是，这些科学里包含的规律开辟了新的研究领域。我们在此想要强调的是，马克思和恩格斯的"科学共同体"从事的就是这种研究（同时试图对它加以"运用"）。他们就像任何科学家小组一样，试图验证经验观察，然后把它们视为规律，而这些规律又促使他们探求更多的规律，如此等等。但是，对人道主义的马克思主义者来说，马克思的科学统一学说存在一个范围更大的困境。

---

① 《马克思恩格斯全集》第 2 版第 3 卷第 308 页。

如果马克思主义的人道主义对恩格斯的批判是正确的话，那么政治科学和社会科学由于与自然科学的区别而依然保留着自己的独立性。这样一来，它们就不再是一个规模更大的"统一科学"的一部分，知识领域的劳动分工就依然存在。除了在人可以随意改变自然的极端李森科学派那里之外，自然科学仍然与社会科学相异在。至于马克思所说的非异化知识的明确的性质、统一科学的本质这一恼人的问题，不管怎样，还是有待我们去加以解决。

(李朝晖　编译)

马克思与恩格斯的比较

——莱文的《可悲的骗局：马克思反对恩格斯》一书的主要观点摘编[*]

最近二十年来，西方的一些马克思主义研究者和所谓"马克思学者"对恩格斯在理论上的贡献提出了种种看法。有些学者把恩格斯和马克思对立起来，认为恩格斯在一系列问题上歪曲了马克思主义。为了使读者了解这方面的情况，我们将刊登有关资料。本辑发表《马克思与恩格斯的比较。——莱文的〈可悲的骗局：马克思反对恩格斯〉一书的主要观点摘编》和《关于恩格斯的讨论》两篇文章，提供了一个轮廓；苏联学者康捷尔等人的三篇文章，提出了一些相反的批判观点，可供参考。——编者

诺曼·莱文是美国印第安纳州德堡大学的教授，他在1975年出版的《可悲的骗局：马克思反对恩格斯》一书，是一部全面论述马克思和恩格斯在理论方面的分歧点的专题著作。全书将近三十万字，共分十四章：1. 马克思的自然观，2. 对民主的扬弃，3. 走向哲学人类学，4. 马克思是雅各宾党人，5. 十九世纪革命的辩证法，6. 辩证自然哲学作为历史哲学，7. 青年恩格斯，8. 恩格斯的共产主义的由来，9. 恩格斯的形而上学的基础，10. 经济决定论的由来，11. 作为民族

---

[*] 本文选自《马列著作编译资料》1981年第14辑。

救世主义的科学社会主义，12. 作为德国民族中心主义的科学社会主义，13. 作为工业清教主义的共产主义，14. 尽职的徒弟和剥削的师傅。前六章专门论述马克思关于自然、社会和政治的思想发展，后八章着重论述恩格斯的思想发展，并将它与马克思的思想进行比较。书中的观点在西方马克思主义中有一定的代表性，在国际学术界有一定的影响。我们把这本书的主要观点分五个问题加以摘编，供读者们研究参考。这五个问题是：1. 马克思和恩格斯的共同点和分歧点，2. 自然观，3. 历史观，4. 对共产主义的看法，5. 策略思想。

1. 马克思和恩格斯的共同点和分歧点

莱文说，他写这本书的目的，是要说明马克思和恩格斯之间的不同点。正统马克思主义历来都是把他们两人说成两位一体的，这也不是完全没有道理。事实上，他们两人在很多地方是意见一致的。如果两人没有一致的地方，要说明他们的关系简直是不可能的。问题是要把意见一致的地方与意见不一致的地方加以区分，对这两方面分别予以评价。

莱文认为，马克思和恩格斯意见一致的地方可以举出不少。例如：他们两人都是共产主义者，都相信资本主义将最终毁灭自己，而无产阶级是资本主义的掘墓人。他们两人都认为，历史的真正主体是人的社会生活、人们维持生存的方式，而对那些以上帝、精神或任何形式的唯心主义为基础的哲学和历史学加以嘲笑。他们两人都感到，当生产资料为全民所公有时，工业和人的生产能力将大大提高。他们两人都参加过1848年革命。他们两人都认为，独立的民族国家是共产主义革命成功的必要先决条件和必要环境。尽管他们以不同的方式解释经济的含义，两人都同样认为经济决定历史的进程。他们两人都相信阶级斗争，对工人阶级的革命性坚信不疑，因此都主张建立独立的工人政党。两人都犯有过高估计群众，把工人阶级的革命潜力浪漫化的毛病。两人都对沙皇俄国抱有相同的观点：一方面，俄国的革命时机已经成熟，而另一方面，它是欧洲的反动堡垒。两人都看到了欧洲帝国主义的双重性：一方面，它奴役不发达地区，另一方面，这种奴役使得这些不发达地区的古老过时的社会秩序崩溃，加速这些地区的社会革命的到来。他们两人都是人道主义者和预言家。

这里例举的他们共同的地方只限于最带普遍性、影响最大的方面，较小方面的共同点更是举不胜举。然而，他们共同的地方多是在政治方面，在实际运用和策略方面。他们不一致的地方更带根本性。首先，他们的哲学观点是不同的。马克思把人基本上看作是实践的存在物，认为人通过自己的活动改变自然界，使之人化，也就是说，为人的目的利用这个世界，从而给它赋予人的性质。而恩格斯是一个形而上学的唯物主义者，他认为宇宙中的基本力量是物质和运动，自然界和人类历史都是从这两种力量中导引出来的。马克思不把历史看作必然的过程，不认为历史的发展是单线的。恩格斯则把历史看作是单线的发展过程，相信有一种宏观宇宙力量决定了历史的必然道路。从不同的哲学立场出发，马克思和恩格斯对其他问题的看法也大不相同。例如，对共产主义的看法。马克思把共产主义解释成人的异化的终结，非人化的终结，自由人类历史的开始。共产主义是人类历史上人能够和谐地并且按照自己的自然本质生活的阶段。恩格斯则把共产主义社会看成一个庞大的工厂，有严密组织、严格监督和高尚的劳动道德，有丰富的产品。又例如，马克思虽然赞同德国的统一，但是他不相信德国必须领导欧洲的社会主义运动，或者欧洲必须领导世界的社会主义运动。相反，恩格斯则认为德国社会主义必须领导欧洲的运动，全世界都必须通过与欧洲一样的发展阶段。

莱文认为，马克思和恩格斯之间存在着重大的思想差别，是由于他们有各自固有的心理倾向和逻辑思路。他们是不同的主观实体，按照各自的内在倾向对相同的外界事物作出独特的反应。虽然马克思和恩格斯是同一认识体系的创立人，然而由于他们各自的内在规律，对这一认识体系作出了不同的解释。马克思给了这一认识体系以自己的焦点和重点，恩格斯给了它不同的焦点和重点，于是马克思和恩格斯的思想构成了两个不同的体系。莱文把这两个不同的思想体系分别称作马克思主义和恩格斯主义。

莱文不同意把马克思和恩格斯之间的重大差别仅仅归于理论和实践之间的差别。马克思是理论家，他的思辨才能无可匹敌。但是马克思也是实践家，他经常争取亲自投身到欧洲社会主义运动的实际斗争中去。他在1842和1848年是报纸的政论撰稿人。1864年成为第一国际的创始人，直到1872年国际实际上停止活动为止一直是国际的书记。而且他的著作大部分是有政治针对性的。《共产党宣言》不待说，《哥达纲领批判》、《法兰西内战》、《法兰西阶级斗争》、《路易·波拿巴的雾月十八日》等也都是怀着政治目的写成的。同样，恩格斯既是实践家，也是理论家。恩格斯不但爱好哲学，而且爱好哲学上的争论。他在早年就研究过黑格尔和谢林。在他的后期，特别是在《反杜林论》和《自然辩证法》中，恩格斯表明他不仅一直接触现代哲学史，而且还研究了物理学、化学、生物学。恩格斯有一副想用哲学来理解和探讨他周围世界的头脑。把恩格斯说成是仅仅实践马克思的思想的人，是不符合实际的。

莱文也不同意把马克思和恩格斯之间的区别解释为他们两人之间有意识地确立起来的分工的结果。马克思和恩格斯在相互同意和鼓励之下分别钻研社会生活的不同方面：恩格斯专攻军事史和自然科学，而马克思专攻社会经济哲学。这种分工能说明这两个人之间关系之密切,但不能说明他们之间思想的差别。

2. 自然观

莱文把马克思的自然哲学称作"辩证的自然主义"。对马克思说来,自然界是一个总体,包括两个部分:一个是有意识的、能动的、有感觉的和有改造作用的部分——人类,另一个是无意识的、无机的、无感觉的和非能动的部分——存在于人之外的那部分自然界。这两个部分是不能分开的。当马克思说到人的时候,他总是说到人的生产实践,人对无感觉的自然界的改造和影响。当他说到无感觉的自然界的时候,他总是反映出这个被动的物质在什么程度上,以什么方式被人的活动所改变和人化。着重点总是放在人的能动的、实践的活动上,人对环境造成的改变上,以及人从周围环境得到能满足他们需要的对象的努力上。马克思从来没有把无机世界看作有独立于人之外的存在,有它自己的本质的规律。马克思认为人和外部自然界存在着本质上相互补充和相互依存的关系。

马克思从费尔巴哈那里接受了类存在的概念,即人为了延续自己的肉体存在,需要水、食物和房屋等等,此外人还有爱情、友谊等等的需要。马克思认为这些需要构成社会存在的基础。为了满足这些需要,人们必须把他们的行动组织起来或社会化。人们必须为他们的继续存在而生产条件。人是能动的。人的活动,即他的生产劳动,不仅改变外在于他的自然界,而且也改变人本身,改变人的社会意识和行为。外部自然界由于人的生产活动,打上了人类实践的印记,马克思说这是外部自然界被人化和历史化了。知识的进步意味着外部自然界愈益增加的人化。

人愈干预自然界，自然界就愈人化，愈屈从于人的目的。自然界的人化反过来又改善和加强人的相应的感觉自然，进一步人化自己，就是说增加对经验的欣赏和享受，如生产更多种多样的更好的乐器会提高人的音乐欣赏能力。

在马克思的思想中，人和自然界就是这样处于一种相互补充、相互依存的关系，在其中，人的能动性居主导地位，人的活动是社会经济生活的"推动原则"，自然界则处于被动的受改造的地位。

莱文认为，恩格斯的自然哲学是形而上学的唯物主义。与马克思不同，恩格斯承认自然界的独立存在，把它当作独立存在的东西来研究。马克思把辩证法只应用于人类历史领域，恩格斯则把它扩充到自然界，认为宇宙万物都离不开三条辩证规律：（1）量变质变规律，（2）对立面互相渗透的规律，（3）否定之否定规律。正像黑格尔相信宇宙的"终极原因"是客观精神一样，恩格斯相信宇宙的"终极原因"是运动，认为物质没有运动是不可想象的。恩格斯相信物质不灭，能量不灭，认为一切运动形式，从机械、化学、生命到思维，都服从于上述三条辩证规律，而否定之否定规律是"构成整个体系的基本规律"，相当于亚里士多德所说的第一推动力。恩格斯的唯物主义构成一个全面的形而上学体系，他把宇宙看成一部庞大的机器，直接由于物质和运动的量变而运转。一切都按规律进行，因果性来源于物质世界，支配着物质世界的同样规律也支配着社会（人类社会只不过是宇宙的一个组成部分）。人很少能影响历史和自然界的发展过程。人与其说是历史的主体，还不如说基本上是铁面无情的外部力量的消极客体。

莱文用大量篇幅，通过把马克思和恩格斯的自然观同黑格尔的加以比较，来说明马克思和恩格斯在这方面的差别。

黑格尔把自然界规定为"表现为他在性形式的观念"。自然界是自然界的概念表现为其外部形式。自然界的特点就是外在性。自然界如果不作为外在性存在，就完全不能存在。黑格尔引用基督教神学，比喻地称自然界为"上帝之子"，正像基督站在上帝之外，正像基督作为他在性存在一样，自然界站在精神之外，作为矛盾存在。基督必须复活，必须与上帝结合在一起，同样地黑格尔认为，自然界必须与精神重新结合在一起。自然界作为被异化的精神必须重新成为精神。黑格尔把自然界构想为一个包括三个阶段的体系：机械阶段、物理阶段和有机阶段。后一个阶段必然来自前一个阶段，但是这并不意味着一个阶段自然而然从另一个阶段中产生出来。外在性不会从自身中产生出另一种形式的外在性。变化只属于精神，就是说，只有精神有产生发展或发生的力量。机械阶段是"无穷的无秩序性"、"分散性"或"相互外在性"的领域。在这个领域中没有统一，没有形式上的联系，但这是物质的理想状态，即混乱状态。统一必须从外面强加上去。物理领域是"自然个体性"的领域。这里自然界被赋予规定了的形式。真正的主观性属于有机阶段。有机的整体不管形式上的差异如何，本身有统一性并且是自为的；因此它是主观性。

很明显，黑格尔和恩格斯对自然界的结构有完全不同的概念。黑格尔认为自然界有三个不同的阶段，有等级。恩格斯作为机械唯物主义者则认为自然界是连续一贯的，没有等级。从运动开始，恩格斯相信运动的量变能够产生质变，从而整个自然界，从机械物体至有意识的生命，都只是这个原始的、本体论质体的一系列延伸。恩格斯歪曲黑格尔的《自然哲学》，是因为他完全不顾黑格尔自己的愿望，就是说，用黑格尔本人明确地要求人们不要那么解释他的方式来解释黑格尔。

例如，黑格尔认为在有机界不可能用量的增减来说明质变。否则就是放弃同一性的思想，就不可能区别差异，就不可能把一件东西与另一件东西区分开来。这样，恩格斯宣称是宇宙的三条普遍规律之一的那条规律，即量转化质的规律，恩格斯说是由黑格尔在《逻辑学》的《存在论》中发展了的，实际上却是被黑格尔拒绝了的，而且，黑格尔相信，质变只能由观念或精神产生出来。观念在每个等级的限定中表现出来，但是观念通过辩证法冲破每个等级的限定走向更高的阶段。对黑格尔说来，质总是观念的职能，所以真正的变化只能理解为观念的产物或结果。

而且，黑格尔也坚决反对了恩格斯把自然界看作连续统一体、看作物质运动的连续扩展的思想。黑格尔在他的《自然哲学》中说道："表达自然界的连续进步的两种方式是进化和分出。进化的方式从不完善的和无形状的开始：先有液体因素和水中生命形式，从水中演化出植物、珊瑚、软体动物，最后是鱼，然后从鱼中演化出陆地动物，最后从陆地动物演化出人。这种逐渐的变化叫做一种解释和理解，这是来自自然哲学的概念，它还很盛行。但是虽然这种量的差别是所有理论中最容易理解的，它并不能真正解释任何事情。分出的方式是东方世界所特有的。它从完善的存在物、绝对总体、上帝开始，包括一系列退化。这样，分出就以全无一切形状结束。这两个方式都是片面的和肤浅的，是以不明确的目标为出发点的"。这段话好像是恩格斯的整个自然哲学的简短概括。事实上，黑格尔几乎是在嘲弄以进化或连续扩展为基础的解释模式。具体地说，黑格尔拒绝了一切关于连续性的解释，因为这种解释模糊差别，而因为它模糊差别，它也模糊同一。一切个体性、一切明确的形式会消失在无形体的原始质体中。因此，关于连续性的解释即使最容易理解，但它的最终结果是"它并不能真正解释任何事情"。

不仅恩格斯使用的解释方法是黑格尔本人明确反对的方法，而且恩格斯还表明根本没有能力理解黑格尔的更广泛的体系的基本原则。恩格斯完全歪曲了这个体系；事实上，他毁灭了这个体系。对恩格斯说来，运动变成了宇宙的终极原因。黑格尔会把这种想法当成纯粹胡闹。按照黑格尔，只有精神有主动力量。精神是运动，因为只有精神渴望自由。按照黑格尔，不可能把要求自由的愿望归于运动，因此不可能把产生质的力量归于运动。总之，恩格斯把黑格尔严格地仅仅归于精神的力量归之于运动了。

恩格斯也不理解黑格尔所说的主观性的含义。对黑格尔说来，主观是有目的的活动。所以，主体只能是精神，因为只有精神能够自我规定。对黑格尔说来，主观是走向自我规定的东西。恩格斯在他的自然哲学中，使物质成为主体。这样，他就完全毁坏了黑格尔赋予主观性概念的任何意义，因为物质不能进行有目的的活动。物质不能是自我决定的，也不能是自我依赖的和自为的。恩格斯由于歪曲黑格尔，使物质成为主体，就与黑格尔关于个体性、自由、自我对象化和实践的概念失去一切联系。在黑格尔那里行动的是主体、个体，而在恩格斯那里，只有自然界是主体，因此只有自然界在行动。

恩格斯不懂得黑格尔著作中的主观性思想，意味着他不懂得黑格尔所说的辩证法。当恩格斯说自然界按辩证规律活动时，他绝对误解了黑格尔所说的辩证法的含义，因此恩格斯是毫无意义地使用这个术语的。恩格斯把辩证法这个术语当成过程、变化的同义词了。恩格斯讨论的中心模式，是两个分子碰撞，从而产生热或电的形象。从两个硬性物体产生出一种能量形式。硬性变成了非硬性。当恩格斯说辩证法时，他指的是过程。他是一个赫拉克利特主义者。黑格尔所说的辩证法，完全是不同的东西。对黑格尔说来，辩证过程本身并不是与运动同义的。发展、运动是这种辩证过程的结果，但不是过程本身。

否定性或对立的观念，是黑格尔的辩证概念所固有的。对黑格尔说来，存在的基本结构使主体（精神）同否定性（对象性或物质性）对立起来。为了使精神、个体性能够自由成为自我规定的，它必须面对他在性。只有这样，主体才能超越他在性、外在性，获得更大的自我规定和自我关联。黑格尔的世界是斗争的世界、悲剧的世界。两个实体是必不可少的：力求只按照自己的愿望行动的主体和妨碍主体达到绝对自我关联的否定、非自我。需要解决这种二重性，这个解决就是运动。就是说，自我与否定的对立必须扬弃，而这个扬弃、这个取消就采取发展和变化的形式。

黑格尔的辩证法要求具体的规定性：主体和否定性。它是由明确的对立面构成的二重性体系。它也要求活动。它要求主体有目的：自由。实践的概念对黑格尔辩证法是重要的。主体必须希望进行战斗，必须希望取消否定，必须把绝对自我关联看作它的目的，不然这个体系就会是静止的，就会没有意义。因此，恩格斯用辩证法这个术语没有什么意义，与黑格尔的概念毫无共同之处。

马克思与黑格尔的关系比恩格斯更密切。马克思修正了黑格尔，而恩格斯则完全歪曲了他。马克思体系的独特性在很大程度上是由于它保留了黑格尔的东西。恩格斯体系的独特性部分地是由于它拒绝了和失去了黑格尔的东西。

马克思把黑格尔辩证法头脚倒置过来，但是他保持了它的基本结构。马克思保留了主观性的概念。在黑格尔的辩证法中存在着一种有意识的、主动的和改变事物的动因。对黑格尔说来，这个动因是精神。对马克思说来，这个动因是社会的人，因为是社会的人改变自然环境来维持自己的生存。精神和社会的人都是主动的、有目的的和造成结果的动因；差别是黑格尔的精神是非物质的，而社会的人对马克思说来是自然的创造物。

马克思也保留了黑格尔的实践概念。对他们两人说来,人都是劳动的、经受变化和进行创造的存在物。人是历史的主体、造成结果的动因。对马克思说来,人与自然界互相渗透,人从自然界的粗糙物质中制成人的生存所必需的物体。马克思的人使自然界人化,按照他自己的需要塑造和控制自然界。对黑格尔说来,人是产生观念,从而改变他生活所在的概念世界的存在物。这里又是黑格尔以非物质的方式思考,而马克思以物质的方式思考。但是对他们两人的体系都很重要的,是把人看作实践,看作有意识的、有目的的活动的思想。

马克思也忠于黑格尔的否定性或外在性概念。对他们两人说来,外在性都是被动的。他能被影响,但是本身不能是主动力量。对黑格尔说来,外部的东西作为对立面在观念向自己的自由前进当中被观念所扬弃,所吸收,所改造。对马克思说来,否定性被克服,是当人在实践行动中创造了工具或食物或房屋的时候。

《政治经济学批判大纲》和《资本论》的马克思远比巴黎手稿的马克思更带黑格尔的气味。马克思在早期著作中,为了避免黑格尔的唯心主义,主要按费尔巴哈的方式写作。但是当他在1857年要解释资本主义社会的内部动力时,他又回到黑格尔逻辑的结构上来。《大纲》的语言有浓厚的黑格尔味道。事实上,马克思企图按照黑格尔《逻辑学》第二卷中包含的逻辑原则来解释资本主义社会及其他一切社会的运转情况。当马克思写《资本论》时,那里仍然是黑格尔的结构,但是黑格尔术语的浓度已被统计和数学资料所代替。马克思是重新受洗礼的黑格尔分子,他力求用黑格尔的内在矛盾、要素、决定、否定、整体和本质关系等概念来解释资本主义。

因此,马克思和恩格斯的观点与黑格尔的完全不同。马克思沿用了黑格尔的主观性、人的实践和有意识的、有目的的活动等概念。恩格斯则使自然界成为主体，就是说，把宇宙中的一切活动、一切因果关系都赋予外在性。恩格斯忽视了人的实践的作用，而认为物质和运动的量变是在宇宙中产生变化的东西。最后，恩格斯在对黑格尔的解释中没有给有目的的活动，给意识留下任何地位。相反，对恩格斯说来，意识本身是运动的产物，只是由于物质的活动，宇宙才被赋予方向或运动。

马克思和恩格斯对黑格尔和宇宙的看法是直接矛盾的。马克思的宇宙是以人为中心的，恩格斯的宇宙是以物质世界为中心的。马克思是左翼黑格尔分子，他使人、劳动的普罗米修斯成为他的世界的中心。恩格斯是右翼黑格尔分子，他使人成为普遍运动的牺牲品，认为人并不活动，而是受他外部的、完全不由他控制的力量所影响和改造。恩格斯在青年时代读黑格尔著作时，他说黑格尔认为宇宙中唯一运动的东西是绝对精神；宇宙中包括人在内的其他一切都只是绝对精神的附属物。恩格斯到了成熟年龄以后，跟他在青年时期的思路完全一致，他说宇宙中运动的一切，产生细节和生命的一切，是物质和运动。其他一切，包括人在内，都只是这个绝对运动的反映。

马克思和恩格斯在对黑格尔的解释上的差别，也表现在他们对自然界的解释上。恩格斯把自然界的规律本身说成是辩证的，这是马克思本人从来没有做过的。对马克思说来，辩证法不是存在于自然界本身，而是存在于人和自然界的相互关系中。辩证过程对马克思说来是形式和内容的运动，类存在是内容，自然界是形式。恩格斯主义完全抹去了主观成分。对恩格斯说来，自然界的存在是辩证的，其他一切存在都是出自这些规律。

马克思和恩格斯对自然界的解释的主要区别，是关于实践的概念。马克思谈论一个预先设定的自然和社会环境，人们在其中与物质环境共存并互相渗透，而恩格斯描写一种宏观宇宙决定论，思想在其中只是物质力量的副现象。马克思谈论人道的和辩证的自然主义，认为人改变了非有机世界，而恩格斯谈论形而上学的一元论，认为有机的和非有机的存在都可以归结为宇宙的单一物质。马克思总是着眼于活动的人，而恩格斯则着眼于宇宙的决定论。

在认识论方面，马克思和恩格斯之间也存在着广泛的差别。恩格斯以很简单化的方式对待认识论问题。他在精神和物质之间划一条绝对的界线。按恩格斯的观点，主张物质占首位的人是唯物主义者，主张精神占首位的人是唯心主义者。恩格斯于是创造了一个绝对两极化的认识论世界。意识和物质是截然分开的实体。这两种力量之间没有混合、没有相互渗透、没有融合。在《路德维希·费尔巴哈和德国古典哲学的终结》中，恩格斯把唯物主义解说为这样一种信念，即物质不是精神，精神倒是物质的产物。因此恩格斯主张真理的"摹写论"。我们的思想只是外界事物的复制品。精神本质上是外部世界印出自己形象的照相底片。这种关于认识的解释是恩格斯作为出发点的模式的直接结果。如果人和自然界是有区别的，获得外部世界的观念的唯一途径，是让外部世界把这些观念印在人的意识上。

马克思在认识论方面接受的传统完全不同于恩格斯。马克思在这方面也是黑格尔派。他像黑格尔一样，力图克服主体与客体之间的绝对分隔。黑格尔克服了康德和洛克的意识与自在之物完全分离的立场。对马克思说来，认识是通过人的实践和批判活动所创造或达到的东西。类存在要在自身和环境之间处于经常交换的状态中。类存在要与世界相互渗透，要改变它，与它融合在一起，因而使它人化。

莱文说，对恩格斯说来，精神只是外部世界的辩证过程的镜子映象，精神是一种被动力量。能够影响外部世界的不是实际批判活动，而是经验论据。对世界如何活动的认识比人自己对世界的态度更加重要。

这样一来，在恩格斯那里，实证科学就代替了批判意识，哲学实际上失去了作用。

3. 历史观

莱文说，马克思的历史观是建立在他的自然人道主义的基础之上的。马克思虽然认为社会发展的主要原因是生产资料的发展，但是他同时认为人的实践、社会风尚、人们相互关系的复杂组合有助于构成每个社会的结构。马克思认为，每个社会有自己独特的内部结构和行为规则。每个社会按一定的方式活动，它活动的模式符合它的内部结构的要求。各个社会都按照独特的方式成长发展，不同社会的发展模式是不同的。马克思不相信存在着可以应用于一切社会的、迫使所有社会都按照单一的方式发展的普遍发展规律。他认为历史过程不是单线的和不发展的，而是多线的和发展的。例如，马克思在世界历史上区分四种主要类型的关系方式：亚细亚的、希腊罗马的、日耳曼的和资本主义的。而在这四个类型的关系方式内部，又有许许多多小的类型。例如，日耳曼的村社和斯拉夫的村社不一样，它们两者又与印度古代的村社不一样。马克思认为必须注意到每个社会的个性和独特性。马克思的发展理论不是把重点放在时间的先后顺序上或者历史的必然性上，而是放在社会结构内部的变化上。

莱文认为，恩格斯的历史哲学是他的形而上学的唯物主义在历史领域的应用，完全是经济决定论。恩格斯设想，人类历史无论在任何地方，都要随着经济的发展，沿着单线的发展路线，依次通过原始社会、奴隶社会、封建社会、资本主义社会，最后发展到共产主义社会。莱文举了马克思和恩格斯对俄国农村公社的态度来说明他们各自的历史观。

俄国革命家查苏利奇写信给马克思，问他对俄国农村公社的看法，马克思在1881年3月8日的复信中明确表示了这样两点：①《资本论》中所阐述的规律只是根据西欧的情况得出的，对存在不同条件的其他地方并不存在"历史必然性"，所以，《资本论》并不一定适用于俄国；②俄国社会能够按完全不同于西方的方式发展。俄国农村公社是一种能够促使俄国社会向自己独特的共产主义方向发展的社会单位，也就是说，俄国并不是不可能跳过资本主义阶段。

可是恩格斯在分析俄国的发展道路时，则认为俄国必须照抄西方的发展模式。当俄国的民粹派认为，农村公社可以作为直接向共产主义过渡的基础、俄国没有必要从封建制到资本主义再到共产主义时，恩格斯指责他们不是马克思主义者，不懂得辩证唯物主义，因为俄国实际上必定经过封建主义、资本主义才能到共产主义。通向共产主义的道路在恩格斯看来只能是一条单一的发展路线。

莱文着重说明了恩格斯特别强调经济在社会发展中的决定作用。在《家庭、私有制和国家的起源》一书中，恩格斯证明社会的各种发展形式都是由经济决定的。例如，"婚姻的三种主要形式"完全符合"人类发展的三个主要阶段"：蒙昧时期过部落游牧生活，实行群婚；野蛮时期从事畜牧业和农业，实行氏族制；文明时期发展了工艺技术，始实行一夫一妻制。可见，人类社会关系中最核心的家庭形式是与人类生产能力的发展水平相适应的。国家也是由于经济发展到一定阶段，产生了私有制，产生了阶级，然后必然产生出来的。

莱文认为恩格斯所说的经济发展，常常侧重技术发展。恩格斯把工具、机器、社会生产能力当成一切社会中最重要的力量。当工具和社会的生产结构发生变化时，家庭形式必然随之变化。当技术和经济生产率经历不同的发展阶段时，社会形式和风俗习惯也必然随之经历相应的单线发展阶段。恩格斯说，十四世纪火药从阿拉伯人那里传入西欧，使得封建社会中的统治关系发生了根本变化，因为资产阶级可以用大炮和火器来支持他们的政治要求。恩格斯在叙述十一世纪以来欧洲历史上的一些军事转折点时，明确地把技术变革作为最重要的动因。他说："没有什么东西比陆军和海军更依赖于经济前提。"他又说：战争的历史就是"工具的历史，其中，较完善的战胜较不完善的。"

恩格斯认为所有制的演变也是由技术变革决定的。一切民族都是从土地公有制开始，那时人们在定居的共同体中学着驯养牲畜和从事农业，这是氏族制时期、家族共产主义时期。后来人们发展了一些基本的工艺技术，生产有所发展，土地公有制就成了生产发展的障碍，结果被否定而过渡到私有制，这是第二个阶段，即所谓文明时期。私有制发展到资本主义，又成了阻止生产率提高的因素，必须加以废除而代之以公有制的高级形式，即进入第三个阶段，共产主义阶段。

莱文认为，恩格斯在《反杜林论》中所阐述的历史发展观，可以归纳为这样六点：(1)对经济和社会发展必要的动力是技术变革；(2) 技术变革按决定论的和必然的方式进行；(3)经济和社会变革平行于、适应于和决定于技术变革；(4)因为技术变革是决定论的和必然的，社会变革也一定是决定论的和必然的；(5)所有社会必须符合普遍发展路线，即原始社会—奴隶社会—封建社会—资本主义—共产主义的单线发展道路；(6) 这些历史发展规律是物质世界的自然规律。

恩格斯甚至在上世纪九十年代，在他去世前的几年中，还强调技术是历史中最重要的动因。他在1894年1月25日给符·博尔吉乌斯的一封著名的信中这样说明他的历史观："我们视为社会历史的决定性基础的经济关系，是指一定社会的人们用以生产生活资料和彼此交换产品（在有分工的条件下）的方式说的。因此，这里面也包括生产和运输的

全部技术装备。这种技术装备，照我们的观点看来，同时决定着产品的交换方式，以及分配方式，从而在氏族社会解体后也决定着阶级的划分，决定着统治和从属的关系，决定着国家、政治、法律等等。"这段话清楚地表明，恩格斯认为技术对社会具有根本的影响。莱文认为，恩格斯这样注重技术在历史中的作用，是他奉行实证主义的特征。

在上世纪九十年代，恩格斯写过几封著名的信澄清他关于思想在历史发展中的作用的看法。莱文认为这些信并不像有些人以为的那样可以证明恩格斯肯定了思想的重要决定作用，表明他不是实证主义者，而是相反，这些信只是表明恩格斯继续坚持他的实证主义。因为不管怎么样说，恩格斯认为思想领域的决定作用只是次等的。恩格斯说："虽然物质生活条件是原始的起因，但是这并不排斥思想领域也反过来对这些物质条件起作用，然而是第二性的作用"（恩格斯1890年8月5日致康·施米特的信）。恩格斯认为，在历史过程中，下层建筑和上层建筑是交互作用的，意识形态与经济基础是相互渗透的。但是归根到底，下层建筑拥有主要的决定力量。经济领域拥有优先的决定权，决定性的优势。"这里表现出这一切因素间的交互作用，而在这种交互作用中归根到底'是经济运动作为必然的东西通过无穷无尽的偶然事件（即这样一些事物，它们的内部联系是如此疏远或者如此难于确定，以致我们可以忘掉这种联系，认为这种联系并不存在）向前发展"（恩格斯1890年9月21日致约·布洛赫的信）。虽然思想的确影响历史，虽然我们必须懂得这一点并且注意思想的影响，但是历史中根本的决定力量还是经济上的。我们必须在经济中寻找最终的因果关系，寻找历史的最终意图。恩格斯说："人们自己创造着自己的历史，但是到现在为止，他们并不是按照共同的意志，根据一个共同的计划，甚至不是在某个特定的局限的社会内来创造这个历史。他们的意向是相互交错的，因此在所有这样的社会里，都是那种以偶然性为其补充和表现形式的必然性占统治地位。在这里透过各种偶然性来为自己开辟道路的必然性，归根到底仍然是经济的必然性"（恩格斯1894年1月25日致符·博尔吉乌斯的信）。恩格斯在九十年代的这些书信完全没有使我们摆脱经济的控制，而是重申了技术经济领域的优势。由于恩格斯把经济作为主要的决定力量，认为思想本身是技术经济下层建筑的产物，他依然是实证主义阵营中的一员。

莱文说，恩格斯的历史思辨中没有人类实践的概念。马克思的历史观是以人为中心的历史观，人被看作主动力量，为了改变，为了建设而和现实相互作用。对恩格斯说来，历史的主体是自然界、或技术力量、或存在于人之外的某种更大的力量。产生行动的，作出决定的，总是存在于人之外的某种抽象的经济或自然力量。恩格斯的自然观和他的历史观极其相似：物质和运动这种完全超出人的控制的力量在自然界居统治地位，技术和经济这种同样是超出人的控制的力量在社会中拥有绝对的决定权。在两种情况下，人都首先是客体，首先是被告。

恩格斯既不懂得黑格尔左派，也不懂得费尔巴哈哲学的自然主义基础。由于缺乏黑格尔把思想看作能动、批判力量的概念，缺乏费尔巴哈的世界是从异化的人类本质创造出来的概念，恩格斯就永远不能发展实践的思想。没有实践的概念，恩格斯就把历史看作是按照存在于人之外的规律发展的，而马克思把历史看作是按照人类劳动中固有的规律发展的。

恩格斯由于集中注意力于外在的东西，在人之外发生的力量，便只是按照物质的东西来判断构成原因的因素。在恩格斯看来，像亲属关系、社会风俗习惯这种社会关系从来不是生产力，并不决定历史。生产力总是具体的物质的东西，像机器、货币、牲口、人口等。恩格斯总是把原因归结为物质的东西、具体的东西，从来不把它归结为人类相互关系的复杂组合。他认为只有客体才有现实性。他对历史因果性的看法完全符合十九世纪对因果性的实证主义解释。

但是,马克思对历史因果性的概念完全不同。他不按照单线发展的方式来考虑问题。相反,他按照一定社会的内在结构来考虑问题。每一个社会都是一个独特的总体。马克思的观点是总体的观点,认为每一个社会机体都是由不同的内容构成的。因此,每一个社会总体会根据它本身的内在结构来进行活动。马克思不是探索先后顺序,而是探索变化。他探索社会有机体的固有结构,这个结构中形式与内容的冲突以及这个总体由于其内在毛病而发生的分裂。对马克思来说,因果性不是指单线发展的积累,而是指一种有特殊构造的社会结构所具有的一种运动、一种增长。

马克思的社会发展观是解剖学式的,而恩格斯的观点则是物理学式的。恩格斯接受他那个时代这种占优势的科学的模式。马克思曾说:"人体解剖对于猴体解剖是一把钥匙"。马克思把各种社会看成是各种有机体。当然,有机体会发生转变。一个社会有机体跟随着另一个社会有机体。但是社会有机体的转变取决于它的内部结构以及这个结构与周围世界的关系。这种有机体对它本身内部的内容以及它的历史环境的关系,是独一无二的。历史发展的每一种模式都必须按自己的条件产生出来。因此,马克思是历史的多线发展论者。

恩格斯固守十九世纪传统的因果观。对恩格斯说来,因果性指必然的相继联系。他的观点是单线的和加法式的。如果 B 的必要原因是 A,那么 C 的必要原因一定是 B。恩格斯思考问题的方式如同把一串念珠串起来,如果前面一颗念珠不在,不能把任何一颗加上去。解释对恩格斯说来就是把有顺序的事件并列起来。因果性对恩格斯说来就是加法式的有顺序的关联。恩格斯采取单线的历史发展观是不足为奇的。如果解释就是必然的相继关联,那么解释历史的方法就是通过必然的相继关联。恩格斯把历史看作是加法式的、累积的顺序,资本主义紧接着封建主义,共产主义又紧接着资本主义。

马克思关于因果性的概念,如果用于历史过程,就意味着马克思是一个多线发展论者。因为对马克思说来,因果性是同社会总体的内部结构有关的运动,大多数社会的发展道路会因为它们的内部结构不同而不同。单线发展论同马克思的这种精神格格不入。如果正确理解马克思的历史观,那么它并不认为所有社会都必须经历封建主义——资本主义——共产主义的道路。虽然西欧走的是这样一条道路,但是西方社会只是一种社会总体。

而且,对马克思说来,因果性并不是同物质性同义的。马克思相信,社会力量能成为生产力,社会力量能帮助形成社会的结构。马克思把社会力量不是理解为物质的东西,而是理解为一种关系。马克思指的是人与人之间的关系,或者是人与生产资料之间的关系。某种特殊的人类内部关系能够成为生产力,即能够改变和形成社会的结构。这并不是否认马克思在说明社会变化时把主要原因归于生产资料。这里提出的论据只是想要驳斥这样一种说法,即马克思认为生产资料并且只有生产资料才足以引起社会的变化。

马克思把社会力量和人类内部关系看作具有生产性的力量,是他的以人为中心的历史观的又一例证。由于把人看作能动的、批判的力量,马克思决不能够说人的相互关系不是带生产性的。如果人是自己的实践,如果历史是人的自动发源,那么,他所创造的社会形式、他生活在其中的社会风尚,必然有助于他的自我创造。马克思的历史观把注意力不仅集中在个人的实践上,而且集中在社会的实践上。总之,社会实践是历史的自动发源的一部分。

相反地，恩格斯发展了历史的形而上学。恩格斯把历史变化看作经济发展的附带现象。他主要关心的是人类劳动所非固有的因果性因素。恩格斯并没有参加马克思的在社会科学中以人为中心的革命。他犯了把物质的东西理想化的错误。他的形而上学唯物主义使得他把历史看作是由决定论的物质力量支配的。恩格斯的唯物主义本质上变成了一种唯心主义。由于宣称只有物质的东西才具有现实性，恩格斯滑进了教条主义。

由于恩格斯不懂得思想的批判和创造作用，他简单地用实证主义的科学来替换了能动的意识。恩格斯把精神看作是由科学用经验方法核实了的东西。这样，他就取消了哲学。他也用同样的方法取消了历史学。他用对经济学和技术的研究代替历史学。在恩格斯手中，历史学不再是对独特的事物、多样性的事物的研究，而是对经济资料的搜集。历史不是关于人类活动的叙述，而是关于技术发现的描述。

莱文说，恩格斯把技术发展看作是历史中基本的决定因素，这种倾向是一贯的。他不是不知道思想的因素，也不是不知道社会的因素。他考虑了这些因素，并且估量了它们的分量。把重点放在物质的东西和工业发展上，是他经过考虑得出的结论。这也就是莱文所谓的"恩格斯主义"的基本特征。

4. 对共产主义的看法

莱文认为，马克思和恩格斯在哲学思想上的分歧，最明显地表现在他们对共产主义的不同解释上。问题的关键在于他们两人对人的人类学本质有不同的理解。他们从路德维希·费尔巴哈那里学得的东西不一样。马克思虽然批判费尔巴哈，却受到他的人类学人道主义的很大形响。马克思把人的本质作为判断任何社会经济形态的积极面或消极面的最终标准。他关于共产主义的定义符合他的以人为中心的社会观点,就是说,他的共产主义社会"排除一切不依赖于个人而存在的东西"。马克思认为,共产主义是"交往形式本身的生产"。共产主义首先需要的,不是技术或生产能力,而是创造出人们能直接接近自己劳动条件的社会交往形式。共产主义是私有财产即人的自我异化的积极的扬弃,它意味着人能自由地使自己对象化,重新占有自己的活动,使自己的本质力量重新被确证。马克思的未来社会不是物质,而是人的自我活动,"个人本身力量的发展",也就是"人向自身、向社会的(即人的)人的复归,这种复归是完全的、自觉的而且保存了以往发展的全部财富的"。这是一种以人为中心的社会,在那里人能自由地接近自然界的和人的环境,因此能不断地确证自己的本质。马克思说,"这种共产主义,作为完成了的自然主义,等于人道主义,而作为完成了的人道主义,等于自然主义,它是人和自然之间、人和人之间的矛盾的真正解决,是存在和本质、对象化和自我确证、自由和必然、个体和类之间的斗争的真正解决。"

恩格斯就不是如此。他完全忽视了费尔巴哈的类存在概念。事实上,恩格斯似乎完全不了解作为费尔巴哈哲学基础的自然主义。因此,当恩格斯给共产主义下定义时,他没有涉及人类学人道主义,而是从对劳动和生产率的维多利亚式、加尔文式的偶像崇拜出发。

对恩格斯说来,共产主义是生产资料达到高度生产水平时的产物,也就是说,是技术发展达到一定水平的结果。由于在共产主义阶段,生产力达到充分发展,每个人都能满足自己的需要,那时就不需要阶级,不需要为占有而进行斗争。

恩格斯把共产主义社会看成是有严格组织的社会。那时国家的政治职能将结束，但是社会调节、"对物的管理"、"对生产过程的指导"将继续存在。恩格斯没有看到，"对物的管理"、"对生产过程的指导"会像国家一样起支配作用，会具有压迫性和异化作用。对马克思说来，共产主义意味着社会的胜利。在共产主义下，政治生活附属于人类的社会生活或类存在。马克思不要国家作为"一种具有自己的精神的、道德的、自由基础的独立本质"来行动，而要国家"由一个站在社会之上的机关变成完全服从这个社会的机关"。这就是说，对马克思说来，共产主义意味着类生活和人类学生活成为政治生活，即自然人和政治人的一致与和谐。

恩格斯认为阶级是所有制和分工的产物。在共产主义社会中将没有阶级，分工也必须消灭。恩格斯认为，通过良好的教育，每个人能从事多种职业。职业的流动化将使共产主义社会的职业结构民主化，防止经济管理的权力为少数人所垄断，以致产生过多的特权和控制。

在恩格斯的共产主义社会中，生产是按中央计划组织起来的，因为他相信，生产由一个中心来组织时，生产率会大大提高。恩格斯确信劳动平均主义，每个人必须按平等的劳动时间量劳动。恩格斯认为，在共产主义社会中，生产和分配都是按合理的、精确的数字计算，按比例进行的。中央生产计划表达可利用的劳动和必要劳动之间的比率。产品的分配可以根据同样的比率进行。科学的进步将使共产主义下的经济平等主义成为实际的可能。通过确定劳动，就能平等地分配生产劳动时间，平等地分配成为产品的劳动。恩格斯的绝对标准不是价值，而是劳动。经济的微分学能够在平等主义的基础上分配成为产品的劳动总量，这可以防止对具体的个人或社会集团不均衡地分配成为产品的劳动。

马克思对共产主义下的生产和分配的设想是："各尽所能，按需分配"。马克思为生产和分配所确立的标准不是劳动的定量，而是与才能、天赋和需要有关。按照马克思的观点，一个人生产的东西符合他的才能，而他消费的东西符合他的需要。判断的标准是人的类存在。马克思认为，共产主义社会是根据人的自然需要和才能进行生产和分配的社会。马克思的经济学是以人为中心的，即人的自然主义本质决定生产和分配的过程和平衡。按照恩格斯的观点，共产主义下的生产和分配是按数字公式进行的。判断的标准不是人的类存在，而是保持代数式平衡的需要。恩格斯的经济学不是以人为中心，而是以数字为中心。

恩格斯认为，必然指的是不受人类意识控制的自然规律，例如资本主义仍然是必然王国，在那里自然的和经济的规律不受人类意识的指导。在共产主义社会里，自然的和经济的规律仍然起作用，但是受人类的有意识控制，因此共产主义是人类的自由王国。恩格斯把自由理解为不受外部力量控制和主宰：自由是控制外部力量，不自由是被外部力量控制。马克思对自由的看法完全不同，他不把自由看作对外部力量的控制，而是把自由看作人类按其本性的规律活动的能力。马克思谈个人和社会的和谐；恩格斯谈浮士德式的对自然的控制。马克思谈幸福；恩格斯谈产量。对马克思说来，共产主义将使人与自然完全融合；对恩格斯说来，共产主义将使人控制住自然。

恩格斯的共产主义理想是把圣西门的技术和管理效能的幻想与巴贝夫的经济平均主义结合在一起。这个理想的中心形象是把自然和社会看作一个庞大的工业单位，人庄严地立于其上，控制着它的规律，从而控制着它的产量。主要的道德成分是劳动伦理学、披着工业生产力外衣的清教徒主义。

恩格斯关于共产主义的基本思想，在他整个一生中是始终一贯的。还在《政治经济学批判大纲》和《共产主义原理》中，他就已经把共产主义当成生产率的同义语，当成劳动和平均分配的同义语了。莱文认为，恩格斯和马克思在共产主义的定义上意见不一致，是因为在恩格斯的思想中没有像对象化、异化、重新占有和自我确证这类概念。

对马克思说来，人们被迫使自己对象化。因而，他们是能动的。劳动是他们活动的一种方式。劳动是人的对象性自然本质和由人创造的对象性外界对象之间的二种中介。人所创造的对象符合人的类存在。对马克思说来，人使自然人化，因为人本身的某种东西被注入到自然界提供给他的无知觉的物质中去了。

恩格斯没有类存在的概念，得不出对象化的概念。既然恩格斯不承认人类学的人类本质，他就看不到由人创造的外部对象必须符合人的内部对象性本质。对恩格斯说来，劳动不是能动的人类自然界与非能动的外部自然界之间的中介。恩格斯认为劳动是对物质的控制和使用。劳动是为了控制物质、为了使物质为人类利益服务而了解物质的规律。马克思和恩格斯之间的差别在于，一个说人与自然之间的相互渗透，而另一个说人对自然的控制。马克思谈的是内在性，恩格斯谈的是科学上早熟的工厂经理。

对马克思说来，异化是指被创造的对象与人的对象性本质之间的分离。就是说，对象一旦被创造出来，它就不回到它的创造者那里去，就不被用来确证或补充人类学本质。被创造出来的对象同人被分割开，被一种异己的力量从人那里剥夺走。对马克思说来，共产主义意味着异化的结束，意味着人的对象化将被归回到人那里，从而证实人的对象性力量。共产主义社会将是对类存在的社会学意义上的肯定。

恩格斯没有异化的理论，因为他没有类存在的理论。因此，恩格斯简单地认为，在共产主义社会里，将要取代国家的经济管理将是自由的基础。只有国家带有压迫性，而经济管理将起解放作用。恩格斯看不到产品管理本身会导致人的异化。因为恩格斯不知道，国家以及每一件社会产品都是人类本质的对象化,对经济生活的管理也像资本主义社会一样带有剥削性,产生异化。例如,通过大大延长工作日来管理经济,无论是在恩格斯的共产主义社会中还是在资本主义制度下,都同样带有剥削性。恩格斯没有认识到,经济方面的决定必须根据人类学的幸福论标准作出才行。

重新占有的概念在马克思的共产主义定义中起了非常重要的作用。在共产主义社会中,人将重新占有他自己的对象化。重新占有在这个意义上意味着直接返回,即完全没有中介。复归到人的将不是物质的东西,将不仅是被创造的对象的形式方面,而且还有内容。就是说,外部对象化中包含着人的天赋、才能、气质和欲望的那部分将立即展现在人的面前,让人去体验。在人的外部对象化中对人的内部客观内容的这种精神上和感觉上的体验,使得人肯定了自己;就是说,共产主义社会是一个自我肯定的社会。

恩格斯没有重新占有的概念。当恩格斯说到复归时,他只是指物质的东西。在恩格斯的共产主义社会中,复归到人的只是体现为物质对象的等量劳动。人的天赋、才能、气质、欲望不复归,只是一种东西、一种所有物复归。恩格斯把共产主义与物质的东西等同起来;马克思则把共产主义与人的本质等同起来。

恩格斯把真正的重点放在物质的获得上。恩格斯的共产主义的人仍然是渴望获得物质财富的人。他获得的是食物、衣服、住房、教育和闲暇。共产主义对恩格斯说来是个增加的过程。生产力的不断增加将意味着必要劳动时间的相应减少。社会必要劳动时间的减少将意味着闲暇时间的增加,这样人将有更多的时间来做他喜欢做的事情。

自我确证的概念是马克思的另一个很重要的概念。外部对象化对内部对象性本质的肯定确证了人的自身。这个自我的天赋、才能和欲望由这些天赋、才能和欲望在外部对象中的出现和力量所肯定。把自我作为表现,作为力量,作为一种生产力来体验,就是体验对自我的满足。共产主义社会由于使重新占有得以实现,也使自我确证得以实现。马克思关心的是内在的人,共产主义对他说起来是和幸福论联系在一起的。

恩格斯没有自我确证的概念。恩格斯谈的不是用社会来补充自己的自我,而是关心和致力于工业生产率的自我。他所关心的不是一个因为能把自己表现出来而对自己表示满意的人,而是一个为了在浮士德式的统治自然的主题中生产丰富财富而勤奋劳动、勇于负责的人。马克思的观点来自关于有机的、和谐的社会的古典理想。作为马克思的背景的,是希腊的城市国家的理想。作为恩格斯的背景的,是文艺复兴时期的炼丹术士的主题。

5. 策略思想

莱文认为,马克思和恩格斯在哲学思想方面的差别比较明显,恩格斯的机械唯物主义同马克思的自然主义人道主义和实践概念形成尖锐的对照。然而在实践方面,在党的工作和策略方面,他们的差别就比较隐蔽,并且给人以观点一致的印象。莱文在考察这个问题时,把策略的概念划分为应用策略和理论策略两个方面。应用策略指日常根据现实政治情况的决策,理论策略则指这种日常决策后面的指导思想,涉及无产阶级运动的最终目的。莱文认为马克思和恩格斯在应用策略的问题上有不少意见一致的地方,但是在策略的理论方面则很不一致。恩格斯对欧亚两洲无产阶级运动的发展和策略,是以与马克思的意图和精神完全不同的方式理解的。他们两人在理论策略上的分歧正好符合他们在哲学上的分歧。

马克思和恩格斯在应用策略方面一致的例子很多。他们都认为，无产阶级为了求得解放必须有自己独立的政党。他们都认为，无产阶级政党的领导必须从工人队伍中产生，不能由非无产阶级的知识分子职业革命家来领导无产阶级。他们都认为，资产阶级必须要用暴力推翻。他们都相信，只有暴力或强制，即工人手中掌握的权力，才能实现无产阶级所要求的根本变革。为了进入共产主义，需要进行革命，强制实行无产阶级的愿望。他们都始终一贯地相信和赞美工人群众的革命性。他们都自始至终把沙皇俄国看作欧洲的反动堡垒，同时又认为帝俄爆发社会革命的时机已经成熟。他们都认为欧洲国家的殖民主义正在亚洲引起社会革命。这样的例子还可以举出不少。正是这些应用策略上意见一致的事例，给人造成了马克思和恩格斯在什么问题上都意见一致的印象。然而，这种意见一致的表面现象不难消除。即使马克思和恩格斯在应用策略方面意见基本一致，然而在理论方面，恩格斯的策略是他的单线历史发展观的补充，而马克思的策略则是他的多线历史发展观的补充。恩格斯的革命策略受到他的宏观宇宙的、决定论的历史发展图式的影响。马克思的革命策略则受到他的辩证自然主义和实践理论的影响。

对马克思说来，革命意味着深刻改变社会的结构，需要使用暴力、夺取政权，没有人的高度政治积极性是不可能的。马克思心目中的革命模式是1789年的法国革命。马克思把自己看成是罗伯斯庇尔和巴贝夫的继承人。他从来没有指责过罗伯斯庇尔的恐怖政策，也从来没有指责过巴贝夫企图发动起义的行动。他认为罗伯斯庇尔为达到他的革命目标所采取的一切手段都是必要的和正确的。马克思在策略思想上的雅各宾主义，在他对待当时许多政治事件的态度中都表现出来了。德国1848—1849年革命他积极参加了，法国1848年的六月起义他支持了，1871年的巴黎公社起义他歌颂了。虽然马克思承认革命来自生产资料和生产方式的辩证对立,归根到底历史条件是决定性的,但是他反对对历史的机械观点,社会的历史不是抽象地、在人之外进行的。共产主义社会的到来不会从历史过程中自行产生作为主体的人不应该静止地等待社会力量本身产生出共产主义。人的行动是不可缺少的成分,人必须行动。

对恩格斯说来,共产主义是社会发展的必然趋势。资本主义生产方式的固有矛盾必然会造成经济危机、造成工人的贫困化、贫富的两极分化和不可调和的阶级斗争。这样,共产主义革命会自己产生,而不必由有觉悟的人们去进行。因此,在策略的理论方面,恩格斯只限于共产主义革命不可避免的概念,他不提革命的实践,革命的干劲,而只是期待社会进化的无情法则会产生出共产主义革命。

虽然恩格斯在理论上一向坚持,由于富人不愿自动放弃他们的特权即生产资料所有权,共产主义革命必然是暴力的,然而,在1871年以后,如果撇开他的这些理论而从他实际要做的事情去看,他是放弃了暴力革命的主张。由于在1848年和1871年的革命中,无产阶级运动受到了很大的挫折,当上世纪八十年代社会主义运动重新开始蓬勃发展的时候,恩格斯变得特别小心。他首先关心的是要避免任何能危害无产阶级运动不断发展的行动。恩格斯对1871年以后的革命形势有这样几点估计:(1)武装起义过时了;(2)应该避免战争;(3)资产阶级共和国是革命能够向左发展的最好政治环境;(4)需要建立独立的无产阶级政党;(5)民族国家的领土范围是爆发无产阶级革命的必要因素;(6)必须考虑到俄国的革命潜力和反动潜力。根据新的情况,恩格斯提出,无产阶级斗争的新方法是通过议会选举。在恩格斯晚年给一些社会主义政党领导人写的书信中以及他在1895年给马克思的《法兰西阶级斗争》一书所写的导言中,都很明确地谈到了这方面的问题。

例如，当德国社会民主党在1890年2月获得重大选举胜利时，恩格斯在给保尔·拉法格的信中写道："2月20日是德国革命开始的日子，因此，我们有责任使革命不致夭折……所以，我们目前应该宣布进行合法斗争，而不要去理睬别人对我们的种种挑衅。因为没有一场流血就救不了俾斯麦或者威廉。"

1891年10月24日，恩格斯在给倍倍尔的信中写道："在和平得以维持的条件下，我们德国社会党人十年内就要取得政权，因此，我们必须捍卫我们赢得的这个工人运动先锋队的地位，使之不受内部敌人，而且不受外部敌人的侵犯。如果俄国获胜，我们就要遭到镇压。"

在1895年给《法兰西阶级斗争》写的导言中，恩格斯说："不管别国的情形如何，德国社会民主党是占有一个特殊的地位，所以它——至少在最近的将来——负有一个特殊的任务。由它派去参加投票的二百万选民，以及虽非选民而却拥护他们的那些青年和妇女，共同构成为一个最广大最密集的人群，构成为国际无产阶级大军的决定性的'突击队'。这个人群现在就已占总票数的四分之一以上，并且时刻都在增长着，这可由帝国国会的补充选举以及各邦议会、市镇委员会和工商业仲裁法庭的选举证明……只有一种手段才能把德国社会主义战斗力量的不断增长过程暂时阻止住，甚至使它在一个时期内倒退——这就是使它跟军队发生大规模冲突，像1871年在巴黎那样流血。"

总之，恩格斯认为，过去无产阶级运动使用过的两种革命工具，城市武装起义和革命战争，对十九世纪末期的情况说来都不再适用了。无产阶级政党要发展，必须采取议会主义政策，争取群众，争取选票。不管恩格斯在哲学上和理论上怎么论述，他在这样做的时候，实际上是放弃了无产阶级革命的思想，采取了不革命的进化主义和渐进主义的政策。莱文认为恩格斯应该对第二国际的渐进主义政策直接负责，他把恩格斯称作"第一个修正主义者"。

莱文认为,恩格斯在策略上的渐进主义是和他哲学思想上的经济决定论和单线历史发展论一致的。恩格斯确信,社会发展的规律像物质世界的规律一样坚定不移,一样必然;随着经济的发展,技术的进步,社会必将按照历史发展的单一路线从资本主义进入共产主义。恩格斯确信,历史在人民方面,社会主义革命必然会到来。既然如此,无产阶级方面的主动行动就成为多余的了。这样一来,庸俗马克思主义就取代了有生命力的、有创造性的马克思主义,社会决定论就取代了觉悟。

*　　*　　*

莱文在论述了马克思和恩格斯时分歧点之后,合乎逻辑地提出了这样一个问题:既然存在着马克思主义和恩格斯主义,为什么马克思和恩格斯没有把这些彼此不同的解释相互说清楚呢?如果他们各自有不同的焦点和重心,为什么他们不把这些细微的差别表达出来呢?

莱文认为,对这个问题的解答可以在这两个人之间的个人关系中找到。他们之间存在的是一种共生关系,就像一对孪生兄弟之间的关系那样,互为知己,互为补充。恩格斯承认马克思的天才,承认马克思是精神领袖,是创造历史的人。恩格斯在马克思身上找到了自己的个性,马克思在每一方面都能满足恩格斯对自我的寻求。恩格斯需要马克思那样一个人来建立他自己的自尊,他同马克思的交往是他自己的存在和自我规定的一部分。另一方面,马克思也依赖恩格斯。恩格斯给马克思提供了经济上的资助,要是没有恩格斯的接济,马克思要想进行理论工作,完成他的光辉巨著《资本论》,是不能想象的。恩格斯是马克思一生中最忠实的朋友,当马克思需要感情上和专业上的支持时,他总能在恩格斯那里找到。马克思曾多次在信中向恩格斯表示欠了他的人情。马克思和恩格斯都意识到他们之间的友谊对他们各自的意义。在这种情况下,要明确表达彼此的思想分歧,甚至公开进行争论,以致使两人之间的友谊遭到威胁,那是不可能的事情。

(杜章智 编译,本文编译时部分地参考了王子和与徐广华的译文)

马克思和恩格斯思想上的一致性[*]

〔美〕J. D. 亨勒

从马克思逝世直到 20 世纪 60 年代,关于他同恩格斯思想之间的相互关系的一种主要看法是:他们是共同事业的伙伴。例如,1890 年爱琳娜·马克思——她是父亲声誉的尽心尽力的守护者——说,这两个人的生活和工作"如此紧密地联系在一起而无法分离"。与此同时,马克思的女婿保尔·拉法格称恩格斯为"马克思的第二个我"。拉法格有大量的机会了解两人。几年以后,马克思和恩格斯多年来的——虽然有时令人恼怒的——朋友威廉·李卜克内西重申了这种说法。在以前的学术文献中有许多这样的观点,可以举其中的一个例子,鲍里斯·尼古拉耶夫斯基(Boris Nicolaevsky)和奥托·梅森黑尔芬(Otto Maenchen-Helfen)说,马克思"走在恩格斯的旁边,恩格斯走在马克思的旁边,两人沿着同样的道路走向同样的目标。"

马克思和恩格斯在他们的成年生活中一直一起和谐地工作着,虽然马克思同之前和随后的一些朋友、合作者都断绝了联系。有鉴于这个无可争辩的事实,争论两位友人在思想上的一致似乎是可笑的、甚至是愚

---

[*] 本文选自《马克思主义与现实》2009 年第 3 期。作者是美国国家航空和宇航局军事史和科学史家。

蠢的。但实际上，如今的主要看法却是在强调马克思和恩格斯思想之间的重要的差别。这种看法指出，恩格斯是马克思真实观念的修正主义者。虽然爱德华·伯恩斯坦在19世纪90年代断言恩格斯不总是"马克思的准确解释者"，鲁道夫·蒙多尔福（Rudolfo Mondolfo）在1912年详细考察了两人之间的差别，但只是在1961年乔治·李希特海姆（George Lichtheim）的《马克思主义：历史的和批判的研究》出版后，有关马克思和恩格斯思想之间对立的看法才开始在学术界变得流行起来。对立论对有时过分强调马克思和恩格斯思想一致性的认识作出了一种有价值却并不总是一以贯之的改正；虽然如此，对立论的解释还是远远地转向了相反的一面。而且，他们倾向于把共产主义社会的专制特征完全归咎于恩格斯，而解除了马克思的一切责任。当共产主义在东欧逐渐消失而在苏维埃联盟重新建立这一段时间里，这个问题似乎是一个纯粹的学术问题。但共产主义——不管它的未来如何——已经给现代欧洲历史带来了重大的影响。因此，对立论者有关共产主义专制源于弗里德里希·恩格斯所宣称的观点的那些简单论证不能像许多学者那样从表面价值去看，这一点很重要。

一

但在驳斥这些论点之前，必须先对它们进行总结说明。先从李希特海姆开始，他的《马克思主义》断言，与马克思相比，恩格斯是一个头脑简单的决定论者和实证论者。而马克思在他1843—1848年的著作中阐述了"存在和本质、实在和'异化'的复杂的辩证法"。李希特海姆承认马克思的思想同恩格斯一样都有一种决定论的要素，但在马克思这里，这种决定论被一种理论和实践相互作用以改变人类状况的看法——这被马克思的解释者称为人道主义——所抵销。恩格斯将这种看法转变为"与达尔文的进化论系统类似的原因决定过程的学说",卡尔·考茨基等人接受了恩格斯的这一看法。

这样,恩格斯的著作——不是马克思的那些著作——成为人们称作辩证唯物主义学说的来源,"'马克思主义'作为一种连贯的体系在马克思逝世到恩格斯逝世(1883—1895)的20多年里形成"。从恩格斯经由考茨基和普列汉诺夫到列宁和布哈林存在着一种"派系",他们"对作为普遍科学的辩证唯物主义有着共同的信仰",将自然的和历史的法则理解为"可能被黑格尔以一种混乱的方式勾画出,最终在恩格斯那里得到充分的表达"。

李希特海姆认为,马克思在探讨自然时没有离开过人,"对于早期马克思来说在一定程度上也是对成熟的马克思而言的自然和人是复杂的实体,他们之间的相互作用在社会上得到研究。"这与"恩格斯习惯于从自然的作用去推断历史的法则恰恰相反,自然被他看作是外在于人的独立实体"。

李希特海姆的著作出版之后(如果说不是必然受它的影响),其他强调马克思和恩格斯观点相对立的研究大量出现。这些研究大多(像李希特海姆的著作一样)只是在主要关于马克思思想研究中作为其中的一部分附带地涉及了对立论。不过,1975年诺曼·莱文(Norman Levine)出版了一部题为《悲剧性的骗局:马克思与恩格斯的对立》的长篇著作。如其标题所示,莱文证明了两人思想中的主要不同,马克思信奉人道主义,而恩格斯赞成机械论的唯物主义和科学的实证主义。他说"从恩格斯到列宁再到斯大林,有着清晰而持续的发展"。虽然他也承认,"苏维埃共产主义极权主义的一面既不产生于恩格斯也不产生于马克思",但他继续不无矛盾地补充说,"苏维埃俄国加尔文主义的压制在恩格斯和列宁的著作里已经完全预示出来"。

莱文的著作问世8年之后,特雷尔·卡弗(Terrell Carver)出版的另一本长篇著作勾画出对立论的论题。在《马克思与恩格斯:学术思想关系》中,除了其他问题,他还抨击了两人自1847年以后有着意义深远的合作关系这样一种观点。青年恩格斯给卡弗留下了深刻的印象,他认为在恩格斯19世纪50年代的著作中存在着一种重要的断裂,同时他否认受到广泛争论的青年马克思和老年马克思在思想上有一种转变的看法。

在卡弗提出的其他诸多看法中,最重要的也许是他下面这点抱怨,在1885年《反杜林论》——在马克思逝世后写的——的序言中,"恩格斯把马克思的名字放在了第一位,理由是我们现在所知道的辩证唯物主义"。关于这一点,卡弗还表明马克思不赞同恩格斯创始的"关于自然科学的辩证思想";这是恩格斯于1873年5月30日在谈到他计划中的《自然辩证法》(但从未完成)这部著作时向马克思提出的看法。在卡弗看来,"马克思对自然、历史和'思想'既不表示赞同,也没有提出任何要求"。他"关于自然科学最著名的评论"出现在《资本论》中,在这里他写道,"化学中的分子理论(在一系列类似的复合体中所表现)"说明了"黑格尔从量到质的转变的分析"。卡弗认为,"马克思从未做的事情是,断言存在着通过这些转变发挥作用的运动物质的辩证法",他"既不赞同黑格尔辩证法的形而上学,也不赞同恩格斯的'科学的'世界观"。

在《资本论》第一卷序言中,马克思在他自己的研究和那些自然科学家的研究之间进行了类比;当他这样做时,他同样"花了很大工夫去说明这种类比的局限";他说"在他自己的著作中,既不能用显微镜,也不能用化学试剂。因为一种完全不同的方法,'抽象力'取而代之"。

马克思确实作出了这些评价,但他在自己的著作和自然科学家的著作之间所作的类比远比卡弗所指出的要详细。他写道:"对资产阶级社会来说,劳动产品的商品形式,或者商品的价值形式,就是经济的细胞形式。在浅薄的人看来,分析这种形式好像是斤斤于一些琐事。这的确是琐事,但这是显微解剖学所要做的那种琐事。"马克思接着说:"物理学家是在自然过程表现得最确实、最少受干扰的地方观察自然过程的,或者,如有可能,是在保证过程以其纯粹形态进行的条件下从事实验的。"① 马克思将此与自己研究资本主义所选择的英国进行比较。

正如卡弗仅仅是简要地、或者多少是附带地提到的那样,在《资本论》第一卷的正文中,马克思在社会和自然科学之间还展开了其他比较。他说,在手工业师傅转变为资本家的过程中,"在这里,也像在自然科学上一样,证明了黑格尔在他的《逻辑学》中所发现的下列规律的正确性,即单纯的量的变化到一定点时就转变为质的区别"。接着,在关于这一点的说明的脚注中,他又补充说:"现代化学上应用的、最早由洛朗和热拉尔科学地阐明的分子说,正是以这个规律作基础的。"② 当卡弗没有引用原文,而以一种草率的方式作出这些评论时,他在某种程度上非常正确地指出,马克思在这里"用的是黑格尔(而不是'辩证法')",但显然,马克思赞成一种一方面应用到社会和经济变化的辩证法,一方面应用到自然的辩证法。"当马克思称黑格尔在总结一条规律时,他是指在某些环境下我们能够期望量的积累引起质的变化",卡弗的这种说法完全是模棱两可的,好像这种说明减弱了马克思类比的实证主义的推动力。

---

① 《马克思恩格斯全集》第 2 版第 44 卷第 8 页。
② 《马克思恩格斯全集》第 2 版第 44 卷第 358 页。

马克思将辩证法应用到自然和历史的真实倾向在他的《资本论》第二版跋中得到进一步证明。在引用了其他一些评论后，马克思指出，这部著作的一篇俄语评论的作者——一个叫考夫曼的人——说，从外表的叙述形式来判断，马克思是唯心主义者，但在经济学的批判方面，他是他的所有前辈都无法比拟的实在论者。马克思说这篇评论从他的《〈政治经济学批判〉序言》中摘引了一段话，在那里马克思说："我说明了我的方法的唯物主义基础。"

此后马克思从这篇评论中摘引了一页多的话，包括："在马克思看来，只有一件事情是重要的，那就是发现他所研究的那些现象的规律。……这些现象变化的规律，这些现象发展的规律，即它们由一种形式过渡到另一种形式……"马克思"证明现有秩序的必然性，同时证明这种秩序不可避免地要过渡到另一种秩序的必然性"。考夫曼还说，在马克思的论述中，经济生活呈现出的发展，和生物学其他领域的发展类似。对所有这些，马克思发表评论说："这位作者先生把他称为我的实际方法的东西描述得这样恰当，并且在谈到我个人对这种方法的运用时又抱着这样的好感，那他所描述的不正是辩证方法吗？"①

这里，马克思明确地承认唯物主义是辩证法的。因此，李希特海姆、卡弗等人一致认为，恩格斯并不是第一个发展辩证唯物主义概念的马克思主义者。马克思没有将这两个词结合为一个术语，恩格斯也没有。同时需要注意的是，马克思没有反对考夫曼在经济生活和生物学之间作出的类比，虽然卡弗和李希特海姆都批判了恩格斯在达尔文的发现和马克思的发现之间作出的相似类比。最后，需要注意的是，马克思对考夫曼关于他的主要著作不仅发现了发展规律而且同时是决定论的（即

---

① 《马克思恩格斯全集》第2版第44卷第20—21页。

证明社会现有秩序和即将出现的变化的必然性）描述不置可否。

卡弗强调了马克思和恩格斯的伙伴关系非常有限，并且声称恩格斯不仅错误地将一种科学的、辩证的马克思观塞给后人，而且错误地将马克思解释为黑格尔主义者；而莱文则在同样的对立论传统中表达了一种多少不同的观点。在他 1984 年出版的《在辩证法内部的对话》中，他承认与他自己早期著作中所表达的观点和李希特海姆的观点不同恩格斯实际上是人道主义者。他没有用这个词，但他说："恩格斯无疑反复地肯定人通过自己的劳动改变世界。"不过，他是通过坚决主张在马克思相信实践（也即相信"这个概念的构成力量"）这个意义上恩格斯是一位实用主义者，来证明这一点的。不同于卡弗，莱文还接受了这样的事实，即马克思认为将辩证法用于自然是重要的。他甚至鼓励恩格斯去这样做。不过，莱文确实坚持认为"恩格斯将辩证法用于自然的方式"不是马克思的。马克思的"科学哲学是辩证法的"，但他不认为自然规律本身是辩证法的。不管怎样，总的说来，莱文在他的新作中再次强调了马克思与恩格斯相对立的论点。恩格斯是还原的唯物主义者，而马克思是非还原的唯物主义者；恩格斯的辩证唯物主义与马克思的历史唯物主义相对（这一点在上文已经予以驳斥）；恩格斯是"第一个将马克思主义曲解为形而上学一元论的修正主义者"等等。由莱文早期著作延续至今的还有——不过是在更宽泛的意义上——他认为恩格斯曲解了黑格尔，而马克思只是修改了黑格尔的观念。不过，需要注意的是，不同于卡弗，莱文强调了黑格尔对马克思和恩格斯都是重要的。

莱文讨论了他认为恩格斯著作中错误解释或错误使用了黑格尔的几处地方，他还对马克思从黑格尔那里挪用辩证法的形式和原则的方法进行了详细讨论。但他的论证似乎是空洞的。更重要的是，莱文在恩格斯对黑格尔的曲解和马克思对黑格尔的改正之间所作出的区别说明了一般对立论者——尤其是莱文——喜欢应用到马克思和恩格斯著作上的双重标准。例如,莱文承认,在马克思和恩格斯的概念之间存在着"巨大的鸿沟"。那么,为什么马克思对辩证法作出的改动就符合黑格尔的精神,而恩格斯作出的其他改动就是曲解,这一点完全不清楚。实际上,近来对黑格尔思想的一些阐释表明,马克思和恩格斯同样都犯有误解黑格尔的错误。

马克思和恩格斯一致同意将黑格尔看作是唯心主义者,为了维护他的思想中的合理要素,需要对他的神秘化进行倒置或去除。另一方面,芬德莱(J. N. Findlay)反对马克思,尤其坚决认为黑格尔身上的唯物主义成分与马克思身上的一样多,黑格尔的绝对"以特殊的、有意识的人的经验和决定为它的中心或媒介"。

戴维·麦格雷戈(David MacGregor)同样认为,马克思和其他批评者错误地将黑格尔的精神理解为在历史中完成自我实现的"超历史的、超个体的"力。黑格尔确实说过个体以自身为目的,他的体系的"最高要素"是"理性的人类个体的能力和才能……通过在社会中的工作和实践活动得到发展"。在麦格雷戈看来,"劳动辩证法和社会个体的概念"是"黑格尔社会思想和政治思想的重要要素",正如它们在马克思那里一样。

最后,约翰·马奎尔(John Maguire)认为,黑格尔体系中没有哪一部分的主题不是源于人自身的活动。他说,黑格尔用精神概念来解释人的活动。这不是为了人自身存在的"超人的进程"。黑格尔非常强调人是历史的创造者,因此,他是否承认人之外的存在物(例如上帝)的存在,仍然是一个有争议的问题。

但还是来看莱文,他的著作中最重要的部分是在恩格斯出版的《资本论》第二卷第一部分与国际社会历史学院保存的马克思的手稿之间作出的比较。这里，莱文成功地证明——正如杰洛德·塞吉尔（Jerrold Seigel）对《资本论》第三卷部分内容已经作过的证明——恩格斯的编辑改动比他自己所说的要多。这里由于篇幅所限不可能对莱文的发现进行非常详细的说明，只指出他的多数发现似乎并没有他所认为的那么重要。例如，他说，恩格斯对最后手稿的删除和他自己作出的增补，都改变了马克思的意思，使马克思从黑格尔出发对经济过程整体性的强调，变为恩格斯自己对经验主义的特殊性的强调。他说，甚至当恩格斯坚持马克思的原话从马克思留下的几种不同手稿中选择出来的，这一点也是对的。（当然，正是这个指责表明马克思自己对这些问题也是不清楚的。）

莱文论证中的缺陷由内在证据和恩格斯出版的《资本论》得到展现，但比这更重要的是塞吉尔在《马克思的命运》中的有趣揭示：恩格斯的编辑不仅如上面所提到的那样改动了马克思的意思，而且是从与莱文的发现相反的一面作出的。在这一点上，莱文论证的主要推动力是恩格斯的改动给马克思的原始手稿加入的决定论的、实证主义的推动力。相比之下，塞吉尔发现恩格斯重新调整了第13和14章的某些段落，使反对利润下降规律的各因素比在马克思的手稿中具有更独立的地位。这就削弱了马克思所认为的影响资本主义社会的经济规律的作用。因此，塞吉尔认为，恩格斯对《资本论》第三卷作出的改动包括未被承认的他对马克思遗留下的一章的撰写远远不是实证主义的，实际上反而使原文更少实证性。提出利润下降规律的是马克思。恩格斯通过编辑改动强调了马克思虽然承认、但倾向于去减弱的矛盾。

莱文显然忽略了塞吉尔的重要著作，而恰恰使用恩格斯的那些改动——他将之看作是马克思的原话——去反对马克思的实证主义。莱文承认虽然马克思在第13章讨论了利润率趋向下降的规律，但第14章紧接着讨论了"起反作用的影响"。接着,莱文说在第 15 章"马克思继续对那些摧毁关于存在着利润率趋向下降规律的一切口实的内部矛盾进行了分类"。但正如塞吉尔所显示的那样,在马克思关于规律本身的讨论中,恩格斯正是从第 13 章抽取了一些材料来用于第 14 章,由此使马克思对规律的作用的确信显得比在他的手稿中要小。塞吉尔同时还指出,第 15 章的标题"规律的内部矛盾的展开"是恩格斯的。马克思从来没说过规律的矛盾,而只是说资本主义社会的矛盾。因此,具有讽刺意味地,为莱文关于马克思不像恩格斯那样相信社会规律这一论断提供根据的是恩格斯的改动。与莱文著作的整个推动力不同,马克思至少在他的一些原始手稿中显得比经过恩格斯编辑出版的他的著作中更具有实证性。

二

上面在一些特殊问题上引用的种种证据表明,关于马克思是几乎完美的人道主义者而恩格斯是几乎纯粹的实证主义者和决定论者的对立论断,似乎至多只能说是片面的。真实的马克思和恩格斯是比对立论者所愿意承认的复杂得多的思想家。两人的著作在人道主义和实证主义之间展示了一种非常张力,并且被恰到好处地掺入了一种十分重要的决定论的混合物。

有关人道主义者马克思,尤其是青年马克思的说明大家都非常熟悉,因此这里无需再重复。大家不太熟悉的是恩格斯著作中的人道主义的推动力。例如,在《国民经济学批判大纲》(1843)中,他对人在历史形成中的作用提出了人道主义的强调:

然而，经济学家自己也不知道他在为什么服务。他不知道，他的全部利己的论辩只不过构成人类普遍进步的链条中的一环。他不知道，他瓦解一切私人利益只不过替我们这个世纪面临的大转变，即人类与自然的和解以及人类本身的和解开辟道路。①

无疑，像在其他文章中一样，恩格斯在这里谈论了自然规律的社会应用，但当关系到贸易循环中的危机时，他同样说道：

如果生产者自己知道消费者需要多少，如果他们把生产组织起来，并且在他们中间进行分配，那么就不会有竞争的波动和竞争引起危机的倾向了。你们有意识地作为人，而不是作为没有类意识的分散原子进行生产吧，你们就会摆脱所有这些人为的无根据的对立。②

因此，即使恩格斯实证地论述了自然规律对贸易危机的支配，他也相信人能够通过有意识的活动改变自然规律的作用。他甚至用了"类意识"这个词，这很像马克思多数极其人道主义的著作，例如《1844年巴黎手稿》。

马克思的人道主义中的一个非常重要的要素无疑是他对费尔巴哈关于宗教是将人身上最好的东西人为地投射到神之上这样一种观点的接受。正如劳埃德·伊斯顿（Loyd Easton）和库尔特·古达特（Kurt Guddat）所表明的那样，无神论对马克思而言意味着"对人的肯定"。这种人道主义的要素在恩格斯的著作中也有很多表现。在他1844年写

---

① 《马克思恩格斯全集》第2版第3卷第449页。
② 《马克思恩格斯全集》第2版第3卷第461页。

的评托马斯·卡莱尔的《过去和现在》的题为《英国状况》的文章中，他说："我们要推翻卡莱尔描述的那种无神论，我们要把人因宗教而失去的内容归还给人；这内容不是神的内容，而是人的内容，整个归还过程"，恩格斯接着说：

> 就是唤起自我意识。我们要消除一切预示为超自然的和超人的事物，从而消除不诚实，因为人和大自然的事物妄想成为超人的和超自然的，是一切不真实和谎言的根源。正因为如此，我们才彻底向宗教和宗教观念宣战……①

他说，我们没有必要召来神的抽象概念，把一切美好的、伟大的、崇高的、真正人性的事物归在它的名下，"为了认识人类本质的美好，了解人类在历史上的发展，了解人类一往无前的进步，了解人类对个人的非理性一贯战无不胜……了解人类同大自然进行的残酷而又卓有成效的斗争，直到最后获得自由的、人的自我意识，明确认识到人和大自然的统一，自由地独立地创造以纯人类道德生活关系为基础的新世界"②。但是，与对立论者对后来恩格斯所宣称的对马克思观点的修改的强调一致，青年恩格斯晚年是否放弃了他早期的人道主义？答案在他1880年写的《社会主义从空想到科学的发展》中。这里他展现了对未来社会的高度人道主义想象：

> 一旦社会占有了生产资料，商品生产就将被消除，而产品对生产者的统

---

① 《马克思恩格斯全集》第2版第3卷第519页。
② 《马克思恩格斯全集》第2版第3卷第520页。

治也将随之消除。社会生产内部的无政府状态将为有计划的自觉的组织所代替。个体生存斗争停止了。于是，人在一定意义上才最终地脱离了动物界，从动物的生存条件进入真正人的生存条件。人们周围的、至今统治着人们的生活条件，现在受人们的支配和控制，人们第一次成为自然界的自觉的和真正的主人，因为他们已经成为自身的社会结合的主人了。人们自己的社会行动的规律，这些一直作为异己的、支配着人们的自然规律而同人们相对立的规律，那时就将被人们熟练地运用，因而将听从人们的支配。人们自身的社会结合一直是作为自然界和历史强加于他们的东西而同他们相对立的，现在则变成他们自己的自由行动了。至今一直统治着历史的客观的异己的力量，现在处于人们自己的控制之下了。只是从这时起，人们才完全自觉地自己创造自己的历史；……这是人类从必然王国进入自由王国的飞跃。①

对人在"自由王国"改造自己命运的任务的强调，无疑被"必然王国"中存在着的决定论的非人道主义的强调所抵销。然而，在这一点上，恩格斯同马克思没有区别。马克思在许多地方都强调指出，在以往和现存的社会中，人们都无法选择构成他们全部历史基础的生产力。

另外——也许对对立论者的观点是更致命的——无法想象一个如此热情地促成"人类从必然王国进入自由王国的飞跃"的人会是引导斯大林错误的理论作者。甚至在恩格斯最实证主义的、未完成的著作《自然辩证法》中，也包含着一段人道主义的话："人是唯一能够由于劳动而摆脱纯粹的动物状态的动物——他的正常状态是和他的意识相适应的而且是要由他自己创造出来的。"②

而且，正如恩格斯在自己的著作中不断由对实证主义和决定论的强

---

① 《马克思恩格斯全集》第 2 版第 25 卷第 412 页。
② 《马克思恩格斯全集》第 1 版第 20 卷第 535—536 页。

调转向对人道主义的强调,马克思也是如此。例如,在《哲学的贫困》中的一段著名的话中,马克思说:"手推磨产生的是封建主的社会,蒸汽磨产生的是工业资本家的社会。"① 他继续谈到人们按照自己的物质生产率来建立其社会关系,以此缓和他的论断的决定论色彩。但这恰恰强调了刚刚作出的论断。不管他们思想的一些追随者对这种含混可能如何不安,马克思和恩格斯似乎没有感到任何类似的不安。在1852年给《纽约每日论坛报》的一篇文章中,马克思谈到"现代工业社会的必然结果"和"由工业社会准备的社会革命"。这一根本的决定论观念在他著名的《政治经济学批判》序言中再次得到详细论述。这里,他谈论了他的早期经济学研究,接着说:

> 我所得到的,并且一经得到就用于指导我的研究工作的总的结果,可以简要地表述如下:人们在自己生活的社会生产中发生一定的、必然的、不以他们的意志为转移的关系,即同他们的物质生产力的一定发展阶段相适应的生产关系。这些生产关系的总和构成社会的经济结构,即有法律的和政治的上层建筑竖立其上并有一定的社会意识形式与之相适应的现实基础。物质生活的生产方式制约着整个社会生活、政治生活和精神生活的过程。不是人们的意识决定人们的存在,相反,是人们的社会存在决定人们的意识。社会的物质生产力发展到一定阶段,便同它们一直在其中运动的现存生产关系或财产关系(这只是生产关系的法律用语)发生矛盾。于是这些关系便由生产力的发展形式变成生产力的桎梏。那时社会革命的时代就到来了。②

在这一时期,马克思不仅写有关社会决定论内容的东西,还以一种

---

① 《马克思恩格斯选集》第2版第1卷第142页。
② 《马克思恩格斯全集》第2版第31卷第412—413页。

实证主义的气质表达自己的思想，他说：生产由一般自然规律决定。这无疑恰恰是对立论者所批判的恩格斯所使用的语言。但毫无疑问恩格斯确实使用了这种语言。例如，在《反杜林论》第二版序言中，恩格斯说："在自然界里，正是那些在历史上支配着似乎是偶然事变的辩证法运动规律，也在无数错综复杂的变化中发生作用。"① 然而，后来在这本书中，他对这种实证主义的观念做出了牵强的人道主义的解释。他说："社会力量完全像自然力一样，在我们还没有认识和考虑到它们的时候，起着盲目的、强制的和破坏的作用。但是，一旦我们认识到了它们，理解了它们的活动、方向和作用，那么，要使它们越来越服从我们的意志并利用它们来达到我们的目的，就完全取决于我们了。"②

这种人道主义在《家庭、私有制和国家的起源》中至少是含糊的，因为恩格斯认为——这有时被完全归为马克思的看法——不同时期受不同经济规律作用。他断言："商品生产的这些经济规律，随这个生产形式的发展阶段的不同而有所变化，但是总的说来，整个文明期都处在这些规律的支配之下。直到今天，产品仍然支配着生产者；直到今天，社会的全部生产仍然不是由共同制定的计划，而是由盲目的规律来调节，这些盲目的规律，以自发的威力，最后在周期性商业危机的风暴中显示着自己的作用"③。然而，即使在恩格斯表现出好像是一个纯粹的实证主义者的地方，认识到他的说明不是他对这些问题的唯一立场这一点也是重要的。他的众多的人道主义的论断同他的实证主义的论断也许并不直接冲突，但这些论断确实表明了他思想中很难同纯粹的实证主义相协

---

① 《马克思恩格斯选集》第 2 版第 3 卷第 349 页。
② 《马克思恩格斯选集》第 2 版第 3 卷第 630 页。
③ 《马克思恩格斯选集》第 2 版第 4 卷第 175—176 页。

调的一种非常不同的推动力。他晚年在大多明确是他的著作中也作出了许多有力地证明他的实证主义和经济决定论的评论。

例如，在1890年8月5日给康·施密特的一封信中，恩格斯评论了莫里茨·维尔特所认为的哲学家和社会学家保尔·巴尔特的一些论断。恩格斯说物质生存方式虽然可能是"始因"，但是这并不排斥思想领域反过来对这些物质生产方式起作用，然而这是第二性的作用。如果巴尔特没有掌握这一点，那他就没有真正了解他所谈论的唯物史观。当然，这全是第二手的东西，而唯物史观也有许多朋友，这些朋友是把它当作不研究历史的借口。接着，恩格斯引用了马克思针对19世纪70年代法国马克思主义者所曾说过的话："我只知道我自己不是马克思主义者。"① 这不像是头脑简单的实证主义者和决定论者可能写下和引用的那类东西。

恩格斯在1890年9月21日给他的学生、后来同施密特一样成为社会主义报纸编辑的约·布洛赫的一封信中表现出了同样灵活的思想。"根据唯物史观，"恩格斯说，"历史过程中的决定性因素归根到底是现实生活的生产和再生产。……如果有人在这里加以歪曲，说经济因素是唯一决定性的因素，那么他就是把这个命题变成毫无内容的、抽象的、荒诞无稽的空话。经济状况是基础……还有上层建筑的各种因素：阶级斗争的政治形式及其后果——由胜利了的阶级在获胜以后确立的宪法等等，各种法的形式……这里表现出这一切因素间的相互作用，而在这种相互作用中归根到底是经济运动作为必然的东西通过无穷无尽的偶然事件（即这样一些事物和事变，它们的内部联系是如此疏远或者是如此难于确定，以致我们可以认为这种联系并不存在，忘掉这种联系）向前发

---

① 《马克思恩格斯选集》第2版第4卷第691页。

展。否则把理论应用于任何历史时期，就会比解一个最简单的一次方程式更容易了。"①

恩格斯在 1890 年 10 月 27 日给康·施密特的另一封信中写道："总的说来，经济运动会为自己开辟道路，但是它也必定要经受它自己所确立的并且具有相对独立性的政治运动的反作用……"为了证明这一点，他说："很难证明：例如在英国立遗嘱的绝对自由，在法国对这种自由的严格限制，在一切细节上都只是出于经济的原因。"关于哲学，他说，经济在这里并不重新创造出任何东西，但是它决定着现有思想材料的改变和进一步发展的方式，而且多半也是间接决定的，因为对哲学发生最大直接影响的，是政治的、法律的和道德的反映。他说："所有这些先生们所缺少的东西就是辩证法。他们总是只在这里看到原因，在那里看到结果。他们从来看不到：这是一种空洞的抽象，这种形而上学的两级对立在现实世界只存在于危机中，而整个伟大的发展过程是在相互作用的形式中进行的。"他接着说："虽然相互作用的力量很不相等：其中经济运动是最强有力的、最本原的、最有决定性的，这里没有什么是绝对的，一切都是相对的。对他们来说，黑格尔是不存在的……"②

在别的地方，他谈到由"个体偶然性"决定的冲突，谈到俄国避免西方工业发展的资本主义道路的最小的可能性，谈到马克思的论断仅仅是相对的、而不是绝对正确的——仅仅在一定条件和制约下是正确的，所谓的"经济规律"不是永恒的自然规律而是随着时间的演进而出现和消失的历史规律，经济规律是近似的、倾向性的。

在恩格斯自己对哥达纲领的批判中，他声称，马克思在《资本论》

---

① 《马克思恩格斯选集》第 2 版第 4 卷第 695—696 页。
② 《马克思恩格斯选集》第 2 版第 4 卷第 701—705 页。

里已经详细地证明了支配工人工资的各种规律是非常复杂的,并且——远非铁的(像拉萨尔所说的)——是极其富有弹性的。同样,恩格斯至少在一处明白地反对简单的达尔文主义,反对将动物界的规律应用到人类社会的可能,反对历史观念作为一系列阶级斗争是达尔文生存竞争观念的变动的主张。还有其他一些段落的话可以列入这里,但这些已经足以证明这个观点了。虽然恩格斯作出的许多特殊论断无疑是实证主义的,这些论断本身同他的其他著作分离,但对他的全部著作进行仔细考察,表明他的思想是非常灵活的、并且是有差别的。他的确不是一个首尾一贯的思想家,但同样可以确定的是,他绝对不是对立论者在他们的著作和文章中所描绘的那种还原论的实证主义者。

关于恩格斯的实证主义还有一点需要指出,实证主义不是恩格斯所特有的。如上文已经表明的,马克思也作出了许多实证主义的论断。除了上面已经引用的段落,马克思在《资本论》第一版序言中说:"本书的最终目的就是揭示现代社会的经济运动规律。"这里,他还说道:"我的观点是把经济的社会形态的发展理解为一种自然史的过程。"他还说:"一个社会即使探索到了本身运动的自然规律……它还是既不能跳过也不能用法令取消自然的发展阶段。但是它能缩短和减轻分娩的痛苦。"① 马克思在这里所说的和上面所引用的恩格斯在《反杜林论》中所说几乎是同样的内容。实际上,恩格斯的表述更加人道主义,他在《反杜林论》中提到人有能力使社会力量服从于人自身的意志——马克思在这里为了仅仅是缩短和减轻分娩的痛苦似乎否定了这种能力。

在《资本论》正文中,马克思提到"偶然的不断变动的交换比例",将它们看作是像"自然的决定性规律"一样有力地发挥自身的影

---

① 《马克思恩格斯全集》第 2 版第 44 卷第 9—10 页。

响。马克思还特别地将"自然的决定性规律"同重力定律相比较。《资本论》还提供了他在关于竞争的科学分析和天体研究之间进行的比较。此外，他在《资本论》中提到一种支配机器的采用的"绝对规律"，及其对体现在一定量的商品生产中的劳动总量的缩减。他还讨论了"资本主义积累的绝对的、一般的规律"。

卡弗非常强调恩格斯在马克思墓前对达尔文发现有机界和马克思发现人类历史所进行的比较，指出这种比较证明了恩格斯的实证主义。然而，恩格斯作出这样的比较有其确凿的根据。马克思1860年12月19日给恩格斯的信中谈到自己读了达尔文的《自然选择》一书。"虽然这本书用英文写得很粗略，"马克思谦虚地评论说，"但是它为我们的观点提供了自然史的基础。"① （需要注意的是，马克思在这里说"我们的"而不是"我的"观点；不同于对立论者，他无疑认为自己和恩格斯持有同样的见解。）

马克思在给他的朋友、汉诺威的医生路德维希·库格曼的一封信中，最后谈到自然规律在历史中的作用。这里和其他地方的记录是很清楚的。马克思和恩格斯一样，有时认为历史规律和自然规律的作用方式是一样的，而且赞成他的方法是辩证的和唯物主义的这一看法。从两人著作中进行选择性地引用，很容易将他们表现为实证主义者或人道主义者。对立论者倾向于将恩格斯看作实证主义者，将马克思看作人道主义者。他们这样做忽略了两人著作中重要的方面。如上所示，两人都强调——至少有时——现象和实体之间的区别。这无疑与实证主义者对实体的否定不符，实证主义者只承认实体是由事实而来的，是科学规律的基础。因此，两人都不是彻底的经验主义者，不能经受实证主义的真正

---

① 《马克思恩格斯全集》第1版第30卷第131页。

的简单而决定性的检验。

当然，两人不可能在所有问题上都想法完全一致，但他们在根本上是一致的。事实上，马克思本人没有像拉法格或李卜克内西那样称恩格斯是他的第二个我。而且如这篇文章一开始就指出的，他们能一起和谐地工作近40年这一事实，如果没有思想上的根本一致就无法解释。他们合作的成果不仅有《神圣家族》、《德意志意识形态》和《共产党宣言》，还有《流亡中的大人物》，以及为《纽约每日论坛报》等报纸和《美国新百科全书》撰写的无数文章。马克思的《路易·波拿巴的雾月十八日》开篇宏大的开场白及其标题都是恩格斯提议的。恩格斯还指出了马克思后来所论述的有关亚细亚生产方式的独特性。

这些和其他有关马克思和恩格斯合作的例子使两人不是思想伙伴的论点明显不可信。对立论者的论断与两人生平和著作的记载所揭示的事实完全不符。现在是废除对立论者关于区分马克思和恩格斯不同重要性的神话的时候了，是公正而开放地去看待他们的著作及其历史影响的时候了。这样做能更清楚地阐释他们在何种程度上对20世纪的共产主义的特性负有共同责任。他们两人都不赞成这种特性似乎是明确的，但这并不必然意味着，他们的许多观点没有使这种特性在不知不觉中促成那种他们没有预见到但必然有助于形成的运动。

（黄文前　编译）

马克思和恩格斯是欧洲中心论者吗?[*]

〔美〕奥古斯特·尼姆兹

剑桥大学出版社2002年出版了克里斯塔尔·巴托洛维奇和尼尔·拉扎鲁斯主编的《马克思主义、现代性和后殖民研究》一书,该书收录了美国学者奥古斯特·尼姆兹题为《所谓欧洲中心论的马克思和恩格斯以及相关的无稽之谈》的文章,批驳了所谓马克思和恩格斯是欧洲中心论者的种种怪论。作者认为,马克思和恩格斯从很早就以共产主义是"世界历史性"进程作为自己的根本观点,从未将眼光局限于英国或欧洲。他们随着形势的发展,认为革命的中心将从英国转向东方落后国家,特别是1870年后他们高度重视俄国革命并认为那里将是革命的中心,并认为只有一场社会主义革命才能挽救俄罗斯原来的村社传统中的社会主义因素。作者着重指出,20世纪的历史证明了马、恩晚年的远见卓识,但是由于俄国革命等东方革命一直没有扩展到中心国家,它最终失败了,这对于中心和外围国家工人阶级都是一个巨大的教训:必须重拾马、恩的世界历史视野。文章还反驳了所谓马、恩重视工人反对农民的说法。文章翻译如下。

---

[*] 本文选自《国外理论动态》2009年第5期。

1848—1849年的欧洲革命失败后，阶级斗争进入一个长达十年之久的间歇期。在这至关重要的两年间，如同其他积极投身于现实政治的革命者一样，马克思和恩格斯也始终在寻找新的革命动力，寻找那些或许蕴含新希望的有利形势。1858年的岁末，当俄国革命的发展表明革命在那里可能得以复兴并传回西欧时，马克思从伦敦给居住在曼彻斯特的恩格斯写信，却提醒他此时一定要慎之又慎。只要世界上其他地区的资本主义还处于上升时期，此类复兴便完全可能"在这个世界上的小小角落里被镇压"①。西欧革命的进程，其命运不仅依赖于当前其他地方革命的发展，而且还依赖于它自身的力量，虽然在此前它已经有所削弱。然而，与大多数文献中体现出来的主题恰恰相反，最迟在1859年之前，马克思和恩格斯就开始超越他们生活其中的"小小角落"，转而关注世界其他地区，以寻求革命发展的新动力。

本文首先对所谓马克思和恩格斯是欧洲中心论者的论题展开批驳，这样的论题在由来已久的马克思主义学说中早已扎根，而且也已被新近崛起的后殖民主义者和后现代主义者不同程度地接受。其次，本文提出，马克思和恩格斯是最早也是最重要的将全世界视为作战区域的革命者。通过列举证据，可以看出马克思和恩格斯是如何以全球视角开始他们的合作，而当处于1848—1849年革命后的间歇期时，一旦新的革命机会出现，他们又是如何实现其当初的高瞻远瞩的。由此而向前，我向两种相关的无稽之谈——"作为典范的英国"论和"马克思反对农民"论——提出质疑。我认为，确切地说是在19世纪70年代之后，马克思和恩格斯逐渐将俄国，而非英国，视作革命的领导者，而这个农民占据绝对多数的国家，不过只有一只脚踏入欧洲而已。而且，并非像那些提

---

① 《马克思恩格斯全集》第1版第29卷第348页。

出欧洲中心论的人所认为的，发达的欧洲西部地区在革命发展过程中也并未发挥什么重要作用。在文章的最后，我又对他们可能会如何评价今天的政治现实作了些简单的推测。

作为"世界历史性"进程的共产主义

在1858年之前很多年，马克思和恩格斯在解释革命进程并对它加以判断时就已经开始超越他们身处的"小小角落"。虽然黑格尔的关于世界历史的哲学毫无疑问会为他们的全球性思考准备基础，但是只有在1844年转变为自觉的共产主义者并成为革命伙伴时，他们的此类认识才得以明确。在《德意志意识形态》中，他们第一次提出"新的世界观"，即"唯物主义的历史观"。他们认为，只有随着这种"生产力的普遍发展"，"人们的普遍交往才能建立起来……使每一民族都依赖于其他民族的变革。最后，地域性的个人为世界历史性的、经验上普遍的个人所代替"才是可能的。因此，"共产主义……只有作为'世界历史性的'存在才有可能实现"①。此后不久，这种观念和其他类似的重要看法又在《共产党宣言》中得到展现。作为《共产党宣言》的初步草案，经过马克思设计并由恩格斯用教义问答的形式编成的《共产主义原理》，其中的这种观念就已十分明确。书中第十九个问题是："这种革命能不能单独在某个国家内发生呢？"回答是："不能。……它是世界

---

① 《马克思恩格斯选集》第2版第3卷第86—87页。

性的革命，所以将有世界性的活动场所。"① 在1848—1849年革命前夕的写作中，马克思和恩格斯就清楚地认识到：只有"现实的运动"才能对这个问题作出实际的回答。不过，他们在投身革命洪流时所表现出的世界意识，从始至终都为他们对政治形势的判断提供结构性的参考作用。

《共产党宣言》出版不久，期待已久的1848—1849年革命爆发了。在长达15个月的革命斗争时期，马克思和恩格斯有的放矢，他们内容丰富而富有指导性的实践活动体现出的最重要的意义，就是积极支持民族解放斗争，尤其是对波兰人、匈牙利人和意大利人的支持。到1848年底之前，他们已断定德意志革命的前途与世界范围内的革命进程紧密相连，"这场战争将在加拿大和意大利、东印度和普鲁士、非洲和多瑙河流域进行"，②都兼备民族解放、反封建和反资本主义的性质。③ 在1849—1850年的相对平静时期，马克思和恩格斯在伦敦和大英博物馆的潜心研究，使他们更加相信这个判断。他们清楚地发现，到那时为止，世界经济中心已经从西欧转移到美国，"美国最大的事件是加利福尼亚金矿的发现，其意义超过了二月革命。……[作为结果]，世界交通枢纽在中世纪是意大利，在现代是英国，而目前将是北美半岛南半部。……太平洋将会像大西洋在现代，地中海在古代和中世纪一样，起着伟大的世界交通航线的作用"。④

---

① 《马克思恩格斯选集》第2版第1卷第241页。虽然恩格斯强调自己的立论仅仅针对"文明国家"，但是因为美国属于文明国家，这就使得他们的视野即便早在此时也已经超出了欧洲的范围。这一点是显而易见的。

② 《马克思恩格斯全集》第1版第6卷第175页。

③ 通过马克思的笔记可以清楚看到，早在一年之前，他就开始广泛阅读英帝国主义在非洲和其他现在称为第三世界的国家活动的书籍。

④ 《马克思恩格斯全集》第1版第7卷第263—264页。

这个史无前例的论断,① 在他们看来,将会对亚洲人民,尤其是中国人民的革命产生更为深远的启示作用。1850年,部分是因为英国的商业触角伸入中国沿海地区,太平军发动叛乱,消息传来,被马克思认为这意味着"这个世界上最古老最巩固的帝国已经处于社会变革的前夕,而这次变革必将给这个国家的文明带来极其重要的结果"。② 对于中国发生资产阶级民主革命的可能性以及将会产生的震撼世界的反响,使得马克思和恩格斯几乎无法掩饰他们的兴奋之情。如果说西欧曾经是他们世界观的核心,那么,在1850年之后便已是明日黄花。他们的全球性倾向使他们轻易超越"这个世界上的小小角落",目光越发明澈,却毫无伤感怀旧之情。

在革命进程中,马克思和恩格斯的一言一行也显示出他们对农民问题的真实态度。1848年3月,当德意志爆发第一次革命之际,他们迅速用附录的形式增补《共产党宣言》,充分展现了他们对此问题的真切关注。这种遗留在《宣言》中不尽完善的方式常被用来证明一个广泛流传的误解:马克思和恩格斯轻视农民。③ 这一时期他们共同起草的《共产党在德国的要求》,虽然常常遭到忽视,但却是指导德意志资产

---

① 在马克思和恩格斯在《新莱茵报》上发表的系列文章中,他们写道:"我们就已经指出(早于欧洲的一切期刊)这一发现的特殊意义和它给世界贸易带来的必然结果。"参见《马克思恩格斯全集》第1版第7卷第507页。

② 《马克思恩格斯全集》第1版第7卷第265页。

③ 《共产党宣言》中经常被引用到的是马克思把农民形容成"白痴",而在《路易·波拿巴的雾月十八日》中将农民比作"一麻袋土豆"的著名比喻更是广为人知。关于前者,德累帕先生已经雄辩地证明这基本就是一个误译,准确的对应词应当是"孤立"。关于后者,则主要是因为忽视马克思原文的语境,从而未能读懂他的言外之意。

阶级民主革命的基本纲领，指出农民阶级迫在眉睫的需求就是废除一切封建义务，实行激进的土地改革。这个纲领是马克思和恩格斯亲自参与、组织革命运动的实践后制定出来的，尤其体现了他们建立工农联盟的不懈努力，尽管最终未能成功。由此形成的深刻认识此后始终体现在他们的革命战略与战术之中，特别是在那些农民在社会和政治生活中占决定性地位的国家。譬如说，在1871年的巴黎公社革命期间（对此，下文将有详细论述），马克思竭尽所能，企图让公社的领导人相信起义的成功与否依赖于能否得到农民的支持。在他逝世后的1894年，这一任务落在恩格斯肩上，他最终就他们共同关注的主题，写出内涵丰富、意义深远的纲领性文献：《法德农民问题》。

1848年革命失败后，马克思和恩格斯更为关注欧洲之外地区的革命发展。阿尔及利亚、印度、墨西哥三个地区的情况有助于说明他们态度的转变。就阿尔及利亚而言，仅仅在《共产党宣言》发表前的一个月，恩格斯还在为法国征服阿尔及利亚并击败由宗教领袖阿布杜尔－卡蒂尔（Abdel Kader）领导的起义而欢呼，认为这"对于文明的进展确实是有意义的和值得庆幸的事"。① 但在九年之后的1857年，他的态度却截然相反，他严厉谴责法国的殖民统治，并对以宗教教义组织发动的旨在反对帝国主义强权的抵抗运动深表同情。恩格斯起初的立场不过是对于历史唯物主义观点的坚持，但是在经历过战火考验，尤其是1848年革命带来的教训之后，他认识到无论先进的法国帝国主义曾经是如何的优越，但在此时它已经毫无用处；相反，此时应该大力支持的是反对殖民统治的抵抗运动。马克思在1883年去世前不久，也曾访问阿尔及利亚，希望那里的气候有利于他恢复健康。他写给女儿劳拉有关被殖民

---

① 《马克思恩格斯全集》第1版第42卷第403页。

者的评论显示出他视他们为战友的信念从未改变:"然而没有革命运动,他们什么也得不到。"①

关于印度,马克思最初在写作相关罢工的文章时,使用的语气与恩格斯在1848年评论阿尔及利亚时完全相同。直到1853年,他仍然将英国对当地工业和社会结构的破坏描述成"造成了一场社会革命",虽然这些政策带来的后果是那样"让人难受……从纯粹的人的感情上来说确实如此。"②但是,当1857—1859年英印军队中的印度士兵发动反对英国殖民统治的兵变时,马克思和恩格斯对反殖民斗争充满同情,这一点已是确凿无疑。正如马克思对恩格斯所言:"印度使英国不断消耗人力和财力,现在是我们最好的同盟军。"③ 因此,对他们两人而言,发生在这些国家的起义恰恰体现了马克思在1848年底对革命运动必须在全球范围内相互依存的精准预测。在随后的1871年,由马克思实际领导的"国际工人协会"报告说,一份来自加尔各答的申请要求在那里建立分支机构。设在伦敦的协会执行机构,即总委员会"被告知……要大力招收本地人参加协会",由此可见,新成立的分会绝非具有排外性的流放者分支机构。

最后的例子是墨西哥。恩格斯曾经认为,1849年美国对墨西哥北

---

① 《马克思恩格斯全集》第1版第35卷第302页。尽管马克思此行的主要目的是为了身体康复,但是从中也可看出他对了解"阿拉伯世界的公社所有制"情况饶有兴趣。最后,大约在他去世前的半年,他还愉快地提到发生在法国的反对英国奴役埃及的反帝行动。

② 《马克思恩格斯选集》第2版第1卷第765页。

③ 《马克思恩格斯全集》第1版第29卷第250页。爱德华·赛义德因为不肯承认马克思立场鲜明地与印度人民站在一起反对英国的统治,导致他错误地把马克思看作是19世纪的东方主义者。

部的征服"完全是为了文明的利益进行的",部分原因是因为"精力充沛的美国佬"能够带来"对加利福尼亚金矿的迅速开发",这是"懒惰的墨西哥人"做不到的,而这将"从历史上第三次为世界贸易开辟新的方向"。① 但是,后来的历史和研究迫使他们要为自己的论断寻找证据。1861年,美国内战已经迫在眉睫,马克思写道:"在美国的对外政策上,也同在对内政策上一样,奴隶主的利益成为指路的星辰。"而对墨西哥北部的掳掠,使得不仅在德克萨斯,而且稍后在今天的新墨西哥和亚利桑那都有可能"强制实行奴隶制并维护奴隶主的统治"。② 奴隶制扩张的野蛮行为将使从加利福尼亚金矿开发中获得的利益大打折扣。

  按照斯图亚特·霍尔的说法,被说成是马克思主义的问题之一,而且也是马克思本人所认可的一个问题,就是他的"欧洲中心论",是建立在"资本主义是从封建社会中有机发育而成的……这个脱离封建社会娘胎的过程充满了和平"的论述上。霍尔认为,这种观点由于"来自资本主义体系之外任何边缘地区"的任何人的切身体会而遭到误解。当然,对于霍尔而言,这个问题对于说明他和其他人声称的"古典马克思主义"的局限性颇具代表性。在这个例子中,显而易见,依据这个论断就会得出"马克思在《资本论》中视英国为典范"这样的结论。当霍尔对自己竭力想要表达的东西还不十分清楚时,就说什么欧洲资本主义的产生是"和平的",可以肯定地说这与后来被称作边缘地区的问题毫无关系。这样的批评未免显得怪异,因为霍尔一定知道马克思在《资本论》中写过资本主义在中心地区,特别是在英国的出现情况,更不用说

---

① 《马克思恩格斯全集》第1版第6卷第326页。
② 《马克思恩格斯全集》第1版第15卷第350—351页。杰夫·福格尔因为对他们的观点带有异样的信任与同情,未能注意到这个重申说明。

在其他边缘地区了。其中,"工业资本家的产生"一节以他著名的句子结束:"资本来到世间,从头到脚,每个毛孔都滴着血和肮脏的东西。"由此可见,马克思控诉的资本主义在发展过程中在中心地区制造的罪恶并不比边缘地区少。

革命的新纪元

马克思和恩格斯对全球的关注,使他们富有先见之明地在西欧地区之外寻找革命的策源地。因此在1863年年初,他们就断言,"在欧洲又广泛地揭开了革命新纪元"。① 这个论断的依据是同年波兰发生的农民起义,由此,"熔岩从东方流向西方"。但是甚至在此之前,出现在政治视野中的其他迹象已经使他们有理由感到乐观。1860年年初,马克思就指出:"现在世界上所发生的最大的事件,一方面是由于布朗的死而展开的美国的奴隶运动,另一方面是俄国的奴隶运动。"②他所指的是几个月前美国废奴主义者约翰·布朗在弗吉尼亚州的哈泊渡口发动的暴动,暴动虽未成功,但至少反过来又激发了后来的奴隶起义。至于他提到的俄国,作为"来自东方的熔岩",那里的"奴隶"实际上就是农奴,自从1858年以来,就始终在争取解放。而仅仅一年之后,为了预防自下而上的农奴起义,沙皇便宣布废除了农奴制。由于马克思和恩格斯历来重视阶级斗争的世界性,相对于单打独斗式的孤立斗争,他们更看重多个国家的联合斗争。在工人与资本的斗争中,对奴隶制以及其他前资本主义剥削模式的斗争显得至为关键。七年之后,美国内战也已结

---

① 《马克思恩格斯全集》第1版第30卷第322页。
② 《马克思恩格斯全集》第1版第30卷第6页。

束,在马克思为《资本论》第一版写的前言中,这种观点表达得更为清晰:"正像18世纪美国独立战争给欧洲中等阶级敲起了警钟一样,19世纪美国南北战争又给欧洲工人阶级敲起了警钟。"①从1867年之前的政治形势中可以看出,1860年发生在美、俄的两次"奴隶运动"中,来自大西洋彼岸的运动更具有决定意义。但是风水轮流转,在六十年后的1917年,却是"熔岩从东方流向西方"。

在认识到新的革命时代业已开始之后,马克思和恩格斯决心只要时机成熟,便积极投身现实政治活动。1864年,英国工联举行的国际会议在伦敦召开,马克思受邀代表德国工人参加会议,并且很快成为新成立的"国际工人协会"(IWMA)即"第一国际"的决策核心。这是有史以来第一个真正意义上的国际化的工人阶级组织。虽然它的影响和遗产都十分巨大,但还是在1873年停止了活动。其中主要的原因在于马克思领导下的"国际"公开支持1871年的巴黎公社革命,从而遭到统治阶级的仇视。这场运动中最大的损失是英国工联官员混入协会的最高领导机构——设在伦敦的总委员会。因此,他们的叛离并非一无是处,至少显示出马克思和恩格斯是如何重估英国工人阶级的革命潜力的。

在巴黎公社革命之前一年,马克思在给恩格斯的信中曾对革命前景加以描述:"我坚信,虽然第一次冲击将出自法国,但德国对于社会运动更成熟得多,并将远远超过法国人。"②当"第一次冲击"果真在法国以公社的形式出现时,马克思和恩格斯仍然坚信世界革命的轴心早已转移到巴黎以东。这种观点的言外之意是他们认为英国工人运动的重要性

---

① 《马克思恩格斯选集》第2版第2卷第101页。
② 《马克思恩格斯全集》第1版第32卷第427页。

已经下降。实际上,由于英国发达的资本主义特性,以及作为真正的工人政党的宪章派协会的存在,马克思和恩格斯曾经一度将英国视为工人运动的排头兵。那么,又该如何解释他们前后态度的大相径庭?

早在1858年,恩格斯就再次思考英国革命的潜在可能。当宪章派领袖欧内斯特·琼斯通过降低宪章运动历史形成的纲领要求,从而借助政治手段与自由资产阶级谋求妥协时,恩格斯在给马克思的信中写道,这种做法代表了"英国无产阶级实际上日益资产阶级化了"。紧接着他又解释说:"对一个剥削全世界的民族来说,这在某种程度上是有道理的。"① 大英帝国抢夺来的赃物足以使英国工人斗志消沉。马克思在回信中侧重回应的正是这一点,而就是在这封回信中,马克思指出革命运动完全可能"在这个世界上的小小角落里被镇压",因为以英国为首的全球资本主义仍然处于"上升"阶段。

第一国际建立时发挥重大作用的英国工联领导人,几乎全部来自建筑业工人和熟练手工业工人。尤其后者,主要关心的是面对工业资本主义时的生存问题。这两种人的领导者加入国际工人协会的动机,仅仅是极为狭隘的经济和政治利益,而非无产阶级的国际主义。在国际工人协会成立宣言中,马克思间接提到,在19世纪的四分之三的时间内英国资本主义得到空前的扩张,英国工人阶级因为在此过程中"实际工资对于工人阶级的少数稍微有些提高"而开始分层。② 工人阶级内部的这些差异在政治上的影响,随着国际工人协会在英国展开的活动,变得愈来愈清楚。较之其他任何问题,更常被提及的是选举权问题和选举政策。这使马克思第一次注意到工联主义者加入总委员会的目的,特别是他们

---

① 《马克思恩格斯选集》第2版第4卷第552页。
② 《马克思恩格斯选集》第2版第2卷第603页。

不惜违背总委员会的政策，在竞选场所阻止英国自由主义者支持家庭所有成员都获得选举权，而非成年男子的普选权。

如果说总委员会中的工联主义者曾在选举权议题上背叛过英国工人阶级，马克思相信他们在爱尔兰问题上不会做同样的事情。马克思的策略是以总委员会文件的方式，旗帜鲜明地表明国际工人协会对新近被逮捕入狱的芬尼亚运动成员和爱尔兰民族自治运动成员的支持，与此同时，尝试着在工联主义者与自由党执政的格莱斯顿政府之间制造分裂。如果说马克思关于爱尔兰问题的决定让工联主义者难以下咽的话，那么为了表示对巴黎公社社员的敬意而写作的名著《法兰西内战》，就更是他们无法消化的。无法与协会保持一致的事实，迫使这些仍在总委员会中担任职务的工联主义者彻底断绝了与协会的关系，而且由于其自由党同盟的压力，他们选择了让自己远离那些失败的公社社员，以及马克思对他们毫不妥协的保护。因此，无论马克思和恩格斯曾经对英国工人运动抱有怎样的希望，这些希望由于那些领导人对于失败后的巴黎公社的反应，现在都已烟消云散。

1872年，国际工人协会在海牙举行了最后一次影响深远的会议，在会上马克思毫无保留地将他对工联主义者的看法公之于众。当有人质问一位代表的资格，指责他无权代表英国工人阶级时，马克思严词驳斥，说："对于这位代表而言，确实可以说他不是任何一位足以代表英国工人的所谓领导者，这是因为那些领导者都或多或少受贿于资产阶级和政府。"虽然他的这些广为宣传的言论导致与改良派的彻底决裂，但是直到两年后，马克思仍无道歉之意，他在写给友人的书信中说："我知道，会因此而招致不满、诽谤等等，但是对于这一类的后果，我从来是毫不在意的。现在有的地方人们开始认识到，我只不过通过这种揭露来尽我的责任而已。"①

在分析1874年的英国议会选举时,恩格斯运用他和马克思在1858年就已形成的观点,来解释英国工人在政治上倒退的原因,他说:"因为这里的工人阶级从大工业的巨大高涨中得到的利益,比任何地方的工人阶级所得的要多,在英国称霸世界市场的情况下也不能不是这样。"②但是,政治往往具有决定性的作用,一旦统治阶级自觉地批准了宪章派在历史中形成的要求,政治的主导作用就体现出来。在恩格斯看来,直到1883年,帝国主义对英国工人的斗争意识仍然有着决定性的影响,他在信中提到:"参与世界市场的统治,过去是而且现在依然是英国工人在政治上消极无为的经济基础。"③ 只有当不列颠统治者对世界的垄断受到其他竞争者的挑战,从而导致劫夺而来的赃物数量减少时,英国工人运动的面貌才会有所改观。因此,与传统的马克思学描述的形象恰恰相反,至迟在1871年前,马克思和恩格斯就已放弃他们早年形成的英国工人能够成为世界工人运动典范的乐观态度。

英国的帝国主义性质及其对国内政治的影响,集中体现在对爱尔兰人民的持续征服上。1869年,马克思在信中写道:"英国工人阶级……在英国本土永远不会做出任何有决定意义的事情,在对爱尔兰的政策……还没有和统治阶级的政策一刀两断之前。"④ 这样的论断直到今天仍然能够切中要害,宛若当年。事实上,这个论断还标志着马克思和恩格斯对爱尔兰自治运动看法的重大转变。在此之前,他们将推翻英国

---

① 《马克思恩格斯全集》第1版第33卷第631页。
② 《马克思恩格斯全集》第1版第18卷第543页。
③ 《马克思恩格斯全集》第1版第36卷第59页。
④ 《马克思恩格斯全集》第1版第32卷第625页。

的资产阶级统治作为爱尔兰解放的前提条件，言外之意就是爱尔兰的斗争将会取代英国工人斗争的领导地位。但是，1867年芬尼亚运动成员发动的首次起义，迫使他们重新思考这样的判断。

英国政府将爱尔兰降格为一个超大规模的农场以满足英国国内的食物需求，这是马克思修正他的相关政治论述的根本性原因。在马克思看来，尽管这个过程使得英格兰的地主阶级重获新生，但是它对整个社会和政治的影响却是极为消极的，实际上，这也是历史上第一次对这种会被推广到全世界并造成不发达现象的过程的详尽分析。较之于其他因素，这种过程主要考虑的是地主所有制，1869年，马克思在写给恩格斯的信中说："杠杆一定要安放在爱尔兰。"正如他深思熟虑的结果显示的："姑且不谈国际上的公道，英国工人阶级解放的先决条件是把现存的强制的合并，即对爱尔兰的奴役，变为平等自由的联盟——如果这是可能的话，或者完全分离——如果这是必要的话。"① 这个修正后的观点，随后成为当年总委员会掀起为被关押的芬尼亚成员争取特赦的运动的基本立场。

处于先锋地位的俄国

马克思和恩格斯在提出英国工人阶级并非世界工人运动"典范"的同时，他们的目光开始关注更为遥远的东方地区，一直到俄国，虽然这两种活动在时间上并不重合。早在1863年，他们提出革命新纪元业已开始之时，当时由俄国占领的波兰地区的农民运动就已进入他们的视野。但是一直到七年之后，他们才与俄国新兴的革命运动建立直接联

---

① 《马克思恩格斯全集》第1版第16卷第398、475页。

系。而与此同时，作为俄国革命发展的标志，就是1872年莫斯科的革命者首次出版了《资本论》的俄文版，这也是《资本论》的第一个外文版本。

为了深入了解俄国的重要性，马克思在1870年初开始学习俄语。按照他的妻子燕妮的说法，"他学习俄语时的样子，好像那是一个关系到生死存亡的问题"。在读完俄国民粹派社会主义者恩·弗列罗夫斯基写的《俄国工人阶级的状况》一书后，马克思在给恩格斯的信中称赞该书是"你的《工人阶级状况》这一著作问世以后的最重要的一本书"，① 并且说"在研究了他的著作之后可以深信，波澜壮阔的社会革命在俄国是不可避免的，并在日益临近……这是好消息。俄国和英国是现代欧洲体系的两大支柱。其余一切国家，甚至包括美丽的法国和有教养的德国在内，都只具有次要意义"。② 五年之后，恩格斯准确地预言俄国的社会革命"对德国的反作用也是不可避免的"③，虽然用的时间要比他预期的长。此后直到逝世，马克思和恩格斯都把俄国革命的发展放在优先位置来考虑，而这个事实几乎被所有马克思主义学者所忽略。

部分因为《资本论》在俄国出版后的巨大影响（俄文版的销售要好于其他版本），加上他在国际工人协会中的崇高声望，1870年3月，日内瓦的俄国流亡者团体请求马克思成为他们在协会总委员会中的代表。由此，马克思和这一代的俄国革命者建立起正式的联系，而1917

---

① 《马克思恩格斯全集》第1版第32卷第421页。
② 《马克思恩格斯全集》第1版第32卷第450、646页。1870年，马克思就预测到，与德国的战争"将会是俄国无可避免的社会革命的助产士"（《马克思恩格斯全集》第1版第33卷第147页）。
③ 《马克思恩格斯全集》第1版第34卷第155页。当然，我的意思是说德国革命形势的巨变是紧随着俄国1917年革命而产生的。

年俄国革命的领导者中,很多人就出自这个团体。住在日内瓦的俄国流亡者希望马克思作为他们的代表,这件事本身就颇具启发性,因为它说明"俄国和德意志革命运动的特征极为相似,而且马克思的论著在俄国青年中广为人知,深受欢迎"。虽然通常的看法是马克思和恩格斯对俄国之类的欠发达国家很少关注,但是对于19世纪70年代的激进的俄国青年来说,显然并非如此。他们选择了马克思的观点,在自己的祖国努力实践马克思提到的社会主义革命的前景与过程。他们特别关注的是,俄国是否必须经历一个很长的资本主义发展阶段,或者说,在当时俄国大多数乡村普遍实行公社财产所有制的基础上,俄国能否直接发展到社会主义阶段?

确切地说,因为当时俄国所经历的社会经济变革,马克思并不情愿作出任何明确的判断。1877年,在写给俄国革命民主派成员的信中,他发出了常被引用的警告,坚决反对那些将他"关于西欧资本主义起源的历史概述彻底变成一般发展道路的历史哲学理论,一切民族,不管他们所处的历史环境如何,都注定要走这条道路……"此时,他对俄国革命的真实看法是:如果俄国"继续走它在1861年所开始走的道路,那它将会失去历史所能提供给一个民族的最好的机会,而遭受资本主义制度所带来的一切极端不幸的灾难"。①

1881年,俄国马克思主义政党的建立者之一,维拉·查苏利奇(Vera Zasulich)写信向马克思请教,询问面对资本主义生产方式的不断扩张,俄国的农民公社能否幸存,马克思在回信中表现出一如既往的谨慎,他认为为了农民公社得以保存并成为社会主义所有制的基础,

---

① 《马克思恩格斯全集》第1版第19卷第129页。

"首先必须排除从各方面向它袭来的破坏性影响"。① 换句话说，正如他在该信的一份草稿中所指出的，"要挽救俄国公社，就必须有俄国革命"。② 这个方案是整个答复的基础，而且对农民问题的论述深刻而详尽，从而显示出马克思对俄国的下一步发展是何等的关注，尤其对农村社会问题。

就俄国社会主义革命的具体政治策略而言，第一个预测革命过程中所牵涉的因素的却是恩格斯。对布朗基派（Blanquist）鼓吹的俄国农民都是"本能的革命者"的说法，恩格斯严词驳斥，他警告那些"过早的起义尝试"，因为"俄国无疑是处于革命的前夜"。他对业已发生的一切作了精细的刻画，虽然其意义的重要性要比他的预期形成的晚一些：

"在集中于首都的那些较开明的国民阶层中间越来越意识到……变革已经迫近了，但同时也产生一种幻想，以为可能把这个变革纳入安静的立宪的轨道。这里，革命的一切条件都结合在一起；这次革命将由首都的上等阶级，甚至可能由政府自己开始进行，但是农民将把它向前推进，很快就会使它超出最初的立宪阶段的范围；成为对整个欧洲都具有伟大意义的革命。"③

马克思的见解大致相似，1877年，俄土战争爆发，他和恩格斯都认为这场战争将促进俄国的社会革命。结果，他们失之东隅收之桑榆——革命的发展确实是借助一场战争才得以实现，1905年爆发的俄

---

① 《马克思恩格斯选集》第2版第3卷第775页。
② 《马克思恩格斯全集》第1版第19卷第441页。
③ 《马克思恩格斯选集》第2版第3卷第285页。

日战争,不仅加速了革命的进程,而且成为1917年俄国革命的先导。马克思和恩格斯都认为俄国社会革命一旦开始,必将向西扩展,从而引发"整个欧洲的急剧转变"。① 事实上,"俄罗斯沙皇制度的覆灭……便成了德国无产阶级取得最终胜利的首要条件之一"②。1882年,恩格斯在给一位关系紧密的德国党员写的信中指出,下一个国际形成之日,必将是革命时机成熟之时:

"这样的事变正在俄国酝酿着,在那里,革命的先锋队就要出击了。照我们看来,应当等待这一事变以及在德国必然产生的反应——到那时,采取伟大的行动和建立一个正式的真正的国际的时机就到来了,不过到那时,它再也不会是一个宣传的团体,而只能是一个行动的团体了。"③

这是一个意义深远的预言,因为1917年的俄国革命,确实导致了1919年第三国际或者共产国际的建立,而它也自豪地宣称自己信奉的正是马克思主义纲领。

最后一点,1882年,在《共产党宣言》俄文版第二版的序言中,马克思和恩格斯写道:"俄国已是欧洲革命运动的先进部队了。"④ 此时已是马克思生命的晚期,距离他的逝世只有十五个月,但他仍然密切关注着俄国的农民问题,这也是青年列宁最初研究的问题。⑤ 马克思逝世

---

① 《马克思恩格斯全集》第1版第34卷第294页。
② 《马克思恩格斯全集》第1版第18卷第642页。
③ 《马克思恩格斯全集》第1版第35卷第268页。
④ 《马克思恩格斯选集》第2版第1卷第251页。
⑤ 另一个值得关注的事实是,马克思生命中的最后几年都用在阅读关于从美洲到欧洲和亚洲的前资本主义社会的书籍上,并做了很多笔记。这一事实再次戳破那些指责马克思是欧洲中心论者的人们的谎言。

后，恩格斯一如既往地相信俄国作为世界革命排头兵的地位并未失去。因此，他常常与维拉·查苏利奇、普列汉诺夫，以及新近成立的作为俄国第一个宗旨明确的马克思主义组织"劳动解放社"的其他领导人保持通信，加强联系。正如他和马克思早就指出的那样，俄国人对待他们的著作的认真程度是十分罕见的。他们为了最关键的理论问题——俄国是否能够超越资本主义发展阶段，迅速、直接地建立起以传统农民公社的财产公有制为基础的社会主义，从马克思的观点中寻求支持，而这个问题也是当年马克思曾被请求回答的。这样至为关键的问题，其中自然蕴含了众多的政治含义。

1894年，恩格斯重新开始关注俄国问题，此时距离他与马克思最后一次详尽讨论这个问题已经将近十五年。恩格斯注意到，在这段时期，俄国的发展呈现出急剧的资本主义化，"很大一部分农民愈来愈快地无产阶级化，旧的共产主义公社也愈来愈快地崩溃"。至于为了"共产主义发展的起点"，是否需要保存足够多的传统公社，他却没有明说：

"但是有一点是毋庸置疑的：要想保全这个残存的公社，就必须首先推翻沙皇专制制度，必须在俄国进行革命。俄国的革命不仅会把民族的大部分即农民从农村的隔绝状态中解脱出来……不仅会把农民引上一个大舞台……俄国的革命还会给西方的工人运动以新的推动，为它创造新的更好的斗争条件；从而加速现代工业无产阶级的胜利；没有这种胜利，目前的俄国无论是从公社那里还是从资本主义那里，都不可能达到社会主义的改造。"①

因此，可以毫不怀疑地说，与后来的斯大林主义者对马克思和恩格斯观点的所有扭曲相反，如果西欧的资产阶级统治不能被它自己的无产

---

① 《马克思恩格斯选集》第2版第4卷第450—451页。

阶级推翻，俄国便"永远不会实现社会主义转型"。俄国革命不仅是西方社会主义革命的"推动力"，而且其革命本身也不可避免地受到西欧革命成果的制约。在后来的历史中，这个预设被进一步有力证实，虽然处于其中的俄国人民命运悲惨，灾难连连。

因此可以说，俄国的例证极为鲜明地证明了马克思和恩格斯的理论不仅在那些以农民为主体的国家中具有纲领性的地位，这些国家最大的特征就是社会贫富悬殊，各种经济形态混存，并面临从一种生产方式向另一种生产方式转变的需要，而且，他们的理论在社会结构以工业化为主的西欧也同样重要。然而，按照后殖民主义者和后现代主义者的批评，他们的理论在发达地区却毫无用处。只要马克思和恩格斯的所有著述、见解和实际行动不能被作为一个整体看待，只要日后还有什么专家学者乃至其他人打着他们的旗号，标榜什么主义、"经典"，真正的马克思和恩格斯就会遭到忽视，而这样的无稽之谈也就会长期存在。

结　论

恩格斯在1894年富有先见之明地看到，如果西欧发达资本主义国家的资产阶级统治没有被推翻，俄国社会主义革命便无法成功。这个判断值得我们再作回顾。当年他与马克思一同提出革命进程一定是"世界历史性"的，正是以此为基点他们提出一整套理论，而恩格斯的这个判断与这一整套理论是完全一致的。1917年的俄国革命，或许是20世纪最有影响的事件，严格来讲，按照恩格斯的理解，应该是极度的辉煌与极度的痛苦并存。当一个国家有可能颠覆资本主义生产关系并提前实现社会主义转型时，就需要在更发达的资本主义国家推进社会主义革命。但是在1917年革命之后，这一切并没有发生，甚至在革命后的俄国还出现了日益严重的倒退。

爱尔兰与此相似。在修正以往关于革命方向的观点时，相对于英国工人阶级，马克思和恩格斯更重视爱尔兰民族主义者的革命积极性，因此他们也从不相信英国革命的发展与爱尔兰毫无关系。恰恰相反，长期坚持的爱尔兰斗争的最后成功取决于它能否得到英国工人阶级的积极支持。因为，正是在英国，才拥有建设平等社会的物质前提，而这也是建立真正的自治社会的基础。但是，爱尔兰并未坐等英国工人阶级的行动，事实上，倒是爱尔兰的革命首创精神激励了英国工人阶级投入革命运动。对阿尔及利亚和印度的起义，马克思和恩格斯也持同样的看法。

20世纪的事例充分说明，虽然较之于社会结构较为发达的国家，不发达国家更容易主动掀起革命，但是这种情况下的革命却很少能够建立起一个完美的社会。尽管马克思和恩格斯在1882年就宣称"俄国已是欧洲革命运动的先进队伍"，但是他们并没有设想社会主义变革能够在短期内提上日程，尤其在像俄国那样的不发达国家。确切地说，虽然通过民主革命可能实现这样的变革，但是它只有向更发达的资本主义国家传播，尤其是德国这样的国家，才能真正建立起完美的社会主义国家，而社会主义德国到那时才能支持俄国的社会改革。从1917年俄国十月革命到1923年德国社会主义者夺取政权失败（在两次失败的尝试之后）之前，这样的论断看上去并非毫无可能。

马克思在1848年底形成的世界革命相互依存的结论，今天看起来似乎比当年更有道理，而他提出的只有"生产力的普遍发展"，才可能使"人们的普遍交往建立起来……使每一民族都依赖于其他民族的变革"，也是值得再三强调的。在我们今天生活的世界中，最震撼人心的莫过于"生产力的普遍发展"，而发展的部分原因也被归结为"全球化"，尽管这个词都快被用滥了。1858年发生在马克思和恩格斯生活其中的"世界小小角落"的社会主义革命之所以成功,是因为与世界其他地方的革命进程紧密相连。如果说这一论断不错,那么它在今天就更加真实。此外,马克思和恩格斯提出的社会主义革命可能开端于不发达国家,但是必须扩展到发达资本主义国家才能取得成功,这个观点在今天也比当年更为中肯。越来越多的证据表明,"二战"之后常常打着"马克思主义"的大旗闹革命的第三世界国家,其革命都已陷入绝境,而解决的惟一办法只能落实到拥有建立社会主义物质前提的发达资本主义国家。对于今天世界各地的生产者而言,较之于历史上任何一个时期,他们之间具有了越来越多的共性,并且不像以前那样饱受限制,彼此之间形成"普遍的联系"。这些变化,使得《共产党宣言》的最后几行文字以前所未有的传播规模深入人心:"无产阶级失去的只是锁链,得到的将是整个世界。"

(徐跃勤、陈铮玲 译)

法共中央机关刊物《共产主义手册》载文批评否定列宁的思潮[*]

法国共产党机关刊物《共产主义手册》1994年第1期发表法共中央对外政策部研究员弗朗西斯·科恩纪念列宁的论文《在列宁逝世70年以后难道应当公开背弃他吗?》。作者认为,目前一些原社会主义国家特别是俄罗斯热衷于用种种方式破坏列宁的声誉,甚至打算把他的遗体迁出红场上的陵墓,这恰恰说明列宁对当前现实的重要意义。如果要用一种经过慎重考虑的对伟大人物的尊敬来代替半神话式的迷信,当然无可非议,但他们的目的不在于此,而是要歪曲历史,否定十月革命和整个20世纪的革命运动。把斯大林的错误的根源追溯到列宁那里并进而追溯到马克思;使共产党人丧失勇气并使人们抛弃共产党人。作者在文章中就以下一些问题提出自己的看法。

"斯大林继续了列宁的事业,也背叛了列宁"

对于"斯大林(的错误)是否在列宁身上已经存在"这一问题,作者的回答是,既是又不是。作者认为,斯大林时代并没有发生新的革

---

[*] 本文选自《国外理论动态》1994年第13期。

命，社会仍按原来方向运动，他所实行的是一系列原已开始或已作准备的措施。斯大林并不是在一切方面都与列宁对立，在观念、目标和实践方面，二人之间不存在截然的断裂。斯大林政策的前提是由1917年到1924年间的充满矛盾的情况造成的。这种情况一部分是违背列宁的意志的，因为列宁并不是万能的，不能控制一切；另一部分却是列宁本人的错误决定。例如，1917年列宁曾打算避免红色恐怖，1920年他却认为这种恐怖是正确的，并因此倡导血腥镇压。由当时的紧急状况而产生的警察机构和阶级斗争的尖锐化，后来被斯大林"永恒化"，并用来达到个人独裁的目的。

在列宁那里也可以发现一些"国家社会主义"观点。列宁在《国家与革命》、《共产主义运动中的"左派"幼稚病》等著作中提出过社会主义应当把全体人民组成一个"卡特尔"即国家、社会应当成为"单一的工厂"，应当使千百万人在生产和产品分配中遵循"统一的准则"，应当强制组织全体人口的共同消费和共同生产等观点。这些著作中也含有集中制强制和计划化的萌芽，幻想废除商品关系并认为全盘集体化具有优越性。

因此，可以说斯大林继续了列宁（的事业），同时又背叛了他。背叛表现在以下方面。

"列宁主义"和"马克思列宁主义"

作者认为，说列宁造成了斯大林的教条主义是不公正的。列宁援引马克思和恩格斯时都是为了"应用"于实际。斯大林为了教育的目的而制造了"列宁主义"这个简化用语，这不过是一种歪曲。它的作用是为唯意志论提供借口和论据。它大体上只是一种夺取政权和行施政权的理论,却把共产主义目标推迟到不确定的未来,而列宁的全部思想和实践都是以共产主义改造的前景为目标的。

作者也反对"马克思列宁主义"一词。他认为并不存在一个分阶段的学说体系,由马克思创立,列宁加以补充(斯大林在世时也被认为是作了补充)。从这一意义来说"列宁主义"是违背列宁的,因为他从来没有把马克思主义看作已经完成的历史唯物主义哲学,看作具有不随时间和环境而变化的规律的封闭性科学体系。当法国共产党宣布不再把马克思列宁主义当作根据时,决不等于摒弃列宁。这里只涉及理论的"非人格化"。如果说,在列宁的思想中自始至终有一条必须遵守的准则,那么这就是任何时候都要根据具体环境进行分析。

党的概念

作者认为,列宁在1902年确定的组织形式是为一个地下职业革命家的小集团设想的,尽管这一设想已被革命和内战证明为正确的,但并没有理由认为它是"列宁式"的党。1902年时,他认为党是阶级的先锋队,起领导一个阶级的作用,这个阶级本身又领导其他阶级。而且这个党当时已是唯一的党。因此显然对列宁本人来说,这种组织形式也已经过时了。

作者认为必须把俄共第十次代表大会放在历史条件下来考察。当时党内的讨论提出了党的统一问题。喀琅施塔得海军暴动使政权受到威胁。党一方面准备启动新经济政策,另一方面作出了两项在关于民主集中制的讨论中常常受到重视的决议:禁止派别;出版讨论专刊和专题文集,以便分析和"具体地"批评党的总路线和实践。斯大林对前一决议的解释有利于他发展一元化,尤其是因为后一决议未被运用,而列宁的意图却被歪曲了。

改革是回归到列宁吗?

苏联的改革是在回归到列宁的标志下进行的,这是为了获得合法性,肯定继承性,并暗含着对列宁以后的整个时期的批评,尽管改革的倡导者后来也表明他们对列宁的共产主义计划不感兴趣。要倒退到过去并且用假定的"列宁主义准则"来抹杀历史上的70年是不可能的。但是呼吁回到列宁至少在两个方面是有成果的,新经济政策和列宁晚年思想。

作者认为,改革派重提新经济政策有两个目的:反对把市场看成魔鬼;强调列宁懂得认识错误和扭转方向。列宁一生最后几个月的思想只见于他口授的几篇著作中。看来他并未形成一套完整的设想。但是他在《论合作社》一文中推荐这一制度,认为这是今后社会经济生活的基础。他认为"我们对社会主义的整个看法根本改变了",认为应当把工作重心转移到文化组织工作方面,应当改造旧的国家机关。他在最后一篇著作中号召"应当及时醒悟过未",应当"花上许多许多年的时间"来建立真正社会主义的机关等等。但他死后苏联的发展却与他的最后思考完全背道而驰。

列宁和法国共产党

作者认为,不考虑列宁的思想、著作和行动,就无法完整地解释20世纪。列宁在马克思主义领域的业绩是不能加以歪曲的。十月革命、苏联的现实和神话以及所谓的列宁主义对法国共产主义都曾经产生巨大的影响。法共是作为列宁创立的第三国际的一个支部而诞生的。列宁认为俄国革命已经阐明基本原则,其他各党只需把它们应用于各国的特殊情况就可以了。法共尽管是整个法国进步思想的不容争辩的继承者,但仍旧深深受到第一次无产阶级革命榜样和俄国党在国际中的支配权的影响。本国的某些特点,如雅各宾主义或盖得主义加强了这一影响。这一切都要求法共进行反思和深入的研究。

(殷叙彝 摘编)

列宁和恩格斯的遗著

〔苏〕H. Ю. 科尔平斯基

列宁不仅是马克思和恩格斯的理论活动和革命活动的伟大继承者,而且也是奠定研究马克思主义的方法论基础的最大的历史学家。在列宁的创作中,解决了在新的历史时代——帝国主义时代即无产阶级革命和社会主义胜利的时代里进一步发展革命理论的客观需要以及实现这一客观需要的任务。正是科学共产主义的全面发展,要求无论对理论本身还是对马克思和恩格斯创立和发展的理论的历史,他们的实际革命活动,都要进行深入的了解。因此,列宁创作的这两个方面是相互联系和相互制约的。

列宁在马克思主义史中的贡献,决定于他把马克思主义提高到新的水平,证明了它的伟大的改造力量和普遍性质。他详细研究了马克思主义史的主要问题:马克思主义的理论基础,马克思主义同工人运动的联系,马克思和恩格斯的观点的发展阶段;科学共产主义各个组成部分的统一;指出了马克思和恩格斯的观点的实质,理论和实践的联系。对待理论采取创造性的态度,在马克思主义的整体性中把握马克思主义的发展,不断同任何歪曲马克思和恩格斯学说的精神和字义的现象作斗争,

---

* 本文选自《马列主义研究资料》1985 年第 4 辑。作者是苏联历史学博士。

这使列宁的著作同梅林、普列汉诺夫等这样一些著名的马克思主义历史学家的著作有所区别。因此，列宁不仅对马克思和恩格斯著作的任何评价，而且对马克思主义经典著作家的著作本身采取的态度，他的研究方法，都是极为重要的。

我们必须强调指出，列宁是一位有高度文化修养的人，他的知识十分渊博。他对马克思和恩格斯生平活动的研究这一方面最能说明这一点。只要查阅一下第五版《列宁全集》文献索引就足以断定，他真正掌握了当时能弄到的恩格斯的全部著作。应该考虑到，列入索引的只是一些引文或者直接提到的著作，而在许多场合，尤其指的是《新莱茵报》中的文章时，列宁则用概括的形式论述马克思和恩格斯的结论、他们的实践以及其他等等。苏维埃政府迁至莫斯科以后，当列宁有可能建立自己的图书馆时，他就特别注意搜集马克思和恩格斯的著作：他能弄到的版本，科学共产主义创始人的文献，都加以收藏。列宁的图书馆中有一百六十七册马克思恩格斯的著作，其中恩格斯的著作有六十二册，马克思和恩格斯的书有一百多册。凡是熟悉伊里奇的人都为他的马克思主义知识、他对马克思和恩格斯的"热恋"（列宁的特殊用语）[①]、向马克思"请教"的本能需要所震惊。

除了为数不多的著作（如《卡尔·马克思》、《弗里德里希·恩格斯》、《马克思学说的历史命运》、《马克思主义的三个来源和三个组成部分》）以外，列宁未对马克思主义的历史作总的阐述。多数情况下，他依据马克思和恩格斯的著作阐明了它们的产生条件和任务。同时，他

[①] 关于恩格斯《论住宅问题》1887年的序言，列宁致印·阿尔曼德的信中说道："我还在'热恋着'马克思和恩格斯"（《列宁全集》第1版第35卷第272页）。

经常进行纯考证的分析，修改译文，提出自己的异文，等等。列宁分析了马克思和恩格斯的某一具体思想产生的现实历史关系，分析了他本人的文章的论题——新的历史条件，在这二者结合的研究中阐明了马克思和恩格斯著作，马克思主义本身的意义。在所有场合，对科学共产主义创始人的某一著作的极端重要性和迫切性所作的明确而具体的揭示，具有总结性的结论的意义。

本人不打算详尽叙述列宁撰写的恩格斯传记著作。我们希望以概括的形式指出列宁对待恩格斯遗著的态度，他的著作对于研究恩格斯在发展马克思主义事业中所作的贡献的意义。

在详细研究恩格斯的生平时，列宁的论点是用作为起点的方法论原则表达的：恩格斯和马克思一样，是马克思主义的最伟大的理论家。列宁在自己的一篇早期文章恩格斯传记中写道："在他的朋友卡尔·马克思（于1883年逝世）之后，恩格斯是整个文明世界中最卓越的学者和现代无产阶级的导师。"① 而1919年他在《论国家》讲演中关于《家庭、私有制和国家的起源》一文说道："这是现代社会主义主要著作之一，其中每一句话都是可以相信的，每一句话都不是凭空说出，而都是根据大量的历史和政治材料写成的。"②（列宁在揭示恩格斯著作的理论意义时，经常强调说，他们依据了大量的实际和**政治**材料。）

在《马克思恩格斯通信集》一文中，列宁非常清楚地把恩格斯说成是理论家："……马克思和恩格斯两个人的名字作为现代社会主义创始人的名字并列在一起是很正当的。"③ 而在《卡尔·马克思》一文中

---

① 《列宁选集》第1版第1卷第86页。
② 《列宁全集》第1版第29卷第431页。
③ 《列宁全集》第1版第19卷第562页。

则说:"不了解恩格斯的**全部**著作,就不能了解马克思主义,就不能全面地阐述马克思主义。"①

这些概括的、最准确的评价是建筑在对恩格斯遗著的详细分析基础上的,这些分析散见在列宁的许多著作之中。只要提出《唯物主义和经验批判主义》、《国家与革命》、《无产阶级革命和叛徒考茨基》这样一些有价值的著作,就足以一方面表明恩格斯著作对于理论的继续发展的现实意义,另一方面也表明列宁对恩格斯著作的历史价值进行的具体分析。梅林分析《英国工人阶级状况》、《德国的革命和反革命》(列宁当时也和所有的人一样,认为这篇文章是马克思写的)、《德国农民战争》、《论权威》、《行动中的巴枯宁主义者》、《论住宅问题》、《反杜林论》、《路德维希·费尔巴哈和德国古典哲学的终结》、《家庭、私有制和国家的起源》、恩格斯的书信、他为马克思著作写的序言以及其他文章时,并没有这样具体地揭示这些著作的理论意义和迫切性。列宁指出了恩格斯作为理论家在马克思主义的所有组成部分即哲学、政治经济学、科学共产主义理论、制定无产阶级解放斗争的战略和策略中作出的贡献。

列宁特别注意恩格斯著作中的辩证法。我们这次不去分析他对《反杜林论》内容的阐述和对恩斯格的这部重要著作的评价。我们只着重指出,列宁特别注意马克思主义的唯物主义同百科全书派和费尔巴哈的唯物主义有区别的见解(既在《反杜林论》又在《路德维希·费尔巴哈和德国古典哲学的终结》中),马克思主义的唯物主义是不断普及到社会生活中的唯物主义,是辩证唯物主义。列宁光辉地总括恩格斯的论点时写道:"但是马克思主义不是停留在起码原则上的唯物主义。马克思

---

① 《列宁全集》第1版第21卷第72页。

主义更前进了一步。"①

列宁经常使用恩格斯关于马克思主义不是教条这句话。他在《论马克思主义历史发展中的几个特点》一文中写道："恩格斯在谈到他自己和他那位赫赫有名的朋友时说过：我们的学说不是教条，而是行动的指南。这个经典式的定义异常鲜明有力地强调了马克思主义的往往被人忽视的那一方面。"其次又指出，教条主义地对待马克思主义，我们"就会阉割马克思主义的活的灵魂：……——辩证法。"②

列宁认为恩格斯不止一次叙述的这一论点有特殊的意义，从中看到了自己活动的明确的方法论原则。另一方面，他指出了恩格斯揭示并异常清楚地形成了科学共产主义的主要特点之一——它的内在的辩证法。

列宁非常注意分析恩格斯在制定工人运动的战略和策略时如何运用辩证法。他对作为行动中的辩证法的马克思恩格斯通信集的内容下的经典定义（"……全部通信集的焦点……就是辩证法"③），是众所周知的。

列宁探讨马克思和恩格斯在1848—1849年革命中的策略、他们对民族和土地问题的深入研究、他们同改良主义和宗派主义的斗争、他们对社会主义政党的忠告等等时，在许多著作和文章中非常明确而又具体地揭示了这个结论。列宁在阐述恩格斯联系某一局势写的文章和书信的社会历史意义时，揭示了恩格斯解决某些问题的科学原则，对待这些问题的方法本身。他经常使用这样的说法：马克思和恩格斯的"问题的提法"。马克思主义创始人如何提出问题，他们如何解决问题，正是这种强调表现了列宁著作的特色。因此，我们想研究一下列宁《论工人政党

---

① 《列宁全集》第1版第15卷第379页。
② 《列宁全集》第1版第17卷第22页。
③ 《列宁全集》第1版第19卷第558页。

对宗教的态度》一文（1909年）——列宁揭示恩格斯著作内在辩证法的范例之一。在这篇文章中，列宁仔细选择了恩格斯的著作《反杜林论》、《论住宅问题》、对爱尔福特纲领的评注中的有关地方，指出了社会民主党人对待宗教问题的不同态度，恩格斯的论点同具体环境、工人运动的发展水平的联系。列宁用这个范例指出，只有"不善于或不愿意动脑筋的人，觉得这种经过（社会民主党人对宗教的不同观点——作者注）只是表明马克思主义自相矛盾和摇摆不定……"①他指出，寻找这类的"自相矛盾"的企图是无政府主义空谈家所惯有的。②列宁用下述论点同这类空谈家关于马克思主义"自相矛盾"的疑虑相对比，这些"摇摆不定"是"从辩证唯物主义中得出来的直接的和必然的结论"，③是"马克思主义在这个问题上的政治路线，也是同它的哲学原理有密切关系的"。④列宁在评论的末尾形成了一个非常重要的论点：恩格斯提出改变宗教问题中的政治和策略路线，反映着"实际生活中的实际矛盾，即辩证的矛盾，而不是字面上的、臆造出来的矛盾"。⑤

据我们看来，列宁在这里最明确地显示了马克思和恩格斯解决实际问题的辩证态度。列宁分析马克思和恩格斯在1848—1849年革命中的策略，他们对战争的态度时，也遵循了那个原则。我们指出的列宁的方法论上的概括，不仅对了解恩格斯的革命和理论的活动，而且对分析当前的事件和现象，都具有重大的意义。

列宁揭示恩格斯"在经济学的形式上是错误的东西，在世界历史上

---

① 《列宁全集》第1版第15卷第378页。
② 《列宁全集》第1版第15卷第378页。
③ 《列宁全集》第1版第15卷第379页。
④ 《列宁全集》第1版第15卷第379页。
⑤ 《列宁全集》第1版第15卷第381页。

却可能是正确的"① 这句话的意义，在科学上颇有教益，在当前也有现实性。列宁研究做出这一结论的上下文后强调说，"在评价俄国现代民粹派或劳动派的乌托邦的时候，必须记住"这一结论"（也许不仅俄国一国，在二十世纪发生资产阶级革命的许多亚洲国家都应当这样）"。②

列宁在首先是以恩格斯著作（尽管没有具体指出哪一篇）为依据写的《游击战争》一文中，又阐明恩格斯如何改变某些斗争形式（尤其是街垒战的可能性）和说明他的观点演变的环境。列宁的结论是："马克思主义……不把运动限于某一种斗争形式"，"马克思主义……向群众的实践学习"，"……马克思主义要求我们一定要用历史的态度来考察斗争形式问题"。③ 此外还揭示了马克思和恩格斯的方法本身，指出了它的普遍性（适合新的情况，适合解决新的问题），因而也就指出了科学共产主义创始人著作的现实性。

这样的例子不胜枚举。

列宁概括了他所知道的马克思和恩格斯在某个课题方面的意见④，并指出它们是对事实的全部总和进行辩证唯物主义思考的结果。这一研究现实的方法对列宁本人的创作活动来说也是有代表性的。

我们再一次着重指出，列宁对恩格斯著作采取的态度：使他能在新的历史条件下充分地揭示某些著作的科学意义和政治迫切性。例如，1918年6月列宁发表了《预言》一文，在该文引用的恩格斯《波克罕

---

① 《列宁全集》第1版第18卷第352页。

② 《列宁全集》第1版第18卷第352页。

③ 《列宁全集》第1版第11卷第196、197页。

④ 在《帝国主义和社会主义运动中的分裂》一文中，他写道"我们故意相当详细地摘引了马克思和恩格斯的坦率的言论，是想使读者能够全面加以研究。这些言论是必须研究的，是值得细细玩味的。"（《列宁选集》第1版第2卷第891页）

〈纪念一八〇六至一八〇七年德意志极端爱国主义者〉一书引言》①中分析了世界战争可能带来的后果。列宁写道:"这真是多么天才的预言!在这个明确的、简要的、科学的阶级分析中,每一句话的含义是多么丰富!现在陷于可耻的犹豫、颓丧和绝望状态的人,如果……如果这些惯于向资产阶级奴颜婢膝或甘愿被资产阶级吓倒的人会思考,还有一点思考能力,那么,他们该从这里吸取多少教训!恩格斯所预料的事情有些是发生得不像他预料的那样……然而最令人惊奇的是,很多事情发生得同恩格斯所预料的'一字不差'。其所以如此,是因为恩格斯作了极其确切的阶级分析,而阶级以及阶级间的相互关系又仍然同以前一样。"②

上述引文清楚地表明了列宁个人对马克思和恩格斯、他们的创作采取的态度。列宁不只充满学者的坚强信念,而且也满怀战士的无限激情同各种各样的糊涂虫、伪造者或马克思主义的公开敌人作斗争。对歪曲马克思主义并使之庸俗化(对列宁来说是有代表性的单词)的现象的毫不妥协,像一根红线那样贯串于列宁全部著作。列宁既反对采取教条主义和简单化的态度来对待马克思主义,也反对修正马克思主义,不管这种企图来自何方。我们着重指出,列宁早在本世纪初就察觉并回击了在必须发展马克思主义的旗帜下对马克思主义的抨击。在《怎么办?》一书的一节《恩格斯论理论斗争的意义》中,列宁写道:"……所谓反对思想僵化等等的响亮词句,只不过是用来掩饰人们在理论思想发展方面的冷淡和无能。"③这些词句好像是在今天写的。列宁不仅恢复了恩格斯关于理论活动是无产阶级斗争的一种形式的著名论点,而且还为同

---

① 《马克思恩格斯全集》第 1 版第 21 卷第 396—402 页。
② 《列宁选集》第 1 版第 3 卷第 577 页。
③ 《列宁选集》第 1 版第 1 卷第 240—241 页。

利用这一思想最终反对马克思主义本身的现象作斗争提供了原则。

列宁对恩格斯关于上层建筑对基础的反作用的思想颇为注意。整揭示了这一原理同历史唯物主义的基本原则的辩证统一，揭示了马克思和恩格斯对这一原理的共同立场。

列宁把恩格斯的理论活动和实践活动同马克思的活动作为一个整体来加以研究。在这一研究原则中，包含了一个最重要的方法论的经验教训，这个经验教训是可以从列宁关于恩格斯的意见和他以恩格斯的文章为基础而写的文章中吸取的。众所周知，列宁在任何地方都没直接说过，他当时的一些想法是同马克思和恩格斯相对立的。可是，对恩格斯著作理论意义的揭示本身却回答了这一意向。我们知道，唯一的场合是在《国家与革命》的一章中，列宁直接指出了马克思和恩格斯关于社会主义革命以后的国家命运的立场之间存在矛盾的虚假性。① 他证明马克思和恩格斯的思想是相互补充的，当注意到对问题的不同观点时，他们还是共同努力使问题在共同的理论前提基础上得到完整的解决。对马克思和恩格斯活动的一致性的观点，成为列宁论述他们的活动的全部基础。这从他对马克思主义哲学基础、科学共产主义、无产阶级解放斗争的战略和策略问题、思想斗争的经验教训以及其他问题（《弗里德里希·恩格斯》、《卡尔·马克思》、《唯物主义和经验批判主义》、《马克思和恩格斯通信集·序言》、《社会民主党在民主革命中的两种策略》、《论民族自决权》、《帝国主义和社会主义运动中的分裂》、《论策略书》、《马克思主义和起义》、《无产阶级专政和叛徒考茨基》、《无产阶级专政时代的经济和政治》以及其他许多著作）的叙述中可以看出来。有时列宁专门强调了他们的观点的一致。例如，在论述恩格斯的《反杜林

---

① 《列宁全集》第1版第25卷第444页。

论》时说道："……完全以马克思的唯物主义哲学为依据,并阐明这个哲学",① 在论述《路德维希·费尔巴哈和德国古典哲学的终结》时说道:"恩格斯在叙述自己和马克思对费尔巴哈哲学的看法",② 在论述《家庭、私有制和国家的起源》时说道:"这二段话已经十分清楚地表明了马克思主义关于国家的历史作用及其意义的基本思想"。③

列宁关于恩格斯在制定马克思主义中的作用的上述意见,由《弗里德里希·恩格斯》一文中提出并加以论证的论点所补充:"要了解弗里德里希·恩格斯对无产阶级有什么贡献,就必须清楚地认识马克思的学说和活动对于现代工人运动发展的意义。"④ 这对于研究恩格斯传记的人来说是一个重要的方法论原则。列宁用下述的话总结自己的思想说:"因此,恩格斯的名字和生平,是每个工人都应该知道的。"⑤ 可见,对列宁来说,揭示马克思和恩格斯观点的共同性和恩格斯对马克思主义的统一理论的贡献比确定恩格斯的创作特点更加重要。

列宁的著作为评价恩格斯在建立工人阶级政治经济学中的作用提供了根据。列宁说的是恩格斯的《政治经济学批判大纲》和《英国工人阶级状况》,他写道:"同恩格斯的交往,显然促使了马克思下决心去研究政治经济学。"⑥ 这里指出了恩格斯研究资本主义政治经济学问题

---

① 《列宁选集》第1版第2卷第581页。
② 《列宁选集》第1版第2卷第581页。
③ 《列宁选集》第1版第3卷第175页。
④ 《列宁选集》第1版第1卷第86页。
⑤ 《列宁选集》第1版第1卷第87页。
⑥ 《列宁选集》第1版第1卷第91页。列宁在文章中写道,恩格斯"从现代社会主义的观点考察了现代经济制度的基本现象"(《列宁选集》第1版第1卷第90—91页)。

的优先地位，他在研究进程中首先把辩证唯物主义的方法运用于这门科学并分析了工业变革的后果。

列宁认为，恩格斯在整理《资本论》第二卷和第三卷的工作上建立了丰功伟绩。阿德勒说，出版《资本论》第二卷和第三卷，就是替他的天才的朋友建立了一座庄严宏伟的纪念碑，在这座纪念碑上，他无意中也把自己的名字不可磨灭地铭刻在上边。列宁在引用阿德勒这些话的同时，又提出了阿德勒所没有的论点："的确，这两卷《资本论》是马克思和恩格斯两人的著作。"①

列宁对恩格斯关于经济学中的新现象的思考作了经典评价，其中也包括对恩格斯关于爱尔福特纲领草案的评述："这里指出了对现代资本主义即帝国主义的理论评价中最主要的东西，即资本主义变成了垄断**资本主义**。"②

列宁在详细制定帝国主义理论时，凭借的是恩格斯关于对资本主义发展新阶段来说具有代表性的某些政治现象的论点。例如，在《国家与革命》中写道："恩格斯在1891年就已指出，'侵略竞争'是各大强国对外政策最重要的特征之一"。③ 列宁在许多文章（最明显的是在《帝国主义和社会主义运动中的分裂》一文）中指出了恩格斯关于改良主义的社会根源的论断。恩格斯以英国殖民地垄断权所瓦解的英国工人运动为例，预言了帝国主义的基本特征之一——工人贵族的产生。列宁在恩格斯的著作中发现了可能发生世界战争的预见及其社会经济后果。

可见，在列宁看来，最重要的是指出下一点：恩格斯观察社会生活

---

① 《列宁选集》第1版第1卷第92页。
② 《列宁选集》第1版第3卷第229页。
③ 《列宁选集》第1版第3卷第179页。

的新现象、它的发展趋向时，注意到在一定程度上改变了资本主义经济体系的状况的工业联合组织（托拉斯，卡特尔）的产生，垄断制的作用，"侵略竞争"，工人贵族的出现，惨绝人寰的世界战争爆发的可能性，恩格斯相信社会主义革命的未来胜利。我们再一次强调指出，列宁之所以如此深刻地理解恩格斯，揭示恩格斯著作的意义，只是因为他创造性地思考经济和政治中出现的新现象，创立自己的帝国主义理论。

列宁著作评价了恩格斯阶级斗争理论和社会主义革命理论的贡献。列宁在《弗里德里希·恩格斯》一文中就已着重指出，"恩格斯**第一个**说明了无产阶级**不只**是一个受苦的阶级"，① 它能解放自己和人类，也就是第一个形成了科学共产主义关于工人阶级的历史使命的根本原理。列宁著作对恩格斯在国家和无产阶级革命、无产阶级专政、工人阶级斗争的战略和策略中的贡献做出了基本评价。

列宁在分析恩格斯科学共产主义理论方面的著作时，非常重视在此以前不被注意的问题，如社会主义革命（包括武装起义的思想）问题，无产阶级同盟军问题，无产阶级国际主义问题，民族问题以及其他等等问题。同时，列宁对恩格斯遗著的态度同先前的恩格斯传记作者和马克思主义历史学家有本质的不同。

列宁对恩格斯的生平作了划分。我们已经指出，列宁深入研究的马克思主义史（这是一个单独的研究题目，这里我们只限于说明事实本身）的共同问题，对于研究恩格斯的传记具有重大意义。列宁指出马克思主义发展及其同工人运动相结合的道路上的两个最重要阶段——1848—1849年和1871年以后，又对马克思和恩格斯的生平活动史作了较为详细的剖析。

---

① 《列宁选集》第1版第1卷第89页。

列宁非常注意恩格斯从唯心主义和革命的民主主义转向唯物主义和共产主义的时期。他指出，马克思和恩格斯合作之前是各行其是的，他们观点的演变并不完全相同，但就全部的个人特点来看演变又有许多共同点。首先，这涉及黑格尔哲学。列宁在评述恩格斯三十年代末至四十年代初的观点时写道："当时在德国哲学界占统治地位的是黑格尔学说，于是恩格斯也成了黑格尔的信徒。"① 恩格斯向唯物主义和共产主义的转变，是在1842年秋了解英国的社会制度和工人运动以后的影响下完成的；② 马克思向那个立场的转变是由其他一些因素决定的，但走的也是同一方向。恩格斯也和马克思一样，体验了费尔巴哈唯物主义思想的解放作用。

列宁的两个思想极为重要。首先，他认为马克思和恩格斯"都是由**民主主义者**变成社会主义的，所以他们**仇恨**政治专横的民主情感非常强烈"。③ 其次，正如列宁着重指出的那样，恩格斯观点的演变同作为马克思主义来源之一的工人运动有密切的联系。④

列宁也详细研究了（根据当时已知的材料）恩格斯的新的世界观，指出它是在同各种不同的小资产阶级思想流派划清界限的过程中形成的。《哲学的贫困》和《共产党宣言》的发表标志这个时期的完成。⑤ 列宁特别强调恩格斯在马克思主义的形成过程中的作用。如前所述，列宁指出恩格斯第一个说出了关于无产阶级的历史使命的思想，第一个拟

---

① 《列宁选集》第1版第1卷第88页。
② 《列宁选集》第1版第1卷第90页。
③ 《列宁选集》第1版第1卷第93页。
④ 《列宁选集》第1版第1卷第89、90页。
⑤ 《列宁选集》第1版第3卷第189—190页。

出《共产党宣言》的草稿。① 列宁在《马克思恩格斯通信集》一文中注意到恩格斯在思想斗争发展中的作用（"1846年，恩格斯到了巴黎……早在蒲鲁东所著的《贫困的哲学》一书出版**以前**……恩格斯就对……蒲鲁东那些根本思想，作了严酷无情和异常深刻的批判……26岁的恩格斯就在直接地消灭'真正的社会主义'"），详细分析了恩格斯同格律恩的斗争。② 列宁写的所有文章像红线一样贯串着关于马克思主义的特点、关于对先前的哲学（包括费尔巴哈的哲学）和早先的社会主义思想的批判克服、关于新的世界观的发展同思想斗争有机联系的极重要的思想。按照列宁的说法，恩格斯的贡献就在于这一斗争的坚决性和彻底性。

我们不想在这里引用列宁关于《共产党宣言》——马克思主义史、马克思和恩格斯生平的这一重要阶段的著名意见。我们只指出，列宁指明了《共产党宣言》同即将来临的革命的联系，指明了在这部著作中科学世界观的组成部分已融为一体这一事实。③

列宁写道："马克思和恩格斯参加1848—1849年的群众革命斗争的时期，是他们生平事业的突出的中心点。"④ 他这时在自己的许多著作中已开始研究马克思和恩格斯的活动。这是自然的事。决定无产阶级在革命中的战略和策略的客观要求，促使他注意研究科学共产主义创始人的遗著。他们的遗著成为列宁制定关于无产阶级在资产阶级民主革命中的领导权、关于资产阶级民主革命发展为社会主义革命、关于无产阶级

---

① 《列宁全集》第1版第19卷第562页。
② 《列宁全集》第1版第19卷第560、561页。
③ 《列宁选集》第1版第2卷第578页。
④ 《列宁全集》第1版第13卷第20页。

同盟军、关于临时革命政府、关于同自由主义的动摇即妥协主义进行坚决斗争的必要性的最重要的理论原则的基础。从俄国革命,布尔什维克的彻底革命的策略的经验教训角度来看,马克思和恩格斯的经验具有新的意义,他们的活动的革命实质,从活动中产生的那些理论结论得到了恢复。

列宁关于马克思主义是工人运动中成熟的先进派别、关于这是制定马克思主义政治纲领的时期、关于1848—1849年革命是马克思主义的第一次历史考验(它一方面证实了马克思主义的生命力,另一方面证实了提供发展理论,首先是无产阶级专政理论的可能性)等概括的论点,对评述恩格斯这个时期的活动至关重要。这些论点为研究恩格斯这些年代的活动创造了方法论基础。

列宁揭示了马克思和恩格斯的策略内容。他把它看作资产阶级革命和资产阶级民主革命条件下工人阶级彻底革命的典范。① 这同马克思和恩格斯在所有民主主义运动的极左翼中的发言并不矛盾。列宁指出,他们努力开展广泛的人民群众的斗争并建立真正的革命政府,并且在同自由派的动摇和宗派主义斗争时,捍卫了独立的无产阶级路线,从无产阶级立场提出了"**整个民主派的**"② 纲领。

列宁对马克思和恩格斯同波尔恩的改良主义倾向和哥特沙克的宗教主义立场作斗争的态度至今非常重要,并有现实意义。列宁指出这一斗争的客观性质、当时它在教育无产阶级中所起的作用及其经验教训的长

---

① 列宁论述《新莱茵报》时写道:它"到现在还是无产阶级最好的机关报"。(《列宁全集》第1版第21卷第60页)

② 《列宁全集》第1版第5卷第393页。

久的意义①时,起来反对缓和这一冲突的尖锐程度和歪曲对这一冲突的基本评价的企图。②

列宁对马克思和恩格斯活动总结的评价具有重大的意义。在这里下述事实是重要的:首先,革命的失败并不意味着马克思和恩格斯的策略是空想的和不正确的。列宁根据恩格斯的著作断定:"马克思在1848年的策略是**正确的**,这个策略,而且只有这个策略真正给了无产阶级以正确可靠的、永远忘不了的教训。"③ 我们要强调指出,列宁总是反对从革命的直接结果出发评价马克思和恩格斯活动的实用主义的企图。

其次,他们活动的总结无论在革命进程中还是在革命的经验中是直接同马克思主义理论的发展有联系的。只有马克思主义才能弄清革命的教训,这一事实证实列宁所说的马克思主义的生命力。他认为必须打碎国家机器的原理是马克思主义这一发展中的核心原理。④ 列宁认为关于资产阶级民主革命和社会主义革命中同农民结成联盟⑤、关于马克思和恩格斯制定的革命政府问题、民族问题、根据形势改变斗争形式的思想有很大意义。

列宁关于恩格斯在反动时期的活动的意见非常少。但是,列宁根据所掌握的有限资料着重指出,马克思和恩格斯回答了"工人运动和世界

---

① 尤其见《〈约·菲·贝克尔等致弗·阿·左尔格等书信集〉俄译本序言》(《列宁全集》第1版第12卷第344—363页)和《两种策略》(同上书,第9卷第121—125页)。

② 《列宁全集》第1版第9卷第122—124页。

③ 《列宁全集》第1版第15卷第28页。

④ 《列宁选集》第1版第3卷第192—194页。

⑤ 《列宁选集》第1版第2卷第604—605页,第29卷第275—277页,第33卷第431页。

政治的各种问题"，① 即早先积极参加了社会生活。在新的条件下，他们团结了革命的无产阶级分子，为争取恢复"党的生活"② 而进行了斗争。对马克思和恩格斯活动的中心路线的这一确定，为评价恩格斯的文章和书信、他同这时的无产阶级革命的联系，奠定了基础。列宁看到，马克思和恩格斯热烈期待新的革命的爆发，错误地估计革命可能来临的日期。关于这一点，他写道："但是一直在努力提高并且已经提高了全世界无产阶级的水平，使他们超出日常细小的任务范围的两个伟大的革命思想家所犯的**这种**错误，同……那些官场自由派的拙劣的智慧比较起来，要高尚千倍，伟大千倍，**在历史上宝贵**千倍，**正确**千倍。"③ 列宁非常明显地揭示了马克思和恩格斯五十年代活动的历史意义，为评价恩格斯在这种"凄凉的泥泞"时期的活动奠定了基础。列宁正是在广泛的历史展望方面确定了恩格斯的小册子《波河与莱茵河》的意义。他不仅指出小册子在反对拉萨尔随机应变的路线的斗争中的作用，④ 而且也指出恩格斯在德国和意大利的统一问题方面的立场的革命意义。列宁强调说，判断的标准不是统一如何发生这一事实，而是下述事实：这就是恩格斯的立场，它使工人阶级在其思想发展方面结成独立的政治力量。

列宁在深入研究国际工人协会史的根本问题时补充的新东西，对于

---

① 《列宁全集》第 1 版第 12 卷第 96 页。
② 《列宁全集》第 1 版第 17 卷第 141 页。
③ 《列宁选集》第 1 版第 1 卷第 709 页。
④ 《列宁全集》第 1 版第 21 卷第 119 页。

阐明恩格斯在第一国际年代的活动是异常重要的。① 这些研究性成果是列宁在国际工人运动史方面著作的一部分。它们代表了他为捍卫马克思主义理论的纯洁性而同改良主义者和修正主义者、"左"倾机会主义者和资产阶级思想家歪曲马克思主义理论实质而进行斗争方面的内容。一方面分析了揭穿改良主义和修正主义概念、极左的漂亮辞藻的虚伪性这一事实；另一方面揭露历史伪造是为了确立真正科学的、革命无产阶级的世界观。

为了弄清马克思和恩格斯在第一国际活动的真正目的及其历史意义就需要：恢复和发展无产阶级专政的理论；建立无产阶级政党的理论，建立关于它的战略和策略、阶级斗争（其中包括意识形态的斗争）形式的学说；指出科学理论的意义及其同群众性工人运动的联系；揭露右倾和左倾机会主义的阶级根源和认识根源。列宁回答了上述全部要求，因此他对研究第一国际史作的贡献，同时也就是对发展马克思主义作的贡献。列宁第一个继马克思和恩格斯之后把第一国际当作无产阶级斗争中的决定性阶段来加以考察。但是，如果说马克思和恩格斯在 1873—1875 年正是以这样的态度来提出问题时，只是以科学地推动工人运动的总的发展进程为出发点，那么列宁则根据的是长时期对具体历史的分析。在研究国际活动时抛弃历史主义，这就导致了并正在导致关于国际解散、关于它的努力徒劳无益的不真实的、不科学的结论，必然得出关

---

① 见 П. Н. 波斯别洛夫：《列宁论第一国际的历史意义》，载于《苏共历史问题》1964 年第 4 期，Л. Н. 戈尔曼：《列宁论国际工人协会的历史意义》，载于《历史科学中的第一国际》1968 年莫斯科版第 77—89 页；戈尔曼：《列宁在苏维埃时期的著作对第一国际历史作用的揭示》，载上书第 97—102 页；Р. Ш. 塔吉罗夫：《第一国际的俄罗斯和苏维埃的历史编纂学》1968 年喀山版第 1 册；В. А. 叶烈米纳：《作为巴黎公社的历史学家的列宁》1974 年莫斯科版。

于马克思和恩格斯在国际中的作用的完全错误的概念。可见，列宁的著作奠定了历史科学发展新阶段的基础，建立了对国际工人运动、恩格斯生平活动的这页历史的反科学的和纯属伪造的解释的批判基础。

列宁在阐明第一国际产生的环境特点、工人运动面临的任务，划分革命过程并分析革命过程中的变化，揭示第一国际的意图怎样在工人运动的向前发展中实现的基础上，确定了第一国际的历史地位。

列宁1894年在《什么是"人民之友"以及他们如何攻击社会民主主义者？》一文中驳斥了米海洛夫斯基关于第一国际的努力毫无成效的论断。当时所谈的是克服劳动者之间的民族敌视的尝试问题。列宁的方法在这里明显地表现出来。他指出，问题不在于第一国际未能做到这一点，而在于只有用第一国际指出的方法——只有通过被压迫阶级的联合，民族的无产阶级组织及其团结成一支国际大军去反对国际资本——，才能解决这个问题。列宁强调指出，第一国际证明了工人阶级的这种国际团结的可能性及其历史意义。①

列宁的下述著作，如《马克思学说的历史命运》、《卡尔·马克思》、《打着别人的旗帜》、《第三国际》、《第三国际及其在历史上的地位》以及其他文章，起了特殊作用。列宁从世界革命运动的发展及其客观条件和性质出发对新时代的历史所作的划分，第一次为规定工人阶级从而第一国际在每个阶段上的历史任务提供了根据。根据列宁的划分，国际工人协会的产生是无产阶级阶级斗争发展的合乎规律的结果。国际在两个时代的界线上诞生，就说明了它的思想和组织的特点。

列宁指出革命过程经受了质的变化后，揭示了它在历史方面的联系，它的不同发展阶段的连续性。可见，群众性的无产阶级政党在全国

---

① 《列宁选集》第1版第1卷第23—24页。

范围内的建立,是在第一国际事业新条件下的继续,而不是同它的传统发生断裂。

列宁的方法要求从阐明第一国际形成和后来得到发展的那些趋势出发,去考察第一国际的历史。所以,国际工人协会不仅是历史上形成的、早就站得住脚的联合形式,而且也是当代工人运动的发源地,是我们时代产生的某种新事物。列宁说道:"第一国际(1864—1872年)奠定了工人国际组织的基础,使工人做好向资本进行革命进攻的准备。"①"它奠定了我们现在幸福地建设着的世界社会主义共和国大厦的基础。"② 列宁强调指出,第三国际,共产主义运动是第一国际事业的合法继承者,它接过第一国际的旗帜。在马克思、恩格斯及其最亲密的战友以后,列宁第一个确定国际工人协会不是为了在经济斗争中相互帮助而创立的某种松散的联合组织,而是高举为社会主义而斗争的大旗的无产阶级革命组织。

列宁第一次全面地(特别是在《马克思学说的历史命运》一文中)指出了作为统一过程两个方面的工人运动史同马克思主义发展史和传播史的紧密的客观联系。他强调指出了马克思和马克思主义创立第一国际并在其中进行活动的意义和作用。③ 列宁在《卡尔·马克思》一文中写道:"马克思把各国工人运动统一起来,竭力把各种非无产阶级的即马克思主义以前的社会主义(马志尼、蒲鲁东、巴枯宁、英国的自由派工联主义、德国拉萨尔右倾分子等等)纳入一致行动的轨道,反对所有这

---

① 《列宁选集》第1版第3卷第809页。
② 《列宁全集》第1版第29卷第210页。
③ 列宁回击英国改良主义者海德门对马克思在第一国际中的活动的伪造,在这方面有很大的意义。见《列宁全集》第1版第17卷第291—292页。

些宗派和学派的理论,从而为各国工人阶级锻造出了统一的无产阶级斗争策略。"① 列宁的这一思想是对第一国际史、马克思和恩格斯作为它的领袖和组织者的作用的全部马克思主义研究的出发点。这一论点第一次清楚地说明了马克思和恩格斯在国际工人协会中的活动:从共同进行组织活动,经过思想斗争并克服马克思主义以前的社会主义的影响,到工人运动的统一,深入研究并认清争取社会主义斗争的统一策略。

列宁对马克思和恩格斯在民族问题方面的立场的分析,对于评价恩格斯在第一国际中的活动具有重要意义。在列宁以前,对马克思和恩格斯的斗争方面,或者不予注意,或者予以错误的评价,或者对它直截了当地进行伪造。列宁在《论民族自决权》(1914年)一文中指出了马克思和恩格斯在国际年代详细分析波兰和爱尔兰问题的理论和实践的意义,强调了他们所制定的策略的真正的无产阶级国际主义。② 只是由于马克思主义民族问题理论的进一步发展,由于对作为革命力量的组成部分,作为无产阶级潜在同盟军的反帝力量的民族解放运动的评价,这个基本上是新的论点才有可能表达出来。只有创造性地发展马克思主义,才能评价作为解决民族问题出发点的马克思和恩格斯的思想的深度和重要性。

列宁对宗派主义、右倾机会主义和"左"倾机会主义的社会根源和认识根源的确定(特别是在《欧洲工人运动中的分歧》、《共产主义运动中的"左派"幼稚病》、《社会主义和无政府主义》、《马克思主义

---

① 《列宁选集》第1版第2卷第579页。
② 《列宁全集》第1版第20卷第442—443页。

和修正主义》等这类文章中)①,他对马克思和恩格斯同拉萨尔②、蒲鲁东主义③、无政府主义④斗争的评价,是研究恩格斯在国际活动中最重要方面的基础。列宁按不同方式提出这些问题,甚至比社会民主党左翼代表人物(弗·梅林)更为深刻。特别应当强调指出列宁所作的关于无政府主义和马克思主义相比是不革命的论断。列宁在评价恩格斯的《论权威》时写道:"愿意做恩格斯的学生的社会民主党人,从1873年以来同无政府主义者争论过无数次,但他们在争论时所采取的态度,恰巧**不是**马克思主义者可以而且应该采取的。无政府主义者对国家的观念是糊涂的,而且是**不革命**的,恩格斯就是这样提出问题的。"⑤

"第一国际完成了自己的历史使命,随之而来的是世界各国工人运动无比壮大的时代,即工人运动**广泛**发展的时代,各民族国家内相继成立**群众性**的社会主义工人政党的时代。"⑥ 这就是列宁对马克思主义和工人运动发展中的新时代特征的规定,同时又补充了下述意见:马克思主义的广泛发展使"机会主义不免暂时加强"。⑦ 这一规定为了解恩格斯七十至九十年代活动的实质提供了依据。在这一过程中,马克思主义的传播,它对各种形式的空想社会主义、小资产阶级社会主义的胜利,

---

① 尤其见《列宁全集》第1版第16卷第317页,第23卷第110页,第30卷第470页,第31卷第24页。

② 《列宁全集》第1版第19卷第293页,第21卷第126—117页。

③ 《列宁全集》第1版第11卷第340—341页,第20卷第437页。

④ 《列宁全集》第1版第15卷第14页,或第25卷461—465页。

⑤ 《列宁选集》第1版第3卷第224—225页。

⑥ 《列宁选集》第1版第2卷第579页,《列宁全集》第1版第18卷第582—583页。

⑦ 《列宁全集》第1版第29卷第274页。

马克思和恩格斯的作用在工人运动中被确认为占主导地位的思想，他们的活动，具有工人运动得以发展的决定因素的性质。列宁强调指出，马克思和恩格斯"作为工人运动的精神领导者的"意义，"可以说是不断增长的，因为工人运动本身也在不断地发展"。①

马克思逝世以后，恩格斯成为人们心目中最景仰的形象，当时他"一个人继续担任欧洲社会主义者的顾问和领导者。无论是受政府迫害、但力量仍然不断迅速地增长的德国社会主义者，或者是落后国家内那些还需仔细考虑斟酌其初步行动的社会主义者，如西班牙、罗马尼亚和俄国的社会主义者，都同样向恩格斯征求意见，请求指示。他们都从年老的恩格斯的丰富的知识和经验的宝库中得到教益。"② 这里异常清晰和准确地谈到了作为"顾问和领导者"的恩格斯的总的作用，他的著作内容博大精深的特点，他同工人运动的联系。必须强调的是，列宁也像马克思和恩格斯那样认为，工人运动是一个整体，并且对于研究者具有非常重要的意义，他把恩格斯的活动看作国际工人运动的指针，而不是看作某国无产阶级队伍单独的和无联系的行动的某种总和。列宁关于工人运动中的国际队伍和国内队伍的辩证法的这些思想，是正确阐述恩格斯的活动及其意义的出发点。根据这些思想就清楚地知道，第一国际解散以后，工人运动的国际联系并未消失，马克思和恩格斯（马克思逝世后恩格斯一个人）的客观理论和实践的活动是保持这一联系的决定性条件。伦敦是同各国工人运动保持联系的中心，而各个国家都在积累工人运动的经验，制定使特殊任务服从于总目标的统一战略。

列宁非常注意恩格斯活动的两个方面：他的理论工作和思想斗争

---

① 《列宁选集》第1版第1卷第93页。
② 《列宁选集》第1版第2卷第72页。

（恩格斯的组织作用不太被人注意，因为许多文献，其中包括致恩格斯的信，当时都看不到）。恩格斯本人的理论工作，他对马克思著作的出版和再版，对于马克思主义在工人运动中取得胜利具有决定性意义。所以，研究马克思著作的传播与研究它们的内容相比也有重大意义。

列宁研究了揭示恩格斯既同改良主义和机会主义，也同"左"的宗派主义进行斗争的全部文件。他强调指出，恩格斯对这些现象的阶级根源和认识根源的规定，他同它们进行始终不渝和毫不妥协的斗争的经验教训，他对各个阶段上可能存在的有时是改良主义有时是"左"的宗派主义①的特殊危险的说明，对工人运动的发展是非常重要的。因此，列宁指出："从科学观点来看，我们在这里可以看到唯物辩证法的典范，看到善于针对不同的政治经济条件的具体特点，把问题的不同重点和不同方面提到首位并加以强调的本领。"② 列宁颂扬了恩格斯不知疲倦地参加思想斗争的毅力。

列宁对第二国际的评价对了解恩格斯晚年的活动有重大意义。③ 列宁不仅指出它在1914年的破产，揭示了它的破产的根源。而且也指出第二国际所起的重大的积极作用。④ 例如，列宁谈到共产国际时强调

---

① 这指的是列宁的《小资产阶级的社会主义和无产阶级的社会主义》、《共产主义运动中的"左派"幼稚病》、《机会主义和第二国际的破产》以及其他许多专著。见《列宁全集》第1版第12卷第348—350页，第15卷第13—14页，第18卷第598—599页，第25卷第373页，第13卷第7页。

② 《列宁全集》第1版第12卷第345页。

③ 见 И. М. 克利沃古兹：《列宁论第二国际（1889—1914年）》，载于《列宁和历史问题》（1970年版）一书。

④ 《列宁全集》第1版第13卷第66页，第15卷第14页，第29卷第460—461页。

说，它"承受了第二国际的工作成果,清除了它的机会主义的、社会沙文主义的……脏东西"。① 这是列宁在《第三国际及其在历史上的地位》一文谈到国际工人运动发展的继承性时说的话。文中清楚地表明了列宁不止一次说过的下述思想：奠定当代共产主义运动基础的第三国际,是马克思和恩格斯领导的第一国际和恩格斯发起的第二国际活动最好方面的传统合法继承者和继续者。

* * *

恩格斯的横溢的才华,聪明的头脑,丰富的知识,无穷的精力,火热的心,总是吸引着列宁。列宁在恩格斯的著作,他的革命斗争的经验中汲取了极丰富的材料,去进一步发展理论,为使理论付诸实践而斗争。正因如此,列宁的遗著至今在思想深度和分析的准确性方面为详细研究恩格斯的生活和创作的全部特点提供了极为重要的材料。

(原载《社会主义学说史》1982年莫斯科版第3—21页)

(林杉 译)

---

① 《列宁全集》第1版第29卷第275页。

回到列宁:却脱离马克思恩格斯?

〔美〕奥古斯特·H. 尼姆兹

[摘 要] 最近有一种赞成重读列宁的倾向,却包含着将他从马克思恩格斯事业中抽离出来的危险。仔细阅读马克思恩格斯关于俄国问题的著作,以及列宁直到《怎么办?》之前的一系列著作中所讨论的主题,就会对马克思恩格斯的事业与列宁之间的距离这一长期以来的假设有不同的看法,甚至会得出更加普遍化的结论。马克思恩格斯准确地预言了俄国革命,青年列宁通过必需的手段使他们的计划变成现实。列宁不仅在俄国,而且也在德国,用马克思和恩格斯而不是考茨基和德国党的观点和纲领理解和回答了俄国的发展问题,这使列宁不仅能看到德国社会民主党的实力,也能洞悉它的弱点。

在对革命的马克思主义的研究中有一个颇有潜力的积极发展是新兴起的对列宁的兴趣。最近出版的一部论文集(*Lenin Reloaded*:*Toward a Politics of Truth*)反映了 2001 年召开的一次有关俄国革命的会议的主要内容,这部重量级的论文集是由会议的参加者之一——拉尔斯·利赫

---

* 本文选自《马克思主义与现实》2010 年第 2 期。作者 August H. Nimtz 系美国明尼苏达大学政治学系教授。

(Lars Lih)在2006年提前定下来的。利赫本人的著作(*Lenin Rediscovered: What Is to Be Done?*)则专注于列宁最著名的著作之一《怎么办?》,还附有一个改良的新译本。这两部著作的问世很值得祝贺,不过同时也要有所警觉,因为它们都暗中强化了或自觉不自觉地老调重弹了在马克思学神话中所假定的列宁的事业与马克思恩格斯的距离。这么做就失去了一个继续肯定列宁的更加具有说服力的机会,至少对那些持此观点的作者来说是如此。

> 人们没有充分强调列宁相对于马克思的外在性:他一开始并不是马克思核心集团的成员。
> 事实上,他从未与马克思或恩格斯相遇。此外,他来自于"欧洲文明"的东部边界地区。……列宁强有力地置换了马克思,将他的理论从其原始文本中抽离出来,并将其植入其他历史时刻,从而有效地使其理论普遍化。①

可能这只是一种吸引读者注意力的说辞,但是不幸地是,它支持了假设的距离论。文集的17位作者中,很多是非常著名的,但只有斯拉沃热·齐泽克和拉尔斯·利赫对列宁及他的马克思来源作了清晰的阐述。

利赫提出的问题是:"列宁在哪里获得的灵感?他自然是从马克思那里获得的,但是更具体、更确切地说是从马克思在**欧洲社会民主党和德国社会民主党的特殊化身**那里得来的。在利赫的许多著作中,都详细阐释了这一观点。总体来看,他阐述了德国党的成功之处、它的历史以

---

① Budgen, Sebastian, Stath is Kouve lakis, and Slavov Zizek, (eds.): *Lenin Reloaded: Tow ard apo litics of Truth*, pp. 2 – 3, Duke University Press, 2007.

及曾经的成就。全世界社会民主党最成功的例子就是给予青年列宁以信心,使他坚信这一切同样能够在俄国实现。利赫的中心论点是认为《怎么办?》直接继承了欧洲社会民主党的传统。

利赫在引证列宁在《怎么办?》之前以及《怎么办?》等著作的基础上指出,在青年列宁刚刚形成革命纲领和政见的时候,卡尔·考茨基这位所谓的社会民主党"教皇"对他产生了决定性的影响。关键的证据是,列宁在1894年翻译了考茨基最流行的著作,即对德国党纲领——这个纲领在1891年爱尔福特会议上通过——的评论:《爱尔福特纲领解说》。在1899年为俄国社会民主党撰写的纲领草案中,列宁写道:"我们决不怕说,我们是想仿效爱尔福特纲领。"[①] 对于利赫来说,同样重要且引起争议的是在《怎么办?》中援引考茨基的"社会主义意识是一种从外面灌输到无产阶级的阶级斗争中去的东西",这就是利赫用"俄国的爱尔福特分子"来描述列宁的证据。

与"教科书"的说法相反,也与某些列宁的左派支持者相反,利赫认为把列宁置于欧洲社会民主党之中是合适的,至少在他思想发展的一定阶段上。但是"作为马克思的特殊化身"这一表述方式的问题在于,它掩盖了列宁如何不依赖于德国社会民主党和考茨基,独立掌握并发展了马克思恩格斯的纲领和事业这一事实。我认为,列宁是通过马克思恩格斯本人的著作而不是通过考茨基的著作掌握了马克思恩格斯的理论。恰恰是因为这个原因,他能够更加准确地评判德国社会民主党及其领导人的优缺点——尽管在《怎么办?》中他仍赞同党是一种组织模式。不同意关于列宁的这一根本事实,就不能理解为何他会最终放弃德国党和包括考茨基在内的德国党的领导层。

---

① 《列宁全集》第2版第4卷第191页。

就在列宁翻译《爱尔福特纲领解说》的同时，恩格斯就考茨基在政治罢工时写的一篇文章发表了评论。恩格斯揭示了"它的作者与现实的党派运动失去联系的程度"。当然，列宁决不会知道恩格斯对考茨基的不那么肯定的评价——这已经不是第一次了。他认为这只是他自己的批判，而且这种批判的矛头直接指向欧洲社会民主党的"教皇"。

这里要说的决不是对利赫令人印象深刻的极有价值的 800 页重读《怎么办？》的书评，尽管不提及此，后面的论述将是不充分的，但是比较而言，关注他的"俄国的爱尔福特分子"的独特观点，是以他整理的特定证据为基础的，即把列宁《怎么办？》之前的著作都包括在内。因此，不需要强调布尔什维克与马克思恩格斯的连续性这一更宏观的问题。对于这个非常有限的目标来说，那是一个在未来有必要更加详细研究的课题，对于列宁的纲领和政治学谱系，则是必需的。

我也要指出，在马克思和恩格斯之后，没有人比列宁这个从"欧洲文明的东部边界"来的居民更好地领会了他们的思想和政治学。中心性而不是外在性是最好地描述列宁与马克思恩格斯事业的关系的语汇。他们的"历史唯物主义概念"竟为他们准备了如此的"讽刺"。我现在要为这些说法提供证据，一个必需的出发点是马克思和恩格斯的纲领和政治学，因为它与俄国的发展有关（也是未来任何研究布尔什维克与马克思恩格斯的连续性所必需的）。

一、马克思恩格斯论俄国

1864 年，国际工人协会（IWMA）即第一国际在伦敦成立，马克思迅速成为领导核心，6 年之后，俄国青年人恳请他在其管理机关——总委员会中作为俄国流亡者团体的代表，自此马克思正式开始与俄国革命运动建立直接联系。他认为这一要求是对他以前反对俄国的一种讽刺。但是马克思严肃认真、充满热情地对待了这一要求，此后直到他1883年逝世，马克思和恩格斯（在马克思逝世的12年间）都将俄国的发展置于优先考虑的地位。

1863年，俄占波兰地区农民运动爆发，马克思期望它会在俄国同胞中引发革命，"熔岩将会从东流向西"，换句话说，社会革命将会从沙俄开始并向西扩展。这一结论挑战了按照马克思学的标准——利赫可能会称之为"教科书"——解读两位革命家所得出的结论，即马克思恩格斯曾打算将他们的观点只用于先进的西欧资本主义社会。对于他们两人的进一步政治性阅读推翻了这一结论。西欧革命进程的历史命运，正如马克思讽刺性地在1857年提到的那样，依赖于世界上其他地方的发展——那些地方才是马克思和恩格斯真正的战场。

马克思担任第一国际的领导人使他声名远播，同时随着1867年《资本论》的出版，使俄国流亡者团体非常关注他。他们想请马克思担任支部在总委员会中的代表，正如他们在信中所解释的那样，因为这说明"俄国和德意志革命运动的特征极为相似，而且马克思的论著在俄国青年中广为人知，深受欢迎"。马克思的著作也非常具有吸引力，有一些著作于1872年开始用俄文出版，这是第一种非德文的版本。8年后，马克思评论了其著作在俄国的出版情况：《资本论》在俄国"比在任何一个地方都有更多的读者和受到更高的评价"。所有这一切都很值得注意，因为它再次与标准的版本相矛盾，即把他的思想假设为不适用于欠发达国家。激进的俄国人显然不同意这一点。

在为《资本论》做研究准备期间，马克思非常关心俄国的发展情况，尤其是农民问题，这促使他在19世纪70年代初开始学习俄语。有两位民粹派社会主义者的政治经济学著作对他产生了影响，其中一位是车尔尼雪夫斯基,他最流行的著作于1863年出版,是一部小说,题目就是列宁将会使用的《怎么办?》。在读完另一位民粹派社会主义者恩·弗列罗夫斯基(N. Flerovsky)所写的《俄国工人阶级的状况》一书后,马克思在给恩格斯的信中称其为"继你的《工人阶级状况》这一著作问世以后最重要的一本书"①。他指出:

> 在研究了他的著作之后可以深信,波澜壮阔的社会革命在俄国是不可避免的,并在日益临近……这是好消息。俄国和英国是现代欧洲体系的两大支柱。其余一切国家,甚至包括美丽的法国和有教养的德国在内,都只具有次要意义。②

5年后,恩格斯准确地预言,俄国的社会革命"对德国的反作用也是不可避免的"③,虽然用的时间比他预期的要长一些。此后直到逝世,马克思和恩格斯都把俄国革命的发展放在优先地位来考虑,而这个事实几乎被所有马克思主义学者所忽视。

1871年3月的巴黎公社武装起义第一次使马克思恩格斯直接与年轻的俄国革命者进行政治合作,尤其是托曼诺夫斯卡娅(Elisaveta Dmitriyeva Tomanovskaya),马克思一家曾在1870年夏天帮助过她。马克思对于巴黎公社准确信息的需求是她去巴黎的原因之一,在那里她创建了"保卫巴黎和护理公务员妇女联盟",作为国际工人协会的一个分支,并最终成为公社的领导者之一。通过她,马克思能够对巴黎公社的倡导

---

① 《马克思恩格斯全集》第1版第32卷第421页。
② 《马克思恩格斯全集》第1版第32卷第450、646页。
③ 当然,我的意思是说德国革命形势是随着俄国1917年革命产生的。

者提供策略上的支持和实际斗争中的建议——例如迫切需要与各省农民结成联盟。巴黎公社运动一年后,恩格斯谈起像托曼诺夫斯卡娅这样的俄国年轻人以及其他与他们一起工作的人时说道:"有些人就其才干和性格来说无疑是我党的优秀人物;这些年轻人的刚毅和顽强的性格以及理论素养,简直是惊人的。"①

俄国年轻人想从马克思那里找的是有关俄国资本主义发展的未来前景的理论。更具体地讲,俄国能否在保留完整的农村公社土地所有制的基础上实现社会主义转变,还是必须要经过资本主义阶段呢?之所以没有明确的答案,是因为马克思认识到俄国仍然处于他难以做出绝对判断的进程之中。他起草了许多复信草稿,但是从未邮寄出去,这些草稿表明了他对这一问题的广泛研究。在1881年致维拉·查苏利奇——俄国的马克思主义党劳动解放社的创建者之一——的信中,他写道,为了使公社能够成为社会主义转变的基础,"要使它能发挥这种作用,首先必须排除从各方面向它袭来的破坏性影响"②。换言之,正如他在一封复信草稿中所说的那样,"要挽救俄国公社,就必须有俄国革命"。

1875年,恩格斯在马克思的敦促下与俄国民粹派成员彼得·特卡乔夫(Peter Tkachev)进行论战,驳斥了民粹派认为俄国农民是"本能的革命者"的说法,他严厉警告了那些"过早的起义尝试"这一民粹派倾向,因为"俄国无疑是处在革命的前夜"。③ 恩格斯准确地预见到了革命发生的情况,尽管不是他预期的时间而是30多年之后。

---

① 《马克思恩格斯全集》第1版第33卷第488页。
② 《马克思恩格斯选集》第2版第3卷第775页。
③ 《马克思恩格斯选集》第2版第3卷第284页。

> 在集中于首都的那些较开明的国民阶层中间越来越意识到……变革已经迫近，但同时也产生一种幻想，以为可能把这个变革纳入安静的立宪的轨道。这里，革命的一切条件都结合在一起；这次革命将由首都的上等阶级，甚至可能由政府自己开始进行，但是农民将把它向前推进，很快就会使它超出最初的立宪阶段的范围……对全欧洲具有极伟大的意义。①

两年后，俄土战争爆发，马克思和恩格斯都认为这场战争将会引发社会革命。1904—1905年的俄日战争作为一个突发事件，事实上成为1917年俄国革命的先导。马克思和恩格斯都认为俄国社会革命一旦开始，必将向西扩展，从而引发"整个欧洲的急剧转变"。事实上，"俄罗斯沙皇制度的覆灭……便成了德国无产阶级取得最终胜利的首要条件之一"。1882年，恩格斯在给一位关系密切的德国党员写的信中指出，下一个国际形成之日，必将是革命时机成熟之时：

> 这样的事变正在俄国酝酿着，在那里，革命的先锋队就要出击了。照我们看来，应当等待这一事变以及在德国必然产生的反应，——到那时，采取伟大的行动和建立一个正式的真正的国际的时机就到来了，不过到那时，它再也不会是一个宣传的团体，而只能是一个行动的团体了。②

这是一个意义深远的预言，因为1917年的俄国革命确实导致了1919年第三国际即共产国际的建立，而它也自豪地宣称自己信奉的正是马克思主义纲领。

1882年，在《共产党宣言》俄文第二版序言中，马克思恩格斯写

---

① 《马克思恩格斯选集》第2版第3卷第284—285页。
② 《马克思恩格斯全集》第1版第35卷第268页。

道:"俄国已是欧洲革命运动的先进部队了。"①对于俄国农村公社的未来,他们仍做出了最清晰的回答:"假如俄国革命将成为西方无产阶级革命的信号而双方互相补充的话,那么现今的俄国土地公有制便能成为共产主义发展的起点。"②此时已是马克思生命的晚期,距离他的逝世只有15个月,但他仍然密切关注着俄国的农民问题,这也是青年列宁最初研究的问题。

俄国革命前线比其他任何地方都更加点燃了马克思的革命热情,成为他直到逝世前关注的中心。马克思在逝世前三个月,与他的女儿劳拉分享了他的思想在俄国的声望带给他的喜悦。

马克思逝世后,恩格斯仍在世12年,这样恩格斯能够把更多的纲领和政治学说具体化,与他的新同志一起研究俄国问题。恩格斯与流亡者团体保持着密切的联系,尤其是与查苏利奇,还有联系相对不那么密切的普列汉诺夫。当他介入流亡者组织的政治和内部争论时,他有意识地降低了干预的要求,做出更广泛的党的承诺。然而,他曾经向查苏利奇提出建议,这在列宁的《怎么办?》中多有提及,尤其是他要求对俄国运动进行公开辩论。俄国的发展呈现出急剧的资本主义化,"很大一部分农民愈来愈快地无产阶级化,旧的共产主义公社也愈来愈快地崩溃"。至于为了"共产主义发展的起点",是否需要保存足够多的传统公社,他没有明说:

> 但是有一点是毋庸置疑的:要想保全这个残存的公社,就必须首先推翻沙皇专制制度,必须在俄国进行革命。俄国的革命不仅会把民族的大部分即

---

① 《马克思恩格斯选集》第2版第1卷第251页。
② 《马克思恩格斯选集》第2版第1卷第251页。

农民从构成他们的"天地"、他们的"世界"的农村的隔绝状态中解脱出来,不仅会把农民引上一个大舞台……俄国的革命还会给西方的工人运动以新的推动,为它创造新的更好的斗争条件,从而加速现代工业无产阶级的胜利;没有这种胜利,目前的俄国无论从公社那里还是从资本主义那里,都不可能达到社会主义的改造。①

因此,可以毫不怀疑地说,与后来的斯大林主义者对马克思恩格斯观点的所有扭曲相反,如果西欧的资产阶级统治不能被它的无产阶级推翻,俄国便"永远不会实现社会主义转型"。俄国革命不仅是西方社会主义革命的"推动力",而且其革命本身也不可避免地受到西欧革命成果的制约。在后来的历史中,这个预设被进一步有力证实,虽然处于其中的俄国人民命运悲惨。

恩格斯的设想中缺少了俄国无产阶级。直到恩格斯去世一年后,列宁及其同代人中发生了政治生涯中的剧变,1896年圣彼得堡纺织工人举行大罢工,这是俄国首次大规模的工业罢工。如果恩格斯还在世,无疑他会把工农联盟纳入他的考虑因素中,像他和他的伙伴为德国和法国等国所作的那样。列宁吸收了他们丰富的遗产,并进行了有计划的调整。

这一简短的概括表明,马克思恩格斯没有使用不确定的术语,相反,再次与通常的标准版本的比较,马克思恩格斯在政治上纲领上都很熟悉"欧洲文明的东部边界",就像他们身临其境一样。由于他们的算术而不是他们的代数学在关于俄国社会革命时间的选择上是错误的,所以他们将只会惊诧于革命没有在他们所预料的不久之后便发生。

---

① 《马克思恩格斯选集》第2版第4卷第450—451页。

二、青年列宁对马克思和恩格斯的了解

在俄国的发展过程中,恩格斯关注的是1891—1892年发生的干旱和大饥荒对俄国造成的严重破坏。尽管恩格斯不了解饥荒发生的相关细节,但他正确地预见到其政治反应。按照托洛茨基在《青年列宁》——这是研究列宁前彼得堡时期的最好资料来源,虽然还有争议——中的说法,大饥荒对于列宁的政治轨迹产生了决定性的影响。亲眼目睹这一危机,使列宁坚定了信念,唯有激进地改造俄国社会才能阻止这种由于大的自然灾害而造成的社会混乱——这也正是恩格斯得出的结论。

要理解青年列宁如何了解以及了解马克思和恩格斯的哪些理论,很重要的一点是要考虑到他非同寻常的语言能力早在1891—1892年大饥荒之前就具备了。他的德语技能使他在18岁(即1888年)的时候就能阅读《资本论》。

1899年,列宁搬到了伏尔加河地区的萨马拉,那里受到饥荒的影响非常严重,他更深刻地理解了马克思的政治学和纲领。一年后,为了便于使用,他组建了一个研究小组将《共产党宣言》译成俄文。翻译过程需要对文本的深入理解,而不仅仅只是能阅读。在饥荒发生期间以及结束之后,列宁投入到《资本论》第一卷和第二卷的研究工作中(恩格斯到1894年还没有完成第三卷)。以托洛茨基的观点看来,"马克思从未有一个比他更好的读者,一个比他更加聪敏、更加应当感激、更加专一能干的学生"。托洛茨基经进一步研究得出,萨马拉时期,尤其是1891—1892年,列宁第一次有意识地成为马克思主义者。后来列

宁与俄国社会民主党人熟悉的时候，在一次散步中告诉卡尔·拉德克，他在拿到劳动解放社的出版物之前，不仅研读过《资本论》，还有恩格斯的《反杜林论》。他对普列汉诺夫的著作也很熟悉，没有这个前提就不能到达社会民主党的领导位置，这发生在1891年。

在1921年党的普查表中，列宁填写他的革命活动开始于1892—1893年的萨马拉。列宁在1904年说，在马克思和恩格斯之前，车尔尼雪夫斯基"对我产生了巨大的无法忽略的影响"，明确这一点很有必要。正如已经提到过的，马克思对车尔尼雪夫斯基的政治经济学著作评价很高，就像《资本论》应该主要归因于费尔巴哈和青年黑格尔派一样。因此，马克思可能会赞同，阅读车尔尼雪夫斯基的著作对于俄国青年人理解马克思的分析是一个良好的开端。

为了达到上述目的，阅读《资本论》和其他著作是必做的一件事。这正是列宁在他的萨马拉末期（1889—1893年）开始做的事情，即用马克思的方法来分析俄国现实，尤其是农民问题和农村公社跨越资本主义私有制问题——这是马克思晚年研究的重要问题。几个月之后的1894年，在列宁第一部运用《资本论》而写的分析性著作中，他与恩格斯在实质上得出了同样的结论，正如上文提到的："以前所未有的速度……变成资本主义工业化国家。"

进一步阅读列宁的早期著作和通信，至少那些由《列宁全集》编撰者所编辑的著作，揭示了他的作品与马克思恩格斯著作的相似度。除了《资本论》第一卷和第二卷、《共产党宣言》、《反杜林论》之外，他还阅读、作笔记或援引了《神圣家族》、《哲学的贫困》、《黑格尔法哲学批判》、与卢格的通信、《英国工人阶级状况》、《社会主义：乌托邦与科学》、《论住宅问题》、《论暴力在历史中的作用》、《家庭、私有制和国家的起源》。在1895年5月至9月的第一次西欧之旅过程中，列宁花了相当多的时间呆在苏黎士、日内瓦、巴黎和柏林的图书馆里，进一步加深了对马克思恩格斯著作的认识。他回来后不久写的文章《弗里德里希·恩格斯》就有力地证明了这一点，特别是他撰写的关于即将到来的俄国革命的过程和任务。到1902年列宁写《怎么办?》时，他对马克思和恩格斯更加熟悉，马克思的《路易·波拿巴的雾月十八日》等著作都在他的阅读清单上。

然而列宁却很少涉及考茨基（和普列汉诺夫）。在可以称为列宁的公开宣言的《什么是"人民之友"以及他们如何攻击社会民主党人?》（以下简称《人民之友》）这一写于1894年的著作中，他只在社会民主党反对民粹主义的辩论中引用了1次考茨基的说法，他却引证了马克思41次，恩格斯14次。完成《人民之友》不久后的西欧之行无疑让列宁第一次阅读了许多德国党的文献，但是也没有明显改变这一引用率。在包括《怎么办?》在内的列宁的全部著作中，考茨基被援引了42次，而马克思被援引了151次，恩格斯是59次。《人民之友》蕴含了《怎么办?》的核心观点，尤其是号召无产阶级为政治民主制而斗争。正是这一宣言，尤其是最后一部分，明确而权威地表达了列宁的观点，他用社会民主党（但没有提到德国民主党）的名义提供了充分的理由，证明他如何完全彻底地掌握了马克思和恩格斯的思想。尽管列宁非常尊重考茨基的权威性，但他却宁愿选择直接回到考茨基权威性的来源那里——我认为，正是基于这一点，列宁才有信心最终与德国党决裂。

三、列宁所了解的德国社会民主党

利赫用来证明列宁作为"俄国的爱尔福特分子"的证据是准确的，

但是却忽略了其他证据,那些证据蕴含了当未来的布尔什维克领导人写作《怎么办?》时对德国社会民主党的更加现实或者说更加冷静的看法。

在利赫的论述中明显缺少青年列宁对伯恩施坦和德国党自身的修正主义等所有重要问题的反应。当伯恩施坦对马克思的批评开始在民粹派圈子里受到注意的时候,列宁作出了他所能作出的迅速反应。在流放西伯利亚期间,列宁最终找到了伯恩施坦的《社会主义问题》,经过研究后将其斥为机会主义。尽管考茨基首度公开攻击伯恩施坦是在1898年9月党的斯图加特会议上,比列宁的批判大约提前一年,但是没有任何证据表明列宁在开始他自己的批判前在等着听取考茨基或是德国党的其他领导人说了什么。列宁认识到只是批判德国党在俄国的回声并不够——这是利赫唯一关注的——而应该找到回声的来源。他通过自己的方式,不依赖于德国党完整地领会了马克思,这一点使他具有了批判的信心。

在他的批判中最值得注意的是对伯恩施坦的诡计——英国费边主义改革者的德国版本——的批判,列宁得出了与恩格斯至少在1892年得出的相似结论。列宁和他的妻子克鲁普斯卡娅翻译了悉尼和比阿特丽斯·韦伯夫妇的《工团主义历史》这一部重要的费边主义文献,这无疑解释了他为何能够得出相似的结论。再强调一次,列宁掌握了马克思恩格斯的纲领,但他独立于恩格斯也是很明显的。同时,他开始着手进行批判,这是他独立于德国党的宣言。伯恩施坦问题的意义就在于,它是列宁的一个信号,清楚地表明尽管德国党曾是欧洲社会党的历史性旗舰,但它并非没有缺陷,至少在它最受尊敬的一个读者看来是如此。

列宁在写作《怎么办?》时,有机会阅读恩格斯1891年所写的对德国党的批判,尤其是他对倍倍尔和李卜克内西所起草的《爱尔福特纲领草案》的批判。列宁非常重视由考茨基编辑出版的德国党的机关理论刊物《新时代》，尤其是他把1901—1902年的《新时代》期刊寄给了普列汉诺夫。此时普列汉诺夫正致力于为新《火星报》起草纲领，列宁在附言中说："上面有恩格斯和考茨基写的关于纲领问题的文章，这可能对您有些用处。"尽管草案采用的是恩格斯的观点，较之以前的如《哥达纲领》之类的纲领有明显的进步，但是在涉及政治要求时，仍存在着一些致命的缺陷。在恩格斯看来，"正好现在由很大一部分社会民主党报刊中散布的机会主义证明了"①。

恩格斯最关注的是草案没有明确德国社会民主党的核心政治要求，政治民主要通过与之不可分割的民主共和国达到。"如果说有什么是毋庸置疑的，那就是，我们的党和工人阶级只有在民主共和国这种形式下，才能取得统治。民主共和国甚至是无产阶级专政的特殊形式。"②在恩格斯看来，没有提出民主共和国的要求是德国党的领导人为了不触及德国的"半专制制度"而采取的策略。与这种策略有关的是他们幻想通过合法的选举手段来夺取政权——这就是后来被称为议会社会主义的道路。他指出，德国的现实"证明了以为这个国家可以用舒舒服服和平的方法建立共和国，不仅建立共和国，而且还可以建立共产主义社会，这是多么大的幻想"。"这种做法可能也是出于'真诚的'动机。但这是机会主义，始终是机会主义，而且真诚的机会主义也许比其他一切机会主义更危险。"③恩格斯注意到这些问题没有在党内充分讨论，所以这一点在他的批判中反复提到。

---

① 《马克思恩格斯选集》第2版第4卷第411页。
② 《马克思恩格斯选集》第2版第4卷第412页。
③ 《马克思恩格斯选集》第2版第4卷第412页。

如果民主共和国的合法要求不能明确在纲领中表达——这就有更多证据支持了恩格斯的"半专制制度"的说法——他提供了一个可替代的表述:"把一切政治权力集中于人民代议机关之手。"①在爱尔福特纲领最终草案中,他的建议出现在 10 个要求中的第二条:"行政机关由人民选举,它们要履行职责和承担责任。"恩格斯感到他的干预大体上是成功的,但是对于党的方向仍要继续保持冷静。当倍倍尔在 1894 年"以充分的根据诉说党正在资产阶级化","这是一切极端党派刚刚成为'可能的'政党时的不幸"时,恩格斯仍是乐观的,他认为仍然有时间阻止党滑向改良主义。他表示在六个月内不再参与斗争。

列宁进行研究和批判的意义在于,他第一次了解到恩格斯对德国社会民主党发展方向的忧虑,担心机会主义倾向将会转变成毒瘤。尽管利赫并没有强调"俄国的爱尔福特分子"的事实,我仍然要指出,结合列宁对伯恩施坦的认识,他能更加冷静和准确地理解德国党。列宁亲眼目睹了这一事实,尤其是通过德国社会民主党的日常领导。恩格斯批评了德国党的领导人在一个关键问题上没有讲原则,这恰恰正是列宁非常坚持的问题,即社会民主党员在几近专制的俄国需要为政治民主而战斗。列宁阅读马克思和恩格斯的著作相较于阅读德国社会民主党的文献更增强了他的信心。如果说德国党曾经给予列宁灵感,正如利赫强调的,在他阅读了恩格斯所写的批判后情况就不一样了。列宁在阅读了纲领草案批判并将其寄给普列汉诺夫之后不久,便将《共产党宣言》视为"国际社会民主党的'福音书'",这一点决非巧合。在《怎么办?》的第四部分,列宁用毫不含糊的语言清晰地阐明:德国和俄国共产党人

---

① 《马克思恩格斯选集》第 2 版第 4 卷第 412 页。

的近期任务都是为政治民主而斗争。换句话说,与查阅德国社会民主党的一些个别资料相比,列宁现在更加推崇原始文献。

正如上文提到的,利赫的"俄国的爱尔福特分子"这一观点重要的证据是列宁在1894年翻译了考茨基最流行的著作《阶级斗争》(《爱尔福特纲领解说》)。将恩格斯关于工人阶级如何夺取政权所持的立场与《阶级斗争》中的相关部分"政治斗争"进行比较,就不难发现一个并不算小的区别。考茨基强调的是利用议会,恩格斯看到的是需要"打碎"国家机器,"用暴力来炸毁这个旧壳"。不管考茨基有意还是无意,都很容易明白他的广泛传播的观点是为社会民主党的议会社会主义道路服务。恩格斯只有空阅读考茨基手稿的"前16页",因此我们不知道他对考茨基《爱尔福特纲领解说》的看法。不过,后来列宁找到了恩格斯为工人阶级夺取国家政权作出的指示(在《怎么办?》中),认为要比考茨基的说法更加有吸引力。

列宁可能并不知道,恩格斯并不是第一次进行批评了,他和他的战友早已批判过德国党领导人的机会主义。在马克思和恩格斯的理论宝库中非常重要的文本之一《1879年通告信》中,他们就曾批判过德国党领导人,因为他们将党的机关报《社会民主党人报》的编辑职责推给了三个新党员,而他们的观点与革命观点是相反的。考虑到后来的历史发展,有必要提一下,三位之一就是年轻的爱德华·伯恩施坦。马克思和恩格斯致信编辑部,"不可能再继续为它撰稿",并与该报决裂,因此其领导人包括伯恩施坦在内,亲赴伦敦与马克思和恩格斯会见以解决他们的分歧,力图达成双方都满意的结果。因为《1879年通告信》在1931年才全部面世,那时斯大林对揭露德国社会民主党的改良主义根源很感兴趣,而列宁则不太可能熟悉它——至少在写《怎么办?》之前并不熟悉。当然，列宁也不太可能知道马克思对考茨基的负面评价：
"是一个平庸而目光短浅的人，过分地聪明和自负。"这是马克思与考茨基在1881年的第一次会面后作出的评价。在马克思生命的最后两年也没有什么证据显示马克思改变了观点。列宁同样也不太可能知道，倍倍尔而不是考茨基是恩格斯在德国党内最尊重的人。倍倍尔的工人阶级出身和政治觉悟对恩格斯尤其有吸引力。马克思和恩格斯都在某种程度上怀疑党内知识分子视考茨基为他们的指路灯的做法。佐证是恩格斯写了对考茨基关于法国革命的一系列文章的评论。

列宁不知道马克思和恩格斯对德国党领导人的真实看法的主要原因可能是——当然是指在写作《怎么办？》时——他们两位所写的大部分东西被有意隐藏了，因为他们的信中充满毫不留情的批评，甚至倍倍尔这位几乎很难激发他们怒火的人，也感到了为了维持与受到他们嘲笑同志的良好关系，被迫要承受这些责难。1913年首次出版的是马克思恩格斯完整的《1879年通告信》的一个预告版，事实上有大量的删节，大部分内容在伯恩施坦编辑的马克思主义运动编年史中。

在《怎么办？》问世两年后，列宁出版了另一部重要著作《进一步，退两步》，解释了俄国党在1903年第二次代表大会上的分裂。列宁很快发现德国党的领导人，尤其是考茨基，与他的对手孟什维克站在同一战线。德国党的理论刊物《新时代》的主编考茨基，发表了罗莎·卢森堡著名的但是很有倾向性的对列宁保卫布尔什维克的批判文章，但却拒绝发表列宁的回应。托洛茨基这一列宁当时的对手对列宁的诽谤，在考茨基的刊物中也是受欢迎的。

到1907年，列宁已经发现德国社会民主党正在变质。对列宁来说，没有比党在殖民问题上的态度更有启示意义的了。在1907年斯图加特第二国际代表大会上，党内多数派在伯恩施坦的操纵下，支持通过一份决议草案——最终被推翻了——公然宣称："大会并不在原则上和在任何时候都谴责任何殖民政策，殖民政策在社会主义制度下可以起传播文明的作用。"① 列宁和多数代表一样，大致如他提到的，从国家不能进行殖民侵略出发，谴责"社会主义殖民政策"。"这里有一个值得注意的令人痛心的现象，就是一向捍卫马克思主义革命观点的德国社会民主党，这次却动摇不定或者说采取了机会主义的立场。"②

随着1914年的"八月炮火"，列宁与德国党彻底决裂。德国党议会党团的决议——也是那些其他欧洲社会民主党的决议——投票支持第一次世界大战，这明显违背了革命马克思主义的原则和先前达成的协议，最终导致了分裂。为了弄清党何以为战争辩护，以及党为何会鼓励他妥协，列宁决定不回到马克思那里，而是再追溯到马克思恩格斯方法论的来源那里。如果说为了研究与考茨基和德国党有关的问题，列宁曾被迫回到前者的思想和纲领的来源——马克思恩格斯那里，那么这次为了这一关键问题，即如何解释德国民主党的变质，列宁在一战爆发后的两年中一直致力于研究马克思恩格斯方法的来源，即研究黑格尔。当文学与生动的革命实践相结合时，也发生了转向，这是德国在1917年之前所缺乏的，它对于理解列宁为何能够对马克思恩格斯的事业作出独创性的理论和纲领性贡献以及他何以曾是并继续是马克思主义的核心成员至关重要。

---

① 《列宁全集》第2版第16卷第68页。
② 《列宁全集》第2版第16卷第67页。

四、结 语

"回到列宁"再次成为受欢迎的新闻。但是在这么做的时候一定要谨慎避免两种错误倾向：一是试图将列宁从马克思和恩格斯那里分离出来，就像《再上膛的列宁》文集编者习惯做的那样；二是将列宁作为德国社会民主党的附属，就像利赫所做的那样。而要作出令人信服的结论，在列宁写作《怎么办?》时，一定要将其置于欧洲社会党的背景中考虑，利赫将这一众所周知的观点过于曲解了。他忽视了对社会民主党定义时的早期内部争论。如果他能少坚持一些他的论点，他可能会注意到青年列宁如何为了掌握马克思恩格斯的方法和政治学而直接从马克思恩格斯的著作那里学习，而不是从两位创始人的德国党的阐释者那里学习。正是因为列宁很好地扎根于马克思恩格斯的著作，他才能够预见、了解并确定马克思恩格斯所看到的发生在德国党内日益增长的改良主义倾向。德国社会民主党并没有像马克思恩格斯在《共产党宣言》中所倡导的那样，为政治民主战斗到底，而是日益受到恩格斯曾一再告诫过的可能发生的塞壬之歌（siren song）的诱惑。

恩格斯在 1874 年写道："我相信，下一个国际——在马克思的著作产生了多年的影响以后——将是纯粹共产主义的国际，而且将直截了当地树立起我们的原则。"[①]再重提一下，如果说恩格斯的计算不太准确的话，他的代数学是没问题的。他的预见将会通过俄国革命实现，他与他的战友对预见到的剧变满怀信心，而对这一成功实现的关键之人，托洛

---

① 《马克思恩格斯选集》第 2 版第 4 卷第 620—621 页。

茨基作了如下精准的描述:"马克思从未有一个比他更好的读者,一个比他更加聪敏、更加应当感激、更加专一能干的学生。"

(原载 *Science & Society* 2009 年第 73 卷第 4 期,略有删节)

(李百玲 译)

俄罗斯目前关于列宁的争论[*]

俄罗斯《自由思想》杂志1996年第2期刊登了俄罗斯科学院比较政治学和工人运动研究所研究员、历史学博士叶甫盖尼·波利马克的《当代关于列宁的争论》一文,现将该文主要内容摘译如下。

作者指出,近二三年来列宁现象成为俄史学界争论的焦点。不久前,沃尔科戈诺夫出版了《列宁政治肖像》一书。1994年11月5日,由俄联邦总统委员会和莫斯科市政府共同主办,在莫斯科举行了以"1917年十月和布尔什维克在俄国的实验"为主题的科学——实践会议。会议一开始就出现了一边倒形势,А.Н.雅科夫列夫、Д.沃尔科戈诺夫等一批发言者预先确定了对列宁和布尔什维主义采取揭发和谴责的态度。以至于一些学者,包括研究列宁问题的专家 П.沃洛布那夫对列宁进行科学分析的声音完全被淹没了。1995年,俄科学院乌拉尔分院出版《列宁主义与俄国》一书,10多个学者撰文,力图揭示列宁主义现象的谜底。

作者指出,尽管观点不一,但大家都承认列宁"可能是20世纪最

[*] 本文选自《国外理论动态》1996年第19期。

重要的人物"。作者列举了当今俄国史学界反对列宁的一些主要观点，并提出了自己不同的看法。

一、关于十月革命和俄国发展道路问题

反列宁主义的人说，列宁领导的1917年十月革命把俄国"从文明的康庄大道上"推开，"脱离了普遍的和平发展的道路"，从而造成了无数的灾难。作者认为，这种观点忽视了一个严重的事实：1914—1918年这段时间，整个西方文明世界也没能沿着和平道路发展，第一次世界大战给人民造成深重灾难，走入"死胡同"的不只是俄国一个国家。当时"先进西方"面临的"普遍道路"是根据凡尔赛和约对世界的重新瓜分、1929—1933年的大萧条和第二次世界大战。

反列宁主义的人说，列宁的"变帝国主义战争为国内战争"并没有把俄国从帝国主义的死胡同中解救出来，有的人甚至认为这一口号是"荒谬绝伦"和"反爱国主义"的。作者认为，在当时战争年代的具体历史背景下，列宁的这个口号有其客观基础。在交战国中革命形势业已成熟。俄国用革命的方式第一个摆脱了帝国主义战争的泥潭，并避免了君主派与共和派之间的内战，保证了政权从临时政府到彼得格勒苏维埃的过渡。

作者还指出，俄国资本主义发展的进程不同于西方普鲁士道路。落后的、未开化的农村、未完成的农业革命以及资本主义生产方式的不成熟等等，也有利于当时的"社会主义选择"。

二、关于列宁政策转变的问题

作者指出,列宁在十月革命前夕写的《国家与革命》一书中对1789—1794—1814年法国革命的经验进行了总结,认为俄国1917—1921年期间在恐怖、内战、政权的专制特征等方面同法国革命有相似之处。但是1921年列宁认识到农民问题的政治意义,实行了新经济政策,用粮食税代替了余粮收集制,从而否定了法国革命的消极经验。

1994年在莫斯科举行的有关十月革命的讨论会上绝大多数发言者对列宁的战略转变、对新经济政策避而不谈。沃尔科戈诺夫甚至认为,列宁"只是把赌注押在革命方法上,而不是押在改良主义方法上,崇拜暴力"。作者认为这种言论是不符合实际的。的确,在1905—1907年间,在1917年、在1918年下半年—1920年间,列宁采取的一直是革命的方法。但是到1921年列宁在政权受到威胁的情况下,采取了改良主义,更确切些说,采取了半改良主义,因为它不触动政治上层建筑。作者还引用了列宁1921年说的一段话来论证自己的观点。列宁说:"对于一个真正的革命者来说,最大的危险,甚至也许是唯一的危险,就是夸大革命的作用,忘记了恰当地和有效地运用革命方法的限度和条件",真正的革命者如果不懂得"在什么时候、什么情况下、什么活动领域要善于采取革命行动,而在什么时候、什么情况下、什么活动领域要善于改用改良主义的行动,那他们就最容易为此而碰得头破血流"[①]。作者指出,斯大林的许多做法借鉴了列宁的"军事共产主义"的实践,被

---

① 《列宁全集》第2版第42卷第246页。

斯大林继承的首先是那些过时的、有缺陷的、被列宁主义超越的东西，会议的组织者恰恰是把列宁主义和斯大林主义混为一谈。

三、关于列宁遗嘱问题

作者首先列举了列宁遗嘱中被斯大林抛弃的东西：

1. 不仅同第二国际和第二半国际式的以及诸如凯恩斯式的和平主义和半和平主义的民主派签订贸易协定，而且可以签订政治协定（把它当作资本主义向新制度和平演变的不多的机会之一）；
2. 建立高层领导机构的权力制衡体系；
3. 进行文化革命；
4. 解决民族问题不采用暴力方式；
5. 在经济和文化方面非强制地吸引农民参加合作社；
6. 密切联系群众等等。

斯大林实行的是，在和平年代里启动"不断内战的机制"，提出向社会主义过渡时期阶级斗争日益尖锐化的口号。作者指出，被斯大林抛弃的正是俄国转到"文明"道路上的方针。作者认为，20年代列宁遗嘱中改革的选择未能执行；50年代赫鲁晓夫为首的苏共领导集团对这一制度的某些因素予以批判，但不彻底；80年代戈尔巴乔夫的改革——苏俄国家发展道路上的"第二次自我热月政变"又没能成功。

四、关于暴力问题

《列宁政治肖像》一书认为，1922年是布尔什维克恐怖主义的高潮：驱逐持不同政见者、起诉社会革命党人、暴力掠夺教会的贵重物品、对苏维埃政权的敌人实行严酷刑法。作者批评该书只讲列宁运用暴力及进行内战，而对列宁反对党内雅各宾倾向的斗争却闭口不谈。列宁在1919年3月俄共（布）八大上指出："革命暴力和专政如果用的得当，该用于谁就用于谁，那是很好的东西。但在组织方面是不能用它们的。"① 列宁在1921年12月第九次全俄苏维埃代表大会上还强调，无产阶级政权愈趋向稳固，"就越需要提出加强法制"的口号。②

作者认为，列宁在1922年实行的最严厉措施同农民国家中爆发的反对苏维埃政权的农民和水兵（也是农民）起义有关。分析列宁应该注意这样的事实。列宁遗嘱中并没有暗示要在未来的社会主义建设中采用暴力和恐怖主义。最后，作者引用车尔尼雪夫斯基的一句名言。"政治活动——不是涅瓦大街上的人行道"，指出政治活动和国家发展道路是复杂和曲折的，认为对列宁的评价不应该采用漫骂的方式，而应进行科学的分析。列宁在其生命的前半时期是个激烈的、不顾一切的革命者；在其晚年，一系列事件和问题在他的头脑中发生冲突，但他没能成功地解决。

（徐向梅 摘译）

---

① 《列宁全集》第2版第36卷第134页。
② 《列宁全集》第2版第42卷第353页。

"三个列宁"与"另一种社会主义"[*]

为纪念列宁逝世75周年,1999年1月20日和21日的俄罗斯独立报连载了政论家尤·布尔金的文章《三个列宁》。作者认为,列宁对社会主义的探索经历了三个阶段,而其最后阶段的社会主义观点与当今的种种社会主义思想有着某种联系。现将该文中有关的论述介绍如下。

列宁在《论合作社》一文中声明:"我们对社会主义的整个看法根本改变了"。[①] 这句话不能不引起我们的重视。我们曾多次引用和阐述这句话,但始终没有得出同原文完全相符的解释。实际上,这句话包含着十月革命领袖在他工作的最后两年——从向新经济政策过渡到他最终丧失说话和写作能力所经历的世界观的最重要的转变。

新经济政策阶段对我们今天具有极其重要的意义,因为在讨论最近十年灾难性后果时,我们常常对照中国最新的经验,而中国的经验带有典型的新经济政策的痕迹。虽然从战时共产主义转向新经济政策是被迫的,但这种转变的意义是极其广泛和深远的,远远超出当时的历史情况。

---

[*] 本文选自《国外理论动态》1999年第5期。
[①] 《列宁选集》第3版第4卷第773页。

三个列宁

列宁是个什么样的人呢？所有百科全书都称他是苏维埃国家的奠基人。但是，世界历史上各种各样的国家奠基人有很多，而列宁则是完全特殊的一个。他不仅创建了一个国家、一种新的制度，而且创建了两种相互对立的新社会制度：第一种是以战时共产主义为初期模式的社会主义，第二种是新经济政策阶段的混合型社会主义。但这还不是全部。我们在列宁"遗嘱"中又找到与前两种根本不同的第三种社会制度的思想核心，这种思想虽然没有得到展开和实现，但同样具有很重要的理论意义。因此，列宁作为政治活动家具有两重性或三重性：十月革命的列宁、向新经济政策过渡的列宁和1923年初的列宁。

列宁的三重性表现在如下几个方面。

1. 十月革命（包括革命前的全部活动和革命后直至1921年初的活动）的列宁是极其热烈的革命者、理论家和大规模社会摧毁活动的实践者。而新经济政策的列宁则要求不要"摧毁"、而要"活跃"资本主义。这时他不仅仅是和平的改革者，而且是渐进的"改良主义者"。他仅用两年时间就走完了人类经过几乎一个世纪才能走完的思想发展历程。2. 作为十月革命的领袖，列宁是马克思主义者，虽然并不正统。他把共产主义和无产阶级革命的思想移植到农民国家。这是列宁主义的主要特征，是带有极端超革命性的亚细亚版的马克思主义。作为新经济政策的作者，列宁越来越不像马克思主义者。而在其"遗嘱"中的他，仿佛就不是马克思主义者，而且也不是"马克思列宁主义者"，虽然还是社会主义者。过去被他视为基本的和"工人的"真理，现在已失去其日常的必要性，只被置于意识的表层。3. 十月革命的列宁在思想和行动上完全以阶级观点为依据。新经济政策时期的列宁的阶级动机则越来越弱。在列宁"遗嘱"中,阶级动机几乎完全消失。4. 十月革命的列宁是国内战争的思想家。而随着向新经济政策的过渡,我们在列宁著作中再也看不到强调战争作用的论述。通过战争和阶级斗争的尖锐化来"培植"社会主义的思想对他来说已经格格不入。在列宁"遗嘱"中国内和平的动机更加清晰。5. 十月革命的列宁是独裁者,当然,他的独裁是同特殊的民主结合在一起的,这是阶级的、革命的民主,只能运用于"自己人",运用于社会下层,是同所有人的民主尖锐对立的。新经济政策时期的列宁只是政治领域的独裁者,在经济领域则是多元论者,坚决谴责行政手段。而在"遗嘱"中他在这方面又迈进了一步——试图限制党内寡头的无限权力和不受监督的现象。6. 对十月革命的列宁来说,社会主义是目的,其他全是手段。在新经济政策初期阶段,这个目的对列宁来说虽然基本上和从前一样,但已明显不是作为当前要具体完成的任务,而被推迟到遥远的将来。而对晚年的列宁来说,社会主义则是一个过程——是开放性的、不受任何"事先选定的目的"限制的过程。7. 十月革命的列宁明显表现为唯意志论者。新经济政策时期的列宁则注重从常理、普通人的利益的角度考虑问题,头脑更冷静,实事求是,尊重现实,不受任何教条束缚。晚年的列宁对道德标准和价值观念关注得更多。

　　这就是"三个列宁"或至少两个半列宁的不同特点。总体来说,每后一个列宁排挤并取代前一个列宁。"三个列宁"的思想在很多人看来是奇怪的,因为他同我们的思维定式相矛盾:人们通常把列宁当作从不犯错误的天才,或当作魔鬼,或当作折中主义者。但也不能说"三个列宁"的思想是本文第一次提出来的。无论从个人的角度,还是从客观历史的角度来说,"三个列宁"的论题都是十分复杂的,很多方面(包括理论方面）需要进行补充研究，但是这个论题的现实意义是不容置疑的。无视晚年列宁同早期列宁的惊人差别或不对这种差别给予应有的重视，就看不到这个历史人物身上最有价值和最伟大的一面。

第三个列宁的另一种社会主义

列宁《论合作社》一文反复强调"合作社的巨大意义"。但这到底指什么合作社，是消费合作社、农业合作社，还是手工业合作社？文中没有具体说明。从全文来看，列宁当时是指所有的合作社形式，并且侧重于消费合作社。文章并没有提及合作社作为组织农业或手工业生产的手段的作用。所以，后来斯大林的宣传把这篇文章当作"全盘集体化"的理论依据，这是极其荒谬的。

究竟是什么原因使列宁当时对合作社问题如此重视呢？从文章中可以看到有两个原因。

第一个原因是由寻找一种方式使"所有小农"都能够参加"社会主义建设"这一任务所决定的。列宁认为："我们改行新经济政策时做得过头的地方，并不在于我们过分重视自由工商业的原则……在于我们现在对合作社仍然估计不足……"列宁注意到，目前运动更多地在一方面发展，即国有经济成分从全面集中和垄断向"自由工商业"发展，但在相反的一面，即两者的相互结合方面则几乎没有进展。这种结合的原则性意义没有得到党和苏维埃政权的理解。

另一个更重要的原因是：列宁在口授合作社问题的文章时清楚而明确地表明了对社会主义的全新认识。这种认识由于新经济政策的实施而在他的脑海中初露端倪，但主要是在1922年夏秋之际，即他不得不放下工作数月之时强化起来的。与其说这篇文章是《论合作社》，不如说是论社会主义的实质。其创新之处在于，列宁实际上完全抹去社会主义和新经济政策之间的界限。

列宁说："从实质上讲，在实行新经济政策的条件下，使俄国居民充分广泛而深入地合作化，这就是我们所需要的一切，因为现在我们发现了私人利益即私人买卖的利益与国家对这种利益的检查监督相结合的合适程度，发现了私人利益服从共同利益的合适程度，而这是过去许许多多社会主义者碰到的绊脚石。"列宁接着又说："情况确实如此，国家支配着一切大的生产资料……——难道这不是我们所需要的一切，难道这不是我们通过合作社，而且仅仅通过合作社，通过曾被我们鄙视为做买卖的合作社……建成完全的社会主义社会所必需的一切吗？"① "如果把租让……单独划开，那么在我国的条件下合作社往往是同社会主义完全一致的"。② "要是完全实现了合作化，我们也就在社会主义基地上站稳了脚跟"。③

列宁的态度是明确的。对他来说，新经济政策不是从社会主义"退却"，也并非只是通向社会主义的台阶。新经济政策就是社会主义本身，至少是社会主义的开端。

这一结论是骇人听闻的，因为根据马克思的理论，社会主义是无阶级社会，其经济基础是生产的全部社会化和生产力的极大提高以及个人利益同公共利益的完全融合。按照这种观点，农民的俄国离社会主义并不比离天上的星星更近。1922年3月，在俄共（布）第十一次代表大会上，列宁指出："我们还没有社会主义的基础。有些共产党人以为已

---

① 《列宁选集》第3版第4卷第768页。
② 《列宁选集》第3版第4卷第772页。
③ 《列宁选集》第3版第4卷第773页。

经有了这种基础,这是极其错误的。"① 仅8个月之后,即1922年11月20日,他在莫斯科苏维埃全会讲话时却说:"社会主义现在已经不是一个遥远将来,或者什么抽象图景,或者什么圣像的问题了……我们把社会主义拖进了日常生活,我们应当弄清这一点。"②

的确,列宁当时在很多情况下谈到社会主义时用的都是将来时,他在莫斯科苏维埃全会也是这么讲的,他说"新经济政策的俄国将变成社会主义的俄国"③。但他指的是什么呢?他认为,有两个主要障碍把俄国的现状同"完全的社会主义社会"隔开了。他晚年把全部精力都放在寻找和克服这些障碍上。

列宁认为,第一个障碍是党和苏维埃机关中日益增长的官僚化以及党的上层的寡头性质(而在不久前他还认为这是自然的和恰当的)。第二个障碍是俄国基本居民群众落后的文化水平。在《论合作社》一文中,列宁十分明确地指出:总之,"我们面前摆着两个划时代的主要任务。第一个任务就是改造我们……简直毫无用处的国家机关……我们的第二个任务就是在农民中进行文化工作……现在,只要实现了这个文化革命,我们的国家就能成为完全社会主义的国家了。"④

晚年的列宁坚信,把"新经济政策的俄国"同"社会主义的俄国"分开的原因不是经济制度,也不是社会结构,而是以合作社未得到充分发展而表现出来的落后的文明水平。难道仅此而已吗?而在城市中允许的并在农村几乎占统治地位的私有制和资本主义关系呢?个体农民——

---

① 《列宁选集》第3版第4卷第692页。
② 《列宁选集》第3版第4卷第737页。
③ 《列宁选集》第3版第4卷第738页。
④ 《列宁选集》第3版第4卷第773—774页。

虽然由于合作化而成为"有见识的和能写会算的商人"——怎么能同社会主义相容呢？难道不提在通往社会主义的道路上必须对国营企业——由于实行新经济政策而变成私人资本的财产或租赁、租让给私人资本——重新国有化，能谈得上"建成完全的社会主义社会"吗？难道全部事业仅仅是为了教会这个资本做买卖、"按欧洲方式"经营吗？

列宁的同事不能不提出这样的问题，也不能不看到，他们面对的是骇人听闻的反马克思主义的异端。然而这确实是列宁在大脑健全、记忆清晰的情况下口授的政治遗嘱。而且这个遗嘱也不是突然冒出来的，而是经过对新经济政策的内容和意义的数月思考后逐渐形成的。主要思考阶段上面已经谈到了。当然，第三个阶段同前两个阶段有很大的区别，但没有前两个阶段，也不可能有第三个阶段。这只不过是完成了最后一次飞跃，使个别的、迄今为止观点上零碎的变化汇集成一个完整的看法，从量变发展到质变。

《论合作社》一文所表达的全新认识，在列宁晚年的其他著作中并不总是表达得这么明确。对这个全新的认识，他表述得很清楚："我们对社会主义的整个看法根本改变了。"列宁的全新认识就是"根本改变了"对社会主义和资本主义相互关系的认识。"在新经济政策下"，社会主义并不敌视资本主义，并不把资本主义赶出历史舞台，而是吸收资本主义。两者是相容的，两者在从事共同的文明工作并且能够在经济中相对长期地（虽然有竞争）共存。这说明，列宁以前使用"社会主义"这个词时大概自己还没有一个完整的概念，而现在把它看作是全然不同的某种东西了。这是另一种社会主义。

这"另一种"是什么意思呢？有人称其为"合作社"社会主义。他们认为，列宁把合作社提到首要地位或几乎把合作社同社会主义等同，这就是按照欧文和其他旧社会主义者的思想，从国家社会主义的思想(即"战时共产主义"以及斯大林和勃列日涅夫时期的极权制度)转向合作社社会主义。即使列宁的某些说法(其中包括上面引用的几段话)好像对这种观点有利,他思考的全过程也同这种观点没有任何关联。只要指出一点就足以说明问题,那就是列宁从未说过把合作社原则运用到工业中,从种种迹象来看,也没有这种可能性。他提出的社会经济模式是两种成分的经济模式,即商业化的国有成分和合作化的私人成分相互作用,而不是一方吞并另一方。

另一方面,这种模式同"共产主义低级阶段"的概念也没有多少共同点。马克思认为,在这个低级阶段,"生产者不交换自己的产品;用在产品上的劳动,在这里也不表现为这些产品的价值",而且"除了个人的消费资料,没有任何东西可以转为个人的财产"①。列宁在"遗嘱"中所谈的社会主义则是没有消除"私人买卖的利益"的社会主义,是"以现存的资本主义关系为基础"的社会主义,这是社会主义和资本主义的一种共生现象。

无论是在当时,还是在以后的 40 年间,这种社会形态始终没有一个名称。不过现在,根据历史经验,我们毫不费力地知道,现代语言称它为"民主社会主义"、"市场社会主义"、"多元社会主义"、"具有人的面貌的社会主义"或侧重点不同的"人民资本主义"、"社会取向的资本主义",等等。所有这些都是同一个现象的不同说法。

由此可见,列宁"遗嘱"同多元社会主义思想之间存在某种联系,但不应夸大这种联系,不能把列宁称作这种思想的发明人,他只是新经济政策思想的发明人。但是,他揭示和探索出后来成为"具有人的面貌的社会主义"概念的实质,重新理解了社会主义同资本主义的关系,指

---

① 《马克思恩格斯选集》第 2 版第 3 卷第 303、304 页。

出了两者原则上的兼容性。当然，这只是社会哲学观点新体系的子房，只是它的萌芽，只是勾画出轮廓的草图，还需要补充一系列最重要的内容。但是这在当时已经很不容易了。列宁晚年提出这种联系，是一种创新，它揭示出具有广泛和深远意义的历史思想。

（孙凌齐 编写）

俄学者评"三个列宁"的说法[*]

俄罗斯政论家尤里·布尔金《三个列宁》的文章（见本刊1999年第5期）在俄社会引起反响。俄罗斯左翼学者格·库斯托夫在俄《对话》杂志2000年第2期发表了题为《尤里·布尔金宝贵的自供》的文章，对布尔金"三个列宁"的观点予以批驳。文章主要内容如下。

一、反映社会思想动向的一面镜子

许多年来，反共分子竭尽全力给列宁抹黑，试图埋葬列宁的思想和事业。然而，他们的努力成效甚微。于是，他们便改变手法，除对列宁的革命的、创造性的遗产进行正面的、赤裸裸的否定外，还辅以迂回的方法。尤·布尔金《三个列宁》的文章就是最明显的征兆。读者在《独立报》连载的这篇长文中未必能找到关于列宁活动和苏维埃政权历史的新东西，但文章在今天却很值得注意。从某种程度上说，这是社会意识发生变化的结果。布尔金的文章像一面镜子，映照出了中下层"民主派"生意人以及不能接受盖达尔—丘拜斯极端"民主主义"改革的

---

[*] 本文选自《国外理论动态》2000年第8期。

知识分子的思想动向。布文表达了这部分社会阶层在坚持使国家资本主义化的同时，寻求自我保护的条件并在理论上加以论证的社会意向。

二、宝贵的自供

布尔金在文章中作了一系列自供。这些自供就其腔调来说很少源自"新俄罗斯人"的主流意识形态，也与为世界买办资产阶级制度服务的大众传媒的一般思想倾向不相吻合。这些自供证明，在"叶利钦王国"里并非一切都很顺遂。而对于那些仍相信社会主义思想并与反人民的制度进行着艰难斗争的人们来说，作者下面的自供极为宝贵：1. 谴责当权阶层不惜牺牲人民的利益而推行有利于自己的"改革"，称他们的"改革""丝毫没有民主性"；2. 高度评价以列宁为首的布尔什维克实行的新经济政策，认为列宁作为"这一变革的倡导者、理论家和领导者"，与今天常说的政治精英相比，不啻巨人与侏儒；3. 实际上承认新经济政策的性质不是单独一国的，而是具有国际性的，认为这一点"得到中国的最新经验的证实，而中国的最新经验从类型学角度说，几乎就是新经济政策的精确模制品"。

三、关于"三个列宁"的"发现"

上述自供会使读者以为作者是个共产党员，是个毫不妥协的反对社会丑恶现象的战士。然而，从整个文章的上下文来理解这些自供，读者就会发现，作者是在耍滑头，而且十分狡猾，为的是"既要得到资本，又要保持贞洁"。布尔金关于"三个列宁"的"发现"与他的"宝贵自供"有着逻辑上的联系。他把列宁分为1917年十月革命和国内战争年代的列宁、向新经济政策过渡时期的列宁和1923年初的列宁。布尔金认为,这三个不同历史时期的列宁"不仅彼此对立,而且在一系列最重要的路线问题上,彼此还激烈地争论"。他为了证明自己的"发现",引证翔实的材料,如共产党、苏维埃代表大会的决议、领袖本人及其他人的著作,但他是按自己的意图来解释这些史料的。结果给读者造成了这样的印象:他对布尔什维主义历史和列宁政策的理解程度与"中等烹饪技术学校"学生的水平不相上下。不仅如此,布尔金的观点也不十分鲜明,开始说"两个列宁",然后又说"三个列宁"或"两个半列宁",而且"每后一个列宁在某种程度上排挤和取代前一个列宁"。布尔金自己也承认,"这一思想在许多人看来当然是奇怪的,因为它同我们的思维定式是极为矛盾的"。

四、对列宁世界观和价值观发生质变的臆造

按布尔金的说法,第一个列宁是"独裁者"、"暴君",根本不重视遵守法律;第二个列宁放弃了暴力,要求"更多地实行革命法制"。这种论调与实际情况根本不符。列宁始终认为社会主义的法制具有重大意义。只要了解列宁对全俄肃反委员会(契卡)的态度,就不难理解这一点。按列宁的思想,契卡的活动要严格限制在法律范围内,契卡只能对犯罪嫌疑人的案件进行预审,而正式审判和作出判决都是法庭的事。

布尔金断言,第二个列宁越来越不像马克思主义者,而第三个列宁仿佛就根本不是马克思主义者,而且也不是马克思列宁主义者;在列宁的"遗嘱"中,"阶级动机几乎完全消失",他对道德标准和价值观却越来越重视。其实,列宁作为马克思学说的拥护者,直到生命的最后时刻都信仰这一学说,为这一学说的发展作出了重大贡献。只要读一读列

宁在逝世前所写的著作，就会确信这一点。列宁在《给代表大会的信》中曾责备布哈林，说他的理论观点能不能说是完全马克思主义的，很值得怀疑。列宁在其《论战斗唯物主义的意义》一文中，从辩证唯物主义和历史唯物主义的角度揭露了唯心主义、神秘主义和宗教迷信。说列宁的哲学世界观和心理道德价值观发生了质变，这是布尔金的臆造。他之所以这样做，目的是为他所认为的列宁的社会政治观在向新经济政策过渡时期发生了"根本改变"寻找"根源"。

五、对向新经济政策的过渡和新经济政策实质的曲解

布尔金认为布尔什维克党政治方针的转变和向新经济政策的过渡只是出自列宁的"头脑"。他没有看到实行新经济政策是俄国在国内战争和外国武装干涉结束后的现实情况决定的，是符合俄共（布）的纲领性目标的。布尔金否定新经济政策与苏维埃政权在十月革命之后所推行的政策之间的联系和继承性，而且认为战时共产主义政策是"布尔什维克上层人物"强加的。然而，早在1918年4月，列宁在其《苏维埃政权的当前任务》一文中就奠定了共产党在资本主义向社会主义过渡时期政策的基础。比如实物税的实施，是在转向战时共产主义政策之前，即根据1918年10月30日的法令实施的。转向战时共产主义，不是布尔什维克的随心所欲，而是处于战火包围之中的苏维埃国家遭遇的罕见困难决定的。按列宁的说法，战时共产主义政策不是理想，而是一种痛苦的和可悲的必要。而新经济政策，这个相对于战时共产主义的新政策，是列宁早在1918年即已形成的政策原则的继续和发展。

布尔金对新经济政策的实质及其在新社会的建设过程中的历史地位的评价极为混乱。在他看来，列宁由于新经济政策的实施而产生了对社

会主义的全新认识,而这种全新认识新就新在,列宁实际上完全抹去了社会主义与新经济政策之间的界限。布尔金一方面把新经济政策(党在资本主义向社会主义过渡时期的政策)和社会主义(社会制度)相提并论,另一方面又把新经济政策同国家资本主义(过渡时期存在的五种社会经济结构之一)同日而语。不仅如此,在布尔金看来,改行新经济政策,就意味着放弃十月革命的思想和事业,意味着建设"民主的"、"市场的"、"多元的"社会主义的开始,而这种社会主义又与"社会取向的资本主义"相同。这样,布尔金就把列宁列入趋同论理论创始人的行列。

布尔金不能接受十月社会主义革命,因为这一革命剥夺了地主资本家的权力,剥夺了他们的财产。他谴责对企图复辟剥削制度的人采取暴力措施。他根本不懂得,没有不使用暴力的革命,这是被一切革命包括英国、美国、法国等资产阶级革命所证实的。他无视一个事实,即"红色恐怖"是对"白色恐怖"的回应。"文明"的西方为了"将布尔什维主义扼杀在摇篮之中",对我们推行国家恐怖主义政策,向我国派出14个帝国主义国家的军队,竭力挑起国内战争。

而放弃战时共产主义政策,改行新经济政策,从1921年开始社会主义政治生活民主化的进程,这并不是列宁的政治哲学观点和道德价值观发生原则转变的结果。这些过程是苏维埃政权战胜武装干涉者和白卫军的结果,是被推翻的阶级停止武装反抗的结果。这些阶级的部分代表人物开始与苏维埃政权和睦相处,有时还能合作。列宁说过,在共产党人的理想中不存在暴力。别尔嘉耶夫、萨哈罗夫都证实了列宁及其拥护者的这一理想取向。萨哈罗夫指出,他同意别尔嘉耶夫的说法:列宁和大多数革命家的出发点是人性的、道德的。斗争的逻辑、历史的悲剧性转折,使他们不得不这样做,不得不变成这样的人。布尔金把新经济政策与十月革命对立，把允许多种成分其中包括国家资本主义的存在看成是"社会主义与资本主义的某种共生现象"，并与此相联系，认为列宁关于社会主义的整个观点发生了根本变化。他对俄国社会现象和社会过程的分析采取的是抽象的、非历史的、形而上学的方法，这是整个资产阶级和小资产阶级社会学的通病。

六、根本不存在"第三条道路"

综上所述，必须指出，布尔金的文章表达了一部分社会阶层的情绪。这些人亲身体验到了叶利钦制度的危害，同时又害怕回到共产党政权。于是，他们便寻求社会发展的"第三条道路"。他们不懂得，根本就不存在"第三条道路"，要么是资本主义，要么是社会主义。他们抓住趋同论，以为在未来一个很长的历史时期内，社会主义和资本主义可能共生。为此他们企图把列宁的新经济政策理论经过一番篡改来为自己的私利服务。布尔金的文章从某种程度上讲，具有积极意义，它会使读者对列宁本人及其思想理论遗产重新产生兴趣。而深入研究和创造性地运用真正的、不是被布尔金这样的诠释者歪曲的列宁的政治经验和思想理论遗产，将成为恢复社会公正、复兴昔日强国的重要条件之一。

（柳达 编写）

列宁与 20 世纪[*]

俄罗斯哲学博士理查德·科索拉波夫教授于 1999 年 4 月 25 日在东京举行的题为《克鲁普斯卡娅与列宁》的国际研讨会上作了《列宁与 20 世纪》的发言。他在发言中高度评价了列宁在 20 世纪所作的杰出贡献,总结了列宁的某些成功经验。作者还对当前国际关系中的诸多问题发表了自己的见解。现将其发言的内容简介如下。

如果我说列宁点燃了我们这个星球上的理智之光,你也许不相信或认为这是一种夸张的说法,但这是谁也无法推翻的真理。

1. 列宁是 20 世纪最伟大的政治家。他创造性地将两种不可战胜的原则融入自己的活动。第一个原则是严格的科学性,他用辩证唯物主义观点,主要是历史唯物主义分析社会现象。第二个原则是真正的人民性。他密切联系劳动群众,毫不利己,无私奉献。对此,无产阶级和农民群众有切身感受。

列宁是独一无二的苏联政治体系的缔造者(斯大林步其后尘)。在此无法尽述该体系的本质特征,可以称道的一点是标准的集中管理和列

---

[*] 本文选自《国外理论动态》2000 年第 4 期。

宁战略科学性的结合。那么该体系的领导人,尤其是那些被称为"首脑"的人,应具备什么样的品质呢?他应当集理论家和组织者的优秀才能于一身,在道德方面具有自我牺牲精神。列宁就是这样一位集大成者。斯大林也做了很多,但他不能胜任把整个工作人员队伍培养成兼具理论家和组织者才能的人才的任务。于是在 50 年代我国的理论家和组织者就分离了。结果后者占了上风,前者变为某种权力的精神附庸,变成为权力宣传服务的官僚。领袖缺乏理论头脑早在赫鲁晓夫时期就沉重打击了国家、党、社会主义和国际共产主义运动,戈尔巴乔夫时期更是导致了苏联的解体。很明显,先进的理论原理对于新的社会制度而言,既不是装饰品,也不是奢侈物,而是其赖以存在和发展的客观条件。

2. 列宁认为,共产党人的主要活动领域应该是提高创造一切物质和精神财富的体力和脑力劳动者的觉悟。为了让无产阶级的自发意识变为历史的自觉,列宁孜孜不倦地奋斗着。这种自觉能将受剥削的生产工人从一个消极受苦的"自在"阶级变成积极斗争的"自为"阶级,变成肩负全世界解放使命的代表。

从俄罗斯工人运动的现状来看,列宁在世纪之初的所思所为是多么正确。真正社会主义的科学革命意识不会在工人群众内部自生,而要由工人政党和受过良好教育的激进知识分子从外部灌输进去。在 21 世纪来临之际,尽管由于工人阶级中知识阶层的数量大增而使这种灌输变得更容易了,但也不能低估这种灌输的困难程度。因为无产阶级的阶级意识每时每刻都会因受到由当局和金融寡头控制的各种媒体,尤其是电视的侵蚀而发生变形,蜕变成资产阶级的意识。不进行持续不断的启蒙工作,左派政党就没有前途。只有学会了说服大众,党才能够获胜。

这里谈的启蒙,不同于信息的搜集和积累,不同于固守传统。启蒙应是正确地指引方向,锻造人民劳动和斗争的意志。列宁说,工人渴望知识，因为知识对于他们取得胜利是必不可少的。列宁主义最重要的本质特征就是依靠任何信仰都无法替代的知识的最有用的方面。

3. 列宁所面对的是由工人阶级和劳动人民组成的国家。这种类型的国家是前所未有的。在此之前，国家是富人的组织，也就是决定生产资料和交换的私有者的组织，国家主要是为他们的利益服务的。

如今，众多丑恶的东西和大把的美元蜂拥而入，妄图从人民的美好记忆中彻底消除无产阶级专政的社会管理模式。而同时资产阶级专政，也即资本的统治却稳固地保存了下来，并伪装成民主的制度。

之所以造成这种结果，共产党人本身也是有过错的。首先在受到被推翻阶级不择手段的顽强抵抗时，共产党人被迫采取了恐怖这类的对策。另外在实现了"俄罗斯奇迹"和反法西斯胜利后，共产党人有所松懈。列宁曾警告说，我们时刻面临敌人的入侵；党骄傲自满是危险的。不听从列宁的警告则更是一种犯罪。但主要的问题是共产党人都变了，比如说变成了一些羞羞答答的马克思主义者。从 60 年代初起，我们就不再明确区分劳动的政权和资本的政权了，而空想的"全民国家"的公式却流行开来。苏维埃的生产原则、按劳分配原则、工人群众监督生产和分配原则都没有得到坚决地贯彻落实。随之而来的就是严重脱离群众，从而导致 1991 年至 1993 年右派的政变。

4. 列宁不仅赞成要尽力发挥主观能动性来推动进步的社会变革，并且重视社会变革的物质前提。他一方面以马克思发现的资本主义积累的历史趋势（结果是"剥夺剥夺者"）为依据，但另一方面决未忽视劳动社会化这一客观规律的广泛作用。比如，将汽车生产变成全国范围的，甚至世界范围的综合技术过程，首先决定了经济组织的集中民主的、带有计划因素的性质，其次还会冲刷掉一部分传统私有制的阵地并使之发生动摇。在列宁之前，还没有人像他这样把上述这些变化同可预见的未来科技革命的特征联系起来。"一战"造成的俄罗斯经济的崩溃以及随之而来的外国武装干涉和四年的内战影响列宁在十月革命后的最初阶段全面运用劳动社会化的这些总的结论。以后又由于"二战"、消除"二战"后果的后续工作和领导人的外行而未进一步运用这些结论。但劳动社会化的规律并未停止发挥作用，反而使社会生活的各种问题和矛盾从国家局部范围扩展到全球范围。但世界资本主义在耗尽了所有可资利用的资源、牺牲了人和文化之后，现在却企图回避这些问题和矛盾。

列宁的帝国主义理论现在比以往任何时候都显得更有价值。它需要在几十年经验的基础上得以延续和丰富。列宁的一些论断仍然不容置疑并为实践广泛证实。他认为，资本主义进入垄断阶段就破坏了传统的商品生产。帝国主义阶段的资本主义紧紧接近最全面的生产社会化，它不顾资本家的愿望与意识，可以说是把他们拖进一种从完全的竞争自由向完全的社会化过渡的新的社会秩序。[①] 苏联和一系列欧亚国家建立了这个"新的社会秩序"，也即1917年后资本主义和社会主义之间的过渡状态。但一些最成熟的帝国主义意义上的国家暂时得以避免走这条道路。这些国家调整了它们新殖民化的、剥削广大"第三世界"的体系，狡猾地将其内部固有的对抗性的"劳资"矛盾转移到国际关系领域，这使在本国还未"完全社会化"的、也即还未变成生产资料主人的雇佣劳动者有可能享受到技术工艺和组织技术社会化的成果，感受到"社会主义的曙光"或社会让步，因为帝国主义不这样做就会危及其生存。

随着苏联的衰落，"两极世界"的消除，以美国为首的超帝国主义吸引力大大增强，这在北约对南联盟的行动中得到充分体现。列宁

[①] 《列宁选集》第3版第2卷593页。

早在理论上就认为超帝国主义体系的形成是可能的,并同考茨基就超帝国主义是否实际存在的问题发生过争论。这场争论究竟谁对谁错,尚不必匆忙下结论。人民中国这个成长中的巨人的存在就迫使我们谨慎地作出判断。现在俄罗斯元气大伤,但也不能轻易将其从"大棋局"(布热津斯基语)中抹去,它迄今仍是一个强国。现在和将来都有人不让俄罗斯进入国家垄断巨头的"俱乐部",但俄罗斯也不甘充当七国集团殖民体系的前沿阵地。那么出路何在呢?只有具有创造性的现代列宁主义。

5. 列宁发展了劳动和生产社会化的思想,以此为现代人类规划了历史发展的进程。社会主义和资本主义国家都在运用列宁的分析去解决当代的许多尖锐问题,但资本主义国家的运用更积极,更成功。社会化进程当然的、客观的社会主义走向可以达到一定的战术效果,能够使任何社会体系的国家暂时摆脱困境。这在30年代初的罗斯福"新政"中得到了直观的体现。但所谓"新政"显然不是社会主义,它采用了社会主义常采用的一些措施,从而拯救了受大萧条重创的美国资本主义。曾在1920年拜访过列宁的赫·威尔斯承认,"现在资本家应该向你们学习理解社会主义精神。"遗憾的是,大概从30年代中期起,资本家向我们学习比我们向他们学习得更好。他们善于将强大的社会化过程为己所用,他们允许社会化所造成的一切可能的恶果存在,但决不允许社会化达到其自然而然的后果,即确立基本生产资料的全民所有制。列宁的三代继承人即使在一些最关键问题上的观点也未达到列宁的思维水平,而这正是被社会主义敌人利用的最重要的一点。

(粟瑞雪、谭武军 编写)

图书在版编目（CIP）数据

马克思主义综论Ⅱ／林进平主编．
—北京：中央编译出版社，2014.12
（马克思主义研究资料／杨金海主编；24）
ISBN 978-7-5117-2454-0

Ⅰ.①马… Ⅱ.①林… Ⅲ.①马克思主义-文集
Ⅳ.①A81-53

中国版本图书馆 CIP 数据核字（2014）第 305946 号

马克思主义综论Ⅱ

出 版 人：	刘明清
责任编辑：	盛菊艳
责任印制：	尹 珺
装帧设计：	田晗工作室
排版制作：	北京宏章文化发展中心
出版发行：	中央编译出版社
地　　址：	北京西城区车公庄大街乙 5 号鸿儒大厦 B 座（100044）
电　　话：	（010）52612345（总编室）　　（010）52612335（编辑室）
	（010）52612316（发行部）　　（010）52612317（网络销售）
	（010）52612346（馆配部）　　（010）55626985（读者服务部）
传　　真：	（010）66515838
经　　销：	全国新华书店
印　　刷：	山东鸿君杰文化发展有限公司
开　　本：	787 毫米×1092 毫米　1/16
字　　数：	391 千字
印　　张：	31.5
版　　次：	2014 年 12 月第 1 版第 1 次印刷
定　　价：	190.00 元

网　　址：	www.cctphome.com	邮　箱：	cctp@cctphome.com
新浪微博：	@中央编译出版社	微　信：	中央编译出版社（ID：cctphome）
淘宝店铺：	中央编译出版社直销店（http://shop108367160.taobao.com）　　（010）52612349

本社常年法律顾问：北京市吴栾赵阎律师事务所律师　闫军　梁勤
凡有印装质量问题，本社负责调换。电话：（010）55626985